ANO ZERO

A marca FSC® é a garantia de que a madeira utilizada na fabricação do papel deste livro provém de florestas que foram gerenciadas de maneira ambientalmente correta, socialmente justa e economicamente viável, além de outras fontes de origem controlada.

IAN BURUMA

Ano Zero
Uma história de 1945

Tradução
Paulo Geiger

Companhia das Letras

Copyright © 2013 by Ian Buruma
Todos os direitos reservados.

*Grafia atualizada segundo o Acordo Ortográfico da Língua Portuguesa de 1990,
que entrou em vigor no Brasil em 2009.*

Título original
Year Zero: A History of 1945

Capa
Claudia Espínola de Carvalho

Foto de capa
Universal Images Group/ Getty Images

Preparação
Alexandre Boide

Índice remissivo
Luciano Marchiori

Revisão
Jane Pessoa
Ana Maria Barbosa

Dados Internacionais de Catalogação na Publicação (CIP)
(Câmara Brasileira do Livro, SP, Brasil)

Buruma, Ian
  Ano Zero : Uma história de 1945 / Ian Buruma ; tradução Paulo
Geiger. — 1ª ed. — São Paulo : Companhia das Letras, 2015.

  Título original: Year Zero : A History of 1945
  ISBN 978-85-359-2541-8

  1. Guerra Mundial, 1939-1945 - Influências 2. Guerra Mundial,
1939-1945 - Paz 3. História moderna - 1945-1989 I. Título.

14-13320   CDD-940.5309

Índice para catálogo sistemático:
1. Guerra Mundial, 1939-1945 : História   940.5309

[2015]
Todos os direitos desta edição reservados à
EDITORA SCHWARCZ S.A.
Rua Bandeira Paulista, 702, cj. 32
04532-002 — São Paulo — SP
Telefone: (11) 3707-3500
Fax: (11) 3707-3501
www.companhiadasletras.com.br
www.blogdacompanhia.com.br

A meu pai, S. L. Buruma,
e Brian Urquhart

Há um quadro de Klee que se chama Angelus Novus. *Representa um anjo que parece querer afastar-se de algo que ele encara fixamente. Seus olhos estão escancarados, sua boca dilatada, suas asas abertas. O anjo da história deve ter esse aspecto. Seu rosto está dirigido para o passado. Onde nós vemos uma cadeia de acontecimentos, ele vê uma catástrofe única, que acumula incansavelmente ruína sobre ruína e as dispersa a nossos pés. Ele gostaria de deter-se para acordar os mortos e juntar os fragmentos. Mas uma tempestade sopra do paraíso e prende-se em suas asas com tanta força que ele não pode mais fechá-las. Essa tempestade o impele irresistivelmente para o futuro, ao qual ele vira as costas, enquanto o amontoado de ruínas cresce até o céu. Essa tempestade é o que chamamos progresso.*

Walter Benjamin, "Sobre o conceito de história".
Obras escolhidas. v. i: Magia e técnica, arte e política:
Ensaios sobre literatura e história da cultura

Sumário

Prólogo 11

PARTE I: COMPLEXO DE LIBERTAÇÃO

1. Regozijo 27
2. Fome 78
3. Vingança 105

PARTE II: REMOVENDO O ENTULHO

4. A caminho de casa 175
5. Drenando o veneno 223
6. O império da lei 265

PARTE III: NUNCA MAIS

7. Um luminoso e confiante alvorecer 311
8. Civilizando os brutos 353
9. Um mundo só 393

Epílogo 427

Agradecimentos 431
Notas 433
Créditos das imagens 451
Índice remissivo 453

Prólogo

Havia algo na história de meu pai que me deixou intrigado durante muito tempo. Sua experiência na Segunda Guerra Mundial não fora particularmente incomum para um homem de sua idade e condição. Há muitas histórias piores, embora a sua já tenha sido bastante ruim.

Eu era muito jovem quando ouvi meu pai falar da guerra pela primeira vez. Ao contrário de algumas pessoas, ele não era reticente quanto a isso, ainda que algumas memórias devessem ser dolorosas quando evocadas. E eu gostava de ouvi-las. Havia também uma espécie de acompanhamento gráfico de vários aspectos do relato, proporcionado por pequenas fotos em preto e branco enfiadas num álbum que resgatei de uma gaveta em seu escritório, para meu deleite particular. Não eram imagens dramáticas, mas eram estranhas o bastante para me fazer refletir: um precário alojamento de trabalhadores no leste de Berlim, meu pai fazendo uma careta grotesca para sabotar uma fotografia oficial, alemães com aparência formal usando ternos adornados com o emblema nazista, excursões dominicais num lago suburbano, jovens ucranianas louras sorrindo para o fotógrafo.

Esses foram os tempos relativamente bons. Confraternizar com ucranianos com certeza era proibido, mas a lembrança daquelas mulheres ainda produzia um brilho melancólico nos olhos de meu pai. Não há fotos dele quase morrendo de fome e de exaustão, atormentado por insetos e vermes, usando uma cratera de bombardeio inundada como latrina e como única fonte de banho disponível. Mas não foram essas penúrias que me incomodaram. Foi algo que aconteceu mais tarde, depois que ele voltou para casa.

Sua "casa" era a cidade de Nijmegen, no leste da Holanda, localidade de maioria católica onde ocorreu a batalha de Arnhem, em 1944. Nijmegen foi tomada pelos Aliados depois de pesados combates, e Arnhem era o alvo inatingível. Meu avô tinha sido enviado para lá em 1920 como ministro protestante para cuidar de uma pequena comunidade de menonitas.* Nijmegen é uma cidade de fronteira. Era possível ir à Alemanha a pé da casa de meu pai. Como as coisas na Alemanha eram relativamente baratas, a maior parte dos feriados em família era desfrutada do outro lado da fronteira, até que a presença nazista tornou-se insuportável para turistas, por volta de 1937. Ao passar um dia por um acampamento da Juventude Hitlerista, minha família testemunhou uma cena em que alguns meninos eram espancados de forma severa por jovens uniformizados. Num passeio de barco

---

* Para evitar confusão, devo mencionar que os menonitas holandeses são muito diferentes de seus pares americanos. Os menonitas holandeses tendem a ser bastante progressistas, abertos a outras crenças e nem um pouco reclusos. São o oposto dos menonitas americanos e alemães, que, com suas figuras barbadas e seus ternos pretos e antiquados, causaram certo grau de estranheza quando apareceram numa visita formal a meu avô, em Nijmegen.

pelo Reno, meu avô causou (talvez deliberadamente) embaraço entre os passageiros alemães recitando a ode poética de Heinrich Heine às donzelas do Reno, *Lorelei* ("A sereia"). (Heine era judeu.) Minha avó então decidiu que era hora de se afastar. Três anos depois chegaram as tropas alemãs, irrompendo através da fronteira.

A vida continuou, mesmo sob ocupação. Para a maioria do povo holandês, contanto que não fossem judeus, tudo continuou estranhamente normal, ao menos no primeiro ou nos dois primeiros anos. Meu pai entrou na Universidade de Utrecht em 1941, onde estudou direito. Para ter um futuro como advogado, era (e em certa medida ainda é) imperioso tornar-se membro da fraternidade, como se costuma chamar a corporação estudantil, uma instituição exclusiva e muito dispendiosa. Como pastor protestante, embora ocupasse uma posição socialmente respeitável, meu avô não ganhava o suficiente para pagar todas as contas de meu pai. Assim, um tio materno de um lado mais abastado da família decidiu subsidiar as obrigações sociais de meu pai.

No entanto, na época em que meu pai chegou ao ensino superior, as fraternidades de estudantes já tinham sido banidas pelas autoridades alemãs como nichos potenciais de resistência. Isso foi logo após os professores judeus terem sido expulsos das universidades. Em Leyden, o reitor da faculdade de direito, Rudolph Cleveringa, protestou contra essa medida num célebre discurso, já carregando consigo uma escova de dente e uma muda de roupa para o caso de ser preso, o que efetivamente aconteceu. Os estudantes, muitos deles pertencentes à corporação estudantil, entraram em greve. Leyden foi fechada. A fraternidade em Amsterdam já havia sido dissolvida por seus próprios membros depois que os alemães baniram os estudantes judeus.

Mas Utrecht continuou aberta, e a fraternidade se mantinha em atividade, embora subterraneamente. Isso queria dizer que os brutais rituais de trote para novos estudantes tinham de ser conduzidos em segredo. Os estudantes do primeiro ano, conhecidos na corporação como "fetos", não eram mais obrigados a raspar a cabeça, pois isso os entregaria aos alemães, mas ainda era costume fazer os "fetos" andar aos saltos como sapos, privá-los do sono, tratá-los como escravos e humilhá-los numa variedade de brincadeiras sádicas, de acordo com o que desse na telha dos veteranos. Meu pai, como outros de sua classe e formação, submeteu-se a esse suplício sem protestar. Assim eram (e ainda são) as coisas. Era *mos* (o costume), como eles de maneira bem pedante denominavam em latim.

No início de 1943, os jovens foram submetidos a outro teste, bem mais sério. As forças de ocupação alemãs ordenaram que todos os estudantes assinassem um voto de lealdade, jurando eximir-se de qualquer ação contra o Terceiro Reich. Os que se recusassem seriam deportados para a Alemanha e obrigados a trabalhar para a indústria bélica nazista. Assim como 85% de seus colegas, meu pai recusou-se e passou a viver escondido.

Mais tarde, no mesmo ano, recebeu um chamado da resistência estudantil em Utrecht para que voltasse à cidade. O motivo disso permanece obscuro. Talvez um erro estúpido, cometido num momento de pânico, ou então só um caso clássico de incompetência; afinal, eram estudantes, e não empedernidos combatentes de guerrilha. Meu pai chegou à estação com meu avô. Infelizmente, os nazistas tinham escolhido aquele mesmo momento para arrebanhar jovens que iriam trabalhar na Alemanha. A plataforma foi bloqueada nos dois lados pela polícia alemã. Fizeram ameaças de que os pais seriam considerados responsáveis por eventuais fugas. Preocupado em não causar problemas para a família, meu pai assinou. Foi um ato de altruísmo, mas não especialmente heroico, cuja lembrança ainda o incomoda de vez em quando. Ele foi transportado, com outros homens, para um pequeno e horroroso campo de concentração, onde capangas holandeses eram treinados pela ss nas técnicas selvagens de seu métier. Após um breve período ali, meu pai passou o resto da guerra trabalhando numa fábrica em Berlim, produzindo freios para composições ferroviárias.

Não foi uma experiência detestável, ao menos no começo. Caso não resistissem ativamente aos alemães, os estudantes holandeses que trabalhavam lá não eram confinados em campos de concentração. O tédio do trabalho na fábrica, a vergonha de estar trabalhando para o inimigo e os desconfortos físicos de dormir em barracões gelados e infestados tinham até suas compensações. Meu pai se recorda de ter assistido a concertos da Filarmônica de Berlim regida por Wilhelm Furtwängler.

As coisas na fábrica de freios Knorr também podiam não ser exatamente o que pareciam. Um homem taciturno de cabelos pretos chamado Herr Elisohn tendia a se esquivar quando dele se aproximavam os estudantes holandeses, e havia outros que evitavam muito contato, homens com nomes como, por exemplo, Rosenthal. Muito mais tarde, meu pai conjecturou que a fábrica podia estar escondendo judeus.

As coisas ficaram bem piores em novembro de 1943, quando a Força Aérea Real (RAF, na sigla em inglês) iniciou sua longa campanha de bombardeio na capital alemã. Em 1944, aos Lancasters da RAF juntaram-se os B-17 americanos. Mas a destruição total de Berlim, e de seu povo, começou realmente nos primeiros meses de 1945, quando bombas e incêndios em grande escala eram mais ou menos constantes. Os americanos atacavam durante o dia, os britânicos durante a noite, e em abril os "órgãos de Stálin"* passaram a fustigar a cidade a partir do leste.

---

* Referência às "katiúchas", lançadores mútliplos de foguetes utilizados pelo Exército Vermelho. (N. T.)

Às vezes os estudantes conseguiam se espremer em abrigos antiaéreos, privilégio que não era permitido aos prisioneiros em campos de concentração. Às vezes uma trincheira cavada apressadamente era sua única proteção contra os ataques e bombardeios, os quais, na lembrança de meu pai, os estudantes ao mesmo tempo saudavam e temiam. Um dos piores tormentos era a falta de sono, pois o bombardeio aéreo e de artilharia na realidade nunca se interrompia. Havia o barulho constante de sirenes, explosões, gritos e do desmoronar e estilhaçar de alvenaria e vidro. Mesmo assim, os estudantes aplaudiam os bombardeiros anglo-americanos que tão facilmente poderiam matá-los, o que em alguns casos de fato aconteceu.

Em abril de 1945, o alojamento de trabalhadores tornou-se inabitável: telhados e paredes tinham sido varridos por vento e fogo. Através de um contato, possivelmente feito por meio de uma das menos nazificadas igrejas protestantes, meu pai encontrou refúgio numa quinta suburbana. Sua senhoria, Frau Lenhard, já tinha recebido vários outros refugiados das ruínas de Berlim central. Entre eles havia um casal alemão, dr. Rümmelin, um advogado, e a esposa judia. Sempre com medo de que ela fosse presa, o marido mantinha em casa um revólver, para que pudessem morrer juntos se isso viesse a acontecer. Frau Lenhard gostava de cantar *lieder* alemães. Meu pai a acompanhava ao piano. Era, nas palavras dele, "uma rara reminiscência da civilização" em pleno caos da batalha final de Berlim.

A caminho do trabalho no leste de Berlim, meu pai passava pelas ruas em ruínas onde tropas soviéticas e alemãs combatiam de casa em casa. Na Potsdamer Platz, ele ficou atrás dos "órgãos de Stálin" que bombardeavam a chancelaria de Hitler, com seu sinistro e azucrinante barulho. Disso lhe adveio um horror permanente a grandes explosões e fogos de artifício.

Em algum momento de fins de abril, ou talvez início de maio

de 1945, soldados soviéticos chegaram à casa de Frau Lenhard. Visitas como essa comumente implicavam estupro de mulheres, não importava quão velhas ou jovens elas fossem. Isso não aconteceu. Mas meu pai quase perdeu a vida quando o revólver do dr. Rümmelin foi descoberto. Nenhum dos soldados falava uma palavra de inglês ou alemão, o que tornou inúteis as tentativas de explicação sobre o motivo da presença da arma. Os dois homens na casa, o dr. Rümmelin e meu pai, foram encostados numa parede para serem executados. Meu pai lembra-se de se ter reagido a isso de maneira fatalista. Àquela altura ele havia presenciado tantas mortes que seu próprio e iminente fim não lhe veio como uma surpresa. Mas então, por um desses caprichosos lances de sorte que fazem a diferença entre vida e morte, apareceu um oficial russo que falava inglês. Ele resolveu acreditar na história do dr. Rümmelin. O fuzilamento foi cancelado.

Estabeleceu-se uma certa conexão entre meu pai e outro oficial soviético, um professor de ensino médio de Leningrado. Eles se comunicavam cantarolando trechos de Beethoven e de Schubert, pois não havia nenhuma língua em comum que os dois falassem. Esse oficial, chamado Valentin, levou-o a um ponto de triagem em algum lugar dos escombros daquilo que costumava ser um subúrbio da classe trabalhadora no oeste de Berlim. De lá meu pai teria de encontrar um caminho para um campo de deslocados de guerra no leste da cidade. Em seu percurso através das ruínas, juntou-se a ele outro holandês, possivelmente um colaborador dos nazistas, ou ex-membro da ss. Como já fazia várias semanas que meu pai não se alimentava ou dormia de maneira adequada, ele quase não conseguia andar.

Antes que chegassem muito longe, meu pai desfaleceu. Seu duvidoso companheiro de jornada o arrastou até um prédio destruído no qual sua namorada, uma prostituta alemã, vivia num quarto vários lances de escada acima. Meu pai não se lembrava do que acontecera depois; provavelmente ficou inconsciente na maior parte do tempo. Mas a prostituta salvou sua vida, alimentando-o e deixando-o num estado que lhe permitiu chegar ao campo de deslocados, onde mais de mil pessoas de todas as nacionalidades, inclusive sobreviventes de campos de concentração, tinham de se virar com a água de uma única torneira.

Numa fotografia de meu pai tirada na Holanda mais de seis meses depois, ele ainda parece inchado de um edema causado pela fome. Está vestindo um terno que não corresponde às suas medidas. Talvez fosse um que recebera de uma organização de caridade menonita dos Estados Unidos, com manchas de urina nas calças. Ou talvez fosse um que restara de seu pai. Mas, embora atarracado e um pouco pálido, na fotografia meu pai parece estar bem alegre, cercado por outros homens de sua idade, erguendo suas canecas de cerveja, as bocas bem abertas, celebrando, ou cantando alguma canção de estudante.

Ele estava de volta à sua fraternidade de Utrecht. Devia ser setembro de 1945. Meu pai tinha 22 anos. Como os rituais de iniciação para a fraternidade tinham ocorrido em segredo em tempo de guerra, fora decidido pelos líderes da entidade que teriam de ser realizados de novo. Meu pai não se lembra de ter saltado como um sapo, ou de ter sido severamente molestado. Esse tipo de tratamento era reservado a rapazes mais jovens, recém-chegados à universidade, alguns deles talvez vindos de campos de prisioneiros ainda piores que o de meu pai. Talvez houvesse estudantes judeus entre eles, escondidos durante anos debaixo do assoalho das casas de corajosos gentios dispostos a arriscar o pescoço. Mas meu pai não se lembra de ninguém que tenha ficado especialmente preocupado com coisas desse tipo; ninguém estava interessado em histórias pessoais, e isso não valia só para os judeus; todos tinham experiências a narrar, na maioria desagradáveis. Como parte da iniciação na fraternidade, os novos "fetos" eram alvo de gritos, humilhações, e chegavam a ser espremidos em minúsculas celas (um ritual que mais tarde foi conhecido nos círculos da fraternidade como "brincar de Dachau").

E foi isso que me deixou intrigado. Como pôde meu pai contemporizar com um comportamento tão grotesco depois de tudo por que tinha passado? Não é estranho, peculiar, para dizer o mínimo?

Meu pai sempre dizia que não. Para ele, parecia tudo normal. Era assim que se faziam as coisas. Era *mos*. Ninguém questionava. Ele mais tarde explicou melhor essa postura, dizendo que teria achado indecoroso molestar um sobrevivente judeu, mas que não podia falar pelos outros.

Isso me deixou intrigado, porém, gradualmente, creio que acabei entendendo. A ideia de que isso era *normal*, parece-me, era a chave da questão. As pessoas estavam tão desesperadas para retornar ao mundo que tinham conhecido antes da ocupação nazista, antes das bombas, dos campos de prisioneiros e dos assassinatos, que azucrinar os "fetos" parecia uma coisa normal. Era uma forma de voltar ao jeito que as coisas eram, supostamente uma maneira de estar de novo em casa.

Há outras possibilidades. Talvez, para homens que tinham testemunhado grandes violências, as brincadeiras de estudantes parecessem inofensivas o bastante, meras travessuras da juventude. É mais provável, porém, que os mais entusiasmados em perseguir os calouros fossem aqueles que não houvessem passado por tais experiências. Aqui eles tinham uma oportunidade de agir com dureza, prazer que seria sentido mais profundamente se as vítimas fossem pessoas que tivessem passado por muito mais do que isso.

A história de meu pai — como já disse, não tão ruim quanto tantas outras, mas assim mesmo bem ruim — foi o que me deixou curioso sobre o que aconteceu logo após a guerra mais devastadora da história humana. Como o mundo emergiu dos destroços? O que acontece quando milhões estão passando fome, ou dispostos a uma vingança sangrenta? Como se reorganizam novamente sociedades, ou a "civilização" (termo popular na época)? O desejo de recobrar um sentido de normalidade é uma reação muito humana à catástrofe; humana e fantasiosa. Porque a ideia de que era possível simplesmente restaurar o mundo para que voltasse a ser como antes da guerra — como se uma década mortífera, que começara bem antes de 1939, pudesse ser descartada tal qual uma memória ruim — era sem dúvida uma ilusão.

No entanto, foi uma ilusão mantida tanto pelos governos como pelos indivíduos. Os governos francês e holandês pensaram que suas colônias poderiam ser recuperadas, e a vida retomada como era antes de os japoneses invadirem o Sudeste da Ásia. Mas era só isso, uma ilusão. Pois o mundo não poderia voltar a ser o mesmo. Muita coisa tinha acontecido, muita coisa tinha mudado, pessoas demais, até sociedades inteiras, haviam sido desarraigadas. E muitas pessoas, inclusive muitos governos, não queriam que o mundo voltasse a ser o que tinha sido. Trabalhadores britânicos, que arriscaram a vida pelo rei e pelo país, não estavam mais dispostos a viver no velho sistema de classes, e com seu voto depuseram Winston Churchill apenas dois meses após a derrota de Hitler. Ióssif Stálin não mostrava intenção de deixar que a Polônia, a Hungria ou a Tchecoslováquia restaurassem qualquer tipo de democracia liberal. Mesmo na Europa Ocidental, muitos intelectuais viam no comunismo, envolto na aconchegante vestimenta moral do "antifascismo", uma alternativa mais viável do que a velha ordem.

Na Ásia, a incipiente mudança era ainda mais drástica. Depois de indonésios, vietnamitas, malaios, chineses, birmaneses, indianos e outros terem visto como uma nação asiática pôde humilhar senhores coloniais do Ocidente, a noção da onipotência ocidental estava destruída para sempre, e as relações nunca poderiam voltar a ser o que foram antes da guerra. Ao mesmo tempo, os japoneses, assim como os alemães, tendo visto os sonhos de vanglória de seus líderes virar cinzas, estavam receptivos a mudanças, que eram em parte incentivadas e em parte impostas pelos Aliados vitoriosos que ocupavam seu território.

As mulheres britânicas e americanas, que as circunstâncias da guerra tinham introduzido na força de trabalho, não estavam mais tão dispostas a trocar sua independência econômica pela subserviência doméstica. Muitas ainda o fizeram, claro, assim como levou certo tempo para que as colônias conquistassem sua independência total. O desejo conservador de voltar ao "normal" sempre estará em oposição ao desejo de mudança, de começar de novo do zero, de construir um mundo melhor, onde as guerras devastadoras não mais aconteçam. Essas esperanças inspiravam-se num idealismo autêntico. O fato de a Liga das Nações ter falhado em evitar uma (segunda) guerra mundial não tolhia o idealismo daqueles que esperavam, em 1945, que a Organização das Nações Unidas mantivesse a paz para sempre. O fato de que tais ideais, com o decorrer do tempo, se mostrassem tão ilusórios quanto a ideia de que era possível fazer o relógio andar para trás não diminui seu poder nem deprecia seu propósito.

A história do pós-guerra em 1945 é, em alguns aspectos, uma narrativa bem velha. Os antigos gregos conheciam a força destrutiva da sede humana por vingança, e seus autores de tragédias dramatizavam maneiras pelas quais conflitos de sangue podiam ser superados pela prevalência da lei; julgamentos em lugar de vendetas. E a história, no Oriente não menos que no Ocidente, está abarrotada de sonhos de recomeçar, de encarar as ruínas da guerra como um terreno para a construção de sociedades baseadas em novos ideais, que muitas vezes não são tão novos quanto pensam as pessoas.

Meu próprio interesse no período imediato do pós-guerra foi despertado em parte pelos acontecimentos atuais. Nos anos mais recentes temos visto diversos exemplos de grandes esperanças depositadas em guerras revolucionárias para depor ditadores e estabelecer novas democracias. Mas, principalmente, eu queria recuar no tempo para entender o mundo de meu pai e sua geração. Talvez um pouco pela curiosidade natural de um filho quanto à experiência vivida por um de seus familiares mais próximos, curiosidade que cresce ainda mais quando o filho fica mais velho do que era o pai naquela época. Essa curiosidade é especialmente aguda porque o pai foi testado por situações que o filho mal é capaz de imaginar.

Mas isso não explica tudo. O mundo que meu pai ajudou a criar das ruínas de uma guerra que tão perto esteve de matá-lo é o mundo no qual crescemos. Minha geração foi alimentada pelos sonhos de nossos pais: o modelo europeu de Estado de bem-estar social e prosperidade, a Organização das Nações Unidas, a democracia norte-americana, o pacifismo japonês, a União Europeia. E há também o lado escuro do mundo formado em 1945: a ditadura comunista na Rússia e na Europa Oriental, a ascensão de Mao na guerra civil chinesa, a Guerra Fria.

Grande parte desse mundo de nossos pais já foi desmantelada ou está rapidamente se desfazendo. Na verdade, em quase todo lugar atingido pela última guerra mundial a vida hoje é muito melhor do que em 1945; em termos materiais, sem dúvida nenhuma. Algumas das coisas que as pessoas mais temiam não chegaram a acontecer. O império soviético caiu. Os últimos redutos da Guerra Fria estão na península coreana, ou possivelmente nos estreitos de Taiwan. Contudo, como já escrevi, em toda parte as pessoas falam do declínio do Ocidente, tanto dos Estados Unidos como da Europa. Se alguns dos temores do período imediato do pós-guerra desvaneceram, o mesmo vale para muitos de seus sonhos. Poucos ainda acreditam que uma paz eterna há de vir de uma espécie de governo mundial, ou mesmo que as Nações Unidas possam proteger o mundo de conflitos. As esperanças de uma social-democracia e de um Estado de bem-estar social — o verdadeiro motivo da derrota de Churchill em 1945 — foram gravemente comprometidas, se não esmagadas, por ideologias e coerções econômicas.

Pessoalmente, encaro com ceticismo a noção de que podemos aprender muita coisa com a história, pelo menos no sentido de que o conhecimento dos desatinos do passado nos impedirá de cometer os mesmos erros crassos. A história é, toda ela, matéria de interpretação. Com frequência as interpretações equivocadas do passado são mais perigosas do que seu desconhecimento. Lembranças de antigas feridas e ódios engendram novas conflagrações. Mesmo assim, é importante saber o que já aconteceu, e tentar encontrar nisso algum sentido. Porque, se não o fizermos, não poderemos compreender nossa própria época. Eu quis saber o que meu pai enfrentou e viveu porque isso me ajuda a compreender minha própria existência — e na verdade a de todas as pessoas — à sombra longa e escura daquilo que houve antes de nós.

PARTE I
COMPLEXO DE LIBERTAÇÃO

1. Regozijo

Quando as tropas aliadas libertaram na Alemanha os milhões de prisioneiros do derrotado Reich de Hitler — em campos de concentração, campos de trabalhos forçados, campos de prisioneiros de guerra —, esperavam encontrá-los dóceis, devidamente agradecidos e felizes em colaborar como pudessem com seus libertadores. Em alguns casos, sem dúvida, foi isso que aconteceu. Muitas vezes, no entanto, eles depararam com o que se tornou conhecido como "complexo de libertação". Nas palavras um tanto burocráticas de uma testemunha ocular: "Isso envolvia um sentimento de vingança, fome e regozijo, características que, combinadas, faziam dos refugiados, quando recém-libertados, um problema em termos de comportamento e conduta, assim como de cuidados, alimentação, desinfecção e repatriação".[1]

O complexo de libertação não se limitava aos internos nos campos de refugiados; a expressão poderia ser empregada para descrever países inteiros, e até mesmo, em certos aspectos, as nações derrotadas na guerra.

Nasci muito tempo depois, num país demasiadamente próspero, para perceber os efeitos da fome. Mas havia ainda, embora débeis, ecos do sentimento de vingança e de regozijo. A vingança contra pessoas que tinham colaborado com o inimigo ou, pior, dormido com ele, continuava a ser exercida de maneira silenciosa, quase sub-reptícia, na maioria das vezes num nível muito baixo. Não se compravam mantimentos em determinados estabelecimentos, ou cigarros em outro, pois "todos" sabiam que seus donos tinham "procedido mal" durante a guerra.

O regozijo, por outro lado, foi institucionalizado na Holanda, transformado num ritual anual: o dia 5 de maio, Dia da Libertação.

Pelo que me lembro de minha infância, o sol sempre brilhava em 5 de maio, com os sinos das igrejas a repicar, e bandeiras com vermelho, azul e branco drapejando na leve brisa primaveril. O dia 5 de dezembro, festa de são Nicolau, talvez constitua um evento familiar maior, mas o Dia da Libertação é o grande espetáculo da alegria patriótica, ou ao menos era quando eu era criança, nas décadas de 1950 e 1960. Como os holandeses não se libertaram sozinhos em 5 de maio de 1945, e sim foram libertados da ocupação alemã por tropas canadenses, britânicas, americanas e polonesas, a explosão anual de orgulho patriótico é um tanto estranha. Mas, uma vez que os holandeses, assim como os americanos e os britânicos, gostam de acreditar que sua identidade nacional se define pela liberdade, faz sentido que a derrota alemã se confunda na consciência nacional com a memória coletiva de terem derrotado a Coroa espanhola na Guerra dos Oitenta Anos, durante os séculos XVI e XVII.

Lágrimas de emoção afloram facilmente nos olhos de alguém de minha geração, nascido apenas seis anos após a guerra, quando depara com imagens de escoceses tocando suas gaitas de fole enquanto enfrentam o fogo de metralhadoras numa praia da Normandia, ou de cidadãos franceses cantando a Marselhesa, imagens que não vêm, claro, de nossas próprias memórias, e sim de filmes de Hollywood. Mas presenciei um pouco desse antigo regozijo, exatamente cinquenta anos após 5 de maio de 1945, quando, para comemorar a data, foi reencenada a entrada de soldados do Exército canadense em Amsterdam. O fato de as tropas aliadas na verdade só terem chegado a Amsterdam em 8 de maio não tem mais tanta importância. A ocasião original deve ter sido extraordinária. No relato de um correspondente de guerra britânico que estava lá: "Fomos beijados, aclamados, abraçados, amassados, gritavam e berravam para nós até ficarmos machucados e exaustos. Os holandeses saquearam seus jardins, e a chuva de flores que caiu sobre os veículos aliados não teve fim".[2]

Cinquenta anos depois, canadenses idosos com medalhas espetadas em suas fardas de combate apertadas e desbotadas entraram mais uma vez na cidade em seus velhos jipes e carros blindados, saudando as multidões com lágrimas nos olhos, lembrando os dias em que eram reis, sobre os quais seus netos já estavam cansados de ouvir, dias de regozijo antes que os heróis de guerra se estabelecessem em Calgary ou Winnipeg para se tornarem dentistas ou contadores.

O que me impactou mais do que aqueles senhores revivendo seus melhores dias foi o comportamento de holandesas idosas, vestidas como as respeitáveis matronas que sem dúvida elas eram. Essas mulheres estavam num estado de exaltação, uma espécie de êxtase adolescente, gritando como garotas num show de rock, estendendo os braços para os homens em seus jipes, tentando tocar suas fardas. "Obrigada! Obrigada! Obrigada!" Não conseguiam se conter. Para elas, também, era momento de reviver suas horas de regozijo. Foi uma das cenas eróticas mais esquisitas que já presenciei.

Com efeito, como citado, os canadenses não chegaram a Amsterdam em 5 de maio, nem a guerra estava oficialmente terminada nessa data. É verdade que, em 4 de maio, o grande almirante Hans-Georg von Friedeburg e o general Eberhard Hans Kinzel tinham vindo à tenda do marechal de campo Bernard Montgomery ("Monty"), na charneca de Lüneburg, para assinar a rendição das forças alemãs no noroeste da Alemanha, na Holanda e na Dinamarca. Um jovem oficial do Exército britânico chamado Brian Urquhart viu passar os alemães em suas Mercedes-Benz por uma estrada rural em direção ao quartel-general de Monty. Não muito tempo antes disso, ele tinha sido um dos primeiros oficiais aliados a entrar num campo de concentração próximo dali, o de Bergen-Belsen, onde a maioria dos prisioneiros libertados "parecia não ser capaz de emitir uma fala articulada, mesmo que supostamente encontrássemos uma linguagem comum". O que ele à distância pensou serem achas de lenha eram na verdade pilhas de cadáveres, "até onde a vista alcançasse".[3] Quando o almirante Von Friedeburg, ainda vestindo um esplêndido casaco de couro, foi confrontado alguns dias depois com um relato americano das atrocidades cometidas pela Alemanha, tomou isso como um insulto a seu país e ficou enfurecido.

Em 6 de maio, houve outra cerimônia numa fazenda semidestruída perto de Wageningen, onde o general Johannes Blaskowitz rendeu suas tropas ao general de divisão canadense Charles Foulkes. Pouco tinha sobrado de Arnhem depois de ter sido arrasada por um bombardeio em setembro de 1944, quando tropas britânicas, americanas e polonesas tentavam abrir caminho através da Holanda, num desastre militar conhecido como Operação Market Garden. Uma das pessoas que previram que o desastre se aproximava foi Brian Urquhart, então oficial da inteligência a serviço de um dos principais planejadores da operação, o general F. A. M. "Boy" Browning, um homem arrojado e com muito sangue nas mãos. Quando Urquhart mostrou a seu comandante a evidência fotográfica de que brigadas de tanques alemãs estavam esperando nos arredores de Arnhem para repelir os Aliados, recebeu ordens para tirar uma licença médica. Ninguém, e certamente não um oficial de inteligência de baixo escalão, teria permissão para estragar a festa de Monty.*

Mas a guerra ainda não tinha acabado, nem mesmo na Holanda. Em 7 de maio, multidões reuniram-se na praça Dam, no centro de Amsterdam, em frente ao Palácio Real, celebrando, dançando, cantando, agitando a bandeira laranja da família real holandesa, antecipando-se à chegada das vitoriosas tropas britânicas e canadenses, que era iminente. Observando a feliz aglomeração de uma janela de um clube para cavalheiros na praça, oficiais navais alemães decidiram num impulso de último momento atirar na multidão com uma metralhadora montada no telhado. Vinte e duas pessoas morreram e mais de cem foram gravemente feridas.

Essa tampouco foi a última ação violenta da guerra. Em 13 de maio, mais de uma semana após o Dia da Libertação, dois homens foram executados. Eram alemães antinazistas que tinham desertado do Exército alemão e se escondido entre os holandeses. Um tinha mãe judia. Eles saíram de seus esconderijos em 5 de maio e se entregaram a membros da resistência holandesa, que os entregaram aos canadenses. Foram então vítimas de uma trapalhada típica de tempos de guerra. Quando Montgomery aceitou a rendição alemã, em 4 de maio, não havia na Holanda tropas aliadas suficientes para desarmar os nazistas ou alimentar os prisioneiros de guerra. Por ora, permitiu-se que os oficiais alemães con-

---

* De fato, em seus estágios de planejamento, a operação foi comumente referida como "a festa". Um dos mais famosos oficiais na batalha de Arnhem, o coronel John Frost, tinha até pensado em mandar trazer seus tacos de golfe para a Holanda.

tinuassem a comandar seus homens. Os dois infelizes desertores alemães foram alocados entre outros compatriotas numa fábrica da Ford desativada nos arredores de Amsterdam. Uma corte militar foi improvisada às pressas por oficiais desejosos de exercer sua autoridade pela última vez, e os homens foram condenados à morte. Os alemães pediram aos canadenses as armas para executar os "traidores". Os canadenses, sem saber de fato quais eram as regras e sem querer comprometer aquela acomodação temporária, aceitaram. Os homens foram prontamente executados. Ao que tudo indica, outros tiveram a mesma sina, até que os canadenses, um tanto tarde demais, pusessem fim a essas práticas.[4]

A data oficial do fim da guerra na Europa, o v-e Day, ou Dia da Vitória na Europa, é na verdade 8 de maio. Não obstante a rendição incondicional de todas as tropas alemãs ter sido assinada numa escola em Rheims na noite de 6 de maio, as comemorações ainda não podiam começar. Stálin estava furioso com o fato de o general Eisenhower ter presumido que podia aceitar a rendição da frente oriental junto com a da frente ocidental, pois esse privilégio deveria caber aos soviéticos, e em Berlim. Stálin quis adiar o Dia da Vitória para 9 de maio. Isso, por sua vez, deixou Churchill aborrecido.

Em toda a Grã-Bretanha as pessoas já se ocupavam em assar pão para os sanduíches da comemoração; bandeiras e estandartes tinham sido preparados; os sinos das igrejas esperavam para ser repicados. Em meio à confusão geral, foram os alemães que primeiro anunciaram o fim da guerra numa transmissão radiofônica a partir de Flensburg, onde o almirante Dönitz ainda comandava oficialmente o que restava do esfarrapado Reich alemão. O informe foi captado pela bbc. Edições especiais dos jornais franceses, britânicos e americanos logo chegaram às ruas. Em Londres, grandes multidões se reuniram no entorno de Piccadilly Circus e Trafalgar Square, esperando que Churchill anunciasse a vitória para que a maior festa da história pudesse finalmente começar. Em Nova York, tinha início uma chuva de papel picado. Mas ainda não havia o anúncio oficial dos governantes aliados de que a guerra com a Alemanha tinha terminado.

Pouco antes da meia-noite de 8 de maio, no quartel-general soviético em Karlshorst, perto do antigo campo de trabalhos forçados de meu pai, o marechal Georgi Zhukov, o brutal gênio militar, por fim aceitou a rendição alemã. Uma vez mais, o almirante Von Friedeburg pôs sua assinatura na derrota alemã. O marechal de campo Wilhelm Keitel, sem exprimir emoção nenhuma no rosto, um rígido soldado prussiano da cabeça aos pés, disse aos russos que estava horrorizado com a extensão da destruição imposta à capital alemã. Ao que um oficial russo perguntou a Keitel se havia ficado igualmente horrorizado quando, por suas ordens, milhares de aldeias e cidades soviéticas tinham sido arrasadas, e milhões de pessoas, inclusive muitas crianças, ficaram soterradas sob as ruínas. Keitel deu de ombros e não disse nada.[5]

Zhukov pediu então aos alemães que se retirassem, e os russos, juntamente com seus Aliados americanos, britânicos e franceses, comemoraram em grande estilo, com olhos marejados e enormes quantidades de vinho, conhaque e vodca. No dia seguinte, realizou-se um banquete na mesma sala, quando Zhukov num brinde saudou Eisenhower como um dos maiores generais de todos os tempos. Os brindes continuaram, e os generais russos, inclusive Zhukov, dançaram até que poucos restassem de pé.

Em 8 de maio, as multidões já estavam alucinadas em Nova York. As ruas em Londres também estavam lotadas, mas um silêncio peculiar ainda reinava nas multidões londrinas, como se estivessem esperando ouvir a voz de Churchill para dar início às comemorações. Churchill, que tinha decidido ignorar o desejo de Stálin de adiar o Dia da Vitória para o dia 9, ia fazer um pronunciamento às três horas da tarde. O presidente Truman já tinha feito o seu mais cedo. O general Charles de Gaulle, recusando-se a perder os holofotes para Churchill, insistira em fazer seu anúncio aos franceses exatamente no mesmo momento.

A fala de Churchill na BBC foi ouvida pelo rádio no mundo inteiro. Já não havia espaço nem para se mexer na Parliament Square, junto a Westminster, onde tinham sido instalados os alto-falantes. Pessoas espremiam-se de encontro às grades do Palácio de Buckingham. Os carros não conseguiam passar pelas multidões no West End. O Big Ben soou três vezes. A multidão calou-se, e finalmente a voz de Churchill irrompeu nos alto-falantes: "A guerra com a Alemanha chega pois ao fim [...] quase o mundo inteiro se uniu contra os agentes do mal, que agora estão prostrados diante de nós [...]. Temos agora de dedicar toda a nossa força e nossos recursos para completar nossa tarefa, tanto em casa quanto no exterior...". Aqui sua voz ficou embargada: "Avante Britânia! Longa vida à causa da liberdade! Deus salve o rei". Pouco depois ele fez o sinal do V da vitória na sacada do Ministério da Saúde. "Deus os abençoe a todos. Esta vitória é de vocês!" E a multidão gritou de volta: "Não, ela é sua!".

O *Daily Herald* relatou:

> Houve fantásticas cenas de tumultuadas comemorações no coração da cidade, quando multidões incontroláveis a clamar, a dançar e a rir cercaram ônibus, pularam no teto dos carros, arrancaram tapumes para fazer fogueiras, beijaram policiais e os arrastaram para a dança [...]. Motoristas faziam soar suas buzinas com o sinal em código Morse do V da vitória. No rio, barcaças e navios faziam o eco e o eco do eco da noite com o V da vitória em suas sirenes.

Em algum lugar da multidão estava minha mãe, então com dezoito anos, que recebera licença de seu internato para sair, e seu irmão mais moço. Minha avó, Winifred Schlesinger, filha de imigrantes judeus alemães, tinha todos os motivos para estar feliz, e não havia limites para seu culto a Churchill. Mas estava apreensiva, temendo que seus filhos se perdessem na "multidão excitada e bêbeda — especialmente entre os ianques".

Em Nova York, 500 mil pessoas comemoravam nas ruas. O toque de recolher foi suspenso. Os clubes — como o Copacabana, o Versailles, o Quartier Latin, o Diamond Horsehoe, o El Morocco — ficaram superlotados e abertos durante metade da noite. Lionel Hampton tocava no Zanzibar, Eddie Stone no Grill do Hotel Roosevelt, e no Jack Dempsey's ofereciam-se porções "jumbo" de comida.

Em Paris, na Place de la République, um repórter do jornal *Libération* observava uma "massa de gente em movimento, agitando bandeiras dos Aliados. Um soldado americano cambaleava sobre suas longas pernas, num estranho estado de desequilíbrio, tentando tirar fotografias, com duas garrafas de conhaque, uma vazia e outra ainda cheia, despontando dos bolsos de sua roupa cáqui". Um piloto de bombardeiro dos Estados Unidos fez a multidão vibrar passando seu Mitchell B-25 num voo rasante pelo vão na base da torre Eiffel. No Boulevard des Italiens, "um enorme marinheiro americano e um esplêndido negro" resolveram engajar-se numa competição. Eles apertavam mulheres contra seus "imensos peitorais" e contavam o número de marcas de batom que elas deixavam em suas faces. As pessoas ao redor faziam apostas nos dois rivais. No Arco do Triunfo, a maior multidão já vista por ali expressava sua gratidão ao general De Gaulle, que exibia um raro sorriso. As pessoas cantavam a plena voz a Marselhesa, e a favorita da Primeira Grande Guerra, "Madelon":

There is a tavern way down in Brittany
Where weary soldiers take their liberty
The keeper's daughter whose name is Madelon
Pours out the wine while they laugh and "carry on" [...]
O Madelon, you are the only one
O Madelon, for you we'll carry on
It's so long since we have seen a miss
Won't you give us just a kiss... *

Mesmo assim, o Dia da Vitória em Paris foi considerado por alguns como uma espécie de anticlímax. A França, afinal, já tinha sido libertada em 1944. Simone de Beauvoir escreveu que sua lembrança daquela noite era

> muito mais nebulosa do que a das nossas antigas festas, talvez por conta da confusão dos meus sentimentos. Aquela vitória fora conseguida muito longe de nós; não a esperáramos, como a liberação, na febre e na angústia; ela estava prevista há muito tempo e não abria novas esperanças: apenas punha um ponto final na guerra; de certo modo, aquele fim se assemelhava a uma morte.[6]

Os moscovitas, por outro lado, foram para as ruas assim que o Dia da Vitória foi anunciado, nas primeiras horas da manhã do dia 9. Massas de gente, alguns ainda em suas camisolas ou pijamas, dançaram e celebraram durante o resto da madrugada, gri-

---

* A canção, originalmente francesa, tornou-se bastante difundida também na versão em inglês, cuja correspondência com a original não é exata. Em tradução livre do inglês: "Existe uma taberna no caminho da Bretanha/ Onde um soldado exausto não se acanha/ de rindo paquerar a garota bela/ que lhe serve o vinho; Madelon é o nome dela [...]/ Ó Madelon, para mim só você existe/ Ó Madelon, com você nunca serei triste/ Há quanto tempo não sinto esse desejo/ De que você pelo menos me dê um beijo". (N. T.)

tando "Vitória! Vitória!". Numa carta ao historiador britânico Martin Gilbert, um dos intérpretes de Stálin, chamado Valentin Berezhkov, relatava:

> O orgulho de uma vitória finalmente obtida sobre um inimigo traiçoeiro e torpe, o lamento pelos que caíram (e não sabíamos então que cerca de 30 milhões tinham sido mortos nos campos de batalha), as esperanças de uma paz duradoura e uma continuada cooperação com nossos aliados na guerra — tudo isso suscitou um sentimento especial de alívio e esperança.[7]

O *Libération* de 8 de maio provavelmente estava certo: a festa foi, acima de tudo, para os jovens.

> Só os jovens sentiram-se animados. Só os jovens pularam para os jipes, como se fosse a tribuna de honra no hipódromo de Long-champ durante as corridas, atravessando a Champs-Élysées, com bandeiras envolvendo a cabeça e canções em seus lábios. E é assim que deveria ser. Para os jovens, o perigo passou.

Minha avó, na Inglaterra, ansiando pela volta do marido, que ainda servia no Exército inglês na Índia, não podia compartilhar da animação dos filhos. E seus sentimentos sem dúvida eram compartilhados por muitas pessoas que se preocupavam com seus maridos ou filhos, ou por aqueles cujas perdas tinham sido grandes demais para que pudessem se rejubilar. A reação dessa filha de imigrantes também era peculiarmente inglesa. "Eu sentia demais a sua falta para poder comemorar", ela escreveu a meu avô, "por isso aproveitei melhor as horas de claridade fazendo um trabalho extra no jardim."

Meu pai nem sequer consegue lembrar o dia em que a guerra terminou oficialmente. Ele guarda vagas recordações do som dos canhões russos atirando em comemoração. O marechal Zhukov menciona isso em suas memórias: "Saímos do salão do banquete [em 9 de maio] com o acompanhamento de um canhoneio desfechado por vários tipos de armas [...] havia tiros por todas as partes de Berlim e de seus subúrbios".[8] Mas meu pai estava habituado ao som de canhões e não notou nada de especial naquilo.

Brian Urquhart, o jovem oficial da inteligência britânica, alocado no norte da Alemanha e recém-saído do choque de testemunhar o que houvera em Belsen, tampouco poderia sentir uma alegria plena.

> É difícil reconstituir o que realmente sentia no momento de tão avassaladora ocasião. Quase seis anos transcorridos do desespero à vitória, muitos amigos mortos, desperdício e destruição fantásticos [...]. Eu pensava em todos aqueles rostos anônimos nas fotografias da guerra, refugiados, prisioneiros, civis sob bombardeio, russos na neve e nos destroços de seu país, tripulações de cargueiros que afundavam — quantos deles suas famílias tornariam a ver?[9]

Mas pensamentos desse tipo não baixaram o ânimo dos que festejavam em Nova York, Paris e Londres. Era um festival da juventude, mas também da luz. Em sentido bem literal. "As luzes da cidade foram acesas!", afirmava a manchete do *New York Herald Tribune* em 9 de maio. "O céu noturno de Londres brilhou novamente", dizia o *Daily Herald* de Londres em 8 de maio. Em Paris, as luzes do Opéra foram acesas pela primeira vez desde setembro de 1939, em vermelho, branco e azul. Uma após a outra, as luzes voltaram a iluminar o Arco do Triunfo, a Madeleine e a Place de la Concorde. E o *Herald Tribune* retratava com orgulho as "grandes bandeiras sob os holofotes, a americana com suas estrelas e faixas, a Union Jack britânica e a tricolor francesa", que tremulavam na fachada de seu prédio, na Rue de Berri.

A cidade de Nova York vinha ficando cada vez mais escura desde o *dimout* [escurecimento parcial] em abril de 1942 e depois o *brownout* [blecaute parcial] a partir de outubro de 1943. Apenas a tocha da Estátua da Liberdade permanecera acesa, mas não com a luminosidade total. Mas às oito da noite de 8 de maio, segundo o *New York Daily News*, "todas as joias na coroa da Broadway estavam em seu brilho máximo, e as grandes e compactas massas humanas pareciam nadar na luz, e seus ânimos eram aquecidos por ela".

A Coluna de Nelson, na Trafalgar Square de Londres, foi capturada por um holofote. St. Paul's, a catedral de são Paulo, que permanecia de pé quase sozinha em meio ao distrito financeiro bombardeado, estava banhada pela luz de projetores. As fachadas dos cinemas iluminavam Leicester Square com cores vívidas. E havia ainda o suave brilho avermelhado de dezenas de milhares de fogueiras acesas por toda Londres e além, preenchendo toda a distância até a Escócia.

A sensação de que as luzes podiam ser acesas outra vez, agora que não havia mais o temor das bombas e das *doodlebugs* (as bombas voadoras alemãs), não produzia apenas alívio. Havia algo simbolicamente tocante no retorno da luz. Lendo esses relatos, lembrei-me de uma história que certa vez me contou uma acadêmica russa em Moscou. A literatura francesa era seu tema e sua paixão. Sonhara a vida inteira em ver a França e outras partes da Europa Ocidental, lugares que só conhecia dos livros. Finalmente, em 1990, depois da queda do Muro de Berlim, seu sonho realizou-se; permitiram-lhe viajar de trem para Paris. Eu lhe perguntei o que a deixara mais impressionada. Disse que foi o momento em que, durante a noite, o trem passou da Berlim Oriental para a Ocidental, e de repente havia luzes.

Festivais de luz, tão universais e antigos quanto a primeira tocha acesa pelo homem, têm muitas vezes uma origem mística, relacionada com as estações do ano e o início de uma vida nova. Algumas reminiscências dos primeiros dias da libertação têm o aspecto característico de frenesi religioso. Isso é especialmente verdadeiro no que tange à recepção extasiada da população feminina aos soldados aliados. Maria Haayen, uma jovem de Haia, lembra-se de quando viu o primeiro tanque canadense rugindo e avançando em sua direção, com a cabeça de um soldado do lado de fora da torre do canhão. "Todo o sangue esvaiu-se de meu corpo, e eu pensei: *aí vem nossa libertação*. E quando o tanque chegou mais perto fiquei sem ar, e o soldado se levantou — era como um santo."[10]

Talvez esse tipo de sentimento fosse mais comum entre as mulheres, mas também era compartilhado pelos homens. Um holandês lembrou que "era um privilégio até mesmo tocar a manga de um uniforme canadense. Cada soldado raso canadense era Cristo, um salvador…".[11]

Em certo e importante sentido, a experiência dos soldados aliados nos países libertados no verão de 1945 pode ser comparada ao que aconteceu vinte anos depois, quando os Beatles apareceram. Na ocasião, do mesmo modo, a libertação foi expressa em forma de mania, que era acima de tudo erótica. Em 1945, os homens em países como a Holanda, a Bélgica e a França, e ainda mais nos derrotados Alemanha e Japão, estavam ou ausentes, ou prisioneiros, ou pobres, subnutridos e desmoralizados. A ocupação estrangeira e a derrota tinham, em maior ou menor medida, destruído a autoridade masculina, ao menos por ora. Um historiador holandês expressou isso assim na época: "Os homens holandeses foram derrotados militarmente em 1940; sexualmente em 1945".[12] O mesmo poderia ser dito na França, ou Bélgica, ou em qualquer dos países que haviam conhecido a ocupação. Uma das consequências da guerra era que muitas mulheres perderam grande parte da subserviência feminina. Tinham assumido empregos, trabalhado para a resistência ou se encarregado de cuidar de suas famílias. Haviam sido, na expressão francesa de desaprovação profunda daquela época, *hominisée*; começaram a se comportar como homens.

Comparados com os magérrimos holandeses, ou franceses, ou alemães, sem banho, maltrapilhos, os bem vestidos canadenses e os esbeltos americanos, bem alimentados, bem pagos, tinindo em suas fardas sensuais de conquistadores, realmente deviam parecer deuses. Nas palavras de uma das tantas mulheres holandesas que acabaram se casando com canadenses: "Vamos reconhecer: depois de tudo pelo que passamos, os canadenses pareciam ser deliciosos".

Nada expressava melhor o erotismo da libertação do que a música que acompanhava as tropas aliadas, ritmos que tinham sido banidos pelos nazistas: música de suingue, jazz, "In the Mood", de Glenn Miller, Tommy Dorsey, Stan Kenton, Benny Goodman, Lionel Hampton, "Hey, Ba-Ba-Re-Bop". Em Paris, jovens dançavam ao som dos "discos da Vitória", gravações de jazz distribuídas para as tropas americanas. E o espírito franco--americano penetrou nas canções francesas também. O grande sucesso de 1945, cantado por Jacques Pill, era assim:

Oh! Là là!
Bonjour mademoiselle
Oh! Là là!
Hello, qu'elle fait comme ça
Oh! Là là!
Je pense you are très belle
Oh! Là là!
You very beau soldat...

Em 1945 a confraternização com os locais ainda era, em termos oficiais, proibida aos Aliados ocidentais em solo alemão. Na Holanda e na França, era ativamente estimulada. Havia até mesmo algo chamado Operação Confraternização. Em julho, foi fundado o Comitê de Entretenimento dos Países Baixos, sob os auspícios da princesa Juliana e do príncipe Bernhard, com o propósito específico de oferecer aos mais de 100 mil canadenses a companhia de mulheres que falavam inglês. A ideia era que essas jovens acompanhassem os soldados em espetáculos de arte, museus, filmes e salões de baile devidamente supervisionados.

A esperançosa e devotadamente expressa expectativa era que as mulheres "preservassem a honra de nossa nação". Foi pedido à minha avó holandesa, como mulher de um ministro protestante, que supervisionasse as danças, para se assegurar de que nada ocorresse entre os canadenses e suas namoradas holandesas que pudesse comprometer a honra nacional. Seu colega nessa empreitada era um sacerdote católico chamado padre Ogtrop, cujo nome era gritado pelos dançarinos na melodia de "Hey, Ba-Ba--Re-Bop". Não sei muito bem o que acabava acontecendo nesses bailes. Mas, nas palavras de um soldado canadense, ele nunca tinha conhecido "uma população feminina tão solícita quanto a que encontramos na Holanda".[13]

Isso era até bom, do ponto de vista das tropas aliadas, uma vez que seus comandantes não eram lenientes com a prostituição. As zonas "de luz vermelha" eram áreas interditas para os soldados, mesmo na França, onde as *maisons de tolérance* tinham prosperado durante a ocupação alemã. Alguns dos veteranos de guerra americanos mais velhos guardavam boas lembranças da Paris de 1918, após a Primeira Guerra Mundial, onde os prostíbulos de Pigalle (que chamavam de Pig Alley, "beco dos porcos") tinham oferecido cálidas boas-vindas aos soldados. Mesmo depois da Segunda Guerra Mundial, a proibição de recorrer às prostitutas nem sempre foi observada. Em pelo menos um caso documentado, na cidade de Cherburgo, vários bordéis eram mantidos indiretamente pelo próprio Exército dos Estados Unidos.[14] Alguns eram reservados para soldados negros, outros apenas para brancos, e soldados da Polícia do Exército americana garantiam a ordem nas filas que se formavam nas portas. Mas na maioria das vezes, nesse momento — para desgosto daqueles que, com boas razões, se preocupavam com a proliferação de doenças venéreas devido à falta de um comércio sexual organizado —, a confraternização se fazia numa base de estrita livre-iniciativa.

Não que as relações entre as tropas e as mulheres locais se baseassem na equidade. Os homens tinham dinheiro, mercadorias de luxo, cigarros, meias de seda e, o mais importante, a comida da qual as pessoas precisavam desesperadamente para sobreviver. As muitas expressões de um verdadeiro culto aos libertadores sugeriam um potencial e humilhante desequilíbrio. No entanto, encarar as mulheres ansiosas por confraternização como mocinhas à espera de heróis ou vítimas indefesas não seria totalmente exato. Simone de Beauvoir menciona em suas memórias uma jovem mulher parisiense cuja "principal distração" era a "caça ao americano" (*la chasse à l'Américain*).

Benoîte Groult, que mais tarde tornou-se uma popular autora de romances, escreveu com sua irmã Flora um relato de suas proezas na caça a americanos. Elas afirmavam que seu *Journal à Quatre Mains* era romance, mas trata-se de um diário quase sem ficção. Groult falava inglês e era uma das mulheres francesas que, por intermédio da Cruz Vermelha americana, tinham se voluntariado para confraternizar. Mas os lugares que ela realmente frequentava eram menos saudáveis. Passava a maior parte de suas noites em clubes de Paris que atendiam aos soldados aliados e tinham as portas abertas para as francesas, mas barravam os homens franceses — estabelecimentos com nomes inofensivos como Clube Canadense, Independência, Esquina do Arco-Íris.

As detalhadas descrições físicas que Groult fez dos soldados americanos e canadenses revelavam uma adoração similar à de pessoas que imaginavam estar diante de santos — a não ser pelo fato de suas descrições serem surpreendentemente realistas e de os homens em questão estarem longe da santidade. Ela escreve sobre suas conquistas da mesma maneira que os homens se gabam de "pegar garotas". Os clubes são descritos como "mercados de escravos". Mas os escravos, no caso, são os heróis conquistadores.

Eis o que Benoîte Groult tem a dizer sobre Kurt, um piloto de caça americano: "O nariz um pouco curto, ou melhor, uma coisinha virada para cima, o que lhe dava um ar infantil comum a todos os americanos; sua pele bronzeada pela estratosfera; mãos fortes, os ombros de um orangotango [...] quadris perfeitos, retos, corrigindo a força levemente pesada do resto de seu corpo...". Kurt nunca lê livros, e só se interessa por comida e aviões. Mas que diferença isso faria para ela? Na verdade, ela escreve: "Quero os braços de um idiota, os beijos de um idiota. Ele tem um sorriso adorável, com os cantos da boca curvando-se para cima sobre esses perfeitos dentes americanos".[15]

Em resumo, Groult seria considerada pelos homens franceses terrivelmente *homminisée*. Tinha sido casada, mas perdera o marido durante a guerra. A libertação, no verão de 1944, deu-lhe a permissão, e o desejo, de encontrar prazer nos braços de homens que nunca mais tornaria a ver. Era uma liberdade preciosa. No fim, foi Kurt quem quis uma relação mais séria, mostrou o retrato dela a seus pais e esperava levá-la aos Estados Unidos como sua noiva de guerra. Para Groult, uma jovem intelectual parisiense com aspirações literárias, isso estava, claro, fora de questão.

Talvez Benoîte Groult fosse, ou fingisse ser, excepcionalmente insensível e decidida. Mas seu relato ilustra um aspecto apontado por um historiador francês da ocupação alemã. Segundo Patrick Buisson, a presença de um grande número de jovens alemães na França durante a guerra ofereceu a inúmeras mulheres a oportunidade de se rebelarem: mulheres que se sentiam presas a casamentos infelizes, ou a famílias burguesas opressoras, empregadas achacadas por seus empregadores, solteironas condenadas a "ficar para titia", ou simplesmente mulheres de todas as classes que desejavam livrar-se, mesmo que por pouco tempo, das restrições de uma sociedade conservadora e patriarcal. O fato de as relações com o exército de ocupação também trazerem benefícios materiais, permitindo que muitas dessas mulheres vivessem melhor do que outras — em alguns casos, melhor até do que suas patroas —, tornava ainda mais doce a sensação de vingança.[16]

E isso não valia só para as mulheres. Minorias de todos os tipos frequentemente forjavam alianças com poderosos agentes externos para se livrar da opressão das maiorias. Essa era uma faceta de todas as sociedades coloniais. Mas o número desproporcional de franceses homossexuais que colaboraram com os alemães ou usaram a Paris dos tempos de guerra como seu playground sexual pode também ter algo a ver com o ressentimento costumeiro contra a respeitável burguesia. O fato de a propaganda dos nazistas e de Vichy ser homofóbica não constituiu impedimento. A ocupação não estava sendo necessariamente endossada; ela era uma oportunidade.

"Fraternizar" com os libertadores aliados era, em todo caso, mais tentador do que colaborar com os alemães, pois não era tido como traição. É difícil saber quantas relações homossexuais aconteceram, já que obviamente é um assunto que as pessoas tratam com bastante discrição. Um dos casos é narrado de maneira belíssima por Rudi van Dantzig, o bailarino, escritor e coreógrafo do Balé Nacional Holandês. Ele escreveu um romance, *Para um sol-*

dado perdido, baseado em sua própria experiência, após ter sido evacuado de Amsterdam para um vilarejo do norte durante o "inverno da fome" de 1944-5. Quando os canadenses chegaram a seu vilarejo, ele era um menino de doze anos, mas tinha anseios que ele mesmo mal compreendia. Um jipe para numa estrada rural. Uma mão é estendida. Ele é recebido a bordo. É assim que Jeroen, o menino, encontra Walt, o soldado canadense, que o acabaria seduzindo. Mas o livro não é de forma nenhuma uma denúncia de pedofilia. Ao contrário, é escrito como uma elegia: "O braço em volta de mim é quente e confortável, como se eu estivesse agasalhado numa poltrona. Deixo que tudo aconteça quase com um sentimento de alegria. E penso: 'Isso é libertação. É assim que deveria ser, diferente dos outros dias. Isso é uma festa'".[17]

Benoîte Groult tem total consciência dos benefícios materiais de manter relações sexuais com um americano. Ela torna bastante explícita a conexão entre o apetite sexual e o apetite por alimento. Estar deitada na cama sob o corpo de Kurt, ela observa, é como dormir com um continente inteiro: "E não se pode recusar um continente". Depois, eles comiam: "Meu apetite estava aguçado por quatro anos de ocupação e 23 de castidade, bem, quase isso. Eu devorava ovos descascados dois dias antes em Washington. Apresuntado enlatado em Chicago. Milho que amadureceu a mais de 6 mil quilômetros daqui... É uma coisa e tanto, a guerra!".

Embutidos, ovos e barras de chocolate Hershey's podiam ser logo consumidos. Meias podiam ser usadas. Mas cigarros Lucky Strike, Camel, Chesterfield ou Caporal podiam ser trocados no mercado negro por mais comida. Os soldados tinham suprimentos em abundância. Isso, tanto quanto seus ombros largos, sorrisos doces, quadris estreitos e belos uniformes, era um atrativo inestimável. Só o livre acesso a cigarros já os tornava homens ricos em países muito pobres. Era fácil concluir, portanto, que as mulheres que dormiam com eles na realidade não eram muito diferentes das prostitutas.

Com efeito, era assim que pensava muita gente, em especial mulheres que mal conseguiam sobreviver com o que tinham, ou homens que eram barrados dos salões de baile, cinemas e centros de diversão reservados aos libertadores e suas namoradas locais. As suspeitas eram incrementadas pelo fato de que algumas das jovens que se agarravam aos soldados aliados ainda usavam echarpes na cabeça para esconder a evidência dos cabelos recentemente raspados, a marca do castigo aplicado àquelas que pouco tempo antes eram amantes de alemães.

Sem dúvida, algumas mulheres eram prostitutas autônomas, em especial nos países derrotados nos quais os serviços sexuais eram a única forma de sobrevivência para elas e seus filhos. Mas, mesmo no caso de mulheres que haviam trocado com indecorosa pressa seus amantes alemães por amantes aliados, nem sempre os motivos eram tão diretos ou venais. Uma "colaboradora horizontal" de uma pequena cidade da França que havia pouco tivera os cabelos raspados disse a um autonomeado comitê de "expurgadores" que a ameaçava com mais punições por seu comportamento "imoral": "Não me importo que vocês raspem meu cabelo. Não estou mais em contato com meu marido [um ex-prisioneiro de guerra]. E não vou deixar que isso me impeça de me divertir com os americanos, se eu assim decidir".[18]

Lendo relatos daquela época e comentários na imprensa, pode-se ter a impressão de que o verão de 1945 foi uma prolongada orgia a que se entregaram soldados estrangeiros e mulheres locais, por ganância, luxúria ou solidão. Essa impressão parece ser confirmada pelas estatísticas: em 1945, foram hospitalizadas em Paris por causa de doenças sexualmente transmissíveis cinco vezes mais mulheres do que em 1939. Na Holanda, mais de 7 mil bebês de pais não casados nasceram em 1946, três vezes mais do que em

1939. As altas taxas de DST podem ser explicadas pela ausência de orientação médica e de contraceptivos, higiene deficiente em áreas de pobreza ou inúmeros outros motivos. O fato é que muitas mulheres e muitos homens estavam em busca de calor humano, companhia, amor e até mesmo casamento. Na mesma medida em que os primeiros meses da libertação ofereciam uma oportunidade para um abandono desenfreado, as pessoas ansiavam também pela volta à normalidade. Não se deve esquecer que os 277 mil bebês nascidos de pais legalmente casados na Holanda em 1946 constituem o maior número registrado na história da nação.

Bergen-Belsen foi libertado em 12 de abril. Forças britânicas comandadas pelo tenente Derrick Sington receberam ordens para chegar lá o quanto antes. A guerra ainda não havia acabado, mas as condições no campo de concentração eram tão aterradoras que a população local receava que uma epidemia de tifo — a mesma epidemia que tinha matado Anne Frank apenas algumas semanas antes — pudesse se disseminar. Como as autoridades alemãs não podiam ou não queriam lidar com o risco de uma irrupção de tifo, concordaram em deixar as tropas britânicas entrar em Belsen, apesar de ainda estarem em guerra.

Passando com seus veículos em meio a pilhas de cadáveres e barracões que fediam a excremento e carne em putrefação, os soldados não conseguiam acreditar no que estavam testemunhando com os próprios olhos. As imagens de Belsen estiveram entre as primeiras publicadas na imprensa ocidental, e na Grã-Bretanha o campo tornou-se o maior símbolo do assassinato em massa conduzido pelos nazistas. Brian Urquhart lembrou que já tinha conhecimento do antissemitismo alemão: "Mesmo assim, a 'solução final', o extermínio de milhões de pessoas, era simplesmente inimaginável. Estávamos completamente despreparados para

Belsen".[19] O que ele e outros soldados britânicos não perceberam foi que Belsen nem ao menos era um campo de extermínio. Esses campos ficavam na Polônia, e a maioria já havia sido destruída pelos alemães antes de recuarem para oeste.

O tenente Sington continuou dirigindo, avisando aos sobreviventes, por um alto-falante, que estavam livres. A maioria se encontrava em um estado tão debilitado que mal esboçou reação. Então ele chegou ao principal campo das mulheres, ainda com o alto-falante na mão:

> Em poucos segundos o carro foi cercado por centenas de mulheres. Elas gritavam e choravam histericamente, incontrolavelmente, e era impossível ouvir qualquer palavra que saísse do alto-falante. Os terrenos do campo estavam plantados com jovens vidoeiros, e as mulheres colhiam ramos cheios de folhas e pequenos galhos e os lançavam sobre o carro.[20]

Essas mulheres podiam dar-se por felizes. Ainda podiam caminhar. Um estudante de medicina britânico, que se voluntariara para ajudar, deparou com a seguinte cena em um dos barracões:

> Eu estava ali de pé no meio daquela imundície, tentando me acostumar com o cheiro, que era uma mistura de necrotério, esgoto, suor e pus fétido, quando ouvi algo raspando no chão. Olhei para baixo naquela meia-luz e vi uma mulher agachada a meus pés. Tinha o cabelo preto e emaranhado, espesso, e suas costelas se projetavam como se nada houvesse entre elas [...]. Ela estava defecando, mas estava tão fraca que não conseguia erguer as nádegas do chão, e como estava com diarreia as fezes líquidas e amarelas borbulhavam sobre suas coxas.[21]

Os médicos e paramédicos voluntários estavam desesperados por mais alimento, drogas e equipamento médico. Enfrentavam a doença e a fome numa escala que nunca tinham vivenciado nem sequer imaginado que fosse possível. Centenas de pessoas ainda estavam morrendo todo dia, às vezes por comer rações militares que eram nutritivas demais para seus intestinos atrofiados. Mas nem sempre o Exército é uma instituição eficiente, e as condições na Alemanha eram caóticas. Um dia, no final de abril, chegou uma misteriosa entrega, que consistia em grandes quantidades de batom.

Acabou sendo uma dádiva divina. O oficial britânico que comandava uma unidade de ambulâncias, tenente-coronel Gonin, rememora:

> Creio que nada ajudou mais essas internas do que o batom. Mulheres deitadas em camas sem lençóis, sem camisolas, mas com lábios escarlates, e você as vê perambulando sem nada a não ser um cobertor sobre os ombros, mas com lábios escarlates. Finalmente fizeram algo para torná-las alguém outra vez, elas eram alguém, não mais um número tatuado no braço. Enfim podiam interessar-se por sua própria aparência. Aquele batom começou a trazer de volta sua humanidade.[22]

Richard Wollheim, britânico que mais tarde se tornaria um famoso filósofo, era um oficial da inteligência. Como Urquhart, foi enviado por um breve período para Belsen, em maio, quando as condições ainda eram terríveis, mas não tão catastróficas quanto tinham sido antes. Em algum lugar da hierarquia do Exército tinha se decidido que seria uma boa ideia organizar uma festa dançante para os soldados e os sobreviventes em Belsen. Wollheim foi encarregado de planejar o evento. Foi uma coisa horrível, um desastre, pois quando a banda de guardas húngaros do campo (que tinham reputação de serem brutais), vestidos em suas roupas folclóricas, começou a tocar um som dançante em suas concertinas, houve um mal-entendido. Sem terem uma língua comum, as mulheres desnudaram seus braços para mostrar os números neles tatuados. Os soldados, literalmente sem saber o que falar, seguraram os braços das mulheres, na expectativa de dançar com elas. As mulheres, aterrorizadas, começaram a bater neles, enquanto os húngaros tocavam num ritmo cada vez mais acelerado.[23]

Mas esse fiasco foi uma exceção. Houve outra festa dançante realizada mais ou menos na mesma época num espaço entre os barracões do campo, com a banda da RAF encarregada da música. Segundo o relato de um soldado britânico, foi um enorme sucesso, apesar de algumas das garotas "quase não conseguirem andar", enquanto outras "pareciam que iam se quebrar ao meio". Um oficial canadense muito alto abraçava uma garota minúscula, cuja cabeça só lhe chegava ao peito. Eles dançaram juntos uma valsa. "Ela parecia tão feliz que para os que a observavam foi difícil não sorrir ou chorar."[24]

Essa talvez tenha sido uma história mais comum que a de Wollheim para muita gente que trabalhou nos campos, de rabinos americanos a assistentes sociais da ONU, e foi marcada por vários graus de aprovação ou reprovação da rápida recuperação da sexualidade entre os sobreviventes. Assim como o batom, o desejo sexual restaurou um sentido de humanidade para as pessoas, que tinham sido deixadas sem nada.

Se a taxa de natalidade na Holanda foi elevada em 1946, a que se verificou nos campos de deslocados foi maior. Só na zona de ocupação americana nasciam 750 bebês por mês nesses campos. Cerca de um terço das judias entre dezoito e 45 anos de idade já tinha dado à luz ou estava esperando bebês.[25] Antigos campos de concentração, inclusive Bergen-Belsen, onde milhares de pessoas tinham morrido nas piores condições possíveis, tornaram-se lugares de febricitante atividade sexual, como se os sobreviventes não pudessem esperar para provar a si mesmos e ao mundo que ainda estavam vivos, e não apenas isso, eram capazes de produzir vida.

Os que trabalhavam na assistência social ficavam às vezes chocados e diziam que os deslocados de guerra, frequentemente judeus, "expunham-se, sem contenção, ao deboche". Alguns atribuíam isso ao tédio. O que havia lá além de beber e fazer sexo? Outros eram mais moralistas. Um médico francês que trabalhava para uma organização de caridade escreveu com evidente desaprovação: "O padrão moral de muitos desses sobreviventes dos campos de concentração é bem baixo [...] a irregularidade sexual atingiu proporções terríveis". Mas ele próprio admitiu que havia circunstâncias atenuantes. Não era possível repreender com rigor aquelas jovens que haviam passado por um inferno, e "agora são presas de um irresistível desejo de afeição e de esquecimento, que buscam satisfazer com os meios de que dispõem".[26]

Outros observadores tinham explicações mais elaboradas. Uma assistente social polonesa chamada Marta Korwin acreditava que as vítimas de campos de concentração tinham sonhado que o fim de seus tormentos levaria ao alvorecer de um mundo perfeito: "Todas as dificuldades de seu passado seriam esquecidas, a liberdade os levaria de volta a um mundo no qual nada jamais tinha desandado...". Quando em vez disso se viram vivendo na miséria dos campos de deslocados, tendo perdido seus entes queridos, sem esperanças, as pessoas se refugiaram na bebida ou no sexo.[27]

Todas essas explicações são perfeitamente plausíveis. Mas havia também uma dimensão biológica. Uma pessoa em situação de grave crise tem de se reproduzir para sobreviver. Muitos judeus nos campos de deslocados não eram sobreviventes de campos de extermínio, desses havia poucos. Muitos tinham vindo de regiões da União Soviética, para onde fugiram dos nazistas. Mas a maioria dos judeus tinha perdido filhos, pais, irmãos ou outros familiares. Os mais velhos não dispunham de muita escolha a não ser conviver com seus fantasmas. Os jovens, porém, podiam forjar novos laços de família para os quais pudessem viver. E a regeneração biológica era oficialmente promovida pelos sionistas e outras lideranças judias. Casamentos aconteciam em questão de semanas, até mesmo dias, depois de um primeiro encontro. Contraceptivos eram malvistos nos campos de deslocados de guerra judeus. Eles sentiam ter a obrigação de produzir tantos filhos quanto pudessem. O sexo não era apenas um prazer; era um ato de desafio contra a extinção.

Ser alemão ou japonês em 1945 era, obviamente, uma experiência bem diferente de ser francês, holandês ou chinês, sem mencionar a de ser judeu. Isso também se aplica a seu encontro com as tropas estrangeiras. Para eles, os *amis* (gíria em alemão para "ianques") ou *ameko* (o mesmo, em japonês), assim como canadenses, australianos, britânicos e soviéticos, não tinham vindo como libertadores, mas como conquistadores. Em certa medida, isso também valia até mesmo para muitos italianos, especialmente no sul da Itália, onde as invasões aliadas fizeram com que sua vida, que já era difícil, ficasse ainda pior. Cidades foram bombardeadas até ficar em pedaços, as condições econômicas eram medonhas. Em muitos casos, a prostituição era uma necessidade.

Em Berlim, eram conhecidas como *Ruinenmäuschen,* "ratos das ruínas", as garotas e mulheres que perambulavam pelos escombros do que fora sua cidade tentando pegar um soldado por um pouco de dinheiro, comida ou cigarros. Algumas meninas, nem bem entradas na adolescência, praticavam seu comércio em bordéis improvisados nas ruínas, controlados pelo mercado negro. Meninos tinham seu próprio *Trümmerbordellen* ("bordéis nas ruínas"), onde se vendiam a soldados americanos, e um deles, conhecido como Tante ("tia") Anna, tornou-se figura notória no submundo de Frankfurt.

A necessidade de sobreviver também dissolvia distinções de classes. Norman Lewis era um jovem oficial do Exército britânico estacionado em Nápoles. Em seu magnífico relato *Naples '44*, ele descreve a visita de um grande aristocrata italiano, dono de um *palazzo* em algum lugar do sul, a seu quartel-general. Ele chegou com a irmã:

> Os dois são notavelmente semelhantes na aparência: magros, com uma pele palidíssima e uma expressão nobre, fria, beirando a severidade. O propósito da visita era perguntar se poderíamos conseguir que a irmã entrasse para um bordel do Exército. Explicamos que no Exército britânico não existia tal instituição. "Que pena", disse o príncipe. Ambos falavam um excelente inglês, que tinham aprendido com uma governanta inglesa. "Bem, Luisa, suponho que, se não é possível, então não é possível." Eles nos agradeceram com uma tranquila polidez e partiram.[28]

No Japão, a prostituição foi institucionalizada desde o início. Eles tinham suas razões. As autoridades japonesas estavam aterrorizadas, temendo que os soldados aliados fizessem a seus cidadãos o que as tropas japonesas tinham feito aos chineses e outros asiáticos. Quando Nanquim foi saqueada, em 1937, e Manila quase destruída numa batalha travada até a última trincheira, em 1945, dezenas de milhares de mulheres foram estupradas, mutiladas e com frequência mortas — isso quando não morriam devido ao suplício pelo qual passavam. Essas foram duas situações particularmente ruins. Houve muitas mais. Na China, o estupro por soldados do Japão Imperial eram perpetrados em escala tão grande que se tornou um problema de ordem militar, ao suscitar uma resistência mais ferrenha dos chineses. Para lidar com essa dificuldade, às vezes mulheres eram convocadas — mas na maioria das vezes eram raptadas, especialmente na Coreia e em outros países sob controle japonês — para servir como "mulheres de conforto", ou seja, escravas sexuais, nos bordéis do Exército japonês.

O governo e a propaganda militar tinham amedrontado os cidadãos com predições constantes de que, no caso de derrota, as japonesas seriam estupradas, torturadas e assassinadas por soldados estrangeiros. Para impedir tão horrível e desonroso destino, os japoneses eram instruídos a combater até a morte, ou então se matar. Mulheres e crianças nas ilhas do Pacífico e em Okinawa receberam ordem de explodir seus corpos usando granadas de mão, ou de saltar de penhascos. Muitas o fizeram.

E assim, em 18 de agosto, três dias depois de o Japão ter se rendido, o ministro do Interior ordenou a oficiais da polícia local que criassem "instalações de conforto" para os conquistadores aliados. Mulheres foram recrutadas para "sacrificar seus corpos" na Associação de Recreação e Diversão (RAA, na sigla em inglês), como um dever patriótico. O ex-primeiro-ministro, príncipe Fumimaro Konoe, que carregava a grande responsabilidade de ter começado a guerra do Pacífico, disse ao comissário nacional de polícia que "por favor defendesse as jovens do Japão".[29] Talvez essa medida aplacasse os invasores estrangeiros, e assim as japonesas respeitáveis poderiam sair de seus esconderijos e andar pelas ruas sem serem molestadas.

Deve ter sido um negócio sórdido. Instalações para Recreação e Diversão foram providenciadas com tamanha pressa que não havia camas para acomodar os soldados e as mulheres sacrificiais. Relações sexuais aconteciam em qualquer lugar que se arranjasse, na maioria das vezes no chão, nos vestíbulos e corredores dos bordéis improvisados. Levou alguns meses para que os japoneses implementassem arranjos mais eficientes. Um enorme bordel em formato de hangar foi construído em Funabashi, nos arredores de Tóquio, conhecido como o International Palace, ou IP. O IP oferecia sexo numa espécie de linha de montagem, conhecida como *willow run*, nome de uma fábrica de bombardeiros erguida pela Ford perto de Detroit. Os homens podiam deixar seus sapatos na entrada do comprido prédio e pegá-los de volta, engraxados e reluzentes, na outra extremidade.

Alojamentos de soldados, como o Nomura Hotel, em Tóquio, ficavam lotados de mulheres, que figuravam como recepcionistas ou encarregadas da limpeza e lá pernoitavam com frequência. Algumas levavam suas famílias, aproveitando para se refugiar do frio do inverno. Um grande salão de baile no centro de Tóquio tinha um letreiro em japonês no qual se lia: "Moças patriotas! Ajudem a reconstrução do Japão servindo como parceiras de dança!".[30] Preservativos eram vendidos nas PXs (lojas especiais para venda de comida, roupas e outros suprimentos aos membros das forças de ocupação).

Ao contrário do que ocorreu na Alemanha, não havia no Japão, de início, uma proibição estrita à "fraternização com pessoal nativo". O general Douglas MacArthur, o comandante supremo das Forças Aliadas (Scap, na sigla em inglês), reconhecia a inutilidade de tal regra. Ele disse a seus assessores: "Ficam tentando me fazer parar com toda essa Madame Butterflyzação que acontece aqui. Não vou fazer isso [...]. Não emitiria uma ordem de não fraternização nem por todo o chá da China".[31]

No começo da ocupação havia cerca de 600 mil soldados dos Estados Unidos no Japão, além dos australianos, britânicos e um punhado de outras nacionalidades. Portanto, a fraternização ocorria em larga escala. Uma carta escrita por William Theodore de Bary, um oficial da Marinha dos Estados Unidos que depois se tornou um destacado estudioso da China e do Japão, descreveu como eram as coisas em Sasebo, uma grande base naval na ilha de Kyushu, em outubro de 1945:

> A fraternização por si só tem sido um problema. A Polícia do Exército, de fato, teve de proibir que houvesse mais aglomerações na grande ponte junto a nossos quartéis, de tão congestionada que ela ficava com excitados fuzileiros falando e usando a linguagem dos sinais para se comunicar com sorridentes e amistosas japonesas. Tem sido assim desde o início.[32]

Tudo isso se deu apesar da propaganda extraordinariamente racista que circulava pelos Estados Unidos. Veja-se, por exemplo, este trecho de um artigo sobre a ocupação do Japão publicado na revista *Saturday Evening Post*: "A mulher japonesa mediana, de peito liso, nariz em forma de botão, pés chatos, é tão atraente para a maioria dos americanos quanto um ídolo de pedra com mil anos de idade. Na verdade, menos que isso. Dos ídolos eles gostam de tirar fotos".[33]

O autor desse artigo, se quisermos ser generosos no comentário, estava totalmente por fora. A maioria dos oficiais mais graduados do Scap tinha amantes japonesas já em 1945. Como as mulheres ocidentais eram pouquíssimas, era de esperar que assim o fosse. As coisas só mudaram quando chegou uma nova leva de militares, homens menos tolerantes que não tinham experiência direta de combate. Mesmo tendo sido suspensas as restrições na Alemanha, eles decidiram impor uma disciplina maior no Japão, declarando "interdita" a maioria dos lugares públicos, como restaurantes locais, estâncias termais, cinemas ou hotéis do Exército.

Como consequência, a fraternização continuou a existir, porém mais discretamente, e cada vez mais com prostitutas autônomas, que nada faziam para manter baixa a incidência de DST.

Nas ruas arrasadas pelas bombas e nos parques das cidades, as prostitutas tinham seu próprio território, conhecido como "ilhas". Algumas podiam ser possuídas por um mísero dólar, que era mais ou menos o preço de meio maço de cigarros no mercado negro. Essa forma de negócio prosperou, especialmente depois que a administração aliada decidiu, muito contra a recomendação japonesa, abolir a prostituição organizada, em 1946.

Os japoneses gostam de categorizar as coisas com muita precisão. As meretrizes autônomas, conhecidas com "garotas *panpan*", eram divididas entre as que se especializavam em soldados brancos estrangeiros, em soldados negros estrangeiros e só em japoneses, embora algumas das mais empreendedoras se recusassem a fazer distinções tão estritas. Algumas prostitutas, as assim chamadas *onrii* (algo como "somente um"), conseguiam limitar seus vínculos a um único cliente. As mais promíscuas que o habitual eram as *batafurais* (borboletas). Certas áreas do centro de Tóquio, como o Hibiya Park, em frente ao QG do general MacArthur, ou a estação próxima de Yūrakuchō, eram território típico das *panpan*.[34]

As *panpan*, com seus lábios carregados de batom e seus sapatos de salto alto, eram objeto do escárnio dos japoneses como símbolo da degradação nacional, mas também de fascinação, com um toque de inveja. Em termos materiais, estavam em situação melhor do que a maioria dos cidadãos sem-teto, famintos e empobrecidos do país. Essas garotas trabalhadoras também eram as primeiras e mais ávidas consumidoras de mercadorias americanas, além de mais familiarizadas com a cultura popular dos vitoriosos do que a maioria dos japoneses. Com seu jargão peculiar, uma mistura de gíria japonesa com o deturpado linguajar em inglês dos soldados, elas estavam mais próximas de falar a língua da ocupação do que a maioria dos japoneses iria conseguir.

Em certo sentido, as *panpan* se encaixam numa linha de tradição anticonvencional japonesa que combina a vida no submundo com o glamour. As prostitutas da Tóquio pré-moderna, então ainda chamada Edo, estavam em total sintonia com as roupas da moda, e foram notabilizadas em xilogravuras e no teatro Kabuki. Nos primeiros anos da ocupação aliada, a cultura associada às *panpan* era em grande medida menos refinada. A derrota militar e a libertação da censura e da educação militarista do tempo de guerra fizeram reviver uma cultura do sexo comercial que tinha raízes no passado, mas com boa dose de influência americana. Revistas obscenas com títulos como *Lovely, Venus, Sex Bizarre* e *Pin-Up* proliferavam. Casas de striptease foram abertas nos antigos distritos de entretenimento, frequentemente espeluncas construídas em torno de crateras de bombas. Cafetões, comerciantes do mercado negro e jovens arruaceiros em camisas havaianas dançavam o mambo com suas namoradas em salões de baile baratos. Bandas de suingue japonesas e cantores de jazz renasciam mais uma vez, depois de anos de proibição de tais costumes estrangeiros. Havia uma febre de boogie-woogie.

Muitas mulheres voltaram-se para a prostituição por necessidade. Mas não todas. Pesquisas daquela época demonstram que um grande número de mulheres tinha se tornado *panpan* "por curiosidade".[35] E isso, mais do que o pagamento por sexo, foi que rendeu às *panpan* particular opróbrio. "Sacrificar" o corpo para sustentar uma família rural, ou por dever patriótico, era aceitável, talvez até mesmo louvável; fazê-lo por curiosidade, ou por dinheiro, cigarros ou meias de seda, era uma desgraça. A prostituição organizada tinha uma longa tradição e era tolerada. Mas as *panpan* foram condenadas por sua livre-iniciativa, que as tornava perigosamente independentes.

Apesar do exibicionismo barato e do desespero que a envolviam em grande parte, a cultura do sexo comercial em 1945 era, como as danças do mambo e do boogie-woogie, uma espécie de libertação, que alguns aceitavam de bom grado enquanto outros abominavam. Os cerca de 90 mil bebês nascidos em 1946 de mulheres solteiras não podem ser todos resultado de transas puramente comerciais.[36] Tendo sido alimentadas por uma propaganda tão negativa sobre os bárbaros estupradores e assassinos, muitas mulheres japonesas ficavam aliviadíssimas quando conheciam de fato os não tão temíveis americanos. Nas palavras de uma mulher que escrevia numa revista de respeitabilidade absoluta, a *Fujin Gaho*: "Eu os considero corteses, amigáveis, despreocupados e perfeitamente agradáveis. Que contraste agudo e doloroso com os arrogantes, medíocres e malcriados soldados japoneses que viviam nos quartéis perto de minha casa".[37]

Isso não quer dizer que os soldados aliados não tiveram um comportamento abusivo, em particular no início da ocupação. Segundo uma estimativa, quarenta mulheres eram estupradas por dia na segunda metade de 1945, o que provavelmente está subestimado, já que diversos casos não teriam sido denunciados por vergonha.[38] Esses números nunca seriam publicados na censurada imprensa da ocupação, claro. Mas a maioria dos japoneses deveria reconhecer que os americanos eram bem mais disciplinados do que eles imaginavam e temiam, sobretudo em comparação com o comportamento de outras tropas no estrangeiro.

Estranhamente, a mudança nos hábitos sexuais encaixava-se no esforço de propaganda dos americanos para "reeducar" os japoneses. Para a implantação da democracia, era dito aos japoneses, as mulheres deveriam ser tratadas com mais igualdade. As garotas *panpan* podem não ter sido o que os educadores pensavam, mas os japoneses foram estimulados a demonstrar afeição física mais abertamente, como faziam os americanos. E foi assim que o primeiro beijo no cinema, depois de muito incentivo americano, foi exibido, para o bem dos japoneses, em 1946, num filme intitulado *Hatachi no Seishun*, que alcançou grande popularidade entre o público jovem.

Claro que há uma grande distância entre pegar soldados por dinheiro no Hibiya Park e o primeiro beijo cinematográfico, mas a avidez do público por entretenimento erótico e música popular de conotação sexual sugere que essa lacuna entre os povos libertados e os derrotados não era de fato tão grande quanto se poderia imaginar. Para os japoneses, também, uma nova noção de liberdade chegava ao som de "In the Mood", da banda de Glenn Miller.

O mesmo ocorria nas zonas de ocupação ocidentais da Alemanha. Nas áreas ocupadas pelas tropas soviéticas, as coisas eram bem diferentes, pelo menos no que diz respeito ao sexo. Se o termo "fraternização" veio a definir as relações com as tropas estrangeiras no Ocidente, o estupro era uma das maldições que acompanhavam a derrota pelas mãos do Exército Vermelho. Claro que havia estupros também nas zonas ocidentais, sobretudo — mas não apenas — sob a ocupação francesa. Em Stuttgart, por exemplo, estima-se que cerca de 3 mil mulheres tenham sido estupradas por tropas francesas, compostas em grande parte de argelinos.[39] Na zona de ocupação americana, de longe a maior, o número de estupros por tropas americanas registrado durante todo o ano de 1945 não passou de 1500.[40]

Há muitos motivos que explicam por que o estupro era menos comum sob a ocupação ocidental do que na zona soviética. As tropas aliadas, com a possível exceção das francesas, não eram tão movidas pela vingança quanto as soviéticas, nem encorajadas por seus superiores a fazer o que quisessem com as mulheres alemãs. (O próprio Stálin declarou, notoriamente, que os soldados que haviam cruzado milhares de quilômetros em meio a sangue e fogo tinham direito de "se divertir um pouco com as mulheres".) Além disso, a disposição das alemãs para "fraternizar" com soldados aliados era tal que o estupro tornava-se um expediente raro. Um gracejo popular entre os soldados no verão de 1945 era que as mulheres alemãs eram as mais promíscuas "para cá do Taiti".[41]

Era sem dúvida um exagero, fomentado não só pelos agradecidos soldados, mas por alemães que se sentiam ultrajados por atos que consideravam um insulto a mais a seu já destroçado orgulho nacional. Muitos soldados diziam que as mulheres alemãs, chamadas variadamente de *frauleins*, *furlines* [máximo em sensualidade] ou *fratkernazis*, estavam ainda mais desejosas de ter relações sexuais com eles do que as francesas. Uma análise bastante brutalista desse fenômeno, mas talvez não totalmente imprecisa, foi feita por um soldado logo depois de ter retornado aos Estados Unidos: "Mesmo correndo o risco de cometer uma indiscrição", ele escreve, "é preciso admitir que tudo que os soldados americanos queriam na Europa era 'se dar bem'", o que incluía "uma oportunidade para fraternizar tanto quanto possível". Ele continua: "Foi na Alemanha, naturalmente, que os soldados se deram melhor [...]. Na França o negócio foi diferente. O soldado não encontrou por lá a mesma bajulação que havia na Alemanha. Ele não pôde ter na França o brinquedo mencionado por seu pai e pelos libertadores em 1944".[42]

E havia, é claro, bem mais mulheres do que homens na Alemanha, numa proporção de dezesseis para dez, e os homens que restavam frequentemente eram velhos, inválidos e desdenhados. Como diz o jovem alemão no brilhante filme de Rossellini *Alemanha, Ano Zero*, filmado nas ruas de Berlim: "Antes éramos homens, nacional-socialistas, agora somos apenas nazistas".

Em suas memórias literárias da França libertada, Benoîte Groult não resistiu a comparar a "beleza dos americanos" à dos "franceses, que me parecem todos retorcidos, escuros e subnutridos".[43] Obviamente, a desmoralização dos homens alemães e japoneses era pior. A atitude de uma garçonete alemã entrevistada por Carl Zuckmayer — dramaturgo e roteirista de cinema (*O anjo azul*) que retornara a seu país natal como adido cultural americano em 1946 — era bem típica. Ela não queria saber dos alemães, que, de acordo com ela: "São moles demais, não são mais homens. No passado eles eram muito exibidos".[44]

Para mim, o relato mais memorável da humilhação masculina é o de Akiyuki Nosaka, romancista que em 1945 ainda era um adolescente perambulando pelo mercado negro de Osaka. Seu brilhante romance *Amerika Hijiki*, de 1967, toca em temas como masculinidade e raça. O personagem principal é um japonês da sua idade. Na escola, durante a guerra, disseram-lhe que os homens ocidentais eram mais altos do que os japoneses, porém mais fracos, sobretudo em torno dos quadris, devido a seu hábito de sentar-se em cadeiras, e não nos chãos de tatame. Poderiam ser fisicamente batidos por qualquer japonesinho robusto com coxas musculosas. Aos meninos na escola lembrava-se com frequência a figura do atarracado general Yamashita, com seu pescoço de touro, "O Tigre da Malaia", que aceitara a rendição de Cingapura apresentada pelo general britânico Percival, cujas pernas absurdamente longas e espigadas não eram beneficiadas em nada por sua curta calça cáqui.

Mas então o adolescente japonês conhece a realidade de perto, a visão inesquecível de um soldado americano, "seus braços como troncos, sua cintura como um pilão [...] a masculinidade de suas nádegas envoltas na reluzente calça de sua farda [...]. Ah, não era de admirar que o Japão tivesse perdido a guerra".[45] Evidentemente, nem todos os soldados aliados eram tão grandes e musculosos, e muitos japoneses estavam longe de ser franzinos. Mas a percepção, a primeira impressão de um adolescente faminto, perduraria como a melancólica lembrança de uma guerra que fora apresentada aos japoneses como uma disputa racial entre nobres guerreiros asiáticos e a arrogante raça branca. Isso fez com que o confronto entre vitoriosos e derrotados fosse mais chocante no Japão do que na Alemanha no pós-guerra.

Na Alemanha, as autoridades ocidentais (mas não as soviéticas) inicialmente fizeram tudo que podiam para implementar uma política de não fraternização. "Garotas bonitas podem sabotar uma vitória aliada", anunciava a Rede das Forças Americanas. "Soldados sensatos não fraternizam" (*Soldiers wise don't fraternize*), advertia *Stars and Stripes*, o jornal militar, ou "Não brinquem de Sansão e Dalila — ela é capaz de cortar seu cabelo — na altura do pescoço".[46] A suspensão do embargo, dizia o *Times* de Londres, "provavelmente iria afligir um grande número de esposas em casa".[47] Mas nada disso bastava para dissuadir os homens que estavam lá. A expressão "madame Exército"* era popular na época entre os Aliados ocidentais. O termo se referia às muitas alemãs que eram amantes de oficiais americanos (mais do que de oficiais ingleses, por algum motivo; os britânicos aparentemente preferiam a bebida). Isso, por sua vez, causava ciúme nos escalões mais baixos, um sentimento expresso em piadas amargas do tipo: "A política é conceder aos medalhões a primeira investida sobre todas as mulheres bonitas".[48]

O general George Patton, assim como o general MacArthur, não via vantagem nenhuma nessa interdição. Deveriam os bem alimentados soldados americanos realmente recusar-se a dar guloseimas para crianças famintas? Seriam todos os alemães verdadeiramente nazistas? (É preciso dizer que Patton era muito mais indulgente com os alemães, mesmo que fossem *de fato* nazistas, do que com os Aliados comunistas, ou até com os judeus.) Até o *New York Times*, nem sempre na vanguarda da opinião pública, foi crítico em seus relatos sobre as zonas ocupadas. O correspondente local relatou em junho que ainda "estava por conhecer um soldado, viesse de Londres, do vale do Mississippi ou dos campos de trigo de Alberta, que quisesse a continuidade da interdição". O mesmo

---

* No original, *Mistress Army*. Em inglês, *mistress* pode significar "madame", "senhora", e também "amante". (N. T.)

repórter informava o absurdo das medidas tomadas para tornar a restrição mais rigorosa. Em um vilarejo na zona de ocupação americana, um destacamento da contrainteligência foi enviado para observar um guarda de segurança que monitorava um policial militar que estivera "flertando com uma garota alemã".[49]

Em 8 de junho, o general Eisenhower suspendeu a restrição de fraternização com crianças, e a partir de então o cumprimento mais comum dos GIS ou dos *Tommies** para uma jovem atraente passou a ser "Bom dia, criança!". Em agosto, permitiu-se que soldados aliados falassem com adultos, e até mesmo, se estivessem num lugar seguro ao ar livre, ficassem de mãos dadas com mulheres adultas. Em 1º de outubro, o Conselho de Controle Aliado, o corpo governante das quatro forças militares de ocupação, enfim suspendeu por completo a interdição. Um dos acontecimentos que levaram a isso foi a chegada de tropas britânicas e americanas a Berlim, onde os soviéticos fraternizavam bem livremente. Essa divisão se tornou intolerável para as tropas ocidentais, portanto, em certo sentido, a licença para fraternizar com alemães foi uma das primeiras consequências da rivalidade entre as grandes potências. Mas a suspensão da interdição veio com uma condição: casar com alemãs, ou trazê-las para alojamentos do Exército, ainda era proibido. Com o tempo, isso também virou letra morta, e dezenas de milhares de alemãs foram embora com os novos maridos para a prometida boa vida dos Estados Unidos.

A Alemanha tinha sua versão das *panpan*, sendo as de mais baixo nível e mais desesperadas as *Ruinenmäuschen*, "ratos das ruínas". No entanto, como acontecia em todos os países sob ocupação militar, as fronteiras entre romance, desejo e prostituição nem sempre eram claras. Mesmo na zona soviética de Berlim, onde pou-

---

* Na gíria militar, GI é um soldado raso americano; *Tommy*, um soldado raso inglês. (N. T.)

cas mulheres, incluindo as muito jovens e as muito velhas, tinham conseguido evitar o achaque sexual, e onde o estupro se manteve uma ocorrência comum durante meses depois do fim da guerra, as relações sexuais com tropas estrangeiras nem sempre eram uma questão abordada abertamente. O melhor e mais pungente relato é o de *Uma mulher em Berlim*, diário mantido por uma jornalista de trinta e poucos anos de idade que, pedindo a proteção de um oficial soviético, conseguiu escapar dos repetidos estupros por soldados. O gentil tenente Anatole tornou-se seu amante regular. Depois de tudo, ela escreveu: "ele está em busca mais de calor humano e feminino do que da mera satisfação sexual. E isso eu me disponho a oferecer-lhe, até com prazer...".[50]

Nas zonas de ocupação ocidentais, as mulheres que aceitavam bens materiais de seus namorados americanos, e a maioria o fazia, eram logo classificadas como prostitutas, reputação que não teriam adquirido tão facilmente aceitando presentes de homens alemães. Para muitas, ter acesso a mercadorias do PX era uma questão de sobrevivência. Nos meses de inverno, até mesmo o calor de um clube noturno bem aquecido era um bem-vindo refúgio dos quartos gelados, compartilhados com inúmeros estranhos, em prédios bombardeados. Mas os Lucky Strikes, chocolates e as meias de seda, juntamente com a música suingada e os modos despreocupados do americanos, representavam para as mulheres, e para vários homens jovens, uma cultura ainda mais desejável por ter sido proibida no opressivo Terceiro Reich. As pessoas estavam ávidas pelos adornos do Novo Mundo, por mais irrelevantes que fossem, porque o Velho Mundo havia caído em desgraça, não apenas materialmente, mas cultural, intelectual e espiritualmente. Isso valia para os países libertados, como a França e a Holanda, e ainda mais para Alemanha e Japão, onde a americanização da cultura no pós-guerra, a começar pela "fraternização", iria mais longe do que em qualquer outro lugar.

Uma mulher, pelo menos, viu tudo isso como realmente era: um sonho, destinado a terminar em decepção — mas não sem antes deixar seus rastros. Depois de recusar pela última vez o pedido de casamento de Kurt, seu amante americano, Benoîte Groult decide abandonar seu jogo de "caça aos americanos". Nesse momento, ela escreve,

> a velha Europa está completamente só. Sinto-me como a Europa, muito velha e desesperada. Acabei de dizer adeus a toda a América esta noite. E a você também, Steve, Don, Tex, Wolf, Ian, que entraram em minha vida com um sorriso tão alentador. Estou fechando minha porta... Já não mais me diverte entreter-me com todos vocês do oeste distante: vocês vieram de muito longe e vão voltar para lá. Vocês me libertaram. Agora cabe a mim recriar minha própria liberdade.

Kafū Nagai, romancista japonês conhecido principalmente por suas ficções nostálgicas do lado sórdido de sua amada Tóquio, escreveu a seguinte entrada em seu diário no dia 9 de outubro, mais de dois meses após a derrota japonesa:

> Fiz uma refeição noturna no Hotel Sanno. Observei sete ou oito jovens americanos que pareciam ser oficiais. Pareciam não carecer de refinamento. Depois da ceia, eu os vi sentados no bar, praticando seu japonês com a jovem que os servia. Comparados aos soldados japoneses, seu comportamento era extraordinariamente humilde.[51]

Um mês antes, Nagai anotara em seu diário que, segundo os jornais americanos, soldados estavam prevaricando desavergonhadamente com mulheres japonesas. Bem, disse ele, "se for verdade, isso é uma retribuição pelo que os soldados japoneses fizeram na China ocupada".[52]

Nagai era excêntrico e altamente sofisticado, um francófilo que pouco ligava para opiniões convencionais. Sua reação era, na verdade, bem rara. A maneira mais comum de encarar a fraternização de americanos com as mulheres japonesas, mesmo entre escritores e intelectuais da mais alta instrução, era de muito maior censura. Jun Takami, escritor relativamente liberal, mais moço que Nagai, e que se sentia envergonhado por sempre ter apoiado, embora de modo ambivalente, o nacionalismo militante do regime dos tempos de guerra, rememorou em seu diário algo que tinha visto na principal estação ferroviária de Tóquio numa noite de outubro. Ruidosos soldados americanos estavam flertando com duas atendentes da estação, tentando fazê-las vir se sentar com eles. As moças estavam rindo, e não pareciam nem um pouco incomodadas. Nas palavras de Takami: "Elas transmitiam a impressão de que ser paqueradas desse modo era incrivelmente prazeroso. Outra atendente da estação apareceu. Tudo nela sugeria que também queria ser provocada. Que visão indescritivelmente vergonhosa!".[53]

Devia ser algo bem típico, tanto a cena quanto a reação a ela. Mas a que vergonha Takami estava de fato se referindo? Teria achado vergonhoso o flerte em si, ou o fato de as garotas estarem flertando com estrangeiros? Ou era sua própria vergonha, a vergonha de um macho japonês? A desaprovação a esse tipo de fraternização também se expressava de maneiras mais violentas. Garotas que trabalhavam para o Exército dos Estados Unidos em Hokkaido reclamavam que eram regularmente espancadas por homens japoneses em virtude de sua ligação com tropas estrangeiras. Por causa disso, o Exército tinha de escoltá-las no caminho de volta para casa, em caminhões protegidos por homens armados.

A inveja sem dúvida foi um fator importante desse ressentimento masculino. E havia uma grande dose de inveja circulando: homens derrotados têm inveja dos vitoriosos; soldados americanos, de soldados soviéticos (quando a proibição americana ainda estava em vigor); soldados rasos, de oficiais, e assim por diante. Em *Amerika Hijiki*, Akiyuki Nosaka descreve até onde esse sentimento pode levar. O adolescente da história torna-se adulto e tem uma família. Sua mulher faz amizade com um casal americano de meia-idade que estava de férias no Havaí. Eles vêm visitar o Japão, um país que evoca agradáveis memórias no sr. Higgins, que servira no exército de ocupação. Obrigado pela mulher a ser um bom anfitrião, o marido japonês decide entreter o sr. Higgins levando-o a um espetáculo de sexo explícito em Tóquio. Um ator viril, conhecido como o "Número Um" do Japão, promete mostrar à plateia o que a virilidade japonesa é capaz de fazer. Mas oh, naquela noite a potência do Número Um falha, e mais uma vez o marido japonês, em vicária vergonha, torna a pensar no GI que viu pela primeira vez nas ruínas de Osaka, naqueles braços que pareciam troncos, naquelas nádegas rijas envoltas em gabardine brilhosa.

O sr. Higgins é branco. A propaganda de guerra japonesa não falava de negros, exceto como mais um exemplo do racismo americano, para desacreditar ainda mais o inimigo. Mas a ocupação por tropas multiétnicas introduziu algo mais perturbador do que mera rivalidade sexual. Uma carta de uma mulher japonesa interceptada pela censura militar dos Estados Unidos menciona o rumor de que havia "20 mil mulheres em Yokohama que tinham relações íntimas com soldados aliados. Também foi chamada a atenção do gabinete da prefeitura para o fato de que 13 mil bebês mestiços estavam para nascer em Kansai. Já era suficiente para deixar alguém arrepiado ouvir que havia em Yokohama 3 mil mulheres japonesas com filhos negros".[54] A causa real da ira não era um comportamento imoral em si mesmo nem a prostituição, mas a poluição da pureza racial.

Sentimentos similares tiveram expressão na Alemanha, sobretudo em fins de 1945, depois que a interdição da fraternização foi suspensa e muitos jovens alemães começavam a ser libertados dos campos de prisioneiros de guerra. Assim como no Japão, os jovens veteranos do Exército eram especialmente sensíveis a essa história de "fraternizar". Eis o que dizia um panfleto que circulou em Nuremberg, denunciando as chamadas "mulheres negras" (*Negerweibern*): "Pintadas e embonecadas em cores, com unhas laqueadas em vermelho, um furo nas meias e um agressivo e gordo Chesterfield no bico, pavoneando por aí com seus cavalheiros negros".[55] Outro termo para designar as adeptas da fraternização era "mulheres do chocolate" (*Chokoladeweibern*), referindo-se tanto à cobiça material quanto à vergonhosa inclinação por esses cavalheiros de cor.

Certamente não foi uma coincidência que tantos filmes japoneses e alemães sobre o período da ocupação mostrem soldados americanos negros violentando mulheres nativas, como se sua etnia tornasse a humilhação dos derrotados ainda pior. Um panfleto alemão advertia: "Vamos lhes dizer agora, nós vamos raspar seus cabelos, a lista negra está pronta, aguardando o momento em que os tempos terão mudado".[56] Na verdade, algumas mulheres receberam esse tratamento ainda em 1945. Houve um caso, em Bayreuth, em que atearam fogo em uma mulher. Em Würzburg, três homens foram presos por organizar um grupo terrorista chamado "Panteras Negras", que ameaçava raspar o cabelo de "todas as garotas alemãs que andassem com soldados de cor".[57] Um ex-nazista de vinte anos de idade escreveu sobre as mulheres que fraternizavam: "Não restou nenhuma honra ao povo alemão? [...] Pode-se perder uma guerra, pode-se ser humilhado, mas não é necessário conspurcar a própria honra!".[58]

Mais uma vez, como no uso da palavra "vergonha" por Jun Takami, essa referência à honra é reveladora. A honra das mulheres (sem falar de seu direito de decidir por si mesmas com quem ter relações) não está em questão. A preocupação aqui é com a honra dos homens. São eles que se sentem humilhados. Isso foi, obviamente, algo comum em todas as sociedades de tradição patriarcal. As condições do pós-guerra abalaram a velha ordem. As mulheres não estavam mais sob controle masculino. Talvez tenha sido esse seu maior pecado.

Uma forma de encarar esse ressentimento é ligá-lo diretamente a concepções políticas reacionárias que os Aliados desejavam erradicar — se não necessariamente em seus próprios países, pelo menos nas nações que tinham acabado de derrotar. Um tenente do Exército americano chamado Julian Sebastian Bach, que mais tarde trabalhou como editor na revista *Life*, escreveu um relato sobre a ocupação da Alemanha. Ele acreditava que

> A medida do quanto os homens alemães aceitam a "fraternização" é o termômetro que registra o quanto aceitam a derrota, refreiam seu orgulho nacional e aguardam cheios de expectativa um modo de vida mais razoável. Obviamente, a visão de uma mulher alemã com um conquistador americano enraivece mais um alemão de mentalidade atrasada do que um que esteja disposto a cooperar conosco.[59]

Jun Takami expressou opinião muito semelhante em seu diário poucos dias após sua reação inicial ao comportamento vergonhoso das risonhas atendentes da estação. De novo, o cenário é uma estação ferroviária. Ele observa uma mulher japonesa, debruçada na janela do trem, dizendo "*baibai*" a seu amiguinho, um soldado americano, parecendo indiferente aos olhares cheios de ódio de outros passageiros japoneses. Takami vê nessa situação um páthos especial. Aos olhos dos circunstantes, inclusive ele mesmo, a garota, como ele apresenta, "chegava a parecer uma mulher numa 'instalação de conforto'". Mas a garota, que de forma nenhuma era uma meretriz, não parecia se importar. Na verdade, mostrava-se "orgulhosa de se comportar de maneira tão chocante com um soldado americano". Isso, conjectura Takami, vai se tornar uma cena comum no Japão. E mais, segundo ele: "Seria realmente uma coisa boa [...]. O melhor de tudo seria um dilúvio de coisas assim. Seria um bom treinamento para os japoneses. Porque depois, com o tempo, vão surgir relações sociais mais naturais, até mesmo mais belas".[60]

O que a mim parece algo humano e mesmo sensível no caso de Takami mostra-se ingênuo e voltado a seu próprio interesse no de Julian Bach, o tenente americano das forças de ocupação. Pois os ciúmes e ressentimentos que os homens, e também as mulheres, sentiam em relação aos "fraternizantes" entre sua própria gente não se restringiam aos fascistas "de mentalidade atrasada". Sem dúvida, quem mais agudamente sentia a humilhação eram os derrotados. Mas o sentimento era comum também entre os libertados, mesmo aqueles que haviam saudado os jovens soldados aliados com flores quando chegavam pela primeira vez, como santos vitoriosos.

Uma popular canção holandesa do período que se seguiu à guerra chamava-se "Menina, se cuide":

Bravos rapazes, orgulhosos guerreiros
Aqui chegaram de longe
Trouxeram-nos liberdade
E assim podem ter alguma diversão

Mas muitas "garotas holandesas"
Logo jogaram fora sua honra
Por um maço de cigarros
E uma barra de chocolate...

Muitas que aclamavam os bárbaros
Já pagaram por isso
Garota, você traiu a dignidade de seu país
Tanto que...

Nenhum rapaz holandês olhará para você novamente
Já que você o ignorou...

Está tudo aí: honra nacional, moral frouxa, ganância material, rapazes locais rejeitados. O mais revelador é a comparação das garotas que tiveram relações com os alemães com as que tiveram com os libertadores da Grã-Bretanha ou da América do Norte. A implicação é clara. O que interessava era a imoralidade feminina. Foi por isso que algumas garotas que fraternizaram com canadenses tiveram os cabelos raspados por turbas enraivecidas, exatamente como as "putas dos alemães" (*Moffenhoeren*).

Vários fatores tornaram mais agudo o pânico moral desencadeado pela ocupação estrangeira, tanto nos países libertados como entre os derrotados. As mal orientadas políticas de ocupação pouco fizeram para atenuar o ressentimento dos homens locais. As tropas aliadas requisitaram cinemas, cafés, salões de baile e piscinas para seu próprio uso. Esses locais eram interditos para a população nativa, mas não para garotas que tivessem conseguido "pegar" um soldado aliado. Naturalmente, isso provocava ressentimento. Na cidade de Utrecht, um grupo de jovens holandeses agarrou algumas garotas que tinham sido vistas com soldados canadenses e tentou raspar-lhes a cabeça. Os canadenses as protegeram. Facas foram empunhadas, pedras foram atiradas, armas de fogo foram sacadas. Ninguém foi morto nessa ocasião, embora muita gente tenha saído ferida.

A proibição imposta pelos Aliados à prostituição organizada também contribuiu para a alta taxa de doenças venéreas. Uma expressão popular entre os americanos na Alemanha, quando finalmente a guerra foi declarada como finda, foi "Depois de v-e vem vd".* Na zona de ocupação americana na Alemanha, dizia-se que a taxa de DST tinha se elevado em 235% entre o Dia da Vitória e o final de 1945 — ou seja, de 75 soldados em cada mil por ano para 250 por ano.[61] Isso apesar da distribuição entre os GIS, em estações de trem e clubes da Cruz Vermelha, de "pacotes-V", contendo camisinhas e pílulas de permanganato de potássio. Na Holanda, a incidência de DST já havia aumentado consideravelmente durante a ocupação alemã e subiu ainda mais depois da guerra. A imprensa publicava histórias assustadoras sobre mais de 10 mil mulheres que supostamente tinham se infectado com doenças sem sequer se darem conta disso. Houve temores semelhantes na França.

No sul da Itália, o pânico moral, equiparando o perigo de DST com a humilhação nacional, encontrou uma típica expressão histriônica num livro de Curzio Malaparte intitulado *A pele*. Malaparte era um fabulista, o que nunca negou, e sentia mais do que uma leve simpatia pelos fascistas, mas tinha talento para expressar o sentimento popular, ainda que de forma exagerada para obter um maior impacto. A invasão aliada é comparada em seu livro a uma praga, que deixa "os membros aparentemente intactos", mas "a alma infeccionada e apodrecida". Durante a ocupação alemã, explica Malaparte, "só prostitutas" mantinham relações com as forças de ocupação. Mas agora, com americanos e britânicos, "como resultado dessa praga abominável, que corrompeu primeiro o senso feminino de honra e de dignidade", a vergonha infectou todos os lares italianos. Por quê? Porque esse foi "o poder pernicioso da ideia contagiosa de que a prostituição autoimposta tornou-se um ato louvável, quase uma prova de patriotismo, e todos,

---

* v-e para *Victory in Europe*, vd para *venereal disease*. (N. T.)

homens e mulheres, longe de se ruborizar com tal pensamento, parecem glorificar-se em sua própria e universal degradação".[62]

Trata-se provavelmente de um exagero. Mas muita gente além do autor deve ter se sentido assim. O ato de dormir com um soldado estrangeiro era o mesmo que prostituição. Se fosse voluntário, tanto pior.

Para os GIS na França foi exibido um documentário intitulado *Boas garotas também têm DST*. Uma das humilhações a que eram submetidas as mulheres nas cidades ocupadas, em Amsterdam não menos do que em Tóquio, era a seleção constante e aleatória para testes de DST. Sem dúvida, a escassez de instalações hospitalares no caos do pós-guerra, as más condições higiênicas e a relativa inexperiência de muitos jovens somavam-se aos problemas médicos. Mas Malaparte, em sua maneira floreada, pôs o dedo na ferida: as mulheres, por várias razões, estavam agindo como queriam.

Nem todos desaprovavam. Algumas pessoas de mentalidade progressista, como o ginecologista holandês e reformador sexual Wim Storm, viam vantagens na fraternização: uma ruptura em rumo à emancipação feminina, um bem-vindo fim às tão ultrapassadas noções de privilégio masculino e submissão das mulheres aos maridos. Mulheres em busca de felicidade nos "braços vestidos de cáqui" dos canadenses, "aprendendo uma língua nova, o *jitterbug* e o amor", bem, "todas essas mulheres sabem exatamente o que querem". Alegar que estão se prostituindo por uma barra de chocolate ou alguns cigarros "é um insulto terrível".[63] A melhor solução para o problema da DST era fornecer mais camisinhas às mulheres e promover a educação sexual entre os jovens.

Mas os que pensavam como Storm eram uma minoria, e eles perderiam o debate, ao menos momentaneamente. As vozes que clamavam pela regeneração moral, pela reconstrução da sociedade numa base moral tradicional, eram mais fortes naquela atmosfera de pânico moralista. Isso valia para os Países Baixos, onde até mesmo um jornal liberal como o *Het Parool*, fundado pela resistência antinazista, demitiu um editor por ter publicado um artigo em favor da distribuição de contraceptivos às mulheres. "Consideramos nosso dever educar o povo de nossa nação para normas morais mais elevadas [...] e resistir a toda forma de dissipação."[64] Isso valia também para a França, onde o governo provisório do general De Gaulle estava profundamente preocupado com a possibilidade de que a ocupação durante a guerra e a libertação tivessem solapado a moral pública, constituindo uma ameaça fatal à "raça francesa".[65] As leis contra o aborto e o adultério na França libertada eram tão rigorosas quanto tinham sido sob o regime de Vichy, e em alguns casos ainda mais.

A reação puritana ao que se considerava uma dissolução moral não era, de modo nenhum, limitada aos religiosos conservadores ou à direita política. Na França, um grande número de homens e mulheres da resistência tinha se juntado ao Partido Comunista, por motivos românticos ou idealistas. As condições em tempos de guerra haviam atenuado as regras convencionais de moralidade. Mas os comunistas na França do pós-guerra, sob a liderança de Maurice Thorez, impuseram um brusco fim a isso. Dedicação ao partido e uma vida familiar estável eram zelosamente incentivados. A "devassidão" resultante da guerra e da fraternização com tropas estrangeiras foi alvo de denúncia. Também na Alemanha, onde os comunistas, sob seus patronos soviéticos, tornaram mais rigoroso o controle das zonas do leste, a repressão política chegou acompanhada de uma nova ordem moral. Erich Honecker, líder da Federação da Juventude Comunista, fez o que pôde para afastar as jovens de frivolidades como o suingue e o sexo, esperando conquistar seu apoio para a causa comunista, mas sentiu-se frustrado em seus esforços. O problema, ele disse, era claro: "Temos de superar o impulso delas de buscar o prazer na vida [*Drang nach Lebensfreude*]".

Erich "Honni" Honecker — ele mesmo não avesso aos prazeres, tendo tido vários casos com mulheres bem mais jovens — na verdade nem precisava ficar tão preocupado. Um estado de euforia não pode durar muito tempo. Em fins de 1945, a febre da libertação já começava a amainar. As tropas estrangeiras estavam indo para casa em contingentes cada vez maiores, embora grandes bases militares permanecessem na Alemanha e no Japão, e em menor medida na Grã-Bretanha e na Itália também. O pânico moralista fora a base para o surgimento de uma reação conservadora. O temor da licenciosidade sexual feminina, bem como o desejo comum da estabilidade burguesa após anos de perigo, caos e penúria, logo restabeleceria uma ordem mais tradicional na vida tanto dos países libertados como das nações derrotadas. Na década de 1950, o verão de 1945 já seria visto como uma lembrança distante. A liberação sexual teria de esperar mais vinte anos, quando a pílula anticoncepcional acompanhou a chegada da segunda onda de hedonismo anglo-saxônico, quando os Beatles e os Rolling Stones desencadearam algo com que Glenn Miller e Benny Goodman só poderiam sonhar.

Mesmo assim, a desordem do pós-guerra, apesar de temporária, não deixou de ter algumas consequências positivas. O desejo de Benoîte Groult de reconstruir sua própria liberdade não se apoiava numa total ilusão. O direito de votar foi concedido às mulheres na França pelo governo provisório em março de 1944, antes ainda de o país ser libertado — um direito que nasceu da escassez de homens, supondo que as mulheres representariam as opiniões dos maridos ausentes. O mesmo direito adveio para as italianas e japonesas em 1945, para romenas e iugoslavas em 1946 e para as belgas em 1948. Por mais que certas pessoas possam tê-lo desejado, o mundo jamais voltaria a ser como tinha sido.

2. Fome

Se os canadenses que chegaram em maio foram vistos por alguns holandeses como deuses, há outra imagem, igualmente exaltada, para sempre associada à libertação dos Países Baixos: a da Operação Maná. Décadas depois, as pessoas ainda falavam, com lágrimas de gratidão, do "pão branco sueco" doado pela Cruz Vermelha, lançado sobre a Holanda em maio de 1945 pela RAF e por bombardeiros da Força Aérea dos Estados Unidos. Eu era criança, e para mim a visão desse evento extraordinário foi, literalmente, a de pães brancos caindo do céu. Na verdade, os bombardeiros Avro Lancaster e B-17 — passando em voo muito baixo sobre os telhados de telhas vermelhas sarapintados de pessoas que aplaudiam e acenavam com panos de prato brancos — despejavam sacos de farinha, bem como caixotes cheios de chocolate, margarina, carne em conserva, ovos em pó, cigarros, café e goma de mascar. Os britânicos a chamaram de Operation Manna, e os americanos, de Operation Chow Hound.*

---

* O termo "chow hound" indica pessoa que come muito e vorazmente, "comilão". (N. T.)

Para os pilotos de bombardeiros americanos e britânicos, lançar comida sobre a Holanda era uma diversão bem-vinda. Um piloto britânico escreveu um bilhete, encontrado entre latas de chocolate e sacos de farinha:

> Ao povo da Holanda:
> Não se preocupem com a guerra com a Alemanha. Está quase terminada. Para nós esses sobrevoos são uma boa mudança em relação aos bombardeios. Vamos trazer frequentemente novos suprimentos de comida. Mantenham a cabeça erguida. Tudo de bom.
> Um membro da RAF[1]

As pessoas estavam mais do que agradecidas; muitas delas estavam morrendo de inanição. Em maio, logo após a libertação, o *New York Times* mencionou um "hospital para vítimas de desnutrição" em Rotterdam, onde "seres humanos debilitados" estavam "recebendo seis refeições leves por dia". Homens e mulheres de trinta anos, dizia o relato, "parecem ter o dobro da idade, olhos afundados, pele amarelada e membros horrivelmente inchados, revelando a condição de extrema penúria em que se encontravam quando foram socorridos". Ao mesmo tempo, ainda havia restaurantes na cidade, provendo "sua bem vestida clientela" de "refeições esmeradas e uma grande variedade de bebidas". Holandeses indignados, "que têm conhecimento dessa outra realidade, rapidamente retrucam: 'Mercado negro'".[2]

Era essa a situação em grande parte do continente europeu, e em muitos lugares ainda pior do que em Rotterdam. Milhões tinham morrido de fome em certas regiões da União Soviética. Mas havia algo de particular no caso da desnutrição na Holanda: foi o único país da Europa Ocidental submetido à fome como forma deliberada de castigo coletivo. Os eslavos haviam sido submetidos a esse tratamento, mas não europeus ocidentais.

Fazendo sua parte para ajudar Montgomery em seus desastrosos esforços para construir uma ponte sobre o Reno em Arnhem, em setembro de 1944, trabalhadores ferroviários holandeses entraram em greve. Em retaliação, os alemães cortaram o fornecimento de comida na parte ocidental do país, ainda sob ocupação. Também desligaram a eletricidade, inundaram terras férteis e proibiram cidadãos holandeses de utilizar trens. Para completar, o "inverno de fome" de 1944-5 foi de um frio fora do comum. Dezoito mil pessoas morreram de fome ou foram vítimas de doenças causadas por desnutrição. Os sobreviventes queimavam sua mobília para se aquecer e sobreviviam comendo animais de estimação, se ainda conseguissem encontrá-los, ou cavalos mortos, retalhados assim que desabavam nas ruas, ou sopas feitas de urtigas espinhentas e bulbos de tulipa fritos.

O problema da inanição é que comida demais, ou o tipo errado de alimento, também pode matar uma pessoa. Mesmo os biscoitos distribuídos pelas amistosas tropas canadenses podiam ser catastróficos. Provocavam sede intensa, aliviada com goles de água gelada, o que fazia com que a massa ainda não digerida inchasse, resultando em estômagos perfurados e morte rápida.

Havia fome em quase todas as partes do mundo, nos países libertados e nos derrotados também, onde todos os serviços tinham entrado em colapso, e os dispositivos econômicos normais tinham parado de funcionar. Houve outros lugares, além da Holanda, nos quais a comida teve de ser lançada dos céus. O adolescente no livro de Akiyuki Nosaka *Amerika Hijiki* vê um bombardeiro americano lançar de paraquedas um tambor de aço. Primeiro os japoneses do vilarejo pensam que poderia ser mais uma bomba devastadora. Eles tinham ouvido falar de Hiroshima. Diziam que lá também a bomba estava presa a um paraquedas. No entanto, quando o recipiente não explodiu, a fome e a curiosidade venceram o medo. Os aldeões o abriram e encontraram pacotes de comida, que presumiram ser destinados aos presos de guerra que estavam em um campo de prisioneiros próximo. Mas esperar caridade de estranhos é pedir demais em épocas de desespero. Os pacotes contêm pão, chocolate e goma de mascar, que as crianças mastigam durante dias, passando os pedaços endurecidos e já sem gosto de boca em boca. Há também um pacote cheio de uma coisa amarronzada, que os aldeões supõem ser alga marinha, ou *hijiki*, uma iguaria muito apreciada no Japão. Tem um gosto tão ruim, mesmo depois de cozida, e é de tão difícil digestão, que eles se admiram de que os americanos possam tolerá-la. Ainda na suposição de que as folhas escuras de chá fossem "algas americanas", eles acabam por devorar o suprimento inteiro.

Os piores casos de fome num ano de miséria verificaram-se nos campos de concentração. Os campos japoneses no Sudeste da Ásia eram apavorantes. A maioria dos campos na Alemanha — onde trabalhadores escravos e sobreviventes das marchas da morte tinham sido abandonados pelas autoridades alemãs para lá apodrecerem — era ainda pior. O mais sórdido, de acordo com a maior parte dos relatos, era o de Bergen-Belsen, construído originalmente para ser um campo de "judeus para troca", homens e mulheres com boas conexões que poderiam ser trocados por prisioneiros alemães. Poucas negociações desse tipo aconteceram de fato. A população do campo foi acrescida de prisioneiros políticos e criminosos. Por fim, nos últimos meses de 1944, tornou-se um lugar para despejo de judeus sobreviventes dos campos de extermínio que eram arrebanhados na passagem do Exército Vermelho soviético. Uma dessas pessoas foi Anne Frank, que morreu de tifo menos de um mês antes de o campo ser libertado. Já abarrotado desde o início, Belsen estava tão superlotado no início de 1945 que seus ocupantes literalmente dormiam uns sobre os outros, sem instalações sanitárias e, no fim, privadas de todo alimento e de água. Alguns prisioneiros desesperados aos quais restava alguma força canibalizavam os cadáveres empilhados fora dos barracões. Somente os guardas da ss tinham alimento suficiente. O comandante do campo, Josef Kramer, dispunha de um suprimento particular de porcos.

Como os britânicos jamais haviam visto algo assim, tinham pouca noção do que fazer. Tudo que poderiam oferecer àqueles famintos eram suas próprias rações do Exército, que consistiam de presunto, bacon, feijões assados, linguiças e empadões de carne e de miúdos. Intestinos humanos atrofiados não são capazes de assimilar essa comida; ela passa direto pelo corpo. Mesmo assim, as pessoas tentavam empurrar as rações para dentro. Cerca de 2 mil delas morreram em consequência disso.

Os britânicos só tinham deparado com uma epidemia de fome dessa magnitude uma única vez, em Bengala, em 1943, quando uma combinação de inundações, colheitas ruins, incompetência do governo, corrupção, perturbações de tempos de guerra e uma chocante insensibilidade oficial causaram a morte de até 3 milhões de pessoas. Os médicos do Exército britânico, baseando-se em pesquisa recente, fizeram uso do chamado Preparado da Fome de Bengala, uma papa doce feita de açúcar, leite desidratado, farinha e água. Além disso, conduziram experiências com soluções nasais e injeções de aminoácidos. O Preparado da Fome de Bengala, para os que ainda podiam engolir, e as gotas de aminoácido para os que não podiam, foram tentados em Belsen também. Ambos os métodos falharam. O preparado era doce demais. As pessoas não conseguiam mantê-los no corpo. A técnica de injeções e de gotas teve de ser abandonada porque os sobreviventes dos campos de extermínio ficavam aterrorizados com qualquer coisa que parecesse uma experiência médica. Convencidos de que iriam morrer, eles choramingavam num alemão de campo de concentração: *"Nix crematorium"*.[3]

O fato de muitos terem sobrevivido deve-se aos esforços extraordinários de médicos e estudantes de medicina britânicos, assim como de médicos que, eles mesmos, tinham sobrevivido aos campos. Com muita tentativa e erro, chegaram à combinação correta de alimento e fluidos para fornecer às pessoas e trazê-las de volta à vida. Entre os que sobreviveram aos campos estava Hadassah Bimko, uma dentista polonesa. Ainda em Belsen, ela casou-se com Josef "Yossele" Rosensaft, um rijo judeu polonês que tinha escapado de vários trens para Auschwitz e tornou-se um dos principais líderes sionistas no campo. Voltaremos a ele mais adiante. Seu filho, Menachem, nasceu em Belsen.

A vida na Grã-Bretanha era melhor do que na Holanda, Itália, Polônia, Iugoslávia ou Alemanha, mas estava longe do luxo. As rações alimentares do período de guerra chegaram mesmo a ser cortadas na Grã-Bretanha em maio de 1945: menos banha para cozinhar, menos bacon, e no ano seguinte até o pão foi racionado. Muita gente continuava a dormir nos túneis do metrô de Londres. Um ano depois, o aquecimento ainda era tão escasso que o inverno de 1946-7 foi conhecido como "Shiver with Shinwell", "Trema [de frio] com Shinwell", alusão a Emanuel Shinwell, ministro de Combustíveis e Energia, e "Starve with Strachey", "Morra de fome com Strachey", referência a John Strachey, ministro do Abastecimento.

O crítico literário americano Edmund Wilson, numa visita a Londres no verão de 1945, saiu com um amigo para dar um passeio pelo distrito de Holborn e sentiu um cheiro ruim. Olhando em volta, viu um "pequeno mercado no qual, nas prateleiras de suas vitrines abertas, havia fileiras e mais fileiras de corvos mortos. Aparentemente era tudo que eles vendiam naquela loja".[4]

Em dezembro, um navio que chegava a Bristol com um carregamento de bananas e laranjas (bem como quatro passageiros clandestinos jamaicanos que pularam ao mar) era recebido por um comitê oficial liderado pelo prefeito de Bristol. Eram as primeiras bananas que se viam na Grã-Bretanha desde o início da guerra.

Não foi apenas a falta de comida decente que fez Londres parecer deprimida meses depois das comemorações da vitória. Edmund Wilson descreveu o estado de espírito dos britânicos em suas próprias palavras:

> Quão vazio, quão doentio, quão sem sentido de repente parece ser tudo no momento em que a guerra está terminada! Fomos deixados estatelados, com uma vida empobrecida e humilhada, que o ímpeto de combater o inimigo manteve fora de nossas mentes. Como nossos esforços foram dirigidos todos para a destruição, não fomos capazes de construir nada a que pudéssemos recorrer em meio a nossa própria ruína.[5]

A França estava ainda mais desmoralizada. O ministro do Abastecimento, Paul Ramadier, era conhecido como Ramadã, alusão ao mês muçulmano de jejuns, e as magras rações diárias eram chamadas *Ramadiète*.[6] Os agricultores franceses recusavam-se a vender a preços fixos, uma vez que estavam ficando ricos com os onipresentes mercados negros, sem os quais era impossível para a maioria do povo francês viver com algum nível de conforto. Stephen Spender, o poeta, passou alguns meses na França, numa folga de sua temporada na Alemanha, onde estava escrevendo um relatório para o governo britânico sobre a situação da cultura. Em termos de moral, ele observou uma diferença importante entre a Grã-Bretanha e a França. Na Grã-Bretanha fora possível se alimentar e se vestir sem recorrer ao mercado negro. Na França, onde Spender não circulava exatamente entre os pobres, ele com frequência encontrava pessoas como o professor da Sorbonne "cujo terno tinha o dobro do tamanho dele" e que teve de explicar "com um sorriso amarelo que estava vivendo fazia dois meses sem recorrer ao mercado negro".[7]

Mas na França pelo menos a maior parte do país ainda estava fisicamente intacta: as grandes cidades históricas, as igrejas e catedrais. Aos olhos de Spender, que tinha acabado de ver os escombros da Alemanha, isso fazia com que tudo parecesse até mesmo mais fantasmagórico. A França, ele escreveu, era uma "ruína invisível". Assim como a Alemanha, a França precisava ser "reconstruída do zero", mas "embora essa necessidade esteja pairando no ar, as paredes estão de pé, os cafés estão lotados (apesar de não haver café) e sempre existe o mercado negro".[8]

Como a economia tinha sido sistematicamente dessangrada pelos alemães, o mercado negro já operava na França fazia alguns anos. O principal problema após a libertação não era apenas a falta de comida, mas a dificuldade de levar os alimentos da área rural para as cidades famintas. Caminhões e combustíveis eram muito escassos. Quem tivesse acesso a esses meios de transporte essenciais poderia ficar extraordinariamente rico com muita rapidez. Soldados americanos mais empreendedores, alguns com ficha criminal em seu país, desertaram do Exército e organizaram gangues em Paris. O plano consistia em roubar caminhões do Exército e estocar gasolina falsificando documentos ou subornando homens dos depósitos do Exército que armazenavam combustível, óleo e lubrificantes (POL, na sigla em inglês). Esses suprimentos eram então vendidos aos gângsteres franceses. Fizeram-se fortunas imensas, mas muitos dos contrabandistas americanos foram pegos, denunciados por seu conspícuo e exagerado consumo. Como transferir dinheiro para os Estados Unidos os entregaria, viviam como reis em Paris, o que alertou as autoridades. Viver como um rei na Europa continental era indício de que se operava no mundo semicriminoso de restaurantes e clubes noturnos do mercado negro, onde a champanhe e os vinhos finos ainda tinham livre curso, e todo tipo de iguarias estava disponível.

De Londres, Edmund Wilson voou para Roma, que lhe pareceu estar "mais fétida e corrupta do que nunca".[9] Ele jantou com amigos americanos numa mesa do lado de fora de um restaurante do mercado negro. Wilson primeiramente não notou, absorto como estava ante a comida e a conversa, mas uma multidão tinha se formado atrás deles, "para tentar apanhar coisas de nossos pratos". Então apareceu um leão de chácara, que pôs uma mulher idosa a nocaute e fez recuar o grupo, em sua maioria composto de mulheres e crianças, "algumas das quais desapareceram, enquanto outras, mantendo distância, ficaram lá, olhando para as pessoas que jantavam".[10]

Roma, assim como Paris, ainda estava razoavelmente inteira em termos materiais. Cidades como Palermo e Nápoles não. Milão também exibia as profundas cicatrizes das bombas aliadas e da guerra civil. Para Wilson, que visitou Milão em maio,

> parecia um pedaço do inferno. Alguns de seus surrados bondes verdes ainda funcionavam, e alguns dos habitantes continuavam com suas rotinas, mas todo o lugar parecia atordoado e desiludido, e as pessoas, lívidas e subnutridas, vestindo qualquer coisa que lhes protegesse a pele, pareciam ter sido imobilizadas [...] num estado de tensão permanente.[11]

Sándor Márai, romancista húngaro, morava em Budapeste nos dias da libertação. A cidade, muito danificada, tinha estado sob cerco das tropas soviéticas durante mais de dois meses. À libertação pelo Exército Vermelho, em fevereiro de 1945, seguiu-se uma inflação arrasadora. Um dólar ou uma moeda de ouro poderiam valer, da noite para o dia, mais alguns bilhões. Os camponeses, "que sabiam que seu dia havia chegado", ficavam ricos "trocando um porco engordado e inchado à base de água por um piano, por moedas de ouro napoleônicas no mercado em Peste", enquanto "intelectuais, trabalhadores e funcionários públicos esperavam dia após dia, cada vez mais pálidos, mais famintos e mais desesperançados...". Durante aqueles meses de inflação, Márai rememora, "a maioria dos habitantes de Budapeste ficou esqueleticamente magra como os desenhos da estrutura humana que se veem em livros de anatomia, sem nenhuma carne ou gordura".[12]

Comparada com Berlim e a maioria das outras cidades alemãs, no entanto, até mesmo Budapeste estava em melhor situação. Pois tudo que restara de Berlim, Frankfurt, Hamburgo, Bremen, Dresden — e até mesmo de cidades e vilarejos menores, como Würzburg ou Pforzheim, destruídos em 1945 numa espécie de último desdobramento da guerra — eram montes fumegantes de entulho, ainda recendendo a morte. O que de imediato chocava muitos visitantes nos primeiros meses depois da guerra era o lúgubre silêncio.

No centro de Berlim, entre as ruínas do Romanisches Café — que fora o mais movimentado de Berlim na época de Weimar — e a eviscerada Igreja Memorial do Imperador Guilherme, o dramaturgo Carl Zuckmayer lembrava como era aquele lugar antes da guerra: o incessante alarido do trânsito e da buzina dos carros, o tagarelar de multidões indo às compras, bebendo e jantando. Seu sentimento agora era de estar sozinho entre as ruínas silenciosas. Ouviu um leve rangido. Um garoto magro, em tamancos de madeira, puxava um carrinho de mão pelos destroços de uma rua calçada com pedras. O vento soprava suavemente através da desolada paisagem, e Zuckmayer podia ouvir o som das batidas do próprio coração. E no entanto, escreve ele:

havia ao mesmo tempo, em toda a Alemanha, uma constante sensação de algo se arrastando, tateando, arranhando, como num gigantesco formigueiro, [...] um incessante ir e vir de pessoas perambulando, caminhando, cruzando-se, o arrastar e o esfregar de milhões de calçados. Este é o "Mercado Negro" [...]. O mundo e a marcha dos sem-lar, dos refugiados, das massas dispersas, dos bandos de jovens saqueadores.[13]

E eis a impressão de Stephen Spender sobre a cidade alemã de Colônia, outro destroço urbano:

A ruína da cidade reflete-se na ruína interior de seus habitantes, os quais, em vez de constituírem vidas capazes de criar uma cicatriz nas feridas da cidade, são parasitas que sugam de uma carcaça morta, cavoucando entre os escombros em busca de alguma comida escondida, fazendo negócios em seu mercado negro junto à catedral — o comércio da destruição em lugar da produção.[14]

Se Colônia e Berlim estavam tão mal, Tóquio e Osaka, sem falar em Hiroshima, provavelmente estavam ainda pior. Isso sem mencionar Manila, Varsóvia, Stalingrado e outras cidades que foram arrasadas pelas potências do Eixo. O rabino-chefe ortodoxo de Londres, dr. Solomon Schonfeld, relatou a repórteres a viagem que fizera a Varsóvia em dezembro. Todo o antigo gueto de Varsóvia, disse ele, "é literalmente um amplo deserto formado por tijolos e destroços. As ruas permanecem como estavam no último dia de extermínio. Milhares de corpos jazem sob um mar de tijolos e ossos humanos, alguns dos quais pessoalmente recolhi".[15]

A destruição do gueto judaico de Varsóvia foi parte de um amplo empreendimento criminoso. Os motivos para bombardear cidades japonesas foram diferentes, mas a devastação resultante não. Grande parte das moradias japonesas era de madeira.

Os bombardeios pesados em áreas inteiras, seguidos de incêndios que se espalhavam depressa, não deixaram sobrar nada além de umas poucas chaminés de pedra de banhos públicos, que pateticamente continuaram de pé em meio a destroços carbonizados. O Japão também estava marcado pelo silêncio. Sherwood R. Moran, um tenente da Marinha dos Estados Unidos, escreveu numa carta a seu amigo Donald Keene, que viria a ser um grande conhecedor da literatura japonesa:

> Tóquio, a primeira vítima da guerra que eu vi, é uma confusão devastada, indecente, mas o que mais me impressiona é o silêncio; nem buzinas, nem gritos, nem clangores — todas essas coisas que você odeia numa cidade, mas espera encontrar nelas. Para Tóquio, para o Japão inteiro, suponho, a calamidade já passou, mas todos ainda se mantêm nesse horroroso silêncio.[16]

A expectativa de fome e de pandemias era bem real nas nações derrotadas. Já havia surtos de febre tifoide, tifo e tuberculose nas cidades alemãs. No Japão, mais de 20 mil pessoas morreram de disenteria em 1945, e por volta de 1948 quase 700 mil tinham sido infectadas por febre tifoide, tifo, tuberculose, cólera e poliomielite.[17] A vida era um pouco melhor nas áreas rurais, onde ainda se podia encontrar alimento. Mas as condições urbanas provavelmente eram piores do que na Alemanha. Os alemães aptos para o trabalho recebiam cartões de provisionamento de comida. Um relatório sobre Berlim publicado na *Yank*, a revista para as Forças Armadas dos Estados Unidos, descrevia o cardápio diário típico da família de um trabalhador braçal com seis filhos: uma xícara de chá e uma fatia de pão preto para cada um no desjejum, e no jantar uma sopa feita com uma cebola, uma batata e 250 ml de leite, guarnecida com um pequeno pedaço de couve-flor. Inadequado, sem dúvida, mas suficiente para se manter vivo.

Os japoneses já estavam passando fome bem antes de a guerra acabar. Autoridades do governo ensinavam a população a preparar refeições com bolotas de carvalho, cascas de grãos, serragem (para panquecas), lesmas, gafanhotos e ratos. Quando soldados começaram a regressar em grandes contingentes após a derrota, a situação que já era ruim transformou-se em crise. Muitas das pessoas sem lar viviam nas passagens subterrâneas de estações ferroviárias, que eram como as estreitas e labirínticas favelas da Londres vitoriana. Esse mundo dickensiano incluía crianças órfãs catando tocos de cigarro para trocar por algo comestível, ou surrupiando coisas nos bolsos alheios, ou vendendo seus corpos subnutridos. A estação Ueno, em Tóquio, era especialmente notória como uma espécie de colmeia cheia de sem-teto. Os bandos de pequenos famintos eram chamados de crianças *charin* (*charinko*), uma onomatopeia para o som de moedas tilintando.[18] Nas fotografias, essas pequenas e endurecidas criaturas, vestidas com trapos, arrastando-se atrás de tocos de cigarro, parecem mais bichos que seres humanos. Foi exatamente assim que um soldado britânico descreveu os equivalentes dessas crianças na Alemanha, acotovelando-se nas ruínas de passagens subterrâneas ou estações ferroviárias, "perfeitamente camuflados na imundície, de modo que você não consegue dizer onde eles estão". Eles saem em disparada quando veem um soldado estrangeiro, para reaparecer com pedras ou barras de ferro na mão, "seus dentes estão enegrecidos e quebrados", e a única parte limpa de seus corpos é "o branco dos olhos", olhos de filhotes de leopardo doentes, "cujo único inimigo era o homem".[19]

Para manter tudo em perspectiva, devemos lembrar também como eram as coisas para os incontáveis milhões de chineses que sobreviviam nas ruínas de uma guerra devastadora. Soldados americanos nas áreas controladas pelos nacionalistas do general Chiang Kai-shek ficavam chocados ao ver crianças esgueirando-se em seus acampamentos para catar no lixo latas que pudessem trocar por comida. Um sargento americano lembrou que "mães com suas jovens filhas vinham a nossos postos de guarda para oferecer suas menininhas em troca de guloseimas e cigarros".[20] Enquanto isso, homens chineses arrastavam-se embaixo das latrinas para pegar, através de brechas no assoalho, excrementos humanos que poderiam negociar com agricultores como fertilizantes.

O grau da miséria humana que resultou da guerra era tão grande, e tão disseminado, que as comparações são quase inúteis. A Alemanha tinha de lidar não apenas com seus próprios cidadãos e soldados que voltavam, mas também com mais de 10 milhões de refugiados falantes de alemão vindos da Tchecoslováquia, Polônia e Romênia, expulsos de seus países com a aprovação oficial dos governos aliados. Muitos refugiados morreram ou foram mortos no caminho para a Alemanha, um país que muitos deles nunca tinham visto. Quase todos haviam perdido tudo que possuíam. Isso acrescentou um número enorme de pessoas às massas que se deslocavam em busca de alimento e abrigo.

Para agravar a crise alimentar no Japão, assim como na Alemanha, a colheita de 1945 foi horrível. A agricultura tinha sido duramente atingida pela guerra, com o gado exaurido, campos arruinados, maquinário destruído ou saqueado nos meses derradeiros da guerra. Os trabalhadores rurais estrangeiros, que tinham substituído os alemães durante a guerra, estavam indo embora. Já o Japão, que outrora podia contar com o fornecimento de alimentos de seu império asiático, já não podia fazê-lo.

Em outubro, o ministro japonês de Finanças disse a repórteres americanos que, se não houvesse uma importação imediata de alimento, 10 milhões de japoneses poderiam morrer de fome no inverno. Previsões igualmente catastróficas foram feitas na Alemanha. Um administrador social-democrata da Baixa Saxônia declarou que "agora é possível calcular quando o povo vai morrer de fome se seus ex-inimigos não vierem em seu auxílio".[21] Relatórios sobre o iminente colapso na Alemanha foram discutidos no Parlamento britânico. Arthur Slater, um assistente social da ONU, fez uma severa advertência de que "se, como se pensa agora, milhões congelarem e passarem fome durante este inverno, isso não terá sido uma consequência inevitável da destruição material e da escassez mundial de materiais". Membros da Casa dos Comuns foram advertidos quanto à "maior catástrofe já experimentada pela raça humana".[22]

Esse prognóstico acabou se mostrando um exagero. Alguns viajantes na Alemanha constataram que, especialmente nas zonas ocidentais, as condições não eram piores do que em muitos outros países europeus ocidentais, e na verdade eram um pouco melhores do que em lugares mais distantes do leste. Mas, mesmo com uma sobra de estoques de alimentos saqueados nos países que ocupara, a vida na Alemanha era bastante ruim. Berlim era especialmente sombria, e relatos de outras partes da Alemanha também eram terríveis. Um repórter americano observou a seguinte cena nas proximidades de Hamburgo: "Uma noite, num terreno pantanoso, um alemão idoso vestindo um terno pega sua bengala e espanca um pato até matá-lo. Há muito que falar sobre a situação alimentar, mas, em essência, é isso aí".[23]

Tudo isso é bem angustiante, claro, mas — considerando que as vítimas da Alemanha nazista ainda passavam fome em lugares como Bergen-Belsen, e prisioneiros dos japoneses penavam em campos de prisioneiros de guerra, milhões de refugiados e deslocados de guerra precisavam ser repatriados, e cidadãos britânicos, holandeses, franceses, poloneses e italianos sobreviviam com magras rações, e filipinos, chineses e indonésios viviam com menos ainda, e cidadãos da União Soviética guardavam vivamente na memória como a fome lhes fora imposta pelo Exército alemão e pela ss — a compaixão da opinião pública pelos alemães e japoneses era um tanto limitada. Era bastante difícil convencer os congressistas americanos, em especial os republicanos, mais isolacionistas, a financiar as organizações internacionais de ajuda como a Administração das Nações Unidas para Assistência e Reabilitação (UNRRA, na sigla em inglês), para ajudar as vítimas da agressão alemã e japonesa. A ideia de usar mais dólares dos impostos, ou, como foi sugerido, de cortar as rações dos britânicos, para alimentar ex-inimigos, não era uma política fácil de promover.

Mas algo tinha de ser feito, por razões práticas, se não morais. Um colapso total na Alemanha e no Japão causaria uma tensão intolerável nos governos aliados e tornaria impossível qualquer reconstrução ordeira — e, mais ainda, democrática — do pós-guerra. O *Daily Mirror* britânico, um jornal pró-Partido Trabalhista lido por soldados, pôs a questão da ajuda sob uma manchete sucinta: "Alimentar os brutos?". O jornal deixava claro que para agir não era necessário ter empatia com o povo alemão, ou mesmo pelos refugiados alemães expulsos de suas pátrias. Não, "não é qualquer sentimento de compaixão que nos move a enfatizar a necessidade de lidar com essa situação". O problema era o seguinte: "Quanto mais tempo se permita que a Europa afunde no brejo, quanto mais tempo levar para que ela se erga — por mais tempo terá de continuar a ocupação".[24]

Havia outras considerações também, mais convincentes para os membros do Congresso americano. Ainda que a UNRRA, com seus ideais internacionalistas, fosse suspeita de ser simpática ao comunismo, a crescente rivalidade com a União Soviética impelia à ação, e a UNRRA era indispensável. Daniel J. Flood, um congressista democrata da Pensilvânia, disse a seus colegas: "Fome, privação, doença e desassossego vão alimentar a inquietação e o espectro do comunismo. Pessoas famintas são um campo fértil para as filosofias do anticristo e para aqueles que endeusariam um Estado onipotente".[25]

E algumas medidas foram tomadas. Na zona britânica da Alemanha, com início em fins de novembro, o general Sir Gerald Templer organizou a Operação Barleycorn,* que deixou 800 mil prisioneiros de guerra alemães livres para trabalhar nas fazendas e salvar o que restava da colheita. Para poder exportar mais alimentos para a Alemanha, cidadãos britânicos tiveram de apertar ainda mais os cintos; por isso o pão foi racionado em 1946. Os americanos também — cumprindo a diretiva de 1944 do Estado-Maior Conjunto (JCS 1076) referente a "acomodações para prisioneiros de guerra capturados no noroeste da Europa" — forneceriam assistência econômica suficiente para "evitar desassossego e inquietação". A ideia era manter um padrão de vida básico para os alemães. A questão era definir o que era o básico. Políticos a favor de uma "paz dura" queriam punir os alemães desmantelando sua indústria e mantendo seus cidadãos no nível da subsistência. O principal proponente dessa linha dura era Henry Morgenthau, secretário do Tesouro de Roosevelt, que planejava transformar a Alemanha num país pastoril, que jamais seria capaz de fazer guerra novamente. Uma orientação rigorosa também foi dada à administração aliada no Japão. A diretiva do Estado-Maior Conjunto 1380/15 ordenava ao general MacArthur que limitasse a ajuda humanitária aos japoneses na "medida [...] necessária para impedir tal disseminação de desassossego e inquietação que pusesse em perigo as forças de ocupação ou interferisse nas operações militares. As importações seriam limitadas a mínimas quantidades de comida [...] combustíveis, suprimentos médicos e sanitários...".[26]

---

* *Barley* é a cevada; *corn* pode se referir a grão — ou seja, qualquer cereal — e especificamente a milho. (N. T.)

Para a sorte de alemães e japoneses, essas diretivas punitivas ou eram ignoradas ou atenuadas pelos homens que efetivamente tinham de governar as nações ocupadas e podiam ver quão desastrosas tais medidas seriam. O consultor financeiro dos Estados Unidos, alto-comissário general Lucius Clay, disse que a JCS 1076 era obra de "idiotas em economia". Em vez de causar um caos ainda maior, destruindo a economia industrial alemã, o general Clay, apoiado por figuras poderosas em Washington, como o secretário da Guerra Henry Stimson, tratou logo de ajudar os alemães a reconstruí-la. Stimson era mais compreensivo quanto à situação alemã do que o secretário do Tesouro Morgenthau, o qual ele suspeitava estar sendo "tendencioso devido a seus ressentimentos semitas"[27] — com isso ecoando um sentimento desagradável mas não incomum nos escalões superiores dos governos americano e britânico. Mas, naquele momento, esperar que se levasse muito em consideração as sensibilidades judaicas estava fora de questão. O que esses homens temiam era que o furor alemão favorecesse o comunismo, ou incentivasse uma postura de revanchismo. O general MacArthur não estava inclinado a ajudar a reerguer a indústria japonesa, mas estava convencido, como Stimson e Clay, de que "a fome [...] torna um povo presa fácil para uma ideologia que traga consigo o alimento que sustenta a vida".[28]

As autoridades soviéticas nas zonas orientais de ocupação, onde se situava grande parte da agricultura alemã, bem como sua indústria (Leipzig, Dresden, Chemnitz), nada fizeram para reconstruir a capacidade econômica local. O que restara das fábricas e de outras instalações foi saqueado. Máquinas, vagões ferroviários, bondes, caminhões, tudo desapareceu nos comboios que se dirigiam para leste. Cofres de bancos foram esvaziados de ouro e títulos, institutos de pesquisa tiveram seus arquivos despojados, e muitas obras de arte foram confiscadas como reparações de guerra. E não havia ninguém, nem mesmo os líderes do Partido

Comunista alemão, recém-saídos das prisões nazistas ou do exílio em Moscou, que pudesse deter seus fraternais patronos russos.

O mesmo aconteceu na Manchúria, agora nordeste da China, onde desde a década de 1930 os japoneses tinham governado um estado fantoche colonial chamado Manchukuo. Manchukuo era a usina de força industrial do império japonês. A União Soviética, instada pelos Estados Unidos, tinha declarado guerra ao Japão quando ela quase chegava ao fim, em 8 de agosto.

Em 9 de agosto, três dias após o bombardeio de Hiroshima, tropas soviéticas invadiram Manchukuo. Instalações de indústria pesada, ferrovias modernas e operações de extração de minérios erguidas pelos japoneses com grande crueldade para com a população local foram sistematicamente desativadas e transferidas para a União Soviética. Fábricas inteiras eram desmontadas e levadas embora, num contínuo desfile de trens. No fim os próprios trens, e mesmo os dormentes de madeira da ferrovia, foram muitas vezes roubados e levados à União Soviética. Isso aconteceu antes de os chineses terem conseguido retomar a Manchúria. De qualquer forma, nem os comunistas chineses nem os nacionalistas de Chiang teriam sido capazes de pôr um fim a esse gigantesco exercício de pilhagem de ativos. E os soviéticos sem dúvida teriam feito o mesmo no norte do Japão se tivessem tido tempo de invadi-lo, o que foi um dos motivos para os Estados Unidos fazerem tanta questão de acabar rapidamente com a guerra no Pacífico.

Os alemães na zona soviética, inclusive os comunistas, estavam numa situação difícil, pois, apesar de sua economia estar sendo pilhada, exigia-se deles que alimentassem as tropas soviéticas de ocupação, além de si mesmos. Em muitas ocasiões, operários alemães tentaram remontar fábricas que tinham sido saqueadas, usando partes e peças de maquinaria abandonada, só para vê-las ser novamente desmembradas. Quando protestavam, eram espancados. Nada disso ajudou a desenvolver entre os trabalhadores alemães uma simpatia pela causa comunista. Uma modinha muito popular na época era assim:

Bem-vindos, libertadores!
Vocês tiram de nós ovos, carne e manteiga, e o gado e o alimento
E também relógios, anéis e outras coisas
Vocês nos libertaram de tudo, de carros e de máquinas
Vocês levam consigo vagões de trens e instalações ferroviárias.
De todo esse lixo — vocês nos libertaram!
Estamos chorando de alegria.
Como vocês estão sendo bons conosco.
Como era horrível antes — e como é bom agora.
Que pessoas maravilhosas são vocês![29]

Contudo, as rações prometidas para manter vivos os alemães na zona soviética não eram menores do que em outras zonas de ocupação aliadas: cerca de 1500 calorias diárias para uma pessoa que trabalhasse — 1200 calorias geralmente é considerado o mínimo necessário para que um adulto se mantenha saudável. Na verdade, em 1945, a maioria das pessoas nas cidades já se dava por feliz em ter metade disso. Mesmo quando havia pão suficiente, a comida fresca era pouca. O que salvou os alemães e os japoneses da catástrofe no primeiro ano após a guerra foram os suprimentos militares. Quando as tropas aliadas no Japão foram reduzidas nos últimos meses do ano, de 600 mil para 200 mil, grandes quantidades de comida do Exército, como carne e feijão enlatados, foram repassadas ao governo japonês para que fossem distribuídas. Era uma dieta com a qual a maioria dos japoneses não estava acostumada. Algumas distintas senhoras japonesas reclamavam que os feijões causavam situações desagradáveis de flatulência. Como alguém reclamou com um convidado: "A nova ração faz você ficar muito mal-educado".[30] Mas, sem ela, eles morreriam de fome. No verão de 1946, os cidadãos de Tóquio ainda recebiam somente 150 calorias de fontes japonesas.[31]

Mesmo com os suprimentos dos Aliados, no entanto, a maioria das pessoas na Europa e no Japão ainda dependia da vasta rede criminosa do mercado negro. A economia monetária tinha sido substituída em muitos lugares pelo escambo, sendo cigarros a principal moeda. Para as tropas de ocupação, era uma oportunidade irresistível. Nos Países Baixos, cigarros canadenses, especialmente os da marca Sweet Caporal, eram os mais valorizados. Os negociantes do mercado negro os compravam por um florim cada e os vendiam por cinco florins. Um soldado canadense poderia ter mil cigarros que recebera de casa ao custo de três dólares e ter um lucro de quase mil florins.[32]

E podia-se comprar quase tudo com cigarros: bons relógios antigos, binóculos de ópera, anéis de diamante, câmeras Leica, coisas que as pessoas trocariam de bom grado por combustível e comida. Os cigarros também compravam itens mais essenciais. Numa zona rural da Áustria, em maio, o escritor alemão Erich Kästner viu uma fila interminável de soldados alemães caminhando, aos tropeços, vindo dos campos de batalha da frente oriental e capengando em direção às suas casas. Ele escreveu em seu diário:

> Para conseguir algum dinheiro, eles vendem seus cigarros. O preço varia de um a três marcos cada um. Há uma constante demanda por roupas civis. O suprimento é virtualmente nulo. Alguém, numa casa ao lado, recebe 450 cigarros por um par de calças. Eu não me importaria de trocar um par de calças por isso, mas só tenho o par que estou usando. Esse comércio e seus resultados são imorais. Quem só tem um par de calças não tem como fazer negócio.[33]

Ango Sakaguchi, um sarcástico ensaísta e contista japonês — que fazia parte do grupo de escritores do período pós-guerra rotulados como "Rufiões" ou "Decadentes" —, notou que rapidamente os jovens soldados e pilotos treinados pelo imperador para morrer de forma gloriosa tinham se tornado eles próprios agentes do mercado negro. Da mesma forma, viúvas de guerra deixaram de lado toda lealdade a seus maridos mortos e acharam novos amantes. Assim eram as coisas, escreveu Sakaguchi. E, para ele, assim deveriam ser. Pois através da degradação, ao experimentar a ganância e o desejo humanos em seu estado mais bruto, os japoneses iriam redescobrir sua humanidade. Chega do culto idiota do imperador! Chega da ideia de morte heroica em aviões suicidas! "Não nos rebaixamos tanto por termos perdido a guerra. Nós nos rebaixamos porque somos humanos, porque estamos vivos."[34]

Não há dúvida de que muitos veteranos das Forças Armadas imperiais japonesas foram parar no mercado negro, juntamente com quadrilhas coreanas e taiwanesas, gangues de proscritos japoneses e todos os outros rebotalhos de uma sociedade desmoronada. Era um dito da época: "Mulheres viram *panpan*, homens viram operadores do mercado negro".[35] Havia mais de 15 mil mercados negros espalhados pelo Japão, a maioria no entorno de estações ferroviárias. Os remanescentes de alguns deles ainda estão lá, como o Ameyoko-cho, nome possivelmente relacionado com os americanos, uma apinhada faixa de pequenas lojas de comida e roupas ao longo da linha férrea perto da estação Ueno, em Tóquio. As pessoas iam até lá para adquirir itens essenciais à sobrevivência ou para comer em um dos milhares de precários quiosques que ofereciam qualquer coisa, de rãs fritas a ensopados feitos de vísceras de vários animais, se a pessoa tivesse sorte — havia rumores de que restos humanos acabavam indo parar naqueles ensopados também.

Tudo se comprava e tudo se vendia, inclusive velhos cobertores de hospital manchados de sangue. Na Manchúria, colonos japoneses, que durante quinze anos tinham dominado os chineses, entraram em pânico com a invasão das tropas soviéticas e, sem poder voltar ao Japão (a maioria dos meios de transporte era reservada às Forças Armadas e a funcionários públicos do alto escalão), sobreviviam vendendo todas as suas posses no mercado negro: quimonos, mobiliário, antiguidades. E às vezes até seus bebês. Os mitos coloniais sobre a superioridade inata da inteligência japonesa faziam com que os bebês japoneses fossem desejáveis, especialmente para os camponeses chineses, que no futuro precisariam de força de trabalho. Sakuya Fujiwara, que mais tarde seria o presidente do Banco do Japão, era uma criança na Manchúria quando a guerra terminou. Seus pais venderam tudo que tinham no mercado negro. Ele se lembra de ter ouvido chineses gritando: "Bebês para vender? Quem tem bebês para vender?". O preço corrente estava entre trezentos e quinhentos ienes. Às vezes bebês eram comprados e imediatamente revendidos por um preço maior.[36]

Grande parte do mercado negro no Japão era proveniente de suprimentos militares, vendidos por soldados aliados para gângsteres locais. Conversei uma vez com um gângster japonês aposentado cujos olhos brilhavam com as lembranças saudosas dos bons tempos antigos; ele levantou tanto dinheiro canalizando mercadorias das lojas PX americanas para o mercado negro que poderia circular num grande carro americano cheio de cédulas até o teto. Mas era peixe pequeno, comparado com os japoneses mais bem colocados, que tinham conseguido ocultar 70% dos estoques militares no fim da guerra. O que havia restado, inclusive todo tipo de maquinário e material de construção, foi entregue pelos americanos ao governo japonês, para ser usado no sentido de promover o bem-estar da população. Isso também, em sua maior parte, desapareceu, juntamente com o material saqueado, e fez muitos funcionários públicos japoneses, alguns deles ex-criminosos de guerra, ficarem muito ricos.

Havia óbvias diferenças entre alemães e japoneses no que dizia respeito a cultura, política e história. Mas, em termos de comportamento humano em circunstâncias semelhantes, tinham muito em comum. Um dos efeitos de uma economia criminalizada, que explorava as dificuldades do povo, foi a quebra da solidariedade social — parte da "degradação" descrita por Ango Sakaguchi. Era cada homem, ou mais frequentemente, cada mulher, por si. Nas palavras de Heinrich Böll: "Cada um possuía apenas a própria vida e, além disso, o que quer que caísse em suas mãos: carvão, lenha, livros, materiais de construção. Todo mundo poderia, justificadamente, acusar todo mundo de roubo".[37]

E acusar os outros foi o que muita gente fez. Na Alemanha, judeus e deslocados de guerra com frequência eram responsabilizados por violência e escroqueria. No Japão, coreanos, chineses e taiwaneses, conhecidos como "nacionais de um terceiro país" — nem japoneses, nem americanos —, eram tidos como os piores criminosos. Muitos deles tinham sido enviados ao Japão como trabalhadores escravos. É inegável que gangues coreanas e taiwanesas competiam com as japonesas pelos espólios, assim como havia judeus e deslocados de guerra envolvidos no mercado negro. Eles também tinham de encontrar um meio para sobreviver. Bergen-Belsen tornou-se um dos principais centros de atividade do mercado negro. Muitos deslocados — judeus, poloneses, ucranianos e iugoslavos — ficaram enfurnados nos campos durante anos, sem dispor de instalações apropriadas. Carl Zuckmayer, em seu relato sobre a Alemanha e a Áustria, advertiu que "não havia como erradicar o antissemitismo na Alemanha enquanto não houvesse uma solução internacional para o problema dos deslocados".[38] De fato, os alemães com frequência não faziam distinções — fossem voluntários letões do Reich de Hitler ou judeus, eram todos "estrangeiros". Às vezes os alemães tinham de recorrer a esses "estrangeiros" para comprar mercadorias a preços exorbitantes. Na verdade, porém, na maioria dos casos os escroques, e com certeza os mais poderosos entre eles, não eram de forma nenhuma judeus nem estrangeiros, e sim alemães.

O major Irving Heymont era o funcionário militar americano encarregado de uma região da Baviera onde havia grandes campos de deslocados de guerra judeus, especialmente em Landsberg, cidade na qual Hitler passou um tempo na prisão (e escreveu *Mein Kampf*). Heymont observou: "Como muitos indivíduos na Alemanha, o pessoal do campo atua ativamente no mercado negro [...]. Sua atividade consiste mormente em um simples escambo de itens de conveniência e comida fresca".[39] Ele notou também que os "poucos grandes operadores" no mercado negro eram ex-homens de negócios ou criminosos. Faziam aquilo que lhes era natural. Era o métier deles.

O preconceito puro e simples era um motivo pelo qual judeus, ou nacionais de um terceiro país e outros estrangeiros, eram considerados criminosos particularmente notórios. Esse traço humano tão usual, que as condições difíceis tornaram pior, foi aguçado ainda mais pela percepção comum de que os Aliados privilegiavam os estrangeiros, de que a polícia do Exército americano no Japão dava rédeas soltas aos coreanos, ou de que as autoridades aliadas cuidavam para que os judeus vivessem no luxo à custa de alemães inocentes. Havia um grão de verdade nisso, muito embora pouquíssimos judeus, isso sem falar nos que definhavam nos campos de deslocados de guerra, viviam luxuosamente, ou mesmo com algum conforto. Mas era um grão apenas. Pois, na verdade, os próprios funcionários aliados não eram imunes ao antissemitismo ou ao racismo. O general Patton foi talvez um pouco mais extremista do que a maioria, ou ao menos mais explícito, em seu desdém pelos sobreviventes judeus que encontrou no campo de concentração de Dachau, os quais descreveu como "inferiores a animais".[40] Apesar de o general Eisenhower ter instruído os americanos na Alemanha ocupada a dar aos deslocados de guerra judeus prioridade sobre os alemães, isso era frequentemente ignorado. Muitos americanos pareciam achar que os alemães, assim como ex-colaboracionistas ou refugiados dos países bálticos, eram mais fáceis de lidar do que os traumatizados judeus.[41]

Mais do que tudo, responsabilizar os estrangeiros era parte de um sentimento mais amplo de negação, a recusa de encarar o que alemães e japoneses tinham causado a outros. Era mais fácil para eles ter pena de si mesmos. Um repórter da revista *Yank*, caminhando por Berlim em agosto, viu uma alemã num vestido esfarrapado e calçada com sapatos grandes de homem mostrando a língua para uma soldada russa. "Você está bem alimentada e nós alemães, morrendo de fome", ela disse, antes de cuspir no chão.[42] Mas havia vozes dissidentes mesmo naquele momento. Um artigo no *Berliner Tagesspiegel* deplorava "o erguimento de muros para se escudarem ante os crimes medonhos cometidos contra poloneses, judeus e prisioneiros; a estupidamente arrogante ingratidão pela doação dos víveres recebidos da América e da Inglaterra...".[43]

Com o tempo, claro, a economia de mercado negro foi sendo pouco a pouco substituída por um comércio mais regulamentado. Mas os efeitos a longo prazo daquela época sem lei foram significativos, especialmente na Alemanha e no Japão. O colapso econômico do pós-guerra e o subsequente mercado negro constituíram importantes fatores na destruição de antigas distinções de classe. Mulheres de destacadas famílias tinham de se deslocar até a zona rural para trocar bens de herança da família por alimento. Camponeses pobres subitamente ficaram endinheirados. Não era raro ver mulheres de aldeias japonesas andando por campos de arroz em lindos quimonos antigos que custavam uma fortuna. Filhas de aristocratas empobrecidas eram compelidas a se casar com bem-sucedidos, e muitas vezes nada escrupulosos, novos--ricos. Mas o caos do pós-guerra suscitou também alguma liberdade para criar empreendimentos sem obstáculos por parte de concorrentes mais bem estabelecidos. Em 1945, Masaru Ibuka abriu um pequeno estabelecimento voltado ao conserto de rádios numa loja de departamentos danificada por bombardeios, em Tóquio. Foi o início da Sony Corporation.

Vale a pena citar na íntegra uma observação feita por Alfred Döblin, autor da obra-prima do pré-guerra *Berlin Alexanderplatz* (1929). Depois de sobreviver à guerra exilado na Califórnia, Döblin regressou à Alemanha, onde novamente sentiu-se como um exilado. Eis o que ele escreveu ao chegar à cidade-balneário de Baden-Baden:

> A principal impressão que tive na Alemanha foi a de um povo que era como formigas correndo para cá e para lá num formigueiro destruído, num estado de excitação e desespero, tentando trabalhar em meio à ruína. Sua única preocupação é não poder trabalhar imediatamente, por não ter as ferramentas e as diretivas necessárias. Estão menos deprimidos com a destruição do que inspirados a querer trabalhar ainda mais duro. Se tivessem os meios, que hoje lhes faltam, alegrar-se-iam amanhã, alegrar-se-iam com o fato de que seus lares antiquados e mal construídos tinham sido demolidos, o que lhes oferecia a oportunidade de construir algo fabuloso e moderno.[44]

3. Vingança

Na Tchecoslováquia, no verão de 1945, perto da cidade de Budweis (České Budějovice), mais conhecida por sua boa cerveja, havia um campo de concentração com uma placa pregada em seu portão principal na qual se lia: "Olho por olho, dente por dente". O campo estava agora sob controle tcheco. Estava repleto de prisioneiros alemães, a maioria civis. O comandante, um jovem tcheco com reputação de cruel, fazia os alemães trabalharem doze horas por dia com rações mínimas, depois os acordava no meio da noite e lhes ordenava que fossem para a *Appelplatz*, onde eram obrigados a cantar, rastejar, bater uns nos outros, dançar, ou qualquer outra forma de tormento que divertisse os guardas tchecos.[1]

O desejo de vingança é um sentimento humano, assim como a necessidade de sexo ou de alimento. Poucos expressaram isso melhor, e mais brutalmente, do que o autor polonês Tadeusz Borowski. Após ter ido para a cadeia em 1943 por publicar seus poemas na imprensa clandestina — a Varsóvia dos tempos de guerra fervilhava com uma cultura subterrânea, que incluía escolas, jornais, teatros e revistas de poesia, e tudo isso expunha seus participantes ao risco de ir para o campo de concentração ou ter uma morte mais imediata —, Borowski sobreviveu a uma prisão alemã, depois a Auschwitz e a Dachau. Libertado em Dachau, ficou mais ou menos confinado, como deslocado de guerra, num antigo acampamento da ss perto de Munique. Seu relato dessa sórdida experiência no limbo foi incluído num livro clássico, com cenas curtas da vida e da morte num campo de concentração, intitulado *This Way for the Gas, Ladies and Gentlemen* [Senhoras e senhores, para a câmara de gás].[2]

Uma das histórias chama-se "Silêncio". Alguns deslocados surpreendem um ex-ajudante dos nazistas que tentava fugir por uma janela. Eles o agarram e começam a "fazê-lo em pedaços, com mãos ávidas". Quando ouvem a aproximação de soldados americanos, que administravam o campo, enfiam o homem num colchão de palha, embaixo de camadas de roupa de cama. O oficial americano mais graduado, um jovem e belo sujeito numa farda bem passada, diz-lhes, por intermédio de um intérprete, que ele entende muito bem o quanto os sobreviventes dos campos nazistas devem odiar os alemães. No entanto, o mais importante é que a prevalência da lei seja mantida. Os culpados deveriam ser punidos somente depois do processo legal adequado. Os americanos cuidariam de que assim fosse. Os refugiados anuem e aplaudem o simpático americano. Ele lhes deseja uma boa noite de sono e, "acompanhado por um murmúrio de vozes de aprovação", sai do recinto para concluir sua ronda pelo acampamento. Assim que ele vai embora, o alemão é puxado da cama e espancado até a morte, no chão de concreto.

Isso não era um incidente fora do comum na época imediatamente posterior à libertação, ou, no caso dos deslocados de guerra, semilibertação. Em outros relatos, os soldados libertadores, chocados com a evidência visual da depravação alemã, estavam menos condicionados às regras que deveriam reger os devidos processos legais. Em Dachau, soldados americanos não interferiram quando guardas da ss foram linchados, afogados, cortados, estrangulados ou espancados com pás até a morte, e pelo menos em um caso decapitados com uma baioneta que um GI emprestara a um ex-interno para esse propósito. Às vezes os soldados encarregavam-se eles mesmos de atirar nos guardas alemães. Também em Dachau, um tenente americano executou com sua metralhadora mais de trezentos guardas. Sua ira era compreensível; tinha acabado de ver cadáveres de prisioneiros empilhados em frente ao crematório do campo.[3]

Em Bergen-Belsen, em abril de 1945, uma enfermeira britânica viu o que aconteceu quando um grupo de enfermeiras alemãs entrou no campo pela primeira vez. Com ordens de cuidar de sobreviventes em estado desesperador, elas entraram em uma das enfermarias do hospital, e num instante "uma massa de internos aos gritos, entre eles até mesmo os moribundos, atiraram-se sobre as enfermeiras, arranhando-as e lanhando-as com facas e garfos, ou com instrumentos arrebatados dos carrinhos de material para curativos".[4]

Nesse caso, os britânicos tiveram de proteger as civis alemãs, cuja presença era vital para a sobrevivência dos internos. Lidar com o natural desejo de vingança, com a crua justiça do olho por olho, era um problema sério para oficiais aliados, funcionários públicos voltando do exílio, membros de organizações de assistência e todos os outros que estivessem interessados em restaurar algum sentido de ordem ou normalidade no continente devastado. No entanto, assim como o malsucedido americano na história de Borowski, frequentemente eles eram impotentes para deter mais atos violentos, em especial em países convulsionados por guerra civil. Em diversas ocasiões, inclusive, eles optaram por fechar os olhos para certos episódios, ou foram cúmplices ativos, de maneiras bem mais detestáveis que a do GI que emprestara sua baioneta no campo de concentração de Dachau. Na verdade, a maior parte dos casos de vingança organizada não teria acontecido sem um incentivo oficial. Assim como o desejo sexual raras vezes leva diretamente a orgias, a violência em massa quase nunca vem de iniciativas individuais; ela exige liderança, organização. E também um timing adequado. Uma das coisas surpreendentes no que concerne ao período imediatamente subsequente à guerra é que não tenha havido mais casos de alemães atacando outros alemães. Uma jornalista de Berlim, entre os poucos alemães que tinham resistido ativamente aos nazistas, escreveu em seu diário do pós-guerra que as pessoas estavam "prontas para a retaliação". Durante os últimos meses de guerra, uma época de desespero para muitos alemães, "mesmo o maior dos idiotas compreendia o quanto tinha sido enganando de maneira vil pelo nazismo...". Portanto, ela continuou:

> Se tivesse havido um período de três dias entre o colapso e a conquista [aliada], milhares e milhares de pessoas, desapontadas, humilhadas e abusadas pelos nazistas, teriam dado livre curso à vingança contra seus inimigos. Contra cada um de seus tiranos pessoais. "Olho por olho", as pessoas tinham jurado então. "As primeiras horas após o colapso pertencem às adagas!" O destino quis que fosse diferente.[5]

Ela estava certa; as dificuldades compartilhadas sob a ocupação estrangeira mantiveram os alemães afastados um da garganta do outro.

Hans Graf von Lehndorff administrava um hospital em Königsberg, antiga cidade do leste da Prússia que passou a se chamar Kaliningrado quando foi tomada pelo Exército soviético, em abril de 1945. Em seus diários, escritos num estilo lúcido e ao mesmo tempo profundamente religioso, ele descreve como as tropas soviéticas, embriagadas após o ataque a uma fábrica de bebidas adjacente, cambaleiam pelas enfermarias e estupram toda mulher com que deparam, inclusive as muito idosas e as muito jovens, enfermeiras e pacientes, e muitas delas ficam tão gravemente feridas que estão quase inconscientes. Algumas das mulheres imploram aos soldados que atirem nelas, mas esse ato de misericórdia raras vezes é concedido antes de terem sido violadas inúmeras vezes, o que em muitos casos fez com que a execução se tornasse supérflua.

Lehndorff não era um nazista. Na verdade, assim como muitos membros de sua aristocrática família, ele abominava os nazistas. Sua mãe tinha sido presa pela Gestapo. Um primo fora executado por ter tomado parte no atentado de 20 de julho de 1944, que visava assassinar Hitler. Ao ver sua cidade em chamas, enquanto as mulheres eram estupradas, os homens caçados e as casas destruídas sistematicamente saqueadas, o dr. Lehndorff pergunta-se qual o significado de tudo aquilo:

> Isso é fruto de uma selvageria natural, ou é vingança? Provavelmente vingança [...]. Quanto esforço para fazer do caos um espetáculo! [...] E essas crianças em frenesi, com pouco mais de quinze ou dezesseis anos, atirando-se sobre nossas mulheres como lobos, sem ter a menor noção da razão de tudo isso. Não tem nada a ver com a Rússia, nada a ver com nenhum povo ou raça específicos — é um homem sem Deus, uma caricatura grotesca da humanidade. Se não fosse assim, nada disso atingiria alguém tão profundamente — como se fosse sua própria culpa.[6]

Os sentimentos são nobres, e Lehndorff com certeza tem razão em afirmar que os seres humanos, em toda parte, ao receberem permissão de fazer o que quiserem com outros seres humanos, são bem capazes, até mesmo voluntariamente, de fazer o pior. Mas muitas vezes esse pior é feito por homens que sentem que Deus, ou algum substituto terreno, está ao *seu* lado. A vingança quase nunca vem por si mesma. Ela costuma ter uma história, pessoal ou coletiva. Com exceção dos judeus, os cidadãos da União Soviética sofreram mais do que todos os outros povos com a selvageria alemã. As cifras são difíceis de imaginar. Mais de 8 milhões de soldados soviéticos morreram, entre os quais 3,3 milhões foram propositalmente deixados à míngua, morrendo de fome e apodrecendo em campos ao ar livre, em pleno verão ou no gelo hibernal. O número de civis mortos foi de 16 milhões. Apenas os chineses, que perderam mais de 10 milhões de civis sob a ocupação japonesa, chegam perto disso. Mas não se trata de estatísticas. Elas não contam a história toda. Assassinato e inanição caminham juntos, numa constante degradação e humilhação. Os russos, como outros eslavos, eram, na visão dos nazistas, *Untermenschen*, seres inferiores cujo único papel seria trabalhar como escravos para seus senhores alemães. E os que fossem inadequados para trabalhar não mereceriam ser alimentados. Na verdade, a Alemanha nazista tinha uma política chamada "Plano da Fome", de fazer os povos soviéticos morrerem de fome para prover aos alemães um maior espaço vital (*Lebensraum*) e mais alimentos. Se totalmente levado a efeito, esse monstruoso plano econômico teria matado dezenas de milhões.

Mas a vingança não é somente uma questão de ira ou indisciplina. Homens que são tratados com brutalidade por seus superiores com frequência descarregam seu sofrimento sobre a população civil também. Isso pode explicar a ferocidade dos soldados japoneses na China, além de sua aversão racista ao povo chinês. O tratamento cruel dos soldados soviéticos pelos oficiais no Exército, assim como por parte dos comissários políticos e da polícia secreta, é bem conhecido. Mas, independentemente disso, quando os alemães foram obrigados a recuar da União Soviética, as tropas do Exército Vermelho receberam ordens explícitas de fazer o pior assim que entrassem em terras alemãs. Sinalizações de estrada na fronteira diziam em russo: "Soldado, você está na Alemanha: vingue-se dos hitleristas".[7] As palavras de propagandistas como Ilya Ehrenburg eram marteladas diariamente em suas cabeças: "Se você não tiver matado pelo menos um alemão ao fim de um dia, terá desperdiçado esse dia [...]. Se você matou um alemão, mate outro — nada nos é mais divertido do que uma pilha de cadáveres alemães". O marechal Georgi Zhukov declarou em suas ordens de janeiro de 1945: "Desgraça à terra dos assassinos. Vamos obter nossa terrível vingança por tudo".[8]

Homens que durante anos tinham sido humilhados como *Untermenschen* e não raro perdido amigos e parentes, frequentemente em circunstâncias terríveis, não precisavam de muito incentivo. Houve outro fator também. Os soviéticos já haviam sido expostos à propaganda sobre a rapacidade do capitalismo burguês. Surgiu uma oportunidade para a violência revolucionária. O que chocava os soldados — alguns dos quais quase não conheciam a eletricidade, muito menos itens luxuosos como relógios de pulso — era a relativa opulência da vida civil alemã, mesmo nas condições miseráveis de cidades bombardeadas e de carências de tempos de guerra. A cobiça, o ódio étnico, a propaganda política, a memória recente de atrocidades alemãs, tudo isso serviu para acelerar a sede por vingança. Como disse um oficial soviético, "quanto mais profundamente penetrávamos na Alemanha, mais desgostosos ficávamos com a fartura que encontrávamos em toda parte [...]. Eu adoraria esmurrar todas aquelas fileiras de latas e garrafas".[9]

Mesmo que não estivessem imbuídos do desejo de vingança, esses sentimentos podiam levar a agressões graves. Quando o Exército Vermelho soviético invadiu o nordeste da China, ou seja, a Manchúria, em agosto, menos de uma semana antes da rendição japonesa, suas tropas praticaram atos violentos em cidades importantes como Harbin, Mukden (Shenyang) e Shinkyo (Changchun). Não havia nenhum motivo para se vingar da grande população civil japonesa nessas cidades, e muito menos dos chineses. O Japão nunca tinha invadido nenhuma região da União Soviética, apesar de ter infligido à Rússia uma humilhante derrota na Guerra Russo-Japonesa de 1905-6, travada naquele mesmo território da Manchúria. Na única vez em que os japoneses, tolamente, atacaram a União Soviética, em 1939, na fronteira da Mongólia, foram completamente derrotados. Ainda assim, o comportamento das tropas soviéticas no nordeste da China foi como o dos conquistadores do século xv.

Como no caso das populações alemãs no leste da Europa, os civis japoneses eram totalmente vulneráveis, e pelas mesmas razões: assim como a maioria dos homens da ss alemã, oficiais militares e nazistas graduados tinham fugido para o oeste, oficiais do Exército japonês e funcionários do governo haviam se apropriado dos últimos trens de transporte para os navios que os levariam de volta ao Japão, deixando a massa de civis abandonada à própria sorte. Isso queria dizer que quase 2 milhões de japoneses estavam encurralados sem nenhuma proteção. Muitos deles tinham se mudado para o continente desde 1932, quando a Manchúria tornara-se Manchukuo, o estado fantoche japonês; a emigração fora promovida de forma ativa pelo governo, em busca de *Lebensraum* para seus cidadãos do campo. Nas cidades — Mukden, Shinkyo, Kirin, Harbin —, uma sociedade inteiramente japonesa emergia dos bancos, das ferrovias, lojas de departamentos, escolas, academias de arte, dos cinemas, restaurantes, todos conduzidos por japoneses para japoneses. Chineses tinham sido expulsos das áreas rurais para dar lugar a colonos japoneses. Tudo isso era justificado pela propaganda oficial de uma Ásia para os asiáticos, um admirável Oriente novo, mais moderno, mais eficiente, mais justo do que a antiga ordem imperial ocidental, e governado pelos senhores japoneses.

Alguns chineses aproveitaram-se da derrota japonesa para roubar civis. Eles tinham razão de se sentir lesados. Pois em Manchukuo, estabelecido e controlado pelo Exército japonês de Kwantung, os chineses tinham sido tratados como cidadãos de terceira classe, ainda mais rebaixados do que os coreanos, à mercê de quase qualquer japonês. Contudo, em muitos dos relatos memoriais nipônicos, os soviéticos eram bem piores do que os chineses. Conta um relato: "Eles invadiam as casas japonesas, atirando com suas pistolas, e não só agarravam todo objeto que lhes agradasse como também estupravam toda mulher que quisessem".[10]

Japoneses que fugiram mais para o sul, a maioria a pé, para escapar das tropas soviéticas, na maior parte das vezes não se saíram muito melhor. A comida tinha acabado. O tifo irrompia dos corpos infestados de piolhos. Bebês eram sufocados até a morte para que seu choro não chamasse a atenção de vingativos soldados chineses, coreanos e soviéticos. Crianças pequenas eram entregues aos camponeses chineses na esperança de que assim pelo menos sobrevivessem. No total, mais de 11 mil colonos japoneses perderam a vida nesses martírios, tendo cerca de um terço deles cometido suicídio.

Histórias sobre a violência soviética espalharam-se rapidamente, o que suscitou a tomada de estranhas medidas para aplacar as tropas do Exército Vermelho. Na cidade de Andong, na fronteira entre a Manchúria e a Coreia, a comunidade japonesa decidiu saudar as tropas soviéticas com um comitê de acolhida. Crianças japonesas receberam bandeirinhas vermelhas, foi erguido um arco na estação ferroviária, enfeitado com mais bandeiras vermelhas e dísticos que expressavam os profundos sentimentos de amizade pela União Soviética, e os próceres locais tinham preparado efusivos discursos de boas-vindas. Eles esperaram, esperaram e esperaram. As crianças adormeceram, ainda empunhando suas bandeiras. Já era tarde da noite quando os japoneses finalmente ouviram que o Exército Vermelho tinha decidido seguir outra rota, não iria naquele momento a Andong.

Os relatos japoneses tendem a deixar de fora o sofrimento dos chineses nas mãos das tropas soviéticas, mas a verdade é que os civis vindos do Japão sofreram mais. Sua riqueza, ou presumida riqueza, era claramente um incentivo para isso. Conforme o relato da testemunha já citada aqui: "Soldados soviéticos percorriam a cidade com arrogância, como se fossem seus donos, com relógios de pulso nos dois braços, câmeras penduradas nos ombros, canetas-tinteiro às fileiras enfiadas nos bolsos de seus casacos".[11] Assim como as tropas soviéticas na Alemanha, muitos soldados não tinham familiaridade com os objetos típicos do mundo moderno. Quando relógios paravam de funcionar porque seus novos donos não lhes tinham dado corda, eram jogados fora com raiva e recolhidos por garotos chineses, que os vendiam no mercado negro. Ventiladores de teto elétricos enchiam alguns soldados de um pavor tal que descarregavam neles suas armas.

Contudo, a pilhagem dos civis pelos soldados soviéticos não teria de forma nenhuma atingido essa escala não fosse o estímulo, ou efetivo exemplo, oficial. O que é o roubo de alguns relógios comparado com o saque total de fábricas, minas, ferrovias e bancos japoneses? A única maneira de os soviéticos poderem justificar seu comportamento — não que o tenham tentado com afinco — era tratando isso como um direito seu na guerra popular contra o fascismo, que era, na propaganda comunista, mera extensão do capitalismo. O roubo era parte do projeto revolucionário. Seja como for, nenhuma humilhação, a não ser que fosse a dos pobres inseridos num mundo de relativamente ricos, poderia explicar o comportamento soviético no nordeste da China. Na Alemanha, a história era diferente. E lá a violência soviética foi pior ainda.

A maneira mais segura de retribuir violência com violência é estuprar mulheres, em público, na frente dos homens, impotentes para fazer qualquer coisa a respeito. É a forma mais antiga de terror nos conflitos humanos, e não especialidade apenas dos russos. O dr. Hans Graf von Lehndorff estava certo quanto a isso. Mas a justificativa que as pessoas usam para sua selvageria nem sempre é a mesma. A disparidade na riqueza, bem como os preconceitos étnicos, criou um círculo vicioso de propaganda mutuamente hostil que fez com que o comportamento soviético na Alemanha fosse mais brutal que de costume. Aos alemães se dizia que era melhor lutar até a morte do que ver suas mulheres serem presas de bárbaros "asiáticos" ou "mongóis". Quanto mais ferrenhamente os alemães resistiam, mais os "bárbaros" queriam cobrar o preço de sua brutalidade, que tinha atingido uma escala muito maior do que qualquer uma que eles infligissem aos alemães. Mas aqui também a vingança tinha relação com a guerra contra o capitalismo. As mulheres alemãs eram descritas na propaganda soviética não só como nazistas, tão ruins quanto os homens, mas como nazistas gordas, mimadas, ricas. Num cartum russo, uma rica mulher alemã, a filha e a empregada, cercadas por coisas pilhadas da Rússia, procuram de modo frenético algo que possam usar como uma bandeira branca de rendição. Ironicamente, uma caricatura de uma mulher alemã ("Miss Veronica Dankeschön") numa revista do Exército americano, roliça, loura, a saia bordada com suásticas, parece ser idêntica. A única diferença é que os soldados americanos tinham sido advertidos para ficarem longe de Miss Veronica para evitar DSTs, enquanto os soviéticos eram convidados a agarrar o que lhes era de direito. Como diz um russo, ex-trabalhador escravo, para sua ex-senhora em outro cartum soviético: "Agora a senhora vai ver, Frau. Vim aqui para cobrar".[12]

E eles cobraram. A autora anônima de *Uma mulher em Berlim* descreveu com detalhes aterradores a humilhação imposta às mulheres, as quais demonstram o mesmo tipo de repugnância expressado pelo soldado que queria esmurrar as elegantes pequenas bugigangas que proliferavam nos lares burgueses alemães. Em uma das muitas ocasiões em que é estuprada por um soldado, enquanto outros esperam sua vez, ela nota como seu agressor parece nem notar sua presença. Ela também é um objeto, "o que torna tudo muito mais assustador quando ele de repente me joga na cama [...]. Sinto dedos em minha boca, o fedor de cavalo e de tabaco. Abro os olhos. Habilmente os dedos forçam minha mandíbula a se abrir. Olho dentro do olho. Então o homem em cima de mim deixa seu cuspe escorrer para dentro de minha boca...".[13]

O estupro de mulheres alemãs, sobretudo as que pareciam ter uma riqueza ilimitada, e em especial diante dos emasculados ex-combatentes da "raça de senhores", fazia com que os desprezados *Untermenschen* se sentissem novamente homens. Nas palavras de um graduado oficial soviético em Berlim, "no primeiro ardor da vitória nossos camaradas obtinham sem dúvida certa satisfação em esquentar as coisas com essas mulheres *Herrenvolk*".[14] No entanto, isso foi muito além de um primeiro ardor de vitória. Nessa forma irrefreável, liberto de qualquer restrição oficial, o estupro de mulheres alemãs continuou durante o verão de 1945. Depois disso, líderes militares e civis soviéticos tentaram banir essa prática, ao menos esporadicamente, às vezes com medidas draconianas, inclusive a pena de morte. Na verdade, o risco de ser estuprada por um soldado soviético só deixou de existir quando as tropas foram confinadas a seus quartéis, em 1947.

Se o desejo de superar a humilhação e restaurar o orgulho masculino é uma explicação plausível para a violência dos soldados soviéticos em terras alemãs, ele também pode explicar o comportamento vingativo de homens que tinham sofrido muito menos que os soviéticos. Durante o assim chamado "expurgo selvagem" (*l'épuration sauvage*) na França, ocorrido em 1944, ainda antes de a guerra ter terminado, cerca de 6 mil pessoas acusadas de colaboracionismo com os alemães foram mortas por vários bandos armados ligados à resistência, frequentemente comunistas. E em torno de 12 mil mulheres foram obrigadas a desfilar, despidas, as cabeças raspadas, com suásticas pintadas em várias partes de sua anatomia. Eram escarnecidas, cuspidas e achacadas de outras maneiras. Algumas eram encerradas em jaulas improvisadas e estupradas por seus carcereiros. Mais de 2 mil foram mortas. Cenas similares, embora não exatamente na mesma escala, aconteceram na Bélgica, nos Países Baixos, na Noruega e em outras nações libertadas da ocupação alemã. Às vezes, as mulheres nuas eram cobertas de piche e penas, à maneira tradicional das turbas vingativas.

A colaboração feminina com o inimigo era principalmente no terreno sexual. Ao contrário da traição, não era um crime previsto em nenhum código antes existente. Poderia ser chamada de insensibilidade, egoísmo, indecência, afronta, mas não de crime. Assim, uma nova lei foi projetada na França em 1944 para lidar com esses casos. Pessoas que haviam solapado a moral nacional com seu comportamento impatriótico, tal como o de dormir com as forças de ocupação, eram culpadas de "indignidade nacional'" (*indignité nationale*) e tinham seus direitos civis cassados.

Todo tipo de gente, homens e mulheres, foi expurgado, frequentemente com extrema violência, depois de maio de 1945 na França. Cerca de 4 mil pessoas perderam suas vidas. Muitos tinham sido culpados de traição; outros foram expurgados por motivos de vingança pessoal, ou razões políticas, como por estar no caminho do Partido Comunista. Mas a ira popular foi dirigida de forma desproporcional, e mais publicamente, para mulheres acusadas de "colaboração horizontal", o que também pode ser explicado ao menos em parte pela sensação generalizada de humilhação que então reinava. A submissão da França ao poderio alemão foi muitas vezes descrita em termos sexuais. O exuberante Exército nazista, representando uma nação poderosa e viril, tinha forçado a fraca, decadente e efeminada França a se submeter à sua vontade. A colaboração horizontal, as risonhas jovens *françaises* encarapitadas nos joelhos dos boches, bebendo avidamente fina champanhe francesa, era o mais doloroso símbolo dessa submissão. Portanto, eram as mulheres que deviam ser punidas com a máxima desgraça.

Ainda antes da libertação nacional e desse expurgo selvagem, havia sido outorgado às mulheres francesas o direito de votar pela primeira vez, em abril de 1944, para ser exato. O texto seguinte, do *Le Patriote de l'Eure*, um jornal da resistência, publicado em fevereiro de 1945, é bem revelador quanto às posturas daquela época em relação às mulheres que tinham se extraviado nos braços errados:

> Logo veremos essas mulheres votando lado a lado com nossas valorosas francesas comuns, boas mães, esposas de prisioneiros de guerra. Mas com certeza não permitiremos que aquelas que riram de nós, que nos ameaçaram, que desfaleceram nos braços dos boches tenham uma palavra a dizer quanto ao destino de uma França renascida.[15]

Ao se estabelecer um contraste entre as raparigas sorridentes que se entregavam aos alemães e as virtuosas mães e esposas de prisioneiros de guerra, pode-se ter noção da vergonha, bem como da poderosa onda de puritanismo. As colaboracionistas horizontais não somente eram impatrióticas, mas também representavam uma ameaça à moral da família burguesa. Acrescente-se a isso o sempre tóxico elemento da inveja econômica, e a justificada indignação torna-se realmente explosiva. Das acusações feitas às mulheres depravadas, nem sempre fica claro o que era considerado pior: a imoralidade sexual ou os benefícios materiais que dela advinham. Dormir com o inimigo já era ruim o suficiente, mas o fato de viverem em condições melhores que os demais fez disso um crime muito mais grave. O caso de uma tal Mme. Polge, mulher de conhecido jogador de futebol em Nîmes, serve como triste exemplo.

Durante a ocupação, Mme. Polge tornou-se amante do comandante alemão local, cujo sobrenome francês era Saint Paul. Em retribuição a seus serviços, ela recebeu todo tipo de benefícios materiais. Na descrição do *Le Popoulaire*, um jornal da época, Mme. Polge "admitiu dispor de dois ou três litros de leite todo dia, bem como carne de caça fresca duas ou três vezes por semana, recebidos de seu comandante boche. Também conseguia manter sua casa bem cuidada e aquecida, além de fazer o cabelo, tudo isso sem despender um centavo [...]. E enquanto isso as pessoas da classe trabalhadora e seus filhos estavam morrendo de fome".[16] Mme. Polge foi condenada à morte. Despida e com a cabeça raspada, ela foi levada pelas ruas até o lugar da execução. Depois de ser fuzilada, seu corpo foi exibido à boa gente de Nîmes, que o cobriu com seus escarros e o espetou com uma vassoura, indignidade final que cabe a uma bruxa moderna.

Os mais entusiastas perseguidores das *filles de Boches* em geral não eram pessoas que haviam se destacado por atos de heroísmo durante a guerra. Assim que veio a libertação dos países ocupados, homens de todo tipo passaram a se apresentar como membro de grupos da resistência, desfilando com recém-adquiridas braçadeiras e submetralhadoras Sten e fazendo o papel de heróis que se divertiam à caça de traidores e mulheres más. A vingança é uma forma de encobrir uma consciência culpada de não ter se mantido firme num momento em que isso era perigoso.

Esse também parece ser um fenômeno universal de todos os tempos. Como uma vez declarou o verdadeiramente heroico dissidente polonês Adam Michnik, quando protestava contra o expurgo de ex-comunistas depois de 1989, ele não tinha nada do que se envergonhar em relação ao que fizera antes, e portanto não precisava provar que era um herói apontando agora um dedo acusatório para outros. Essa atitude humana, sempre rara, não era exatamente comum em 1945.

Cobiça, preconceito e consciência pesada podem nos ajudar a compreender a forma mais perversa de vingança em 1945, a perseguição aos judeus na Polônia. A antiga comunidade judaica da Polônia tinha sido quase toda aniquilada. Três milhões de judeus foram assassinados durante a ocupação nazista, ou fuzilados ou asfixiados nas câmaras de gás, a maioria em território polonês. Dez por cento conseguiram sobreviver, escondidos por gentios poloneses, ou vivendo no exílio em regiões bastante dispersas da União Soviética. Os física e mentalmente feridos sobreviventes que voltaram cambaleantes a suas cidades e vilarejos natais, depois de terem perdido todos ou quase todos os amigos e parentes, em geral descobriam que não eram mais bem-vindos. Pior do que isso: muitas vezes eram ameaçados e postos para fora da cidade. Outras pessoas tinham se mudado para suas casas. As sinagogas estavam destruídas. As posses que tivessem deixado para trás havia muito tinham sido roubadas por outros, com frequência seus ex-vizinhos. E raramente havia alguém disposto a devolver alguma coisa.

Isso acontecia também em outras partes da Europa. Muitos judeus que voltaram para Amsterdam, Bruxelas ou Paris descobriram que lá também não tinham mais casa. Mas na Polônia, especialmente fora das grandes cidades, os judeus corriam perigo físico. Houve casos de famílias que foram arrancadas de trens, tiveram todas as suas posses roubadas e foram mortas na beira dos trilhos. Mais de mil judeus foram assassinados na Polônia entre os verões de 1945 e 1946. Mesmo nas cidades, não estavam sempre em segurança.

Em 11 de agosto de 1945 espalhou-se um boato em Cracóvia de que judeus haviam matado uma criança cristã numa sinagoga. Era uma versão atualizada de uma antiga balela antissemita. As pessoas falavam em tom soturno de sobreviventes judeus que usavam o sangue de cristãos para reanimar sua saúde devastada. Logo reuniu-se uma multidão, liderada por policiais e milicianos. A sinagoga foi atacada, casas de judeus, apedrejadas, e homens, mulheres e crianças eram espancados nas ruas. Várias pessoas (não se sabe o número exato) foram assassinadas. Foi um pogrom sangrento contra gente que tinha acabado de sobreviver a um genocídio. Judeus gravemente feridos foram levados ao hospital, onde alguns deles foram de novo atacados enquanto aguardavam cirurgia. Uma sobrevivente relembra "os comentários dos solda-dos que me escoltavam e da enfermeira, que se referiam a nós como a ralé judaica que eles tinham de salvar, e que não deveriam estar fazendo isso porque nós assassinávamos crianças, e que todos deveríamos ser fuzilados". Outra enfermeira prometeu retalhar os judeus assim que a cirurgia terminasse. Um ferro-viário num hospital observou: "É um escândalo que um polonês não tenha a coragem civil de bater numa pessoa indefesa".[17] Esse homem, fiel ao que dissera, espancou um judeu ferido.

Os poloneses também haviam sofrido horrivelmente sob a ocupação alemã. *Untermenschen*, assim como os russos, foram escravizados, sua capital foi arrasada, e mais de 1 milhão de polo-neses não judeus foram assassinados. Os poloneses não podem ser responsabilizados pela decisão alemã de construir os campos de extermínio em seu território. Ainda assim, foi como se tives-sem descarregado seu próprio sofrimento sobre um povo que havia sofrido ainda mais.

Uma explicação comum é a de que a vingança polonesa se baseara na percepção de que os judeus eram os responsáveis pela opressão comunista. Quando as tropas soviéticas ocuparam diferentes regiões da Polônia, alguns judeus tiveram a esperança de que elas os protegeriam dos antissemitas poloneses, ou dos ainda mais letais alemães. O comunismo, como antídoto ao nacionalismo étnico, era naturalmente atrativo fazia muito tempo a uma minoria vulnerável. Mas, ainda que muitos comunistas fossem judeus, a maioria dos judeus não era comunista. Assim, a vingança contra judeus pelo que era chamado de "judaico-comunismo" era, no melhor dos casos, um equívoco, e a política não deve ter sido, de forma nenhuma, a principal fonte da vingança. Pois os judeus em sua maioria, não foram atacados após a guerra por serem comunistas, mas por serem judeus. E no folclore popular antissemita não se associavam os judeus somente ao comunismo, mas ao capitalismo também. Presumia-se que tinham dinheiro, que estavam mais bem de vida que os demais, mesmo os privilegiados. Os comunistas não se furtavam a explorar o antissemitismo, e por isso a maioria dos sobreviventes judeus na Polônia acabou abandonando seu país natal.

Embora na realidade a maioria dos judeus poloneses fosse composta de pobres, persistia a percepção de que eram mais ricos. Isso tinha a ver com a consciência pesada, que às vezes era bizarramente amenizada pela propaganda comunista contra os judeus capitalistas. Os poloneses por certo não carregam responsabilidade pelo plano nazista de exterminar os judeus, mas muitos deles ficavam nos limites do gueto, com suas carroças puxadas por cavalos, esperando uma oportunidade de saquear assim que os judeus tivessem sido convenientemente eliminados. Outros — como tantos cidadãos europeus — também ficaram felizes de mudar para casas e apartamentos cujos donos legítimos tinham sido levados embora para serem assassinados.

Em alguns lugares, sobretudo nos vilarejos do nordeste, nos arredores de Bialystok, os poloneses encarregaram-se eles mesmos de algumas matanças. Em julho de 1941, os judeus em Radzilow foram trancados em um celeiro e queimados vivos enquanto seus concidadãos corriam por suas casas enchendo bolsas com a pilhagem. E uma testemunha ocular relembra: "Quando os poloneses passaram a cercar e caçar os judeus, o saque às casas dos judeus começou instantaneamente [...]. Eles ficaram enlouquecidos, invadiam as casas, rasgavam edredons, o ar estava cheio de penas, e mal acabavam de encher suas bolsas corriam para casa e tornavam a aparecer com as bolsas vazias". Uma família, os Finkielstejn, conseguiu fugir. Quando voltaram, pediram ao padre que os convertesse, para que tivessem uma probabilidade melhor de sobreviver. A filha, Chaja, lembra as conversas no vilarejo: "Eles só falavam de uma coisa: quem tinha pilhado e quanto tinha pilhado, e quão ricos os judeus tinham sido".[18]

Nunca se deve esquecer que outros gentios poloneses comportaram-se de modo bem diferente. Esconder os judeus ou ajudá-los a sobreviver comportava riscos enormes não só para a pessoa que ajudava, mas para toda a sua família. Se fosse pega num país da Europa Ocidental, a pessoa poderia ser enviada para um campo de concentração por ter ajudado judeus. Na Polônia, isso poderia significar a morte na forca. Ainda assim, alguns judeus sobreviveram graças à bravura de gentios poloneses. Crianças foram adotadas, famílias foram escondidas. Num caso famoso, várias famílias judias foram mantidas durante mais de um ano nos esgotos de Lvov por um ladrãozinho chamado Leopold Socha. Mais de vinte pessoas sobreviveram nos subterrâneos, comendo as côdeas de pão de Socha enquanto se desviavam dos ratos no escuro, e pelos menos uma vez quase se afogando depois que uma violenta tempestade fez inundar os esgotos. Quando emergiram do bueiro, pálidos, emaciados, cobertos de excrementos e de piolhos, as pessoas na superfície ficaram estupefatas de ver judeus ainda vivos. Muitos meses depois, Socha morreu num acidente, atropelado por um motorista bêbado que dirigia um caminhão do Exército soviético. Os vizinhos cochicharam que tinha sido castigo de Deus por ter ajudado os judeus.[19]

Esse talvez seja o aspecto mais chocante da história polonesa do pós-guerra. Pessoas que tinham protegido judeus da matança eram advertidos de que não deviam falar sobre isso. Não apenas devido à ira de Deus por terem ajudado "os assassinos de Cristo", mas por causa de uma suspeita de pilhagem. Uma vez que se supunha que os judeus tinham dinheiro, e que seus salvadores tivessem sido regiamente recompensados, qualquer um que admitisse ter escondido judeus se expunha ao risco de ser saqueado.

Mesmo quando estavam mortos fazia muito tempo, ainda se pensava que os judeus tinham alguma coisa da qual valia a pena se apossar. No outono de 1945, o que restou do campo de extermínio de Treblinka, onde mais de 800 mil judeus foram assassinados, era uma lamacenta e massiva sepultura. Camponeses locais começaram a cavar em busca de crânios dos quais ainda pudessem extrair alguns dentes de ouro que tivessem passado despercebidos aos nazistas. Milhares esquadrinhavam o lugar com pás, ou remexiam os montes de cinzas, transformando a sepultura coletiva numa grande área de escavações profundas e ossos quebrados.

Os poloneses, deve-se enfatizar mais uma vez, não foram os únicos. A cobiça era uma consequência comum da ocupação bárbara, que afetou um número sem conta de europeus. O historiador Tony Judt observou: "A postura dos nazistas em relação à vida e aos riscos era justificadamente notória, mas seu modo de tratar a *propriedade* pode ter sido mesmo seu legado prático mais importante na configuração do mundo do pós-guerra".[20] Propriedade adquirida por pilhagem é um grande incentivo à brutalidade. O que é incomum no caso da Polônia é a *escala* do saque. Depois da guerra surgiu toda uma nova classe que obteve seus ativos essencialmente tirando daqueles que foram mortos ou expulsos. Um prolongado sentimento de culpa pode ter consequências perversas.

Um semanário polonês da época abordou a questão de forma sucinta em setembro de 1945: "Conhecemos no país um estrato social inteiro — a recém-nascida burguesia polonesa — que tomou o lugar dos judeus assassinados, com frequência literalmente, e talvez porque suas mãos recendiam a sangue odiavam os judeus ainda mais do que antes".[21]

Isso explica melhor do que qualquer outra coisa os atos de vingança, às vezes sangrentos, contra as principais vítimas do Reich de Hitler. Saquear os judeus, de certa forma, foi parte de uma revolução social maior. E esse tipo de vingança tampouco teria acontecido sem a por vezes tácita, mas frequentemente ativa, conivência de oportunistas poderosos na burocracia e na polícia polonesas. Não era a política oficial do governo polonês controlado por comunistas em 1945 perseguir os judeus, mas o encorajamento das fileiras intermediárias na maioria das vezes bastava.

Que os poloneses desejassem direcionar sua vingança contra os alemães é mais compreensível. Mas isso também era motivado por um conflito de classe. Durante séculos, os alemães tinham vivido em regiões como a Silésia e a Prússia Oriental, que agora são partes da Polônia. Grandes cidades, como Breslau (Wroctaw) ou Dantzig (Gdańsk) eram em grande parte alemãs. O alemão era a língua das elites urbanas, de médicos, banqueiros, professores e homens de negócios. Em 1945, mais de 4 milhões de alemães ainda viviam em antigas terras germânicas invadidas pelas tropas soviéticas. Aproximadamente o mesmo número, aterrorizados pelo que lhes tinham contado sobre o comportamento dos russos, tinha fugido para o oeste. Planos de expulsar o resto da população alemã já eram evidentes bem antes de maio de 1945. Em 1941, o general Sikorski, primeiro-ministro polonês exilado em Londres, declarou que "a horda alemã, que durante séculos penetrou no leste, deveria ser destruída e forçada a recuar para bem longe [em direção a oeste]".[22]

Essa política tinha sido endossada pelos líderes aliados. Pior ainda, Stálin aconselhou os comunistas poloneses a "criar para os alemães condições tais que eles mesmos queiram fugir". E Churchill dissera à Casa dos Comuns em dezembro de 1944: "A expulsão é o método que, a julgar pelo que já pudemos ver, será o mais satisfatório e duradouro".[23]

Enquanto o Exército Vermelho esteve no controle, os poloneses bem ou mal se seguraram. Libussa Fritz-Krockow, descendente de uma nobre família de proprietários de terra pomeranianos, lembra como eles de fato sentiam-se às vezes protegidos pelos russos, muito embora esses mesmos russos "fossem os responsáveis pela grande maioria dos casos de estupro e pilhagem". No entanto, ela observa que

> a violência deles, para nós, era de certa forma compreensível, fosse a explicação para isso o princípio do olho por olho, o puro descontrole ou os direitos de conquistadores. Os poloneses, por outro lado, eram como vivandeiros. A tomada de poder por eles teve um caráter diferente. Havia nisso algo frio e furtivo, quase sub-reptício, que o fazia parecer mais sinistro do que a força nua e crua.[24]

Os Krockow não eram nazistas. Christian von Krockow, que narrou as memórias de sua irmã Libussa, era um liberal que compreendia muito bem que o sofrimento era "a consequência de nossa própria loucura alemã".[25] Mas pode haver um indício de certa tendência antipolonesa, ou uma amargura, na declaração de Libussa, talvez mesmo um sentimento de traição. Não era um sentimento incomum. Um ministro protestante alemão, Helmut Richter, deu expressão a esse mesmo sentimento. Ele sempre esperou, e acreditou, que os poloneses fossem boa gente. Afinal, os alemães não os tinham tratado bem no passado? Mas agora ele se dava conta da "natureza horrível desses povos orientais". Durante muito tempo eles tinham se comportado, enquanto sentiam "um punho pairando sobre suas cabeças", mas se tornaram "bárbaros quando tiveram a oportunidade de exercer poder sobre outros".[26] É desse modo que os colonizadores sempre falam sobre os nativos. A diferença em relação à maioria das colônias europeias na África ou na Ásia, no entanto, é que nesse caso muitos dos antigos colonizadores estavam sendo os nativos, ainda que de uma classe privilegiada.

Seja como for, os poloneses não queriam que as tropas soviéticas ficassem nem um instante sequer além do necessário nas terras conquistadas que passaram a ser oficialmente parte da Polônia. E as crueldades que acompanharam as expulsões maciças e transferências de populações ordenadas pelas grandes potências na Conferência de Yalta, em fevereiro de 1945, não eram resultado somente da vingança polonesa. Mais de 2 milhões de "poloneses do Congresso", do lado oriental da fronteira polonesa-soviética, agora parte da Ucrânia, foram transferidos para a Silésia e outras áreas que tinham sido em maior ou menor medida esvaziadas de alemães. Assim, eles se apossaram de casas alemãs, empregos alemães e ativos alemães, um processo que raramente era conduzido com gentileza.

Claro que a limpeza étnica não começara em 1945. Hitler expulsou poloneses e assassinou judeus para abrir espaço para imigrantes alemães na Silésia e em outras áreas fronteiriças. Mas toda a amargura da disputa por uma pátria remontava a um tempo ainda anterior. Como é tão frequente nos casos de vingança étnica sangrenta, uma história de guerra civil a precede. Com a derrota da Alemanha e do Império Austro-Húngaro em 1918, o destino de seus domínios na Silésia teria de ser decidido. Algumas partes foram para a Áustria, outras para a Tchecoslováquia e algumas para a Polônia e a Alemanha. A Silésia Superior, no entanto, continuou em disputa. Havia um forte movimento por sua independência, apoiado por poloneses e alemães locais. Mas os Aliados decidiram em 1919 que um plebiscito teria de resolver se o território iria para a Polônia ou para a Alemanha. Essa medida provocou uma séria onda de violência. Nacionalistas poloneses armados atacavam alemães, especialmente na zona industrial em torno de Kattowitz (Katowice), não muito longe de Auschwitz (Oświęcim). Esses ataques levaram a represálias ainda mais sangrentas por parte dos truculentos aventureiros alemães dos ultranacionalistas e paramilitares Freikorps, um viveiro para o futuro movimento nazista que se formou no fim de 1918, depois da derrota alemã. "Preto-Vermelho-Dourado! Esmaguem os poloneses!", dizia um de seus encantadores motes. A maioria votou a favor de que a Alemanha governasse a Silésia Superior, decisão que provocou mais violência. No fim, parte da Silésia Superior foi para a Polônia. Mas a lembrança de tudo isso ainda era fresca em 1945, mormente devido ao tratamento dado aos poloneses sob a ocupação nazista.

A família de Josef Hoenisch tinha vivido na Silésia Superior durante várias gerações. Como nunca se juntara ao Partido Nazista, ele supôs que estaria seguro se ficasse em casa, em 1945. Uma decisão ruim. Acabou preso pela milícia polonesa, que substituiu as tropas soviéticas. Quando os interrogadores da milícia lhe perguntaram se tinha sido nazista, Hoenisch respondeu que não e foi chutado no rosto. Isso continuou por algum tempo, até ele ser arrastado, coberto de sangue, a uma cela de dois metros por três, onde havia nove outros prisioneiros alemães, quase sem espaço para ficarem de pé, muito menos sentados. Milicianos poloneses, ele lembra, divertiam-se fazendo com que prisioneiros, tanto homens como mulheres, se despissem e espancassem uns aos outros. Após oito dias de suplício, Hoenisch foi acareado com um ex-colega de escola, um fabricante e reparador de rodas chamado Georg Pissarczik, que tinha lutado contra os alemães na questão da Silésia Superior, em 1919. Para Pissarczik, era uma oportunidade para a vingança. Enfim os alemães iriam, por justiça, comer a sobremesa do que tinham cozinhado. No entanto, a história teve mais uma reviravolta silesiana. No reencontro entre os dois, Hoenisch lembrou a Pissarczik que seu pai tinha ajudado o pai de seu ex-colega polonês a achar um emprego no início de 1920, quando nenhum alemão o teria empregado. Pissarczik não poderia ajudá-lo em retribuição? Quatro semanas depois, Hoenisch foi libertado.

Infelizmente, a história de Hoenisch, como muitas recordações de vítimas alemãs, está marcada por uma peculiar insensibilidade em relação ao sofrimento alheio. Ele menciona a sorte que teve de não ter sido enviado a Auschwitz depois de libertado, um desses "famosos campos de extermínio poloneses [após a guerra], de onde nenhum alemão saiu vivo".[27] Essa mesma linguagem insinua-se em outros relatos de alemães conservadores. Em seu diário de 1945, o soldado-escritor Ernst Jünger menciona "campos de extermínio" russos e compara o "antigermanismo" ao antissemitismo. Os jornais, ele anota, "entregam-se condescendentemente" a um sentimento antigermânico "como se fosse uma orgia".[28]

Mesmo nos relatos alemães mais cheios de autopiedade há pouca evidência de que os poloneses tenham se dedicado espontaneamente a uma retaliação coletiva. No entanto, muitos alemães que sem dúvida eram inocentes foram acusados falsamente de terem sido nazistas, ou membros da ss, e sofreram horrivelmente. Os campos de detenção, muitas vezes instalados nos antigos campos de concentração nazistas, eram brutais. E os alemães na Silésia perdiam todos os seus direitos civis se não optassem por serem cidadãos da Polônia, o que era impossível se não falassem polonês. Sem direitos, as pessoas ficavam à mercê de qualquer miliciano ou funcionário público de baixo escalão. O simples fato de não ser capaz de responder a uma chamada em polonês num campo poderia resultar numa chuva de socos, golpes de cassetete, ou coisa pior.

Libussa Fritz-Krockow estava prestes a vender um tapete da casa da família para a mulher do prefeito polonês, que em muitas ocasiões anteriores tinha lhe pagado uma ninharia por outros itens valiosos. Ela foi pega no ato por um miliciano. Não era permitido aos alemães vender seus pertences. Por esse crime, Libussa foi presa num pelourinho, para que as pessoas pudessem cuspir-lhe no rosto. Mas, ela relata, "os poloneses geralmente só pigarreavam ou cuspiam no chão, enquanto os alemães passavam para o outro lado da rua".[29]

Os piores casos de violência antigermânica foram sem dúvida cometidos pela milícia. Eles administravam os campos de concentração, torturavam prisioneiros, matavam aleatoriamente e punham pessoas em pelourinhos, às vezes sem motivo nenhum. Formada às pressas, a milícia encontrava muito de seus recrutas entre os poloneses mais detestáveis, muitas vezes jovens criminosos. Um dos assassinos mais notórios, Cesaro Gimborski, o comandante do campo de Lamsdorf, só tinha dezoito anos. Mais de 6 mil pessoas, inclusive oitocentas crianças, foram assassinadas sob seu comando. Na qualidade de alguém que quando pequeno divertia-se arrancando asas de moscas, Gimborski, segundo todos os relatos, encontrava prazer no poder de que dispunha.

Alguns dos milicianos mais ferozes tinham sobrevivido aos campos alemães, e portanto a vingança era certamente um dos fatores. No entanto, mais uma vez, a sede de sangue era inflamada pela inveja material e de classe. Professores, eruditos, homens de negócios e outros membros da alta burguesia eram alvos populares. Os guardas poloneses, habilmente assessorados por vira-casacas alemães, encontravam particular diversão na tortura de prisioneiros de status elevado. Um professor universitário aprisionado em Lamsdorf foi espancado até a morte pela simples razão de usar "óculos de intelectual". Faz lembrar, pela juventude dos guardas e por suas vítimas favoritas, o Khmer Vermelho no Camboja, ou a Guarda Vermelha da China. Fazer adolescentes se lançarem sobre professores e outras figuras de autoridade nunca é tão difícil. Nesse caso, uma história de conflito étnico fez com que o sadismo ficasse ainda mais intenso.

Aconteciam mais ou menos as mesmas coisas em outras partes do antigo Império Austro-Húngaro, cheio de cidadãos falantes de alemão que, depois de ficarem sob governos não alemães em 1919, tornaram-se cidadãos privilegiados do Reich de Hitler e por fim foram expulsos por ex-vizinhos, empregados e às vezes até por amigos. Alemães submetidos à força máxima da vingança na Tchecoslováquia concordavam que a maior ameaça vinha dos adolescentes, encorajados pelos adultos, alguns dos quais tinham boas razões para ser revanchistas. Muitos tchecos e eslovacos sofreram depois que Hitler anexou os Sudetos, em 1938; alguns eram sobreviventes de Dachau, Buchenwald e outros campos de concentração alemães. Como na Silésia Superior, os conflitos entre indivíduos e grupos tinham uma história, remontando ao século XVII, quando a nobreza protestante da Boêmia foi aniquilada pelo imperador do Sacro Império Romano. Desde então, alemães exerciam uma supremacia sobre tchecos e eslovacos. Os não alemães constituíam a classe dos subalternos e dos camponeses. Então, lá também, o verão de 1945 foi o momento para a vingança de classe, bem como étnica. E lá também o incentivo veio de cima.

O presidente tcheco no exílio durante a guerra, Edvard Beneš, um nacionalista que em outros tempos sonhara com uma Tchecoslováquia multiétnica e harmoniosa, decidiu agora que a questão alemã deveria ser resolvida de uma vez por todas. Numa transmissão radiofônica em 1945, ele declarou: "Bu, bu, bu, três vezes bu aos alemães, vamos liquidar vocês!".[30] Em abril, maio e junho, vários decretos destituíram os alemães de seus direitos de propriedade. Foram criados "Tribunais Populares Extraordinários" para julgar criminosos nazistas, traidores e os que os apoiavam. Em outubro, todos que tinham atuado contra a "honra nacional", o que se poderia aplicar a quase todos os alemães, passaram a estar sujeitos a punição também.

Os tchecos, como tantos seres humanos, revelariam seu pior lado quando oficialmente instigados contra pessoas indefesas. Cárceres para tortura foram estabelecidos em Praga e em outras cidades. Homens suspeitos de serem da ss foram enforcados em postes de iluminação. Mais de 10 mil civis alemães foram amontoados no estádio de futebol de Strahov, onde milhares foram metralhados unicamente por esporte. As Guardas Revolucionárias eram o equivalente tcheco da milícia polonesa, jovens brutamontes com licença oficial para realizar suas fantasias violentas. Eles lideravam as turbas, apedrejando alemães nas ruas, ou molestando de outras maneiras cidadãos que algum dia haviam sido privilegiados, ou que usavam "óculos de intelectuais". Mas eles tinham o apoio do Exército e também dos funcionários de alto escalão do país recém-libertado.

Uma história — que nem de longe foi a mais terrível — será suficiente para dar uma ideia de como eram as coisas durante os meses de selvageria daquele verão, antes que uma orgia violenta, como o descomedimento sexual em outras partes da Europa, fosse aos poucos desaparecendo e uma nova ordem fosse imposta. É a história de uma atriz alemã chamada Margarete Schell. Nascida em

Praga, Schell era famosa antes da guerra por suas performances no teatro e no rádio. Em 9 de maio, foi presa por quatro guardas revolucionários, um dos quais era seu açougueiro. Juntamente com outras mulheres alemãs, ela foi levada para a estação ferroviária para limpar o entulho deixado por um ataque aéreo. Obrigada a carregar pesadas pedras de calçamento, foi golpeada com coronhas de fuzis e chutada por pesados coturnos militares. A turba gritava: "Vocês, porcas alemãs! Engordando durante todos esses anos, bem, vocês devem agradecer a seu Führer por isso!".

A situação saiu do controle rapidamente a partir daí: "Eu não tinha nada com que cobrir a cabeça, e parece que meu cabelo incomodou a multidão [...]. Alguns me reconheceram e gritaram: 'Ela era uma atriz!'. Infelizmente, eu tinha as unhas esmaltadas, e minha pulseira de prata deixou a turba numa exaltação ainda maior".[31]

Mulheres alemãs eram forçadas a comer retratos de Hitler. Cabelos cortados de suas próprias cabeças eram enfiados em suas bocas. Schell foi enviada para um campo de trabalho escravo, onde era açoitada pelos guardas revolucionários sem nenhum motivo que pudesse discernir. Ainda assim, sua situação era menos trágica do que a de alguns outros alemães na Europa Central e Oriental. Nem todos os guardas tchecos comportaram-se mal. Um deles, vendo que ela quase não conseguia andar, muito menos trabalhar com seus sapatos em pedaços, ofereceu-se para conseguir-lhe um par de sandálias. E Schell observou: "Ao ouvir desse homem das guardas revolucionárias a descrição de como passara sete meses num campo de concentração alemão, realmente não deveríamos nos surpreender com o modo como éramos tratados".[32]

Schell também compreendeu a verdadeira natureza do ressentimento tcheco. Ainda se perguntando por que fora um dia escolhida para um espancamento especialmente cruel, lembrou-se de que lhe haviam dito que o comandante a considerava "refinada demais". Na entrada do diário referente àquele dia, 8 de agosto, ela menciona uma guarda na cozinha do campo que era muito cruel. "As mulheres", ela observa, "são em todos os sentidos as piores. Isso tem a ver claramente com sua ira, porque elas podem ver muito bem que, malgrado nosso trabalho atual como servas, continuamos a ser o que sempre fomos."[33]

Edvard Beneš não era comunista. Mas tentou ser amistoso com Stálin e, ciente de que seu país tinha sido abandonado em outros tempos pelas democracias ocidentais, insensatamente forjou uma aliança com a União Soviética. Esse pacto diabólico acabaria numa tomada da Tchecoslováquia pelo Partido Comunista em 1948. As sementes da revolução, porém, já tinham sido plantadas, naquele tipo de ódio tão agudamente observado por Margarete Schell na cozinha de seu campo de concentração. O ano de 1945 na Tchecoslováquia, sobretudo nas regiões que durante séculos tinham sido dominadas pelos alemães, foi como o Terror na França, exceto que, ao contrário do que acontecera dois séculos antes, ele veio antes da Revolução.

Há outra coisa nos diários de Schell que vale a pena mencionar. Ela descreve que foi levada para uma casa que costumava ser ocupada por agentes da Gestapo. Seu grupo de prisioneiros recebeu ordem de limpar a casa depois de ter sido pintada e redecorada. O homem que supervisionava o trabalho era um judeu. No entanto, ele tratou Schell e seus colegas prisioneiros alemães com decência. "Depois de passar cinco anos num campo de concentração, disse ele, onde tinha perdido os pais e as irmãs, ele não queria abusar de ninguém. Sabia o que era ser um prisioneiro. Embora tivesse uma razão perfeitamente plausível para odiar todos os alemães, não usou isso contra nós."[34]

Isso pode ser atípico, um raro momento de compaixão numa época de consentida desumanidade. Mas na verdade, enquanto se exercia a vingança por toda a Europa — contra alemães, traidores, mulheres que haviam ofendido a dignidade nacional, inimigos de classe, fascistas —, o povo que mais havia sofrido demonstrava uma contenção extraordinária. Não porque faltassem aos judeus os instintos básicos que levam outros povos à vingança. Certamente não porque os judeus em 1945 tivessem quaisquer sentimentos afetuosos pelo povo que tentara exterminá-los. O fato é que a maioria dos sobreviventes dos campos estava doente demais, ou atordoada demais, para ter força ou energia para qualquer ato de vingança. Mas houve casos de justiçamento em certos campos. E alguns judeus americanos que atuaram como interrogadores de pessoas suspeitas de serem nazistas podem ter demonstrado um entusiasmo mais do que profissional para a tarefa. Um inquérito que investigava um tratamento muito severo infligido a oficiais alemães da ss numa prisão perto de Stuttgart revelou que 137 deles "tiveram seus testículos permanentemente destruídos por chutes recebidos da Equipe Americana de Investigação de Crimes de Guerra".[35] A maioria dos interrogadores tinha nomes judeus.

Mas esses foram casos isolados. Não houve uma tentativa organizada por parte dos judeus para ter seu "olho por olho". O motivo, novamente, não foi falta de vontade; foi político. A vontade, em 1945, estava muito viva. Em 1944, tinha sido criada a Brigada judaica dentro do Exército britânico. Após a derrota alemã, a brigada ficou estacionada em Tarvisio, na fronteira entre a Itália e a Áustria, e depois foi incluída nas forças de ocupação na Alemanha. Para deter ações individuais de vingança contra os alemães, o que era uma tentação natural para homens que perderam suas famílias no Holocausto, a brigada emitiu um preceito: "Lembre que um acerto de contas sangrento atinge todos, e que toda ação irresponsável recai como falha de todos". Outro preceito lembrava às tropas que a exibição da bandeira sionista na Alemanha já era uma doce e suficiente vingança.[36]

Em vez de permitir que indivíduos partissem para o justiçamento, a brigada criou seu próprio grupo de vingadores, conhecidos como "Negócios lamba meu traseiro", ou Tilchaz Tizi Gesheften (TTG), liderados por um homem chamado Israel Carmi. Agindo com base em informações arrancadas de prisioneiros ou de contatos militares, membros do TTG saíam de Tarvisio à noite em missões para assassinar notórios oficiais da SS e outros considerados responsáveis pela matança de judeus. Assim que o Exército britânico soube dessas atividades, a brigada foi removida da Alemanha para territórios menos inflamados da Bélgica e dos Países Baixos. Não sabemos exatamente quantos nazistas eles mataram, mas é provável que o número não tenha sido maior do que umas poucas centenas.

Quem se recusou a desistir de seu desejo de vingança foi um homem chamado Abba Kovner, um judeu lituano cujo olhar emotivo e cujos cabelos longos e cacheados faziam-no parecer menos um matador do que um poeta romântico, o que ele também era. De fato, ele ainda é conhecido em Israel principalmente por sua poesia. Nascido em Sebastopol, Kovner cresceu em Vilna (hoje Vilnius, Lituânia), onde, antes da guerra, filiou-se à facção socialista do movimento sionista. Em 1941, ele conseguiu escapar do gueto de Vilna e esconder-se num convento antes de se juntar aos partisans na floresta. Após a rendição alemã, Kovner e alguns outros sobreviventes, na maioria judeus poloneses e lituanos, estavam convencidos de que a guerra na verdade não tinha acabado, aliás, nem deveria acabar ali. Formaram um grupo chamado "O sangue judeu será vingado", Dam Iehudi Nakam, chamado simplesmente de Nakam. Um de seus princípios, concebido por Kovner, era: "A ideia de que sangue judeu possa ser derramado sem represália deve ser apagada da memória da humanidade". Se não houvesse uma vingança adequada, era a convicção de Kovner, alguém tentaria novamente aniquilar os judeus. "Será mais do que vingança", ele escreveu. "Deve ser a lei do povo judeu assassinado! Seu nome será DIN [acrônimo do hebraico do grupo],* para que a posteridade saiba que neste mundo impiedoso, insensível, existem juízes e existem julgamento e sentença."[37]

Essa fria aplicação de um conceito do Velho Testamento em 1945 deveria ir muito além de assassinatos secretos como forma de se livrar de alguns poucos homens da ss. Deveria ser um acerto de contas entre nações. Somente a morte de 6 milhões de alemães seria pagamento suficiente pelo que tinham feito aos judeus. Anos mais tarde, vivendo num kibutz, Kovner admitiu que seu plano exibia sinais de desatino. Como ele disse, "qualquer pessoa sensível poderia ver que essa ideia era maluca. Era uma ideia terrível, nascida do desespero, com algo de suicida a inspirá-la".[38] O interessante é saber como e por que a concepção de Kovner de "uma vingança organizada, única" não deu certo.

O plano era pôr substâncias químicas letais no suprimento de água de várias cidades alemãs importantes. Para conseguir o veneno, Kovner visitou a Palestina. Lá encontrou alguma empatia por seus sentimentos, mas pouco entusiasmo por assassinato em massa, mesmo de ex-nazistas. A prioridade de Ben-Gurion e de outros líderes sionistas era construir um novo Estado para os judeus, e eles precisavam contar com a boa vontade dos Aliados. Resgatar os remanescentes do judaísmo europeu e transformá-los em orgulhosos cidadãos de Israel era seu objetivo. Era improvável que eles voltassem a ter uma vida normal na Europa. A Europa representava o passado. Enredar-se em esquemas de assassinato

---

* E também palavra hebraica para "justiça", "lei", "julgamento", "sentença". (N. T.)

de alemães seria, no melhor dos casos, um desperdício de tempo. E assim, apesar de Kovner nunca ter divulgado integralmente seus planos, o braço militar do movimento sionista, a Haganah, não se interessou em ajudá-lo.

O resto da história é quase farsesco. Mesmo sem a cooperação oficial, Kovner conseguiu obter veneno num laboratório químico da Universidade Hebraica em Jerusalém. Dois irmãos com sobrenome Katzir, um dos quais, Efraim, viria a ser mais tarde o quarto presidente de Israel, trabalhavam lá como ajudantes de laboratório. Pensando que Kovner ia usar o veneno para matar apenas oficiais da SS, objetivo ao qual poucas pessoas imporiam objeções, eles lhe deram uma substância especialmente letal; um miligrama poderia matar um número considerável de pessoas.

Levando consigo uma bolsa de lona cheia de latas com veneno etiquetadas como leite em pó, em dezembro de 1945, Kovner e um companheiro chamado Rosenkranz embarcaram num navio cujo destino era a França. Tinham documentos de identidade falsos e se apresentavam como soldados do Exército britânico, embora Kovner não falasse inglês. Kovner ficou com enjoo a maior parte do tempo. Quando se aproximavam de Toulon, o nome de Kovner foi anunciado pelo sistema de som do navio. Pensando que fora identificado e que sua missão estava comprometida, Kovner atirou metade do "leite em pó" pela amurada e disse a Rosenkranz que destruísse o resto se as coisas dessem errado.

A verdade era que Kovner não tinha sido identificado nem sua missão fora detectada. Ele foi preso pela correta suposição de que estava viajando com documentos falsos. Mas o veneno nunca chegou à Europa. Num acesso de pânico, Rosenkranz tinha jogado o resto pela amurada. O suprimento de água para Nuremberg, entre outros lugares, estava seguro, e centenas de milhares de vidas alemãs tinham sido poupadas. Houve uma tentativa não muito convicta, por parte de alguns dos companheiros de Kovner, de envenenar a comida em um campo de detenção de nazistas. Mesmo isso não resultou em muito mais. Alguns homens passaram mal; ninguém morreu.

A vingança judaica, portanto, nunca se realizou, porque não contou com apoio político. A liderança sionista buscava criar um novo tipo de normalidade, a de heroicos israelenses cultivando o deserto e combatendo seus inimigos como orgulhosos soldados-cidadãos, longe das terras ensanguentadas da Europa. Eles encaravam, conscientemente, a expectativa de um futuro, que também envolveria um sangrento conflito étnico e religioso, mas o sangue derramado não seria alemão. Abba Kovner nunca conseguiria se adaptar à vida do futuro. Atormentado pelo passado, escreveu poemas trágicos, e acordava gritando na maior parte das noites.

Sobre a irmã, ele escreveu:

Da terra prometida eu chamei por você
Procurei você
Entre as pilhas de sapatinhos.
Em cada véspera de dias festivos.

E sobre o pai:

Nosso pai tirava seu pão, abençoado seja Deus,
por quarenta anos do mesmo forno. Ele nunca imaginou
que todo um povo pudesse se erguer dos fornos
e que o mundo, com a ajuda de Deus, continuasse.[39]

Referindo-se à França nos tempos de guerra, Tony Judt escreveu que os homens da resistência e os colaboracionistas "mais frequentemente tinham um ao outro como principal inimigo: os alemães, na maioria das vezes, ficavam de fora".[40] O mesmo poderia ser dito de muitos países sob ocupação estrangeira: Iugoslávia, Grécia, Bélgica, China, Vietnã, Indonésia. Forças de ocupação, como todo governo colonial, exploram as tensões que já existiam. Sem os alemães, os autocratas reacionários de Vichy não teriam alcançado o poder, nem o mortífero Ante Pavelić, da Croácia, e sua Ustaša fascista. Em Flandres, a União Nacional Flamenga cooperou com as forças nazistas de ocupação na esperança de se emancipar dos valões francófonos numa Europa dominada pela Alemanha. Na Itália e na Grécia, os fascistas, assim como outros partidários da direita, colaboraram com os alemães em seu próprio benefício, mas também para defender-se da esquerda.

E na China? Quando o primeiro-ministro japonês Kakuei Tanaka, em 1972, pediu desculpas ao presidente Mao pelo que seu país tinha feito aos chineses durante a guerra, Mao, com seu senso de humor macabro, disse a seu hóspede estrangeiro que relaxasse: Somos nós que devemos agradecer a *vocês*, ele disse; sem vocês nunca teríamos chegado ao poder. Mao estava certo. O que aconteceu na China constitui o exemplo mais dramático de consequências não intencionais. Os japoneses compartilhavam com os nacionalistas de Chiang Kai-shek um horror ao comunismo; houve até algumas tentativas de colaboração; uma facção dos nacionalistas de fato chegou a esse ponto. Mas, ao ferir fatalmente os nacionalistas, os japoneses ajudaram os comunistas a ganhar a guerra civil que seguia em banho-maria em 1945 e chegou ao clímax pouco tempo depois.

A guerra civil na China, como na Grécia, tinha começado bem antes das invasões de exércitos estrangeiros. Na França e na Itália, a guerra civil não jazia muito profundamente sob a superfície. E a prática europeia nas colônias asiáticas de dividir para governar criara animosidade suficiente para que irrompesse um sem-número de conflitos sociais. Ao explorar essas divisões, porém, os alemães e japoneses as tornaram letais.

Comunistas e esquerdistas tinham desempenhado um papel fundamental na resistência antinazista, ou antifascista, enquanto os esforços de alemães e japoneses para construir um império acabaram maculando muitas figuras da direita com a pecha de colaboracionistas. O Partido Comunista francês, orgulhoso de seu histórico de resistência, chamava a si mesmo de *"le Parti des Fusillés"*, o partido dos fuzilados. Mesmo camaradas de esquerda que resistiram à linha stalinista adotada pelo partido foram denunciados pelos comunistas como impatrióticos ou colaboracionistas — "hitlerotrotskistas". A história da resistência armada da esquerda, como era de esperar, levou a demandas revolucionárias de uma nova ordem. Depois da guerra, a União Soviética explorou essas demandas, pelo menos em países dentro de sua esfera de influência, enquanto os Aliados ocidentais desarmavam e ajudavam a reprimir algumas das forças que tinham lutado a seu lado contra a Alemanha e o Japão. Não só isso, mas foi com a ajuda dos Aliados que alguns membros das velhas elites colaboracionistas voltaram ao poder. Essas foram as sementes que mais tarde se desenvolveriam na Guerra Fria.

O colaboracionismo, no entanto, nem sempre teve contornos claros. Na Iugoslávia, os partisans comunistas de Tito negociaram com os alemães em 1943, porque Tito queria carta branca para atacar os chetniks (ou četniks), monarquistas sérvios. No outono do mesmo ano, os chetniks colaboraram com os alemães para combater os partisans de Tito. Os muçulmanos bósnios cooperavam com quem quer que se dispusesse a protegê-los: os fascistas croatas, os partisans sérvios, até mesmo os nazistas. E todas essas alianças temporárias eram firmadas em oposição a inimigos domésticos, não estrangeiros.

Na França, a maioria dos colaboracionistas não trabalhava

diretamente para as forças de ocupação alemãs, mas para um governo francês, sob o comando do marechal Philippe Pétain. Os vichyistas achavam que, com a ajuda alemã, iam restaurar a França, a verdadeira França da Igreja, da família, do patriotismo, sem a influência dos liberais, dos judeus, dos maçons e de outras máculas em *La France profonde*. Os fascistas italianos não podiam na verdade ser chamados de colaboracionistas até 1943, quando a Itália foi ocupada por tropas alemãs, e a autoridade dos fascistas de Benito Mussolini foi reduzida a um minúsculo estado fantoche no Lago Garda. Mas os vinte anos anteriores de fascismo italiano tinham engendrado um ódio que foi suficiente para que a esquerda embarcasse numa campanha feroz de vingança, assim que os alemães começaram a partir.

Harold Macmillan, mais tarde primeiro-ministro britânico, era ministro plenipotenciário de Churchill para os países do Mediterrâneo. Em abril de 1945, ele seguiu num jipe do Exército até Bolonha, para um encontro com o comandante militar aliado, que havia acabado de se instalar num esplêndido e intacto *Municipio*, ou sede da prefeitura. Lá encontrou os corpos de dois liberais locais muito conhecidos, expostos em câmara-ardente, pela qual multidões em lágrimas passavam para prestar-lhes a última homenagem. Os dois liberais tinham sido fuzilados por membros da Brigada Negra fascista, que fugiram da cidade somente um dia antes. Macmillan anotou em seu diário:

> Os ataúdes estavam abertos, para que os amigos e admiradores pudessem ver o rosto de seus líderes pela última vez. Haviam sido fuzilados nos muros do *Municipio* — as manchas de sangue eram visíveis. No lugar em que tinham ficado já havia flores e — pateticamente — fotografias de homens e mulheres de todas as idades que tinham sido executados durante os meses recentes pela Brigada Negra fascista.

Depois dessa passagem, Macmillan continua: "O prefeito — um fascista — não conseguira fugir em tempo. Foi fuzilado pelos partisans junto de sua última vítima. Podiam-se ver os miolos salpicados nos tijolos e o sangue no chão".[41] Macmillan foi então almoçar e observou que os cozinheiros italianos que antes serviam comida italiana aos oficiais alemães agora faziam comida americana para os oficiais aliados. "Havia nisso um sentido moral", ele escreveu, sem explicar bem que moral seria essa.

Entre as vítimas das represálias dos partisans em abril de 1945 estavam o próprio Mussolini e sua amante, Clara Petacci. Foram apanhados em uma tentativa de fuga para a Áustria, junto com soldados alemães de uma unidade antiaérea. Ao serem parados por partisans num bloqueio de estrada, os alemães receberam autorização para seguir seu caminho; já não havia mais interesse neles. Mas os italianos teriam de ficar. Mussolini, apesar de estar vestindo um sobretudo do Exército alemão sobre as calças de montaria de general italiano, com sua listra vermelha, foi reconhecido. Em 28 de abril, ele, Clara e quinze fascistas apanhados aleatoriamente foram fuzilados com rajadas de metralhadora diante de uma casa de campo no Lago Garda. No dia seguinte, foram pendurados como animais de caça, de cabeça para baixo, em uma viga num posto Esso numa maltratada praça em Milão, expostos à ira da multidão. Logo seus rostos ficaram quase irreconhecíveis.

Um mês depois mostraram a Edmund Wilson o lugar onde isso tinha acontecido. Os executados tinham o nome ainda pintado, e borrado, na viga do agora abandonado posto Esso. Wilson escreveu: "Paira sobre toda a cidade o fedor da matança de Mussolini e seus seguidores, da exibição de seus corpos em público e de sua profanação pela multidão. Os italianos paravam você nos bares para mostrar as fotografias que tinham tirado".[42]

Mas esse foi apenas um caso entre possivelmente 20 mil mortes de fascistas e seus colaboradores no norte na Itália, entre abril e julho. Oito mil no Piemonte. Quatro mil na Lombardia. Três mil em Emilia. Três mil na província de Milão.[43] Muitos foram sumariamente executados pelos partisans, dominados pelos comunistas. Outros foram julgados às pressas em tribunais populares improvisados, na assim chamada "justiça da *piazza*". As execuções eram rápidas e em alguns casos envolveram inocentes. Fascistas notórios eram fuzilados com mulher e filhos. Muitos dos alvos do justiçamento eram oficiais da polícia e funcionários do governo fascista. Mesmo os que já tinham sido presos não estavam seguros. Em 17 de julho, a prisão Schio, perto de Veneza, foi atacada por partisans mascarados, que assassinaram 55 fascistas lá encarcerados. Alguns dos vingadores eram empedernidos combatentes da resistência. Outros eram do tipo de heróis de última hora que inflavam as fileiras da resistência em toda parte, assim que a verdadeira luta terminava. Alguns eram criminosos que se utilizavam do novo status de "patriotas" para chantagear comerciantes ou proprietários de terra ricos, ou para saquear suas propriedades.

Contudo, também na Itália a vingança seguia frequentemente uma agenda política; era um ajuste de contas revolucionário. Partisans comunistas encaravam os expurgos como uma luta necessária contra o capitalismo. Uma vez que grandes corporações, como a Fiat, em Turim, tinham cooperado com o regime de Mussolini, elas eram consideradas alvos legítimos. Embora os homens de negócios mais poderosos de Turim ou Milão tenham conseguido salvar suas peles atravessando a fronteira com a Suíça, ou comprando seus possíveis matadores com bens obtidos no mercado negro, os cadáveres de figuras menos proeminentes acabavam cedo ou tarde descarregados nos portões dos cemitérios locais.

Seriamente preocupado com uma possível revolução comunista na Itália, o governo militar aliado tratou logo de tentar desarmar os partisans, muitos dos quais tinham lutado bravamente contra os alemães. Políticos italianos conservadores apoiaram esse esforço, o que não foi surpresa, já que alguns deles eram bem próximos dos fascistas. Na verdade, foi por causa da lentidão do governo provisório de Roma em punir os fascistas que surgiu a "justiça na *piazza*".

Como uma forma de reconhecer o orgulho dos ex-combatentes, foram organizados desfiles em várias cidades, nos quais comandantes aliados, flanqueados por italianos notáveis, recebiam as saudações de unidades militares de partisans, que ostentavam cachecóis cujas cores denotavam suas respectivas filiações: vermelha para os de esquerda, azul para os cristãos, verde para os *autonomi*, em sua maioria desertores do Exército italiano. Muitos tinham deixado suas armas, mas sem dúvida não todos. A esquerda radical permanecia forte, e às vezes armada. Como se constatou, mais uma vez, os conservadores não precisavam ficar preocupados. Não haveria revolução na Itália. Em retribuição por ter estendido seu império à Europa Central, Stálin concordou em deixar o Mediterrâneo para os Aliados ocidentais. Mas as represálias sangrentas ainda aconteciam, e o medo do comunismo na Itália, bem como um amargo sentimento da esquerda por ter sido traída, persistiu, chegando em alguns casos até o século XXI.

Edmund Wilson, cujas simpatias sempre estiveram com a esquerda, encarava esses procedimentos com repugnância. A principal contribuição americana para o pós-guerra da Itália, ele observou, foi "chamar uma de nossas estações telefônicas de Freedom; e, depois de termos armado e encorajado os partisans durante todo o período em que eles serviam a nossos propósitos, agora estamos tirando deles suas armas, proibindo-os de fazer discursos políticos e jogando-os na prisão se causarem qualquer perturbação". Ele tinha consciência de que as mãos da esquerda também estavam ensanguentadas, mas argumentou: "a nova revolução italiana era algo mais do que uma vendeta selvagem, e é pouco provável, eu creio, que seja um movimento cujo ímpeto possa a essa altura ser refreado".[44]

O ímpeto esquerdista, no entanto, foi refreado assim como tinha sido na Coreia do Sul, na França, no Vietnã do Sul, no Japão e na Grécia, onde Wilson chegou no verão de 1945. Ele ficou em Atenas, no Hotel Grande Bretagne, na praça da Constituição. Os funcionários eram mal-humorados, a ponto de ser hostis, e Wilson notou que havia buracos de balas nas paredes de seu quarto. Havia motivo para o mau humor, pois também sobre Atenas pairava um mau cheiro, o fedor de outra traição.

Os buracos de bala exigem uma explicação. No mês de dezembro do ano anterior tinha havido uma grande manifestação dos partidários da Frente de Libertação Nacional, ou EAM, na sigla em grego, uma organização de partisans controlada por comunistas. O Exército britânico estava oficialmente a cargo da Grécia libertada. Atenas estava sob o controle de um provisório Governo Grego de União Nacional, que incluía conservadores e monarquistas, assim como alguns esquerdistas. Grande parte do resto do país, porém, permanecia nas mãos da EAM, e suas forças armadas, ELAS. Por terem combatido os nazistas, os membros da EAM/ELAS esperavam tomar o governo e revolucionar a Grécia. Os conservadores, com o apoio dos britânicos, queriam evitar isso a todo custo, e foi esse o motivo para a manifestação de 3 de dezembro de 1944, o dia em que, segundo Harold Macmillan, "a guerra civil começou".[45]

Na verdade, como Macmillan decerto sabia, a guerra civil já tinha começado muito tempo antes. A Grécia esteve profundamente dividida durante a Primeira Guerra Mundial, quando o primeiro-ministro, Eleftherios Venizelos, queria apoiar os Aliados, mas o rei Constantino I e seu comandante militar, Ioannis Metaxas, não concordavam. Seguiram-se anos de uma oposição amarga entre monarquistas e "venizelistas". Em 1936, Metaxas tornou-se ditador, com uma aparência de banqueiro e uma brutalidade de caudilho fascista. Admirador do Terceiro Reich de Hitler, Metaxas "uniu" a Grécia na qualidade de Pai da Nação, banindo todos os partidos políticos e mandando para a cadeia os comunistas e outros opositores de seu regime. Para alívio da maioria dos gregos, Metaxas morreu em 1941.

Então os alemães invadiram. A maioria dos que tinham apoiado Metaxas colaborou, e a resistência foi conduzida por comunistas saídos das prisões da ditadura. Batalhões de fascistas gregos, instigados pelos alemães, combateram as guerrilhas de esquerda, que no início tiveram ajuda dos Aliados. Houve bastante brutalidade de ambas as partes. Muitas das vítimas eram pessoas inocentes, apanhadas no fogo cruzado.

Mas Macmillan tinha razão: para a Grã-Bretanha, a verdadeira ação só começou em 1944, quando soldados britânicos, com o reforço de tropas da Itália, combateram os partisans esquerdistas que enfrentavam os alemães havia apenas alguns meses. A desaprovação de Edmund Wilson foi amplamente compartilhada, em especial nos Estados Unidos, onde foi vista como mais uma típica intervenção imperialista britânica. Mas muita gente na Grã-Bretanha tinha o mesmo sentimento. Churchill, embora reverenciado por sua liderança contra os alemães, perdeu confiabilidade devido à sua beligerância contra os partisans comunistas.

Harold Macmillan notou que na Grécia, como em outros lugares, "os movimentos de resistência foram apresentados por nossa propaganda como corpos de idealistas românticos lutando com uma devoção byroniana pela liberdade de seu país".[46] O herói mais byroniano era um homem chamado Aris Velouchiotis. Aris percorria as montanhas com seu bando negro de partisans — boinas negras, jaquetas negras, barbas negras. O herói romântico, que rompeu com os comunistas em 1945, era também um assassino. Valas comuns foram depois descobertas e escava-

147

das em suas áreas de operação, e descobriu-se que continham os ossos dispersos de seus inimigos políticos.

A verdadeira questão surgida após a libertação, como na Itália (e na China, e em vários outros lugares), foi a do monopólio do uso da força. A Frente de Libertação Nacional (EAM/ELAS) na Grécia tinha concordado, depois de intensa negociação, em depor as armas, contanto que as milícias armadas da direita, tais como o notório Batalhão de Segurança, criadas sob a ocupação nazista, fizessem o mesmo. O objetivo do governo era incorporar os melhores elementos de ambos os lados num exército nacional. Segundo a EAM/ELAS, o governo não manteve esse compromisso; mesmo quando a esquerda se desmobilizou (até certo ponto), permitiu-se que a direita mantivesse seu poder de fogo. Muito compreensivelmente, isso é lembrado por inúmeros ex-combatentes das ELAS como uma traição às suas fileiras. Um partisan relembra que um grupo de colaboracionistas foi cercado em 1944. Em vez de serem mortos, no entanto, foram entregues à polícia. Uma decisão equivocada, pois a polícia tratou de lhes dar armas e deixá-los ir embora. Para os partisans, derrotados em 1945, a moral estava clara: "Aqueles que tinham dito 'matem-nos' puderam argumentar que o segundo round da luta, a guerra civil, não teria acontecido se tivéssemos liquidado todos os fascistas".[47]

Essa, portanto, era a atmosfera febril em Atenas, cujos traços Edmund Wilson ainda pôde notar em seu quarto de hotel, em 1945. Em 3 de dezembro de 1944, multidões na praça da Constituição, com mulheres e crianças marchando na frente, aproximaram-se do Hotel Grande Bretagne, onde o governo provisório se abrigava. Alega-se que estavam prestes a invadir o prédio. A versão que Wilson recebeu de simpatizantes da esquerda, compartilhada pela maioria dos gregos na época, foi de que a maior parte dos manifestantes continuava a marchar pacificamente quando a polícia da monarquia abriu fogo, matando e ferindo em torno de cem pessoas. No dia seguinte, quando os manifestantes tornaram a passar pelo hotel, dessa vez numa procissão fúnebre, os monarquistas mataram mais cerca de duzentos cidadãos desarmados, atirando das janelas do hotel.

Macmillan interpretava de outra maneira, como era de esperar. A "assim chamada multidão civil", ele relembra, "tinha muitos guerrilheiros das ELAS armados até os dentes", e os tiros fatais provavelmente tinham sido disparados por um agente comunista provocador.[48]

Ainda que seja complicado estabelecer a verdade quanto a esses trágicos eventos, duas coisas são difíceis de contestar. Os partisans liderados por comunistas eram bastante impiedosos em suas operações, já haviam matado grande número de supostos ou reais colaboracionistas e "inimigos da classe" antes de a Grécia ser libertada dos alemães, em outubro de 1944, e continuaram a expurgar e a matar por algum tempo depois disso. A segunda verdade é que a esquerda grega tinha muitos motivos para se sentir traída.

Os comunistas e os esquerdistas eram a espinha dorsal da resistência antinazista e antifascista em muitos países. Na Grécia, eles monopolizavam a resistência por meio de expurgos violentos. No campo, a EAM/ELAS criou uma espécie de Estado guerrilheiro, com tribunais populares para lidar com todos os inimigos da revolução. Um oficial britânico estacionado na Grécia em setembro de 1944 escreveu sobre o "reino do terror" comunista na Ática e na Beócia:

> Mais de quinhentos foram executados nas últimas poucas semanas. Devido ao fedor dos cadáveres em decomposição, é impossível passar por um lugar perto de meu acampamento. Jazendo insepultos no sol há corpos nus com as cabeças decepadas. Foi por causa da presença de elementos fortemente reacionários entre o povo que [as ELAS] escolheram esta área.[49]

Portanto, aí estava uma boa razão para temer as consequências de uma revolução na Grécia. Trazer de volta o rei Jorge II, algo que muito interessava a Churchill, cujas falas monarquistas irritavam até mesmo alguns conservadores gregos, não era a melhor ideia. O curto reinado de Jorge II no final da década de 1930 coincidira com a brutal ditadura de Ioannis Metaxas, e o povo não sentia muita saudade daquilo.

Mas, dado o medo que tinham do comunismo, os britânicos sentiram não ter escolha a não ser ajudar o governo em Atenas a combater os partisans de esquerda. A luta durou cinco semanas, no início de 1945. Cerca de 20 mil "inimigos da classe" foram deportados pelas ELAS, e frequentemente assassinados depois de marchas forçadas pelas montanhas. Por outro lado, muitos suspeitos de serem de esquerda foram deportados para campos britânicos na África. A luta foi tão feroz para ambos os lados que uma paz negociada em fevereiro foi saudada com grande alívio pela opinião pública. Churchill apareceu na sacada do Hotel Grande Bretagne, com o arcebispo da Igreja ortodoxa, e falou para uma enorme multidão que o aclamava: "Grécia para sempre! Grécia para todos!".[50]

Mas foi só um momento de calmaria nas ações. A guerra civil grega seria retomada no ano seguinte, e durou mais três anos. Mesmo antes disso, quase imediatamente após Churchill terminar seu vibrante discurso, outra forma de vingança teve início, uma contravingança, dessa vez tendo como alvo a esquerda. Forças paramilitares de direita e gendarmes partiram para a violência. Comunistas, ou suspeitos de serem esquerdistas, foram presos sem mandado, espancados e assassinados ou encarcerados em grande número. A Frente de Libertação Nacional emitiu um apelo chamando a atenção do mundo para "um regime de terror ainda mais hediondo que o da ditadura de Metaxas".[51] No final de 1945, quase 60 mil partidários da EAM estavam na prisão. Isso incluía mulheres e crianças, tantos na verdade que campos de detenção especiais para mulheres precisaram ser construídos. A acusação mais comum era de crimes praticados durante a ocupação. Mas os delitos cometidos por antigos colaboradores dos nazistas, ou pelos batalhões de segurança da direita, ficaram em grande medida impunes.

Harold Macmillan e Edmund Wilson tinham ido à Grécia a partir de perspectivas muito diferentes, um como ministro britânico residente, o outro como jornalista literário americano, mas quanto a uma coisa os dois concordavam. Deveriam ter sido feitos mais esforços para separar a esquerda democrática dos revolucionários comunistas. Macmillan achava que "uma política moderada, sensata, progressista" poderia ter descascado o "elemento vago, radical, do núcleo duro comunista".[52] Na opinião de Wilson, a Inglaterra deveria ter "ajudado os líderes da EAM a se desligar do enredamento com os soviéticos e imposto ordem sobre esses elementos mais voluntariosos, cujo aguerrimento, nos dias da resistência, os britânicos instigaram de bom grado".[53] É pena que quaisquer esforços nesse sentido, mesmo quando houve vontade de empreendê-los, fossem rapidamente abafados na sede de vingança, estimulada por forças políticas que buscavam obter vantagem ao espicaçá-la.

"Libertação" talvez não seja a palavra correta para descrever o fim da guerra em sociedades submetidas ao colonialismo. A maioria dos asiáticos ficou mais do que contente em se ver livre dos japoneses, cuja "libertação da Ásia" acabou se mostrando pior do que o imperialismo ocidental que substituiu em caráter temporário. Mas libertação não é exatamente o que os holandeses imaginavam para as Índias Orientais holandesas em 1945, ou os franceses para a Indochina, ou os britânicos para a península Malaia.

Os planos americanos para as Filipinas eram mais maleáveis, e Lord Louis Mountbatten, comandante supremo aliado no Sudeste da Ásia, tinha alguma simpatia pelas aspirações asiáticas de independência. Holandeses e franceses, porém, queriam restaurar a ordem colonial anterior à guerra o mais cedo possível. Mesmo os socialistas holandeses, que não viam com antipatia o desejo da Indonésia por independência, temiam que a economia holandesa, gravemente combalida pela ocupação alemã, desmoronasse sem as colônias asiáticas. Num mote popular da época, "Índias perdidas, desgraças nascidas" ("*Indië verloren, rampspoed geboren*"). O máximo que o governo relativamente progressista da Holanda concederia aos nacionalistas indonésios seria certo grau de autonomia sob a Coroa holandesa. E não haveria conversa com indonésios que tinham cooperado com os japoneses.

Isso complicava um bocado a questão do colaboracionismo e da vingança, pois houvera um entusiasmo considerável no Sudeste da Ásia, ao menos nos primeiros anos da guerra, com a propaganda japonesa de "Ásia para os asiáticos". Para ativistas como Sukarno, na Indonésia, cooperar com os japoneses era a melhor maneira de se ver livres dos senhores coloniais holandeses. Mas, aos olhos dos holandeses, isso fez de Sukarno um colaborador do inimigo. Não havia como negociar com ele a independência da Indonésia depois da guerra; pelo contrário, os holandeses estavam convencidos de que ele deveria ser punido como traidor.

Também os asiáticos foram arrastados numa onda de vingança em 1945, mas nem sempre dirigida contra os colonialistas europeus. A vingança frequentemente foi mais indireta, voltada para outras formas de colaboração que precederam a ocupação japonesa. Assim como em partes da Europa, as vítimas da vingança asiática com frequência foram minorias impopulares, em especial se fossem tidas como privilegiadas, mais ricas, e mancomunadas com as potências coloniais ocidentais.

Os chineses, muitas vezes chamados de "os judeus da Ásia", sofreram o impacto da ferocidade japonesa no Sudeste da Ásia. Na península Malaia, por exemplo, preferiam-se os malaios aos chineses, nos quais os japoneses não confiavam. Os comerciantes chineses tinham se beneficiado do colonialismo ocidental, ou assim se pensava. Portanto, os chineses deviam ser varridos, enquanto as elites malaias eram promovidas aos serviços públicos e à polícia. Não que os camponeses malaios ou indonésios fossem necessariamente bem tratados; indonésios obrigados a trabalhar em projetos militares japoneses morreram em enormes quantidades e em condições ainda mais miseráveis que a da maioria dos prisioneiros de guerra ocidentais. A zona rural estava em grande parte devastada, deixando milhões de camponeses destituídos; as cidades estavam saqueadas, privadas dos serviços mais essenciais, as ruas dominadas por gangues de criminosos.

O regime japonês no Sudeste da Ásia foi brutal, e ainda assim um novo e positivo espírito tomou conta de pessoas que antes tendiam a adotar uma postura de soturna submissão colonial. As potências ocidentais tinham sido humilhadas pelo Japão e se mostrado vulneráveis. Centenas de milhares de jovens malaios e indonésios foram treinados pelos japoneses como soldados em forças auxiliares, milícias e várias organizações de jovens militantes. Isso lhes deu um orgulho ao qual não estavam acostumados. Ao explorar o senso de humilhação e inferioridade comum entre os povos colonizados, os japoneses deliberadamente disseminaram o sentimento antiocidental, bem como antichinês.

Grande parte da resistência antijaponesa na península Malaia durante a guerra veio dos chineses. Inspirados pelo Partido Comunista da China, mas talvez também pelo internacionalismo que tornava o comunismo atraente para as minorias em outros lugares, a resistência foi liderada pelo Partido Comunista da Malaia. Embora o PCM não fosse particularmente antimalaio, quase todos os seus membros eram chineses. Seu braço militar era o Exército Popular Malaio Antijaponês (EPMAJ), o qual, em agosto de 1945, contava com cerca de 10 mil homens armados. Esses homens controlavam a maior parte do campo, formando um estado dentro do estado, que tinha suas próprias regras e leis, e era dado a amplos expurgos de autoridades contrárias à causa, processo bem parecido com o das guerrilhas comunistas na Grécia.

Depois da guerra, houve a vingança sumária exercida por membros do Exército Antijaponês contra habitantes locais que tinham colaborado com os japoneses, a maioria dos quais indianos e malaios; prefeitos, policiais, jornalistas, informantes, ex-amantes de funcionários japoneses e outros "traidores e sabujos" eram arrastados pelas ruas, exibidos em jaulas, sumariamente julgados em "tribunais populares" e executados em público. Isso encheu de medo muitos malaios. Quando o governo colonial britânico — que oferecera ao EPMAJ estreita cooperação contra os japoneses — decidiu em outubro que se devia outorgar aos chineses igual cidadania, os malaios, compreensivelmente, temeram perder o controle do próprio país, um temor que tem sido explorado por políticos malaios até hoje.

Os malaios decidiram reagir contra os chineses. Seu líder era um ex-chefe de gangue, de aparência feroz e turbante na cabeça, chamado Kiyai Salleh. Ele surgira depois da guerra como o chefe de um grupo chamado os Faixas Vermelhas da Sabilillah (Guerra Santa). Seu objetivo era proteger a fé muçulmana contra os chineses pagãos e vingar os malaios humilhados e mortos após a derrota japonesa. Embora a jihad contra os chineses fosse ostensivamente islâmica — eram lidos textos do Corão, santos sufis eram invocados —, Salleh modelou a si mesmo segundo a mística malaia, proclamando-se invulnerável a qualquer dano físico: "Ele não pode ser morto por balas; ele pode atravessar rios sem se molhar; ele pode arrebentar quaisquer grilhões que lhe ponham;

sua voz pode paralisar os que o atacarem".[54] Seus seguidores acreditavam ser abençoados com poderes similares, depois que perfuravam a si mesmos com agulhas douradas e bebiam poções abençoadas pelo santo chefe guerreiro.

O método de assassinato favorito dos Faixas Vermelhas era usando machetes, ou um punhal malaio chamado *kris*, arma imbuída, assim como os próprios guerreiros, de poderes místicos. Num incidente típico, em 6 de novembro, um bando de jihadistas malaios invadiu um vilarejo chinês em Padang Lebar e, com seus punhais e machetes, retalhou até a morte cinco homens e 35 mulheres e crianças. Os corpos das crianças foram jogados num poço. Políticos malaios não chegavam a apoiar esse tipo de coisa, mas pouco fizeram para detê-los. Segundo um relatório da inteligência militar britânica, "parece haver uma considerável preocupação entre malaios instruídos no que concerne ao futuro status dos malaios na península Malaia, e há uma crença, razoavelmente disseminada, de que os chineses estão assegurando para si um domínio econômico do país, o qual, se não for reprimido, pode levar depois ao controle político".[55]

Esse mesmo temor atormentava os indonésios, portanto não foi por acaso que os três principais lugares-tenentes dos líderes malaios fossem nacionalistas indonésios das Índias Orientais holandesas, onde a situação no outono de 1945 era bem pior do que na península Malaia.

G. F. Jacobs, um major sul-africano no Corpo Real de Fuzileiros de Sua Majestade, foi um dos primeiros soldados aliados a ser lançado de paraquedas em Sumatra, em agosto de 1945. Sua missão era fazer contato com as autoridades militares japonesas e preparar o caminho para sua rendição e para o desembarque das tropas aliadas. Jacobs foi também um dos primeiros a ver o estado dos campos de prisioneiros de guerra japoneses, onde havia milhares de civis doentes, emaciados, espancados e morrendo de fome. Prisioneiros holandeses não conseguiram compreender por que Jacobs não lhes permitiu fazer justiça com as próprias mãos: "Por que você nos deteve [...] não está vendo que queremos dar um jeito nesses bastardinhos amarelos?".[56]

A razão pela qual Jacobs precisava impedir os prisioneiros de guerra de linchar os guardas era o medo que sentia de uma ameaça muito maior. Indonésios estavam percorrendo o país com armas de fogo, punhais e lanças pontudas, gritando *"bunuh Balanda!"*, "Morte aos homens brancos!". Os japoneses eram necessários para vigiar seus ex-prisioneiros.

Na manhã de 17 de agosto, dois dias após a rendição japonesa, Sukarno leu uma breve declaração datilografada para uma pequena multidão em Batávia (Jacarta): "Nós, o povo da Indonésia, declaramos aqui a independência da Indonésia. Questões concernentes à transferência do poder etc. serão conduzidas de maneira criteriosa e o mais depressa possível".

A declaração tinha sido esboçada por Sukarno, que se autonomeara presidente da nova República da Indonésia, e seu vice-presidente, Mohammed Hatta, em intensa consulta com os comandantes do Exército e da Marinha japoneses. Quando a derrota parecia inevitável, no verão de 1945, os japoneses decidiram que uma Indonésia independente e antiocidental seria sua melhor opção. A maioria dos japoneses, afinal, levava a sério o lema "Ásia para os asiáticos", ainda que esperasse poder governar os outros asiáticos na qualidade de raça superior. Muitos indonésios, cansados de violência, brutalizados pelos invasores, famintos e vulneráveis a doenças trazidas pelos sobreviventes dos trabalhos forçados na ferrovia Tailândia-Birmânia e outros diabólicos projetos japoneses, ainda não estavam seguros quanto ao que pensar. Houve pouca hostilidade aos civis holandeses nas primeiras semanas após a rendição japonesa. Sukarno, Hatta e outros líderes, como Sutan Syahrir, um socialista de educação holandesa que nunca tinha cooperado com os japoneses, fizeram o melhor que puderam para conter uma violência potencial num arquipélago sobre o qual não exerciam muito controle.

Os novos líderes indonésios certamente tinham pouca ascendência sobre um grande número de jovens durões, radicalizados e treinados como auxiliares no Exército japonês. Esses rapazes estavam dispostos a lutar. Armas foram adquiridas de oficiais japoneses que simpatizavam com a ideia, às vezes compradas, às vezes roubadas dos depósitos japoneses. Segundo uma estimativa, os combatentes conseguiram mais de 50 mil fuzis, 3 mil metralhadoras leves e pesadas, e uma quantidade de munição que chegava a 100 milhões de projéteis.[57] O que os holandeses deveriam ter feito, e o que foram incentivados por seus Aliados ocidentais a fazer, era negociar com Sukarno e outros líderes indonésios que não estavam interessados em violência revolucionária. Nas palavras esperançosas de Mountbatten: "Nossa única ideia era fazer os holandeses e os indonésios se cumprimentarem e fazerem amizade, e depois cair fora".[58] Em vez disso, os holandeses questionaram o Ministério do Exterior britânico, comparando o "assim chamado governo de Sukarno" ao regime Quisling pró-nazista, e os jovens combatentes indonésios pela independência à Juventude Hitlerista e às ss. A proclamação de independência de Sukarno foi descrita como uma trama japonesa para dar continuidade ao regime fascista nas Índias Orientais holandesas.[59]

Quanto à colaboração de Sukarno com os japoneses, não existe nenhuma dúvida. Ele passara grande parte da década de 1930 em prisões coloniais holandesas, ou no exílio, numa ilha remota. Os japoneses o trataram com mais respeito do que os holandeses. Seja como for, não seria ilógico que Sukarno considerasse que o caminho mais rápido para a libertação nacional passava pelos japoneses. "Pela primeira vez em minha vida", ele disse em 1942, "me vi pelo espelho da Ásia."[60]

Mas, até mesmo para muitos indonésios, a colaboração de Sukarno foi longe demais. Seu apoio ao trabalho forçado de indonésios em prol do esforço de guerra japonês comprometeu sua reputação, e os jovens radicais ficaram furiosos com o envolvimento dos japoneses na declaração de independência. Eles não queriam nada com os japoneses. Por outro lado, ninguém contestava as credenciais de Sukarno como nacionalista indonésio.

No entanto, em vez de negociar diretamente com Sukarno, os holandeses emitiram vagas promessas de autonomia indonésia numa comunidade de nações liderada pela Holanda. Enquanto isso, a partir de setembro, veteranos do Exército das Índias Orientais holandesas começaram a desfilar, arrogantes, por vilarejos indonésios e arredores, disparando armas e ameaçando a população em uma tentativa de mostrar quem estava no comando. Os mais notórios desses justiceiros eram um grupo chamado Batalhão X, liderado por comandantes holandeses e eurasianos, mas em sua maioria integrado por cristãos amboneses de pele escura, medaneses e outras minorias, que tinham mais medo de serem dominados por outros indonésios do que pelos holandeses, e que haviam sido servidores leais do sistema colonial. Quando receberam notícias da chegada de navios de guerra holandeses e britânicos trazendo tropas aliadas, na maior parte indianos, e agentes da Administração Civil das Índias Holandesas (NICA, na sigla em inglês) encarregados de restaurar a velha ordem, estava montado o cenário para a mais sangrenta violência ocorrida no Sudeste da Ásia, parte revolução, parte vingança e parte criminalidade, o mesmo fermento letal que tinha explodido na Europa Central mais cedo naquele mesmo ano.

Os bandos de extremistas armados que desencadearam a onda de terror em outubro e novembro de 1945, conhecida como *bersiap* ("A postos!"), consistiam em sua maioria de ex-membros das milícias lideradas por japoneses e criminosos de rua, muitas vezes adolescentes das gangues de Jacarta, Surabaya ou outras cidades. Mas os grupos de jovens, ou *pemuda*, incluíam também estudantes, operários de fábrica e aldeões. Alguns de seus líderes eram gângsteres cujos motivos para roubar e matar os ricos e poderosos tinham menos a ver com política do que com ganância. Alguns eram figuras carismáticas, como um chefe de quadrilha chamado Pai Tigre, que vendia a seus homens amuletos de invulnerabilidade. A mistura do misticismo javanês com a doutrinação japonesa sobre espírito guerreiro imbuía os jovens combatentes de um afoito sentimento de heroísmo: "*Merdeka atan mati!*" ("Liberdade ou morte!"). Houve casos de jovens enfrentando tanques munidos de nada mais que machetes e lanças de bambu.

As principais vítimas da vingança revolucionária foram os chineses, associados ao mundo dos negócios e suspeitos de traição, e os eurasianos, ou "indos", assim como outras minorias que na maioria dos casos eram aliadas dos holandeses. E então havia aquelas criaturas frequentemente imaginárias chamadas espiões da NICA. A definição de um espião da NICA podia ser bem arbitrária; uma pessoa com muito vermelho, branco e azul (as cores da Holanda) em seu sarongue poderia ser identificada como um agente da administração holandesa.

Os chineses, indos ou amboneses sabiam que a coisa ia ficar feia quando ouviam o som das lanças de bambu batendo contra os postes de iluminação ocos e metálicos de Jacarta. Os soldados armados japoneses, que tinham recebido ordens de proteger civis na ausência de tropas aliadas, quase sempre escapuliam quando começava a pancadaria. Lojas eram atacadas e casas, incendiadas. As famílias dentro delas eram retalhadas até a morte por jovens enfurecidos, ébrios de violência, literalmente enamorados de seus punhais, e às vezes dados a beber o sangue das vítimas. Numa área perto de Jacarta não havia mais água fresca, porque os poços estavam abarrotados de corpos de chineses em putrefação.

A expressão indo-holandesa para o tipo mais comum de assassinato era *getjintjangd*. *Tjintjang* significa talhar uma pessoa com um *kris* ou um machete. Os civis holandeses, imprudentes a ponto de sair dos campos ainda guardados por japoneses, eram frequentemente vítimas dessa modalidade de matança, assim como os soldados japoneses que resistiam a solicitações para ajudar os rebeldes ou entregar suas armas. Embora os antigos campos de concentração — grandes e esquálidas aldeias cheias de pessoas doentes e famintas — também fossem alvos de ataques, ainda eram os lugares mais seguros para ficar, desde que os guardas japoneses se mantivessem em seus postos.

Uma noite, em Surabaya, um jovem chamado Peter van Berkum, nascido na Indonésia, como muitos civis holandeses, foi apanhado ao acaso por um grupo de enfurecidos adolescentes munidos de pontudas lanças de bambu. Foi levado num caminhão a uma prisão local: "Quando o caminhão diminuiu a marcha, ele foi cercado por uma massa de pessoas gritando. Eu só enxergava um borrão feito de rostos escuros e suados com bocas contorcidas e escancaradas. Eles agitavam seus punhos cerrados e brandiam todo tipo de armas". Entre gritos de "Morte aos brancos!", os prisioneiros foram empurrados para fora do caminhão. "Imediatamente a multidão caiu sobre eles, batendo, cortando, apunhalando, com pedaços de pau e baionetas, usando machados, coronhas de fuzis e lanças."[61]

A onda de terror, nunca desejada pelos líderes indonésios, estava absolutamente fora de controle. Combates irrompiam por toda Java e Sumatra, não só como atos de vingança contra agentes coloniais e seus supostos colaboradores, mas também entre rebeldes e japoneses, num ciclo sangrento de vingança e retaliação. Em Samarang, uma unidade japonesa liderada pelo major Shinichiro Kido entrou em choque com os *pemuda*, que acreditavam que os japoneses estavam sabotando o fornecimento de água. Os japoneses, numa forma brutal de intimidação, mataram um grande número de militantes indonésios. Os indonésios então assassinaram mais de duzentos civis japoneses encarcerados na prisão da cidade. Um relatório do Exército britânico registrou: "Alguns corpos pendiam do teto e das janelas, outros tinham sido perfurados e atravessados por lanças de bambu [...]. Alguns tentaram escrever suas últimas palavras com sangue nas paredes".[62] Em retaliação, mais de duzentos indonésios foram chacinados pelos furiosos japoneses.

A pior violência envolveu a cidade industrial de Surabaya, que estava inteiramente nas mãos dos indonésios no fim de outubro. As prisões haviam sido esvaziadas. Multidões de guerrilheiros *pemuda*, pequenas quadrilhas de criminosos e jovens românticos — inflamados por histórias da tradicional intrepidez javanesa transmitidas pela "Rádio Rebelião" por uma figura carismática e cabeluda conhecida como Irmão Tomo — governavam as ruas. Chineses, amboneses e indianos, acusados de serem espiões da NICA, eram atacados com punhais e lanças. E os japoneses, temendo pelas próprias vidas, animadamente supriam as turbas com mais armas letais.

A irmã de Peter van Berkum, Carla, chegou com outros refugiados holandeses de um campo de concentração próximo: "Fomos atacados por uma turba de nativos. Eles nos espetavam agressivamente com suas lanças de bambu. E ficavam gritando: *merdeka! merdeka! merdeka!* [liberdade!]. Vestiam andrajos. Seus olhos escuros lançavam olhares aterradores. Eu estava apavorada".[63]

Os Aliados decidiram agir. P. J. G. Huijer, um capitão da Marinha holandesa, foi enviado à cidade para preparar o caminho para um desembarque aliado. Muito naturalmente, sua chegada foi considerada mais uma provocação. As armas continuaram a fluir dos arsenais japoneses para os combatentes *pemuda*. Em 25 de outubro, cerca de 4 mil tropas britânicas, na maioria indos e nepaleses da unidade gurca, desembarcaram no local. Houve rumores de que esses soldados eram holandeses disfarçados, com o rosto escurecido. Foram atacados por um exército improvisado de indonésios. Temeroso de que suas tropas seriam massacradas, os britânicos pediram a Sukarno e a Hatta que viessem controlar a turba. Eles concordaram e obtiveram algum sucesso. O cessar-fogo mais ou menos se manteve até 31 de outubro, quando o comandante britânico, o general de brigada A. W. S. Mallaby, na tentativa de intervir num combate, morreu baleado por indonésios.

Dessa vez foram os britânicos que partiram em represália. Durante as três semanas seguintes, começando em 10 de novembro, Surabaya foi bombardeada por ar e por terra, e metralhada. Uma testemunha ocular descreveu o cenário no centro da cidade:

> Cadáveres de homens, cavalos, gatos e cães jazendo nas sarjetas, vidros quebrados, móveis, linhas telefônicas embaralhadas espalhadas nas ruas, e o ruído da batalha ecoava entre os prédios de escritórios [...]. A resistência indonésia passou por duas fases, primeiro a do autossacrifício fanático, com homens armados apenas de punhais atacando tanques Sherman, e depois de modo mais organizado e efetivo, seguindo rigorosamente os manuais militares japoneses.[64]

Por volta do fim de novembro, Surabaya tinha sido pacificada, mas ao preço de ser reduzida a um campo de batalha bombardeado exalando odores de cadáveres de indonésios, indianos, britânicos, holandeses, indos e chineses. A Indonésia só iria conquistar a independência total em 1949, depois de mais ações de vingança, inclusive dos holandeses, que em 1946 enviaram esquadrões da morte liderados por Raymond "Turk" Westerling para Sulawesi do Sul, onde milhares de civis foram assassinados.

(Aliás, Westerling, que tinha combatido os alemães no norte da África durante a Segunda Guerra Mundial, tornou-se mais tarde um devotado muçulmano.)

O sangue, no entanto, sempre clama por mais sangue. Além de acusar Sukarno de traição, os holandeses viam-no como testa de ferro dos comunistas. Exatos vinte anos depois da Batalha de Surabaya, oficiais do Exército da Indonésia depuseram Sukarno num golpe militar, supostamente para evitar que os comunistas se apoderassem do país. Isso marcou o início de um expurgo de comunistas em âmbito nacional. Justiceiros muçulmanos, jovens armados, batalhões do Exército, místicos javaneses e cidadãos comuns, todos participaram da matança de meio milhão de pessoas, muitas delas chinesas. O líder do golpe, e futuro presidente da Indonésia, foi o general de divisão Suharto. Treinado pelos militares japoneses e meticulosamente doutrinado contra o imperialismo ocidental, Suharto havia lutado contra os holandeses em 1945. Ele permaneceria na presidência por 32 anos. Durante esse tempo, como ferrenho opositor do comunismo, contou com o caloroso e inabalável apoio de todas as potências ocidentais, inclusive, claro, dos Países Baixos.

Os franceses estavam tão temerosos quanto os holandeses de perder suas possessões coloniais em 1945, e o que sentiam era uma humilhação ainda maior, não só por sua derrota em 1940, mas também por causa da história de colaboração oficial com os alemães. A Indochina Francesa continuou sob a administração de um governo colonial ligado a Vichy durante o que era, na prática, uma ocupação japonesa. Os japoneses usavam a colônia como uma base militar, enquanto os franceses seguiam tomando seus aperitivos no Cercle Sportif de Saigon e, na maioria dos casos, cuidando dos próprios assuntos. Mas essa doce vida chegou ao fim em março de

1945. Uma vez libertada a França, não era mais possível dar como certa sua colaboração com o Japão, e assim as tropas e os oficiais franceses foram prontamente aprisionados em Saigon e em Hanói.

Quando a derrota era quase uma certeza, na primeira semana de agosto, os japoneses transferiram a autoridade política para o governo real do Vietnã, enquanto o movimento comunista Vietminh (Liga pela Independência do Vietnã) assumia o controle do norte. Algumas semanas mais tarde, com tropas chinesas entrando aos borbotões pela fronteira do norte e com a iminente chegada de tropas britânicas no sul, tanto o imperador vietnamita, Bao Dai, como o líder comunista Ho Chi Minh deixaram bem claro que, independentemente do que acontecesse, a retomada de um governo francês seria inaceitável. Estátuas de dignitários coloniais franceses já estavam sendo derrubadas em Hanói. Em 2 de setembro, mais de 300 mil vietnamitas reuniram-se na praça Ba Dinh, perto do palácio do ex-governador-geral francês, para ouvir Ho Chi Minh declarar a independência nacional. Bandas tocavam marchas comunistas, que incluíam em suas letras passagens brutais como "beber sangue francês". Soldados do Vietminh, armados com pistolas, guardavam o palanque dos oradores, ornamentado com bandeiras vermelhas. Um pálio real era mantido acima da cabeça de "tio" Ho enquanto ele falava suavemente ao microfone: "Compatriotas, vocês podem me ouvir?". A multidão gritou em resposta que sim.

Um oficial da inteligência americana que testemunhou esse evento relatou a seus superiores na cidade chinesa de Kunming: "A julgar pelo que vi, essas pessoas estão falando sério, e temo que os franceses terão de lidar com eles. E em vista disso todos nós teremos de lidar com eles".[65] Ele não poderia saber quão proféticas suas palavras iriam se tornar.

Se os franceses, muitos dos quais permaneciam aprisionados, ainda sob a guarda de soldados japoneses, ficaram assombrados com esses eventos, na Argélia os colonizadores entraram em pânico. Tanto a Argélia como a Indochina estavam passando por uma severa epidemia de fome no início de 1945, resultado das secas e também do desvio de suprimentos alimentícios para fins militares. Na Indochina, mais de 1 milhão de pessoas morreram de fome. Na Argélia, a fome era o combustível de uma ira que os assustados franceses viam como o início de uma violenta revolução.

Na verdade, apesar de alguma agitação proveniente de comunistas e nacionalistas radicais argelinos, a maioria da população queria simplesmente a igualdade de direitos. Mas, a cada vez que uma pedra muçulmana era atirada num colono francês, os franceses pensavam que a "revolta árabe" era iminente. A nova administração colonial, em 1945, era liderada por esquerdistas franceses, muitos dos quais tinham resistido ativamente aos alemães. Boa parte dos colonos tinha sido pró-Vichy e era antissemita ferrenha. (Com frequência, os únicos que defendiam os direitos dos judeus sob o regime francês eram muçulmanos argelinos.) No entanto, os muçulmanos que reivindicavam a independência da Argélia ou direitos iguais eram rapidamente rotulados de "nazistas". Era o mesmo que dizer que as demandas indonésias e vietnamitas por independência nacional foram parte de um complô fascista japonês. Isso ofereceu uma justificativa fácil para as autoridades coloniais de esquerda, bem como para os ex-vichyistas, apertarem o cerco sobre eles.

A violência estava crescendo continuamente na Argélia, em especial nas regiões atingidas pela fome nos arredores da cidade de Sétif, no nordeste do país. Colonos entravam em choque com nômades, oficiais de polícia arrogantes eram caçados fora das aldeias, jovens direitistas europeus zombavam de muçulmanos em Argel com gritos de "*Vive Pétain!*", ou mesmo "*Vive Hitler!*", e policiais franceses atiravam em multidões de muçulmanos que queriam participar de uma manifestação de Primeiro de Maio.

Sétif, o centro da agitação muçulmana e do nacionalismo argelino, era o lugar mais óbvio para a explosão de uma violência de maiores proporções. Em 8 de maio, os franceses, a despeito de suas lealdades anteriores, decidiram comemorar a vitória aliada sobre a Alemanha com toda a pompa patriótica. Naquela manhã, bem cedo, muçulmanos — na maior parte gente da zona rural, homens, mulheres e crianças — reuniram-se em frente à principal mesquita local. Alguns homens carregavam suas tradicionais adagas por baixo da túnica. Alguns tinham pistolas. Líderes da AML (Amigos do Manifesto e da Liberdade), a organização muçulmana pela igualdade de direitos, garantiram às autoridades que não se tratava de uma manifestação política. Não haveria faixas nem emblemas nacionalistas.

Às oito horas, a multidão tinha aumentado para cerca de 3 mil pessoas, e começou a marchar ao longo da Avenue Georges Clemenceau para depositar uma coroa no memorial da guerra. Apesar das promessas da AML, faixas foram desenroladas por alguns nacionalistas, nas quais se lia: "Queremos ter os mesmos direitos que vocês têm". Quando policiais de uma barreira viram uma faixa que dizia "Viva a Independência da Argélia", eles a arrancaram das mãos de um pobre argelino, que foi morto no ato. Nesse momento, civis franceses, como se estivessem à espera daquele momento, começaram a atirar com submetralhadoras sobre a multidão, de suas varandas e das janelas do Café de France. Entre vinte e quarenta pessoas foram mortas. Aterrorizados com os tiros, os muçulmanos correram para as ruas laterais, usando suas pistolas e adagas para atacar europeus. O líder comunista francês Albert Denier sofreu cortes tão graves que suas mãos tiveram de ser amputadas.

Uma professora francesa lembra de estar num café em frente à escola onde lecionava quando uma enxurrada de nativos aos berros apareceu de todos os lados, com adagas nas mãos. Estavam correndo em direção ao mercado árabe. Foram cometidas atrocidades. Vi cerca de quinze deles espancar um velho amigo dos árabes, o sr. Vaillant, com porretes [...]. É terrível, pensando bem. O mais estranho é que a maioria das vítimas era composta de defensores dos árabes.[66]

As notícias sobre as matanças chegaram rapidamente às aldeias. A vingança se deu de forma esparsa, mas brutal. "Estávamos armados com facas e fuzis. Foi meu pai quem matou o padeiro porque ele era francês. Arrombávamos as portas, incendiando as casas com o óleo e a gasolina que encontrávamos."[67] Colonos franceses fugiam para as delegacias de polícia locais. Os que não conseguiam escapar eram mutilados à faca, tinham o peito golpeado ou os genitais enfiados na boca. Cerca de cem europeus foram mortos em três dias.

Em vez de pedir calma, o governador-geral socialista Yves Chataigneau convocou 10 mil soldados do Marrocos, da África Ocidental Francesa, bem como unidades da Legião Estrangeira. Não seria apenas um exercício para restaurar a ordem. Uma lição deveria ser aprendida. A matança de cidadãos franceses teria de ser vingada.

Os colonos franceses formaram unidades de milícia e passaram a atacar a população local. Um dos mais ferrenhos regimentos de infantaria, constituído por soldados argelinos, foi enviado de volta da Alemanha, onde havia combatido duramente para derrotar Hitler. Em seu país natal, os soldados foram enviados para o interior a fim de caçar seus compatriotas. No final de junho, a região rural estava petrificada num terrível silêncio. Durante semanas, aldeias e cidades foram bombardeadas pelo ar e pelos canhões de cruzadores; milhares tinham sido presos, com frequência torturados e executados. Não se sabe o número exato de argelinos mortos. Alguns dizem que chegou a 30 mil. Com os assassinatos veio uma deliberada humilhação. Foi ressuscitada uma prática do século XIX de fazer os nativos se submeterem cerimonialmente aos conquistadores. Milhares de camponeses esfomeados que não conseguiam mais suportar os bombardeios foram obrigados a se ajoelhar diante da bandeira francesa e implorar perdão. Outros foram jogados no chão e forçados a gritar: "Somos judeus. Somos cães. Viva a França!".

Para alguns franceses, isso poderia dar a impressão de que enfim a Argélia voltara à normalidade. Mas os mais sofisticados, inclusive o general De Gaulle, sabiam muito bem que o assassinato em massa de populações nativas era uma constrangedora mácula em *La France éternelle*, a qual, na mitologia oficial, resistira tão bravamente à ameaça nazista. Sendo assim, o que aconteceu em Sétif e arredores ficou envolto em silêncio durante muitos anos.

Os franceses em Saigon, no entanto, interpretaram Sétif como uma advertência quanto ao que poderia lhes acontecer se as aspirações vietnamitas de independência não fossem logo reprimidas. Em agosto, as coisas pareciam não estar boas para os franceses. Muitos permaneciam nas prisões japonesas. O Vietminh tinha recebido, ou simplesmente tomado, mais e mais armas japonesas. Alguns oficiais militares japoneses estavam se juntando ao Vietminh, fosse por convicção ("Ásia para os asiáticos"), fosse porque precisavam de um lugar para se esconder por seus graves crimes de guerra. Os projetos imperiais da França não eram populares com os americanos, apesar de os chineses, ainda sob os nacionalistas de Chiang Kai-shek, não fazerem objeções ao domínio francês na Indochina. Os únicos que ficaram totalmente ao lado dos franceses, o que não era de estranhar, foram os britânicos.

A violência das turbas muitas vezes começa com um boato. Assim foi em 20 de setembro em Hanói, quando se começou a falar de um complô francês, com a assistência de membros vietnamitas da polícia de segurança colonial, com o objetivo de retomar o controle. Esconderijos de armas tinham sido supostamente descobertos. Falava-se também de gás venenoso. Soldados franceses teriam sido libertos da prisão pelos japoneses, e até rearmados. Para frustrar esses obscuros desígnios, milhares de vietnamitas armados com facas, lanças e machetes saquearam casas de franceses e molestaram todo francês que encontraram nas ruas. Os soldados japoneses na maioria dos casos não intervieram.

Os garçons do melhor hotel de Hanói, o Metropole, atacaram os hóspedes em seus quartos e se abrigaram atrás de uma barricada no salão do restaurante. Um francês que conseguira escapar pediu aos japoneses que soltassem os prisioneiros e restabelecessem a ordem.

Françoise Martin era uma jovem francesa que tinha ido a Hanói "não para ganhar dinheiro no país, pelo contrário, cheia de idealismo humanitário". Tudo que sentia era "respeito pela cultura sino-anamita". Mas seus sentimentos em relação aos vietnamitas que faziam piquetes nas ruas pela independência provavelmente eram como os da maioria dos franceses colonialistas:

> É possível que houvesse patriotas *verdadeiros* entre eles [...]. Mas, até onde isso diz respeito a essa turba de criminosos e imbecis que se alvoroçam nas ruas da cidade com suas bandeiras, a visão de meia dúzia de armas bastaria para fazê-los correr em disparada de volta a seus ninhos de rato. Infelizmente não temos nem meia dúzia de armas, nem as teremos em breve.[68]

Em agosto, surgiram mais rumores sobre um grande estoque de armas encontrado numa mansão francesa. Manifestantes denunciaram o imperialismo francês. Mas, além de alguns assassinatos na zona rural, a violência vietnamita contra os franceses não se deu em larga escala. Mesmo assim os franceses estavam aterrorizados, mais do que tudo por permanecerem indefesos, apesar dos bravos pronunciamentos vindos da França, onde o general De Gaulle falava do desenvolvimento da Indochina como "um dos principais objetivos da atuação [da França] em seu renascido poderio e sua redescoberta grandeza".[69]

"Todos estão armados até os dentes", relembra Françoise Martin, referindo-se à situação em Hanói, "americanos, chineses, anamitas, só os franceses não dispõem de nada para se defender, a não ser pedaços de pau e garrafas vazias..."[70] A análise que fez da luta dos vietnamitas pela independência era típica de seu lugar e de seu tempo, assim como as opiniões que expressou sobre os manifestantes "imbecis". Tudo era parte de uma trama:

> Em termos oficiais, os japoneses tinham deposto suas armas, mas continuavam a fazer a guerra de um modo diferente, obstruindo qualquer retomada dos europeus na Indonésia e na península Malaia; em toda parte seus métodos eram os mesmos: um plano pérfido, admiravelmente preparado, cuidadosamente executado [...]. Um admirável e novo exemplo da duplicidade asiática, que nunca falha em seu propósito de enganar o homem branco.[71]

No entanto, quando a violência enfim irrompeu em larga escala, não foi em Hanói, mas em Saigon. O primeiro sinal de distúrbios sérios foi notavelmente semelhante ao que acontecera na Argélia. Em 2 de setembro, centenas de milhares de vietnamitas — ou "anamitas", como eram chamados na imprensa ocidental —, muitos deles oriundos das zonas rurais, reuniram-se em Saigon para ouvir a declaração de independência de Ho Chi Minh transmitida de Hanói pelo rádio. Mais cedo, naquela manhã, jovens vietnamitas armados tinham feito uma demonstração no portão de um acampamento militar onde ainda havia soldados franceses, que responderam às zombarias dos vietnamitas gritando insultos e cantando a Marselhesa. Em razão de problemas técnicos, as multidões nunca chegaram a ouvir a fala de Ho Chi Minh. Suspeitas de uma sabotagem francesa aumentaram ainda mais a ira das massas. Assim que os manifestantes em marcha chegaram à catedral, tiros foram disparados. A multidão entrou em pânico e, suspeitando de que os tiros partiram de franceses, bandos atacaram todo francês que estivesse à vista. Lojas chinesas e europeias foram saqueadas, sacerdotes foram mortos, mulheres foram atacadas com socos que lhes quebraram os dentes.

Os franceses responsabilizaram provocadores vietnamitas pelos disparos que causaram o tumulto. Pouco mais de duas semanas depois, convenceram o general britânico Douglas Gracey de que era preciso expulsar os vietnamitas das delegacias de polícia e dos cargos públicos, e rearmar os franceses. E os britânicos, num espírito de solidariedade colonial, concordaram. Em 23 de setembro, parecia que a ordem tinha sido restabelecida em Saigon: os franceses estavam novamente no comando. A humilhação e a impotência sentidas por semanas, meses, talvez mesmo anos, transformaram em tumulto as comemorações por esse triunfo: agora era a vez de os vietnamitas serem linchados pelas turbas de franceses. Um oficial britânico relatou que "se atirava de maneira indiscriminada, e anamitas eram publicamente arrastados pelas ruas para serem encarcerados nas prisões".[72]

A vingança não iria demorar. No dia seguinte, vietnamitas entraram em casas de franceses e atacaram os moradores. Pessoas foram torturadas às margens dos rios. Esposas vietnamitas de franceses foram mutiladas à faca. Segundo um relato, uma mulher grávida de oito meses foi estripada. Batalhas grassaram em Saigon por quase dois meses, com britânicos, franceses e japoneses combatendo os vietnamitas. Alguns japoneses passaram para o lado vietnamita. A Legião Estrangeira incluía em suas fileiras alemães que tinham combatido os Aliados no norte da África, e possivelmente também alguns ex-oficiais da ss. Milhares de vietnamitas foram torturados em prisões e condenados a severas penas ou morte após "julgamentos" que duravam ao todo cinco minutos.

Em meados de novembro, os franceses já podiam saborear seus aperitivos no Cercle Sportif, certos de que a vida logo voltaria ao normal. Essa ilusão perduraria por algum tempo, no sul até 1949, quando o Vietnã do Sul tornou-se independente, tendo Saigon como capital, e no norte até 1954, quando os comunistas de Ho Chi Minh foram reconhecidos como os governantes da República Socialista do Vietnã do Norte, cuja capital era Hanói. Mas em nenhum outro lugar as palavras ditas por Macbeth à mulher sobre o sangue clamar por mais sangue foram tão verdadeiras como naquele estreito país do Sudeste da Ásia, que uma vez se pensara serem três, depois dois, e finalmente um.

PARTE II

REMOVENDO O ENTULHO

4. A caminho de casa

Meu pai foi um dos mais de 8 milhões de "deslocados de guerra" retidos na Alemanha em maio de 1945, aguardando transporte para casa. Havia cerca de 3 milhões mais em outras partes da Europa, alguns sentindo saudade de casa, alguns querendo ir para qualquer lugar, menos voltar, e outros que não tinham mais uma casa para onde retornar: poloneses na Ucrânia, sérvios e croatas na Áustria, russos brancos na Iugoslávia, refugiados judeus no Cazaquistão e assim por diante. Na Ásia, os números eram ainda mais impactantes: 6,5 milhões de japoneses estavam na Ásia e no Pacífico, metade deles civis. Mais de 1 milhão de trabalhadores coreanos ainda estavam no Japão. E milhares de prisioneiros de guerra australianos, europeus e americanos estavam abandonados na China, no Japão, em Taiwan e no Sudeste da Ásia, assim como indonésios e outros asiáticos que tinham sido obrigados a trabalhar em projetos militares japoneses em torno daquelas regiões. Cerca de 180 mil asiáticos trabalharam na ferrovia Tailândia-Birmânia; mais ou menos a metade sobreviveu.

Todas as guerras deslocam pessoas; a guerra no Iraque, a partir da invasão conduzida pelos Estados Unidos em 2003, tirou até 5 milhões de pessoas de seus lares. A escala de deslocamento humano em virtude da Segunda Guerra Mundial foi especialmente terrível porque em grande parte se deu de forma deliberada, por razões estritamente práticas, além de ideológicas: programas de trabalho escravo, transferências populacionais, "limpeza étnica", mudança no traçado de fronteiras nacionais, emigração expansionista de alemães e japoneses em busca de *Lebensraum*, as guerras civis que irromperam, populações inteiras deportadas para serem mortas ou definhar no exílio e assim por diante. Os principais culpados por isso na Europa foram os alemães, mas as políticas de Stálin na União Soviética e em sua área de influência foram muitas vezes tão mortíferas quanto as de Hitler.[1]

Para meu pai, a ideia de ir para casa não era uma questão tão complicada. Embora a correspondência com a família tivesse cessado em 1944, quando os Aliados libertaram parte dos Países Baixos, cortando as comunicações de sua cidade com a Alemanha, ele tinha um lar para onde voltar. No verão de 1945, ele foi transportado, em caminhões do Exército e de ônibus, de um campo britânico de deslocados de guerra em Magdeburgo para a fronteira holandesa. O comitê de recepção na cidade de Enschede perguntou a ele e a outros que também voltavam se seu trabalho na Alemanha tinha sido voluntário. Os que eram suspeitos de ter trabalhado voluntariamente foram privados do direito à ração alimentar, e as dificuldades que enfrentaram foram um pequeno prenúncio de uma questão que se tornaria uma obsessão na Holanda durante décadas, como a crosta de uma ferida nacional que precisava ser cavoucada mais e mais: quem se comportara "bem" ou "mal", quem fora corajoso ou covarde, quem fora colaboracionista ou da resistência, quem era herói e quem era vilão. (Na realidade, poucas pessoas se encaixavam totalmente numa dessas categorias, claro.) Era um processo maçante a enfrentar para ser bem-vindo em sua volta. Mas meu pai ficou impressionado com a gentileza de seus interlocutores: ele havia perdido o costume de lidar com autoridades que não se expressavam aos berros.

Quando chegou à sua cidade, Nijmegen, os sentimentos de meu pai eram mais complexos. A Berlim que ele tinha deixado era uma cidade completamente em ruínas. Ou seja, ele estava acostumado com a destruição. Mesmo assim, deve ter sido bem desorientador andar pelas ruas do centro antigo de Nijmegen, onde muitas de suas construções, algumas datando da Idade Média, também haviam desaparecido, demolidas por acidente num bombardeio americano em 1944. Depois de ter passado anos com saudade de casa, meu pai subitamente ficou petrificado. Não conseguiu percorrer a distância bem curta do local onde estava até a casa da família. Os motivos disso não estão claros em sua memória. Talvez porque não tivesse certeza de que seus pais ainda estavam vivos, ou de que a casa permanecia lá. Ou talvez temesse que o reencontro tão longamente sonhado pudesse ser constrangedor; muitas coisas tinham acontecido naquele meio-tempo.

No fim, ele foi para casa. Toda a família tinha sobrevivido. A reunião foi muito alegre. Ele logo reencontrou seu antigo lugar na sociedade; readaptou-se. Foi um dos que tiveram essa sorte.

Para outros, a condição e o sentimento de estar deslocado foram mais duradouros, e voltar para casa foi uma decepção, ou coisa pior. Experiências de sofrimento extremo haviam criado abismos de incompreensão entre as pessoas. Cada uma sentia que tinha uma história para contar. Como seria possível que alguém que sobrevivera a Auschwitz pudesse transmitir aquilo pelo que havia passado a pessoas que mal tinham ouvido falar de campos de extermínio?

O escritor húngaro Imre Kertész escreveu um relato sobre essa incompreensão em seu romance *Sem destino*, de 1975.[2] O autor, um judeu assimilado de Budapeste, foi prisioneiro em Auschwitz e em Buchenwald. Com apenas catorze anos quando foi deportado, sua formação, digamos assim, deu-se nos campos de concentração. Seu alter ego ficcional, György, retorna a Budapeste ainda vestido com o esfarrapado jaleco listrado de Buchenwald, o rosto abatido e cheio de manchas, como o de um velho. No antigo apartamento da família agora moram pessoas estranhas, antipáticas, desconfiadas, que lhe fecham a porta na cara. Não era uma experiência incomum para os sobreviventes dos campos, especialmente judeus, os quais ninguém esperava que voltassem, e com os quais muitos ficavam ressentidos por terem voltado. No entanto, de certo modo, o reencontro com antigos vizinhos judeus que conseguiram ficar em Budapeste é ainda mais doloroso. Eles lhe dizem que "a vida também não foi fácil para quem ficou em casa". Ao contar sobre onde estivera, ouve um conselho amigável: ele devia simplesmente "esquecer os horrores", pensar apenas no futuro. Era um discurso parecido com o de outra pessoa solícita, um jornalista "democrata" que György encontrou no bonde: o mais importante era que "os calabouços infernais dos nazistas" tinham acabado, não existiam mais.

O que György não conseguiu fazer as pessoas entenderem é que ele não estivera no inferno; sua experiência não foi metafísica; ele estava em campos de concentração. Como poderia esquecer e só pensar no futuro, como se a vida passada tivesse sido um pesadelo, ou um filme de terror? A vida nos campos não tinha sido voluntária, nem agradável, mas era uma vida, *sua* vida. Não se pode ignorar a continuidade das coisas. O problema era que, para as pessoas que não tinham experimentado nada semelhante, era impossível imaginar algo parecido com aquilo, e ninguém se dispunha a isso, daí a recorrência das abstrações, como o "inferno" ou "os horrores" que deveriam ser esquecidos o mais rapidamente possível.

As pessoas descritas no final do romance de Kertész — o jornalista e os vizinhos, sr. Steiner e sr. e sra. Fleischmann — tinham boas intenções. Mas nem sempre era assim quando pessoas que passaram a guerra em casa eram confrontadas com sobreviventes dos campos ou com outros que retornavam, como prisioneiros de guerra ou trabalhadores forçados do Terceiro Reich. O sofrimento é uma questão pessoal. A maioria de nós não gosta de ter seu sofrimento menosprezado. O sofrimento dos outros, sobretudo se tiver sido claramente maior do que o nosso, pode causar irritação e talvez até mesmo culpa. "A vida também não foi fácil para quem ficou em casa."

A recepção às vezes fria aos sobreviventes judeus que voltavam para casa — não só para a Polônia e outras nações da Europa Central encharcadas de sangue, mas também para países da Europa Ocidental, como a Holanda — deveu-se em certa medida a uma vaga e não totalmente reprimida consciência pesada, bem como a preconceitos antissemitas que, se mudaram, acabaram fortalecidos durante anos de incessante propaganda alemã.

De forma nenhuma isso vale apenas para colaboracionistas ou simpatizantes do nazismo. Quando uma jovem chamada Netty Rosenfeld emergiu de seu esconderijo depois da libertação do sul da Holanda, em 1944, e candidatou-se a um emprego na estação de rádio mantida pela resistência, disseram-lhe que Rosenfeld não era um nome adequado para isso. Afinal, ela teria de compreender que já havia judeus demais trabalhando para a rádio Herrijzend Nederland (Holanda Renascida). A estação tinha sido apelidada de "Jerusalém Renascida". Uma lição que os judeus certamente deveriam ter aprendido de sua infeliz experiência era a de não ter a pretensão de ocupar um lugar de destaque nem de dominar a sociedade outra vez. E isso era considerado um conselho de amigo.

Um homem chamado Siegfried Goudsmit escreveu a seguinte história em setembro de 1945, no *Paraat*, um jornal de esquerda fundado pela resistência holandesa:

Um ponto de ônibus. Passageiros esperam o ônibus para Amsterdam. Entre eles, dois judeus. Um deles senta-se no banco. [...] Uma "lady" não judia desaprova e lhe diz que ele deveria continuar de pé. "As outras pessoas têm o direito de sentar." Sim, madame, em outras circunstâncias eu ficaria de pé, mas acabo de sair do hospital, ao qual fui levado em estado de esgotamento depois de voltar de um campo de concentração alemão e, como pode ver, ainda estou muito fraco. "Pena não terem mantido você no campo de concentração. Pessoas de seu tipo já temos demais por aqui" [...].[3]

Outros sobreviventes dos campos nazistas eram lembrados de que não tinham sido os únicos a sofrer; o povo holandês também passou fome, ou perdeu suas bicicletas, ou o que quer que fosse. Dizia-se aos judeus que não reivindicassem muita coisa, que não fossem demasiadamente peremptórios. Deveriam saber qual era seu lugar e, acima de tudo, demonstrar gratidão.

Um jornal que fora da resistência, chamado *De Patriot*, publicou uma carta sobre o problema do antissemitismo na Holanda do pós-guerra. Isto apareceu em 2 de julho de 1945:

Não pode haver dúvida de que os judeus, especificamente devido à perseguição alemã, puderam contar com uma grande compaixão do povo holandês. Agora o apropriado para os judeus é se conter e evitar excessos; deveriam ter plena consciência de seu dever de serem gratos, e essa gratidão deveria ser em primeiro lugar expressa na compensação, no que pode ser compensado, daqueles que foram vitimados por terem ajudado os judeus. Eles podem agradecer a Deus por terem saído com vida. Também é possível abusar dessa compaixão [do povo holandês] [...]. Os [judeus] não foram, de jeito nenhum, os únicos que sofreram [...].[4]

Não causa admiração, portanto, que a maioria dos sobreviventes judeus tenha preferido ficar em silêncio. Por exemplo, sobre o fato de que 75% dos cerca de 150 mil judeus que viviam nos Países Baixos em 1940 não sobreviveram. Ou sobre os meros 5 mil que voltaram dos campos. Silêncio sobre a competente assistência dada aos assassinos nazistas por burocratas, policiais e juristas holandeses. Silêncio sobre o silêncio, enquanto as deportações continuavam, trem após trem após trem.

Os primeiros anos do pós-guerra testemunharam uma onda de inaugurações de monumentos nos Países Baixos, aos combatentes da resistência, aos soldados caídos, ao sofrimento nacional, ao sacrifício de indivíduos corajosos. O primeiro monumento à catástrofe judaica foi erigido em 1950, em Amsterdam, perto do antigo mercado judaico, da sinagoga portuguesa do século XVII e das abandonadas e depois esvaziadas casas dos judeus que tinham sido arrancados de seus lares. Feito de pedra branca, o monumento tem no topo uma estrela de davi e cinco relevos entalhados na superfície, representando o amor, a resistência, a fortaleza e a lamentação da população não judia holandesa. Seu nome é Monumento da Gratidão Judaica.

O fato é que os sobreviventes judeus eram um estorvo. Eles não se encaixavam na narrativa heroica que estava sendo construída às pressas sobre as ruínas da guerra nos Países Baixos, na França, ou em nenhum país onde o povo procurava esquecer as verdades inconvenientes e dolorosas do passado. Homens e mulheres que tinham sobrevivido da melhor maneira que puderam às humilhações da ocupação em tempos de guerra — mantendo a cabeça baixa e fechando os olhos para coisas ruins que aconteciam aos outros — fingiam ter sido heróis durante todo o tempo. Na escola primária na década de 1950, cresci ouvindo as histórias cheias de orgulho contadas pelos professores sobre pequenos atos de resistência, como o de fazer soldados alemães errarem o caminho dando informações imprecisas quando eles perguntavam, e coisas desse tipo.

Meu escritor favorito na infância chamava-se K. Norel, e seus livros estavam cheios de histórias de intrépidos feitos de nossos jovens resistentes, com títulos ousados como *Driving Out the Tyranny* [Rechaçando a tirania], *Stand By, Boys* [A postos, meninos] ou *Resistance and Victory* [Resistência e vitória]. Não havia lugar para judeus na galeria de heróis reais ou imaginários. Os velhos preconceitos não tinham morrido. Eis uma passagem de *Driving Out the Tyranny*, de Norel: "Os judeus podem não ser heróis, mas certamente são sagazes. Assim que os nazistas começaram a se apoderar do dinheiro e dos bens judaicos, eles acordaram. E com um sentimento de vingança. Com grande astúcia, conseguiram esconder milhões do inimigo".

Na França, onde o governo gaullista, depois de uma época de violentas represálias, tentava fechar as profundas fissuras na sociedade agindo como se a maioria dos cidadãos tivesse se levantado bravamente contra o inimigo alemão, os prisioneiros de guerra que retornavam não se encaixavam no autocomplacente e talvez necessário faz de conta. Não houve recepções festivas àqueles homens de aparência tão maltrapilha, vestidos com suas fardas surradas e antiquadas, que eram considerados os responsáveis pela vergonhosa derrota em 1940. Na "França que tinha combatido, a única França, a verdadeira França, a eterna França" (palavras do general De Gaulle no dia seguinte ao da libertação de Paris), não havia lugar para esses homens. Tudo o que eles poderiam esperar era um cupom de provisionamento alimentar, algum dinheiro, um checkup médico e alguns compassos da Marselhesa (se o grupo fosse grande o bastante para merecer boas-vindas musicais).

Tampouco ajudou, após a guerra, que a propaganda de Vichy tivesse optado por descrever os prisioneiros de guerra como bravos combatentes que estavam na prisão pela glória maior da França. Roger Ikor, que mais tarde seria um célebre escritor, foi capturado em maio de 1940 e, apesar da ascendência judaica, acabou encarcerado na Pomerânia com outros prisioneiros de guerra franceses. Em suas memórias, ele escreve:

> Mudos, incapazes de protestar, éramos o retrato perfeito dos partisans na concepção de Pétain e sua gangue. Para ele não era natural nos associar ao mais puro sangue da França? Exatamente pelo motivo inverso, os gaullistas tinham aversão a nós. Dois milhões de prisioneiros, e ainda por cima com a pecha do pétainismo, envergonhavam os pomposos figurões e sua noção do que deveria ser a França. Não nos tínhamos deixado aprisionar em vez de resistir bravamente como eles fizeram? Tínhamos então de ser covardes, não do mais puro sangue, mas do mais poluído.[5]

E assim, ao voltar, os prisioneiros de guerra eram em geral tratados com uma formalidade fria e um silencioso desdém, ou, no melhor dos casos, com condescendência. Eram recebidos em centros de repatriamento por oficiais uniformizados e autoritários, com frequência mulheres, que às vezes eram mais graduadas do que homens que tinham passado a guerra atrás de cercas de arame farpado e não tinham vergonha de mostrar isso.

A escritora Marguerite Duras, que participou da resistência, descreveu esse fato em suas memórias, *A guerra*:

> Gente continuava a chegar. Caminhão após caminhão [...]. Os prisioneiros são amontoados no centro em grupos de cinquenta [...]. Os pobres rapazes olham o salão, todos estão sorrindo. Estão cercados por oficiais de repatriamento. "Venham, rapazes, façam

uma fila!" Eles fazem fila e continuam sorrindo [...]. Nesses últimos dias estive na Gare de l'Est, onde uma das mulheres repreendeu um soldado da Legião apontando para suas divisas: "Não faz continência, meu rapaz? Não está vendo que sou uma capitã?".[6]

Duras era de esquerda e tinha uma especial aversão pelo tipo de oficiais ciosos de suas patentes. Eram reacionários que, nas palavras de Dionys Mascolo ("D."), seu amante e camarada na facção esquerdista da resistência, estariam "contra qualquer movimento de resistência que não fosse diretamente gaullista. Eles vão ocupar a França. Pensam que constituem a França esclarecida, a França da autoridade".[7] Eles iriam construir a narrativa heroica da "França eterna" em seu próprio proveito.

Nas memórias de Duras há uma descrição ainda mais pungente. Seu marido, Robert Antelme, também um resistente de esquerda, tinha sido preso e deportado para Buchenwald. Embora já estivesse com "D." durante a guerra, Duras ainda esperava ver o marido vivo. Era por isso que ela ficava perambulando entre centros de repatriamento e pela Gare de l'Est, ansiosa por uma notícia de que ele tinha sobrevivido. Quando Antelme foi encontrado por acaso num campo alemão por François Mitterrand, que mais tarde seria presidente da França, ele quase não conseguia falar, muito menos andar. Mas o tão sonhado encontro em Paris finalmente aconteceu:

> Beauchamp e D. o estavam amparando, segurando-o por baixo dos braços. Tinham parado no patamar do primeiro andar. Ele estava olhando para cima.
>
> Não consigo lembrar exatamente o que aconteceu. Ele deve ter olhado para mim e sorrido. Eu gritei que não, que não queria ver. Comecei a correr de novo, dessa vez subindo a escada. Eu estava gritando. Disso eu me lembro. A guerra irrompia em meus gritos.

Seis anos sem deixar sair o choro. Depois, eu estava em algum apartamento da vizinhança. Eles me obrigaram a tomar rum, o entornaram em minha boca. Por entre os gritos.

Então, pouco tempo depois, ela o vê outra vez, ainda sorrindo.

É com esse sorriso que eu subitamente o reconheço, mas de uma grande distância, como se o estivesse vendo da outra extremidade de um túnel. Era um sorriso envergonhado. Está se desculpando por estar aqui, reduzido a tamanha ruína. E então o sorriso desvanece, e ele torna-se novamente um estranho.[8]

Meu pai não esteve em Buchenwald, nem tinha uma mulher na resistência holandesa que tivesse arranjado um amante e logo se divorciaria dele. Sua volta para casa foi menos dramática. Mas algo nessa passagem das memórias de Duras é um indício da origem do medo que ele também sentiu de ir para casa, o medo de ser um estranho.

Se chegar em casa era difícil para prisioneiros de guerra franceses, para alemães ou japoneses era ainda mais. Além de carregar em seus ombros o peso de uma derrota nacional, o que já seria difícil o bastante, eles enfrentavam a rejeição e até mesmo o ódio de seu próprio povo por terem sido responsáveis por uma guerra calamitosa, por cometerem crimes indescritíveis, por terem se arvorado a senhores da nação como arrogantes guerreiros e voltado como abjetos perdedores. Claro que isso não era totalmente justo. Outras pessoas, inclusive milhões de mulheres, os tinham aclamado em sua partida, agitando bandeiras, cantando canções patrióticas e comemorando suas vitórias, algumas reais, algumas ficções da propaganda do governo. Um soldado comum num

Estado fortemente autoritário, varrido no furor de uma histeria oficial, não era mais responsável pelas consequências de uma guerra do que os civis comuns que os tinham aclamado a plenos pulmões. Na Alemanha, pelo menos, os nazistas podiam ser responsabilizados por tudo. Os japoneses, que não tinham sua versão do Partido Nazista, punham a culpa de sua catástrofe nos "militaristas", e por extensão em qualquer um ligado às Forças Armadas. Essa foi também a visão promovida pela propaganda americana do pós-guerra, fielmente ecoada na imprensa japonesa.

Como escreveu o ensaísta japonês Ango Sakaguchi, os pilotos kamikaze (*Tokkotai*) "hoje já são capangas do mercado negro".[9] A culpa por esse desencanto, esse despertar em massa de uma ilusão nacional, foi atribuída diretamente aos homens enviados para a morte pelo imperador que tiveram o infortúnio de voltar vivos. Havia uma expressão japonesa corrente logo após a guerra, *Tokkotai kuzure*, "kamikazes degenerados" — jovens cujo mórbido idealismo se desfez em uma farra de devassidão e bebedeira.

O ressentimento contra os arrogantes soldados japoneses já era presente antes da derrota em 1945, embora expressá-lo fosse extremamente arriscado. Quando as pessoas viram a rápida transição de uma violência de tempos de guerra para um comportamento criminoso em tempos de paz, a imagem orgulhosa das Forças Armadas do imperador ficou ainda mais abalada. No final da guerra, os armazéns militares ainda estavam cheios de mercadorias, de armas a cobertores e roupas, itens essenciais a uma população destituída de tudo. Depois de pilhagens em grande escala organizadas por oficiais militares de alto escalão e seus amiguinhos civis, muitas vezes gângsteres com sinistras histórias de tempos de guerra, eles ficaram vazios. Lentamente, os suprimentos foram encaminhados para o mercado negro, para serem vendidos por preços que a maioria das pessoas não poderia pagar.

Trazer de volta à vida civil milhões de jovens treinados para matar por seu país nunca é um processo suave. O vergonhoso cheiro da derrota só o torna ainda mais difícil. Parece ter sido totalmente adequado que um programa de rádio, iniciado no verão de 1946 para dar informações sobre pessoas desaparecidas, incluísse um segmento especial, transmitido duas vezes por dia, especificamente para veteranos desorientados, chamado "Quem sou eu?".[10]

Os guerreiros desmoralizados, já emasculados pelo fracasso militar, enfrentaram outros duros golpes quando voltaram para casas que tinham sido destruídas, ou para matrimônios que na prática estavam liquidados. Um dos temas comuns em filmes e livros sobre o período imediato do pós-guerra na Alemanha e no Japão é o abismo entre soldados e esposas que haviam arranjado amantes para aliviar sua solidão ou simplesmente sobreviver. O assunto é tão antigo quanto a própria guerra: ao retornar de Troia, Agamêmnon é assassinado na própria casa por sua mulher, ou pelo amante dela, ou ambos, dependendo de qual versão da história se está lendo. O filme de Rainer Werner Fassbinder *O casamento de Maria Braun* (1979) é um dos melhores exemplos no que tange à Alemanha. O marido de Maria, recém-saído dos horrores da frente oriental, encontra a mulher literalmente nos braços de um soldado americano negro. Nesse caso, quem morre é o amante. Um exemplo japonês, muito menos conhecido, é o filme de Yasujirō Ozu *Uma galinha ao vento* (1948). O filme termina, o que não é nada característico em se tratando de Ozu, em um tom pesado de melodrama, com o marido ciumento jogando a mulher escada abaixo por ter feito sexo com outro homem em sua ausência. Capengando em razão da queda, a mulher implora seu perdão. E finalmente tudo acaba bem numa torrente de lágrimas.

A história que precede esse floreado final é em tudo típica da época. A esposa, Tokiko, sem saber se o marido ainda está vivo, tenta sustentar a si mesma e ao filhinho do casal com a ninharia que ganha como costureira. Quando o filho fica gravemente enfermo, ela não tem dinheiro para pagar o hospital e decide vender-se por uma noite a um estranho. No momento em que o marido, Shuichi, por fim volta, Tokiko confessa seu único deslize na prostituição. Enfurecido com a infidelidade da esposa, Shuichi fica obcecado. Mas, na verdade, a questão não é a fidelidade: é a luta do soldado derrotado para reaver um senso de amor-próprio que provoca sua fúria. O filme é bastante realista, a não ser pelo fato de que na vida real o matrimônio poderia não ter sido salvo numa lacrimosa reconciliação.

Cartas enviadas a jornais demonstram quão profundos foram os problemas do repatriamento. O célebre romancista Naoya Shiga publicou no jornal *Asahi*, em 16 de dezembro de 1945, uma carta na qual sugere que o governo tinha o dever de reeducar os ex-pilotos kamikazes. Como poderiam os jovens ensinados a cometer suicídio pela glória da nação estar preparados e equipados para reconstruir suas vidas no mundo cínico e competitivo de 1945? Para o Estado, a única maneira de evitar que entrassem em desespero e fossem chamados de degenerados seria dar início a um programa especial de educação. Uma carta em resposta expressava concordância, mas salientava que a própria sociedade japonesa precisava muito ser reeducada. Um missivista, ele próprio treinado para ser um piloto suicida, declarou que um treinamento de guerra e o espírito de *Tokkotai* eram exatamente do que precisava a degenerada cultura do Japão no pós-guerra.

Uma das cartas mais tocantes para o *Asahi* foi de outro ex-soldado, publicada em 13 de dezembro:

> Camaradas veteranos! Agora estamos livres. Voltamos da sombria e cruel vida militar, dos sangrentos campos de batalha. Mas, aguardando nossa volta para casa, estavam os olhos aguçados dos civis,

cheios de asco pelos militaristas, e encontramos nossas cidades destruídas pelos fogos da guerra [...]. As batalhas sangrentas ficaram para trás, mas a verdadeira batalha pela vida só agora começou [...].[11]

Na verdade, ele escreve, suas ilusões da juventude já tinham sido frustradas pela vida no Exército, com o corpo de oficiais egoísta e opressor, cuja pomposa vaidade quanto à lealdade à nação e a outros altos ideais mostrara-se totalmente insípida. O soldado comum fora reduzido a uma máquina. E agora, ele escreve, "o soldado veterano tornou-se sinônimo de vilão".

Outro missivista escreveu no mesmo dia:

> Quais são os verdadeiros sentimentos do povo em relação a nós, veteranos? As pessoas pensam que ser soldado é o mesmo que ser militarista. É claro que os militaristas devem assumir a responsabilidade por nossa derrota na guerra. Mas o soldado comum não foi como eles. Foi apenas um patriota lutando por seu país. Você acredita mesmo que nós íamos desperdiçar nossas jovens vidas para lutar nos campos de batalha ou no Pacífico só por nosso próprio benefício ou desejo? Eu realmente gostaria que as pessoas se mostrassem mais calorosas para conosco, os veteranos.[12]

Tais sentimentos com toda a certeza ressoariam entre os veteranos americanos da Guerra do Vietnã. Mas mesmo os vitoriosos numa guerra que foi quase universalmente considerada justa tiveram problemas de readaptação à vida civil quando voltaram para casa. William "Bill" Mauldin era o mais popular cartunista no Exército dos Estados Unidos. Seus desenhos irreverentes no *Star and Stripes* — que retratavam Willy e Joe, dois GIs que lidavam com a vida no Exército na frente europeia — fizeram dele um herói entre os soldados, ou "*dog faces*", "caras de cachorro". Willy e Joe falam como típicos soldados, e pensam como eles também. O que pensam dos oficiais superiores frequentemente não é muito lisonjeiro, o que valeu a Mauldin uma descompostura do general Patton, que ameaçou prendê-lo. Em junho de 1945, Willy estava na capa da revista *Time*, parecendo cansado, barba por fazer, desalinhado, um cigarro pendente do canto esquerdo da boca, longe da imagem heroica de um guerreiro.

Back Home [De volta para casa] (1947) é o relato de Mauldin, em palavras e cartuns, do retorno de Willy e Joe. As dificuldades que eles enfrentam, mostradas nos desenhos de Mauldin, e as atitudes que tomam são versões suavizadas de alguns dos sentimentos expressos pelos veteranos nas "cartas ao editor" de jornais japoneses. O ressentimento em relação às patentes mais altas, por exemplo: Willy e Joe em ternos civis mal-ajambrados estão no balcão de recepção de um hotel esperando seu registro quando um porteiro taciturno, em seu traje com uma lista na calça, quepe, ombreiras e botões dourados, carrega suas malas. Joe comenta: "O major Wilson, de novo em seu uniforme, pelo que estou vendo".

As sensações e os sentimentos desagradáveis de Willy e Joe não são tão ardentes quanto o ódio dos soldados japoneses pelos oficiais que enviaram dezenas de milhares em missões suicidas, ou os mataram para comer sua carne quando, sob fogo inimigo, a comida acabou na Nova Guiné ou nas Filipinas. Mas a noção apontada por Mauldin de que um mau soldado na maioria das vezes causa dano a si mesmo, enquanto um "mau oficial pode causar uma considerável medida de infortúnio para seus subordinados", soaria igualmente verdadeira.[13]

Superar o abismo entre a vida militar e a vida civil foi um processo tão doloroso, se não mais, para heróis do campo de batalha quanto para homens que não ocuparam lugar de destaque na luta. Para esposas e namoradas, os soldados que voltavam nem sempre pareciam heroicos o bastante. Em um cartum, Willy apresenta-se vestido num terno desmazelado, carregando muito desajeitadamente um bebê nascido durante a guerra que ele nunca tinha visto. Sua mulher, de chapéu chique e luvas, observa: "Eu esperava que você vestisse sua farda de soldado, para que eu pudesse me orgulhar de você". Nas palavras de Mauldin: "A sra. Willie, que estava na faculdade quando Willie a conheceu, compartilhava com suas colegas de turma o culto a fardas elegantes durante os primeiros e glamourosos estágios da guerra. Ela sempre se sentiu um pouco desapontada com Willie por ele não ter se tornado um oficial com um chicote de montaria e calças encarnadas". Ele nem mesmo tinha medalhas. Assim, continua Mauldin, não só "ela se privava do prazer de pavonear-se com as medalhas dele, mas de repente deu-se conta de que nunca o tinha visto em roupas civis, e que parecia um tanto frouxo e indistinto".[14]

Não é de surpreender que alguns veteranos, desiludidos ou despreparados para a vida civil, ou então traumatizados pela brutalidade do campo de batalha, praticassem atos violentos. Isso acontece depois de todas as guerras. No primeiro ano após a Segunda Guerra Mundial, porém, esses atos receberam uma atenção exagerada da imprensa. A mulher de Willie é mostrada lendo um jornal com a manchete "Veterano bate na tia", enquanto um desanimado Willie está sentado em sua poltrona acalentando um copo de uísque. Na legenda lê-se: "Há uma pequena nota na página 17 sobre um triplo assassinato com um machado. Não há veteranos envolvidos".[15] Mauldin aponta para o triste fato de que manchetes tão lúgubres "davam ainda mais ímpeto ao rumor que sempre surge em todo país após uma guerra — de que os soldados que retornam são treinados para matar e atacar, e são potenciais ameaças à sociedade".

Comparados com os dos veteranos na Alemanha ou no Japão, os problemas dos GIs que retornavam, embora semelhantes em certos aspectos, podem parecer de menor importância. Eles eram heróis voltando para o país mais rico da Terra, colhendo os louros de sua vitória, e logo iriam se beneficiar de programas educacionais patrocinados pelo governo e previstos no magnífico "GI Bill".* Mas, mesmo na América, os homens fardados muitas vezes não conseguiram estar à altura da narrativa heroica. No entanto, houve uma importante diferença entre as nações vitoriosas e as derrotadas, cujo efeito durou bem mais do que as dificuldades que se seguem a toda guerra devastadora. Os alemães e japoneses estavam desiludidos com o ideal do heroísmo. Eles não queriam mais saber de guerra. Os britânicos e os americanos, por outro lado, nunca conseguiram se livrar da nostalgia de seus tempos de glória, o que levou fatalmente à propensão de embarcar em desaconselháveis aventuras militares, para que o país e seus homens pudessem mais uma vez viver como heróis.

E quanto aos homens que não quiseram ir para casa?

O vale do Drau, na Caríntia, um região rural da Áustria conhecida por seu deslumbrante cenário alpino com tranquilos lagos de montanha e luxuriantes campinas verdes cobertas de pinheiros e flores, deve ter parecido uma visão do Éden aos refugiados eslovenos da Iugoslávia, que emergiram de um túnel escuro como breu e inundado de água, cavado na montanha por trabalhadores escravos para o Exército alemão. Outros chegavam depois de caminhar arduamente atravessando trechos de montanha gelados e rochosos. Um deles relembrou: "Parecia, nessa maravilhosa região, que a majestosa, fulgurante palavra 'vida' brilhava e ressoava por todos os lados".[16]

---

* Projeto de lei aprovado em 1944 que proporcionava uma série de benefícios aos soldados que voltavam da guerra. (N. T.)

Um olhar mais atento a essa bela primavera de 1945, nessa paisagem abençoada de vilarejos pitorescos e igrejas campestres, teria revelado algo mais estranho e mais perturbador. O vale do Drau estava cheio de acampamentos e favelas, alojamentos provisórios de dezenas de milhares de pessoas, ex-soldados, assim como mulheres e crianças, com seus cavalos, carros de bois e até camelos. Eram orgulhosos cossacos com altos chapéus de pele de carneiro; camponeses eslovenos; chetniks sérvios, alguns monarquistas, alguns fascistas, alguns um pouco de cada coisa; fascistas croatas da temida Ustaša; ucranianos; russos; ex-prisioneiros de guerra de vários países europeus; e até mesmo uns poucos genocidas nazistas escondendo-se em choupanas, como Odilo Globocnik (para seus camaradas, "Globus"), um esloveno-alemão que fora responsável, entre outras coisas, por instalar os campos de extermínio na Polônia. Um repórter do *Times* de Londres comparou essa multidão de refugiados exaustos, a maioria fugindo dos partisans comunistas de Tito, ou do Exército Vermelho soviético, a uma "imigração em massa como aquela dos ostrogodos, 1500 anos antes".[17] Nas palavras de Nigel Nicolson, um oficial da inteligência britânica e mais tarde um conhecido editor em Londres, a Caríntia era "a fossa da Europa".[18]

A Caríntia, ocupada pelo Exército britânico, era um local adequado, de certa forma, ao sofrimento da migração em massa, já que sua política recente tinha sido tão típica do nacionalismo étnico que causou uma catástrofe humana e cultural na Europa. Grande parte da população do sul da Caríntia era eslovena. O *Gauleiter* (governador regional nazista) durante a guerra, um carintiano falante do alemão chamado Friedrich Rainer, tinha tentado "germanizar" o sul obrigando as pessoas a falar alemão, ou simplesmente deportando os eslovenos e os substituindo por pessoas de origem germânica. Ao fim da guerra, os partisans de

Tito invadiram a região e a reivindicaram para a Iugoslávia, mas foram rechaçados pelo Exército britânico.

Isso, porém, era só uma pequena parte do problema na "fossa da Europa", cheia de gente, entre civis e soldados, que ou não queria voltar a seu país ou não tinha para onde voltar. Nigel Nicolson observou:

> Parecia não haver limite para o número de nacionalidades que apelavam para nossa proteção. Os alemães queriam uma salvaguarda contra Tito, os cossacos contra os búlgaros, os chetniks contra os croatas, os russos brancos contra os russos vermelhos, os austríacos contra os eslovenos, os húngaros contra todos os outros e vice-versa em toda essa lista [...]. [A Caríntia] era o último refúgio não só de criminosos de guerra nazistas, mas também de pessoas comparativamente inofensivas que fugiam dos russos e de Tito, indesejadas e perseguidas aonde quer que fossem.[19]

Pior do que perseguidas, em muitos casos. Os eslovenos, croatas e sérvios que tinham combatido os comunistas de Tito — às vezes ao lado dos alemães, às vezes não — afirmavam que seriam torturados e mortos se fossem entregues a seu arqui-inimigo na Iugoslávia. Os cossacos, muitos dos quais já haviam combatido os comunistas uma vez, na guerra civil após 1917, e desde então passavam a vida como garçons, motoristas de táxi ou escritores em obscuros jornais de imigrantes em várias capitais europeias, sabiam que uma execução ou uma morte lenta num gulag os esperava na União Soviética. Temores semelhantes assombravam ucranianos que, de forma tola — mas não inexplicável —, tinham se juntado a Hitler na esperança de se livrarem de Stálin. Essas expectativas cheias de medo se tornariam todas realidade. O que eles não esperavam era que os britânicos, tidos como o povo mais cavalheiresco, decente e generoso da Europa, iriam forçá-los a seguir esse caminho.

Na cidade austríaca de Bleiburg, localizada na fronteira iugoslava no sul da Caríntia, o brigadeiro T. P. Scott, comandante da 38ª Brigada (irlandesa), recebeu um relatório em 14 de maio segundo o qual 200 mil homens do Exército croata, acompanhados de meio milhão de civis, estavam se aproximando das linhas britânicas. Reunindo-se com seus representantes, Scott, que de acordo com o que todos diziam era um homem compassivo, foi obrigado a lhes dizer que não poderiam ter permissão para entrar na Áustria. Não havia lugar para eles. Acabariam morrendo de fome. Está bem, responderam alguns, eles morreriam de fome. Outros queriam saber se não poderiam seguir para a África, ou para a América. Não, tampouco isso seria possível. Então eles "preferiam morrer onde estavam, lutando até o último homem, do que se render a quaisquer bolcheviques".[20]

Foi preciso usar de muita persuasão, mas no fim os croatas — com sede, sem se alimentar, no limite de suas forças — concordaram em render-se aos titoístas (ou *tits*, como os chamavam os britânicos). Prometeram-lhes que os homens seriam tratados adequadamente, como prisioneiros de guerra, e que as mulheres seriam devolvidas às suas casas na Croácia. O brigadeiro Scott podia ficar sossegado quanto a isso.

Talvez nunca se venha a saber o que aconteceu de fato. Os registros dos poucos sobreviventes são amargos, mas possivelmente exagerados. No entanto, dão uma ideia de como eles foram tratados. Em 15 e 16 de maio, segundo alguns relatos, 10 mil soldados e oficiais foram mortos a tiros no lado iugoslavo da fronteira e jogados em valas. Em 17 de maio, uma "marcha da morte" começou, ao longo do rio Drau (ou Drava), em direção a Maribor, na Eslovênia. Em uma das versões da história,

> dezenas de milhares de croatas foram agrupados num certo número de colunas, as mãos atadas com arame farpado [...]. Depois, famin-

tos, sedentos, emaciados, desfigurados, sofrendo e agonizando, foram obrigados a correr longas distâncias acompanhados por seus "libertadores", montados a cavalo ou em carroças. Os que não conseguiam aguentar essa "marcha" acelerada eram esfaqueados, espancados até a morte, ou fuzilados, e depois deixados à beira da estrada ou atirados numa vala.[21]

Outro relato estima que "cerca de 12 mil croatas" foram enterrados nessas valas. "Como o sangue começou a empapar o solo, e o próprio solo começou a se elevar devido ao inchaço dos cadáveres, os partisans o cobriram com uma solução alcalina e nivelaram o terreno com tanques."[22]

Mesmos que essas histórias estejam distorcidas pelo ódio, não há dúvidas de que foi grande o número de pessoas assassinadas pelos partisans de Tito, e não somente croatas em suas marchas da morte, mas também sérvios e eslovenos, metralhados na densa e bela floresta de Kočevje, onde ainda circulam javalis, linces e cervos selvagens. Eles tinham chegado até lá como prisioneiros dos comunistas, porque os britânicos os fizeram embarcar em trens para a Iugoslávia dizendo-lhes que seu destino era a Itália. Revelar-lhes a real destinação teria criado o tipo de pandemônio que as tropas britânicas faziam tudo para evitar.

Os britânicos justificaram sua política de entregar russos e outros anticomunistas de volta a seus inimigos, usando de subterfúgios se necessário, e às vezes à força, afirmando que esses croatas, sérvios, eslovenos, russos brancos e ucranianos eram, afinal, traidores, homens que tinham lutado ao lado dos alemães. Resumindo, eram inimigos não só dos Aliados soviéticos, mas também dos britânicos. Sem contar o fato de que as mulheres e as crianças dificilmente poderiam ser classificadas como combatentes inimigos, as coisas na verdade não eram assim tão simples.

É verdade que cerca de 10% dos soldados em uniformes alemães capturados na França depois da invasão da Normandia eram russos. Mas esses russos, que em sua maioria não falavam uma só palavra de alemão e estavam felizes, na verdade aliviados, de se renderem aos britânicos, raramente eram movidos por qualquer entusiasmo pela causa de Hitler. Muitos tinham sido prisioneiros de guerra, capturados na frente oriental. Aos que sobreviveram à deliberada política alemã de fazer os prisioneiros soviéticos morrerem de fome, foi oferecida em 1943 uma opção brutal, quando os alemães estavam com desesperada carência de contingentes: ou se juntavam ao Exército alemão em batalhões especiais de estrangeiros, ou morriam.

O caso dos cossacos era mais complicado. Os oficiais mais graduados, veteranos da Guerra Civil Russa, agora com cerca de sessenta anos, viram na invasão nazista da União Soviética sua última oportunidade de reivindicar terras tradicionalmente cossacas, onde pudessem viver como seus avós, como uma espécie de casta de guerreiros do século XVIII. Os alemães prometeram ajudá-los se eles lutassem do seu lado, e assim eles fizeram, como um bando feroz de soldados, com as adagas enfeitadas como joias e as espadas curvas de seus antepassados. Foi uma tentativa romântica, desorientada e muitas vezes selvagem de restaurar uma forma de vida que provavelmente estava perdida para sempre. Eles lutaram na União Soviética e, quando foram forçados a recuar, foram acompanhados na Iugoslávia por milhares de refugiados civis que não aguentavam mais viver sob o domínio de Stálin. No fim da guerra, quando os alemães — assim como os japoneses no Sudeste da Ásia — estavam entregando territórios aos regimes colaboracionistas como um suborno de última hora para que continuassem a combater, foi dito aos cossacos que eles poderiam estabelecer uma "Cossáquia" nos Alpes italianos. Quando os Aliados chegaram, os cossacos, declarando que seus inimigos eram os comunistas soviéticos, e não os britânicos, decidiram abandonar a Cossáquia e atravessar os Alpes para entrar nos idílicos vales da Caríntia.

Afirma-se que o comportamento dos fascistas croatas, liderados pelo empedernido Ante Pavelić, era tão atroz que até os alemães ficavam chocados. O jornalista italiano Curzio Malaparte, cujos relatos são muitas vezes coloridos por uma vívida imaginação, conta de uma entrevista com Pavelić durante a qual viu sobre a mesa do ditador uma cestinha de vime cheia de pequenos objetos redondos e lisos, talvez suculentos mariscos, ou ostras. Perguntado se aquelas eram as famosas ostras dálmatas, Pavelić respondeu com ligeiro sorriso que eram quarenta libras de olhos de partisans que ganhara de presente de sua leal Ustaša.

As Ustaša eram extraordinariamente brutais, assim como os partisans de Tito, a Guarda Nacional Eslovena e os chetniks sérvios. Mas a guerra deles não pode ser encaixada na mesma categoria do conflito entre Aliados e alemães, democratas e fascistas, ou mesmo comunistas e anticomunistas. Eles tinham participado de várias guerras civis em que se combatia ao mesmo tempo por aspectos étnicos, políticos e religiosos: católicos croatas contra sérvios ortodoxos contra bósnios muçulmanos contra monarquistas sérvios contra partisans comunistas contra guardas nacionais eslovenos contra comunistas eslovenos. A ideologia — fascista, comunista, nazista — era só parte da história. Todas as facções fizeram acordos com potências externas, inclusive os invasores alemães, enquanto isso serviu a seus propósitos. Como poderia um soldado britânico, diante de ex-chetniks e partisans, tendo sido ambos aliados contra a Alemanha em um ou outro momento, saber a quem tratar como amigo e a quem como inimigo?

No fim, essa escolha também foi decidida pela força. Harold Macmillan, o ministro plenipotenciário britânico no Mediterrâneo, colocou a questão nestes termos:

Por volta de dezembro de 1943, a opinião britânica mais abalizada era de que os partisans iriam, posteriormente, governar a Iugoslávia e de que a monarquia não tinha muito futuro e deixara de ser um elemento unificador. Ao mesmo tempo, essa região era de grande importância militar, pois as forças de Tito, com apoio adequado, seriam capazes de reter um número muito grande de divisões alemãs, com grande benefício para a frente italiana, e subsequentemente a francesa.[23]

Os monarquistas chetniks tiveram o infortúnio de estar no lado perdedor da guerra civil.

Se Tito era considerado um importante aliado ocidental em 1945, o mesmo valia para Stálin, ainda chamado por muita gente na Grã-Bretanha e nos Estados Unidos pelo apelido carinhoso de "Tio Joe". Portanto, não foi muito difícil para o secretário do Exterior britânico Anthony Eden prometer a seu colega soviético, numa conferência em Moscou em setembro de 1944, que todos os cidadãos soviéticos seriam repatriados, "quisessem ou não retornar".[24] Não só isso foi considerado essencial para manter as boas relações com os aliados dos tempos de guerra, como a Grã-Bretanha não queria fazer nada que comprometesse o destino de milhares de prisioneiros de guerra britânicos em territórios ocupados pelos soviéticos.

Outros membros do governo britânico, inclusive Winston Churchill, sentiam certo peso na consciência em relação a uma política de cujas consequências tinham clara noção. Lord Selbourne, ministro da Economia de Guerra, escreveu a Churchill que entregar essa gente de volta à Rússia "significará para eles morte certa". Mas Eden escreveu para o primeiro-ministro que "não podemos nos dar ao luxo de ser sentimentais quanto a isso". Afinal, ele disse, os homens tinham sido capturados "enquanto serviam nas formações militares alemãs, e seu comportamento na

França foi revoltante". Acrescentou ainda uma coisa, um tanto mais atinente ao verdadeiro ponto em questão: "Com certeza não queremos ficar permanentemente sobrecarregados com um grande contingente desses homens".[25] E assim foi formalmente confirmado na Conferência de Yalta, em fevereiro de 1945, que eles seriam todos devolvidos.

O fato de que, sob coação, muitos russos tinham vestido uniformes alemães, de que mulheres e crianças, trazidas para a Alemanha como escravas ou submissas trabalhadoras, nunca tinham vestido fardas, ou de que muitos cossacos nem sequer eram cidadãos da União Soviética, e portanto não poderiam ser de forma nenhuma "devolvidos" não incomodou nem Eden nem a liderança soviética. Neste último caso, isso também tinha algo a ver com as narrativas heroicas, embora não da maneira como ocorrera na França ou nos Países Baixos. A ideia de que tantos russos e outros soviéticos tinham se voltado contra a União Soviética, alguns voluntariamente, e de que outros pudessem ter optado por trabalhar na Alemanha apenas para sobreviver era bem embaraçosa. Na história oficial, todos os cidadãos do paraíso soviético de trabalhadores resistiram ao inimigo fascista. Render-se era crime de guerra. Os que caíram nas mãos dos alemães *só podiam* ser traidores, e como tais seriam tratados.

Havia uma outra complicação. Os partisans de Tito podem ter sido aliados contra os nazistas, bastante romantizados na imaginação britânica como nobres heróis camponeses, mas suas reivindicações de partes da Itália e do sul da Áustria estavam se tornando um sério aborrecimento. A última coisa de que os Aliados ocidentais precisavam era uma guerra com velhos companheiros de armas. Mas, para garantir com absoluta certeza que um avanço de Tito poderia ser impedido, o marechal de campo Harold Alexander, já sobrecarregado com 1 milhão de prisioneiros de guerra, reivindicou o direito de ser o primeiro a "limpar a área" na Áustria. Isso significava devolver os iugoslavos à Iugoslávia e os russos à União Soviética o mais breve possível.

O resultado direto dessa limpeza de área foram cenas terríveis. Quando o engodo não era suficiente para aplacar as pessoas e levá-las a concordar, soldados britânicos endurecidos pelo combate, às vezes em lágrimas, tinham de forçá-las a subir em vagões e caminhões de gado, empurrando, batendo, em certos momentos usando baionetas. Mulheres aos prantos jogavam-se a seus pés, crianças eram esmagadas pela multidão aterrorizada, algumas pessoas foram atingidas por tiros, e outras preferiram, em vez da deportação, apunhalar-se no pescoço ou se atirar no rio Drau.

O pior caso talvez tenha sido o dos cossacos. Suas ilusões de que seriam enviados à África com soldados do Império britânico, ou para a Ásia, para combater os japoneses, tinham sido deliberadamente estimuladas; tudo para mantê-los calmos até que fosse selada sua inevitável sina. Eles se entretinham, e a seus captores britânicos, com grandes exibições de equitação. Até mesmo seu desarmamento era uma forma de enganação — prometeram aos soldados armas mais novas e melhores se entregassem as antigas. Os britânicos perceberam que os cossacos tendiam a resistir menos às suas ordens quando seus oficiais estavam ausentes. No final de maio, os oficiais, 15 mil deles, foram chamados a comparecer a uma "conferência" que iria decidir seu futuro. Estariam de volta com suas famílias à noite. Na verdade, nunca mais foram vistos. Depois de terem sido entregues ao Exército soviético, os que escaparam da execução imediata foram enviados ao gulag, onde pouquíssimos sobreviveram.

Os outros cossacos, desvairadamente preocupados com o fato de os oficiais não terem voltado, estavam ficando mais desconfiados dos britânicos. Chegava o momento de medidas mais drásticas. A desagradável tarefa de forçar pessoas desarmadas a se entregar a seus inimigos mortais foi confiada aos Fuzileiros Reais

Irlandeses Inniskilling, pois o general de divisão Robert Arbuthnot decidira que eles seriam menos propensos à desobediência do que as tropas inglesas. Na verdade, os soldados ficaram tão perturbados que estiveram a ponto de se amotinar. Seu oficial comandante, David Shaw, relatou:

> Os homens se lastimavam com veemência, mas no fim também obedeciam às ordens. Era terrível. Lembro-me dessas mulheres — algumas delas grávidas — deitadas no chão, rolando e gritando. Meus homens depositavam suas armas no chão e erguiam as mulheres para dentro do trem, depois fechavam as portas e ficavam ali quando o trem começava a andar, com as mulheres gritando nas janelas.[26]

Em outro acampamento de cossacos nas margens do rio Drau, em 1º de junho, depois de terem recebido ordem de subir no trem, milhares de pessoas foram reunidas num amontoado compacto por seus sacerdotes, com paramentos ortodoxos completos, rezando e cantando salmos. No interior da massa humana, ajoelhadas e de braços dados, estavam as mulheres e as crianças; na parte externa estavam os homens mais jovens. Em toda a volta havia figuras de ícones religiosos, bandeiras negras e um altar com uma grande cruz. A ideia era que os soldados certamente não iriam atacar pessoas em oração. Algo teria de ser feito. O major "Rusty" Davies, que tinha feito amizade com muitos cossacos, relembra:

> À medida que os indivíduos na parte mais externa desse grupo iam sendo afastados, os remanescentes se comprimiam num corpo ainda mais compacto, e, quando o pânico se apoderou deles, começaram a subir uns sobre os outros em seus frenéticos esforços para se livrar dos soldados. O resultado foi uma pirâmide de seres humanos histéricos, aos gritos, sob a qual havia pessoas presas.[27]

Uma mulher jovem cujas pernas tinham sido gravemente cortadas por vidros quebrados quando fora empurrada pela massa de gente através de uma vidraça, descreve o que aconteceu quando uma cerca em um dos lados da massa humana cedeu:

> As pessoas passavam correndo [...] apavoradas e fora de si. Tudo estava misturado: o canto, as orações, os gemidos e os gritos, os lamentos dos pobres coitados que os soldados conseguiam agarrar, as crianças chorando e os palavrões dos soldados. Todo mundo era espancado, até mesmo os sacerdotes, que erguiam suas cruzes acima das cabeças e continuavam a rezar.[28]

No fim, a tarefa foi cumprida. Alguns se afogaram com seus filhos no rio. Algumas pessoas se enforcaram em pinheiros no lado de fora do acampamento. Mas a maioria dos cossacos restantes acabou nos vagões de gado trancados, com uma pequena janela e um balde que servia de toalete para todos. O brigadeiro T. P. Scott disse a seu comandante que aquilo tudo "era um espetáculo danado de ruim". O major "Rusty" Davies falou: "Ainda penso nisso com horror".[29]

Os cossacos foram apenas um dos povos orfanados, maltratados e no fim dizimados pela história. Na verdade, "história" é um termo abstrato demais. Eles foram destruídos por homens, que agiram motivados por ideias de revolução, de estados etnicamente purificados. Do outro lado estavam as vítimas dessas ideias, algumas das quais podem ter feito parte dos que a princípio acreditavam nelas.

Os termos do que foi decidido pelos três Aliados vitoriosos — a Grã-Bretanha, os Estados Unidos e a União Soviética — na Conferência de Potsdam, sob o calor opressivo de julho de 1945, soavam bem sensatos, até mesmo levemente anódinos. Sobre a expulsão dos habitantes alemães da Europa Oriental e Central eles haviam concluído o seguinte:

> Os três governos, tendo considerado a questão em todos os seus aspectos, reconhecem que a transferência para a Alemanha de populações alemãs, ou elementos dessa origem, remanescentes na Polônia, Tchecoslováquia e Hungria terá de ser realizada. Concordaram em que todas as transferências que ocorrerem devem ser efetuadas de modo ordenado e humano.

Isso soava bem satisfatório. O acordo — que se seguia a decisões que já tinham sido tomadas por Churchill, Roosevelt e Stálin dois anos antes numa conferência em Teerã que tratou da passagem de uma larga fatia do leste da Polônia para a União Soviética — combinava com a atmosfera de peculiar bonomia, especialmente entre o presidente americano Harry Truman e Stálin. (Truman gostava menos de Churchill; o primeiro-ministro britânico tinha tentado "adulá-lo" com lisonjas que não foram bem recebidas.) Quando Truman tocou o Minueto em sol de Paderewski para Stálin e Churchill na "Pequena Casa Branca", em Potsdam, Stálin comentou: "Ah, sim, música é uma coisa excelente, ela expulsa o animal que há no homem".[30]

Parece que os calorosos sentimentos de Truman para com Stálin eram compartilhados por muitos soldados americanos na época. Stálin, conforme relato sobre Potsdam do jornal *Yank*, do Exército dos Estados Unidos,

> era de longe, para os soldados, a maior atração que essa galáxia de vips apresentava. E já era assim antes do rumor de que Joe tinha a rendição do Japão no bolso. O cabo John Tuohy, de Long Island, Nova York, que havia trabalhado no departamento de distribuição

da Paramount Pictures, e que agora estava de guarda à porta da Pequena Casa Branca apinhada de celebridades, descreve Stálin como "menor do que eu esperava que fosse, mas um homem imaculado que veste belos uniformes".[31]

No *New York Times*, os três líderes vitoriosos, reunidos numa conferência nas ruínas próximas à capital alemã, foram descritos como "três homens caminhando num cemitério; eles são os homens que detêm nas mãos a maior parte do poder do mundo".[32] E isso incluía, claro, o destino de mais de 11 milhões de falantes da língua alemã, muitos dos quais com profundas raízes nas regiões agora reivindicadas por Polônia, Tchecoslováquia, Hungria e Romênia.

Por trás da amena retórica de Potsdam, havia sentimentos expressos em termos muito mais brutais. Milhões de alemães já tinham sido expulsos de suas casas nos Sudetos, na Silésia e na Prússia Oriental. Pouco antes da Conferência de Potsdam, Stálin tranquilizou o primeiro-ministro tchecoslovaco, Zdeněk Fierlinger: "Não vamos causar incômodos para vocês. Ponha-os para fora".[33]

Quando Churchill disse a Stálin em Yalta que "não estava chocado com a ideia de transferir milhões de pessoas à força", o soviético também tranquilizou o primeiro-ministro: "Não vai haver mais alemães [na Polônia], pois quando as nossas tropas entram os alemães fogem e não fica nenhum". Ao que disse Churchill: "Então há o problema de como lidar com eles na Alemanha. Matamos 6 milhões ou 7 milhões e provavelmente mataremos mais 1 milhão antes de a guerra terminar". Stálin, que gostava de números exatos, quis saber: "Um ou dois?". Churchill: "Oh, não estou propondo nenhuma limitação quanto a isso. Assim haverá espaço na Alemanha para alguns que vão precisar preencher essa vacância".[34]

Muitos desses alemães tinham sido nazistas ardorosos e até criminosos de guerra. Vários, talvez até mesmo a maioria, dos civis alemães na periferia do Reich simpatizavam com o Partido Nazista e seus afiliados locais, especialmente nos Sudetos, onde alemães, apesar de abastados, eram tratados por tchecos, antes de 1938, como cidadãos de segunda classe. Mesmo assim, muitos não tiveram nada a ver com os nazistas. Alguns foram ativamente antinazistas. Mas nem Churchill nem Stálin estavam inclinados a fazer distinções sutis. Todos os alemães teriam de ir embora: criminosos, nazistas, antinazistas, homens, mulheres e crianças.

Transferências de populações, expulsões em massa e restabelecimento de fronteiras eram lugares-comuns nas políticas de Stálin e de Hitler. Mas Churchill estava pensando em outro precedente: o Tratado de Lausanne de 1923, quando se acordara transferir muçulmanos gregos para a Turquia e cidadãos turcos ortodoxos gregos para a Grécia. Na verdade, em 1923 grande parte dessa troca já tinha ocorrido, de forma supostamente espontânea, como consequência da guerra greco-turca. A transferência oficial foi um processo relativamente pouco sangrento. Mas o que aconteceu na Europa Oriental e Central em 1945 e 1946 se deu numa escala bem diferente. Houve uma troca desse tipo, com certeza: poloneses do leste da Polônia, que se tornara parte da Ucrânia, foram para a Silésia, que havia sido parte da Alemanha e agora estava esvaziada de alemães. Mas o que de fato aconteceu foi que cerca de 11 milhões de pessoas foram chutadas de suas casas, e só muito raramente de maneira ordenada ou humana.

Hans Graf von Lehndorff, o médico de Königsberg segundo o qual os homens comportavam-se como selvagens porque tinham se afastado de Deus, tentou em certo momento ir embora a pé de sua cidade natal bombardeada, queimada e meticulosamente saqueada. Ele considerava que se espremer num trem com destino a oeste, o que se costumava fazer num vagão de transporte de carvão ou gado, seria perigoso demais. Assim, saiu caminhando sob a chuva fria, atravessando "uma terra sem gente", [passando por] campos não colhidos [...] crateras de bombas, árvores arrancadas, veículos do Exército em valas, e vilarejos totalmente queimados. Procurei abrigo da chuva e do vento numa casa destruída. Senti que algo se movia. Era o som de alguma coisa raspando no chão de tijolos. Algumas pessoas em andrajos estavam lá de pé, olhando para o vazio. Entre elas havia três crianças, que me escrutinaram com certa hostilidade. Aparentemente também tinham tentado ir embora de Königsberg e ficaram empacadas aqui. Acossadas pelos russos, não lhes era permitido ir para lugar algum, nem para a frente nem para trás. A última coisa que tinham comido foram algumas batatas de um caminhão russo que fizera uma breve parada. Não perguntei que preço lhes tinham cobrado. Pela maneira como falavam, ficou claro que as mulheres, mais uma vez, tiveram de pagar. Meu Deus, quem é que ainda pode obter qualquer prazer de fantasmas como estes?[35]

Aconteciam coisas muito piores. Mas essa história, mais do que muitos outros relatos de violência sádica, assassinato e inanição, nos conta algo sobre o sentimento de impotência de pessoas que de repente não possuíam mais uma casa. Não podiam se mover para a frente nem para trás; estavam empacadas no limbo, numa terra despovoada que já não lhes pertencia.

Lehndorff tinha razão em se precaver contra trens. Não só ficaria imobilizado durante dias em vagões de carga superlotados, apertado e amontoado com muitos outros, sem comida, bebida ou instalações sanitárias, exposto a todo tipo de clima, mas também estaria sujeito a ser levado para campos de trabalhos forçados, ou no mínimo a ser roubado no caminho. Paul Löbe, um jornalista social-democrata preso pelo regime nazista, descreveu como era isso, num percurso através da Silésia:

Depois que os russos desconectaram a locomotiva, ficamos parados por 22 horas. Paradas semelhantes aconteceram várias vezes […]. O trem foi saqueado quatro vezes, duas por poloneses, duas por russos. Era um procedimento simples. Assim que a composição diminuía a marcha por algum dano nos trilhos, os ladrões trepavam nos vagões, agarravam nossas malas e mochilas, e as jogavam no barranco do lado de fora. Depois de meia hora saltavam e recolhiam seu espólio.[36]

Nessa época sem lei, em que policiais e outras autoridades muitas vezes juntavam-se aos saqueadores, as estações ferroviárias eram os lugares mais perigosos de frequentar. Quadrilhas assaltavam qualquer um que tivesse a má sorte de passar a noite por lá. Mulheres de todas as idades também corriam o risco de ser estupradas por soldados bêbados em busca de diversão. Um dos horrores de não ter uma casa nem direitos é que os demais ganham permissão para fazer o que queiram com você.

Em alguns aspectos, o que se fez aos alemães na Silésia, na Prússia e nos Sudetos foi um grotesco reflexo do que os alemães tinham feito, particularmente aos judeus. Eles foram barrados de muitos lugares públicos; tiveram de usar braçadeiras com a letra N (de *Niemiec*, "alemão"); não tinham permissão para comprar ovos, frutas, leite ou queijo, e não podiam casar com poloneses.

Esse paralelo, claro, tem seus limites. Um amigo de Ernst Jünger, o escritor e memorialista conservador, escreveu-lhe de sua prisão na Tchecoslováquia: "A tragédia do que está acontecendo na Alemanha, assim como nas regiões húngaras da Tchecoslováquia, só pode ser comparada ao que aconteceu aos judeus".[37] Isso é um disparate. Ainda há muita controvérsia quanto ao número de alemães que morreram nas deportações. Alguns historiadores alemães alegam que mais de 1 milhão de pessoas morreram. Argumentos em contrário mencionam cerca de metade desse número.[38] O que aliás já seria ruim o bastante. Não houve, contudo, um plano sistemático de exterminar todos os alemães. E em certas ocasiões foi dada a alemães nativos da Silésia ou dos Sudetos a opção de se tornarem cidadãos poloneses ou tchecos, alternativa que sob o regime nazista jamais foi oferecida aos judeus.

As mulheres alemãs, sujeitas a ser aleatoriamente estupradas por tropas soviéticas, polonesas ou tchecas, definiam a si mesmas como "*Freiwild*", algo como "caça permitida", ou "presa fácil". Isso explica bem o que todas as pessoas sem moradia e sem direitos se tornaram. A Silésia era conhecida no verão de 1945 como "o oeste selvagem". O chefe provisório da nova administração polonesa de Gdańsk, que outrora fora a cidade alemã Dantzig, falava de uma "corrida do ouro": "Em todas as estradas, e por todos os meios de transporte, de todas as regiões da Polônia, todos estão se dirigindo para esta Klondike, e seu único objetivo não é trabalhar, mas roubar e saquear".[39] As casas alemãs, as firmas alemãs, os ativos alemães de todo tipo, inclusive os próprios alemães, estavam prontos para ser depenados.

A limpeza étnica de 1945, no entanto, foi além de deportar ou escravizar as pessoas. Herbert Hupka, um filho de judeu habitante de Ratibor (Racibórz), na Alta Silésia, lembra-se de ter sido obrigado a andar na chuva e passar por sua velha escola, onde o pai lecionara latim e grego. Ele notou uma pilha de livros rasgados e encharcados, de Thomas Mann, Alfred Döblin, Franz Werfel e outros autores banidos pelos nazistas. Os livros tinham sido confiscados pelo governo nazista e jogados no cemitério judaico. De algum modo, foram parar na rua, "sem dono, jazendo em frente ao ginásio", nas palavras de Hupka.[40]

O que estava sendo destruído sistematicamente em 1945 era a cultura alemã, junto com muita gente que a tinha vivenciado. Antigas partes do Reich alemão do Império Austro-Húngaro, com grandes cidades — Breslau, Dantzig, Königsberg, Lemberg, Brünn, Czernowitz, Praga — que haviam sido centros da alta cultura alemã, frequentemente cultivada por judeus, agora precisavam ser "desgermanizadas". Letreiros e sinalizações de ruas e de lojas foram repintados; nomes de logradouros, alterados; bibliotecas alemãs, saqueadas; monumentos, demolidos; inscrições — algumas das quais muito antigas —, apagadas em igrejas e outros edifícios públicos; a própria língua alemã teria de ser abolida. Um relato sobre Praga publicado no *Yank* observou:

> Se você pedir informações em alemão (caso você não fale tcheco), não vai obter nada além de um olhar suspeitoso [...]. Não é que os tchecos não compreendam. Para eles o alemão tem sido praticamente uma segunda língua durante anos. Um tcheco que foi obrigado a trabalhar para os alemães numa fábrica em Praga [...] expõe a questão nestes termos: "Por favor não fale alemão aqui. Essa é a língua dos animais".[41]

Houve vários motivos para erradicar não só os alemães e sua cultura da Europa Oriental e Central, mas até mesmo as lembranças de sua presença. Para os comunistas, era o projeto revolucionário de se livrar de uma odiada burguesia. Para nacionalistas não comunistas, como o presidente Edvard Beneš, era uma vingança pela traição: "Nossos alemães [...] traíram nosso Estado, traíram nossa democracia, nos traíram, traíram o humanitarismo e traíram a humanidade".[42] Um clérigo de alta posição na Igreja católica da Tchecoslováquia declarou: "Pela primeira vez em mil anos chegou o tempo de ajustar as contas com os alemães, que são o mal e para quem o mandamento de amar o próximo não se aplica".[43] Mas o sentimento que era compartilhado por todos foi articulado pelo primeiro líder comunista da Polônia, Władysław Gomułka, numa reunião do Comitê Central do Partido dos Trabalhadores Poloneses: "Temos de expulsar todos os alemães, pois países se constroem com base em linhas nacionais, e não multinacionais".[44]

Dessa forma, o projeto de Hitler, baseado em ideias — que remontavam às primeiras décadas do século xx, ou bem antes disso — de pureza étnica e nacionalidade, foi concluído por pessoas que odiavam a Alemanha. Mesmo se levarmos em conta todos os horrores da limpeza étnica do pós-guerra na Polônia, na Tchecoslováquia, na Hungria e na Romênia, não devemos esquecer que os verdadeiros destruidores da cultura alemã no centro do continente europeu foram os próprios alemães. Ao aniquilar os judeus da Europa Central, muitos dos quais ardorosos adeptos da alta cultura alemã, eles deram início a esse processo. Para poloneses e tchecos, enxotar os alemães depois da guerra era o modo mais rápido de terminar a tarefa.

Não foi por amor à Alemanha que tantos sobreviventes judeus encontravam-se em campos alemães para deslocados de guerra no verão e no outono de 1945; foi porque se sentiam mais seguros no país que acabara de fazer o melhor que podia para assassiná-los todos — mais seguros, de qualquer maneira, do que alguns de seus países nativos, como a Lituânia e a Polônia. Ao menos era improvável que fossem perseguidos em campos sob a guarda americana e britânica. Dezenas de milhares de judeus que tinham sobrevivido aos campos na Polônia, combatido com os partisans ou voltado do exílio na União Soviética afluíram para a Alemanha durante o verão. Naturalmente, mesmo encontrando um refúgio temporário nos campos de deslocados de guerra na Alemanha, ainda estavam longe de casa. Mas o que era, àquela altura, uma "casa"? A maioria dos sobreviventes não tinha uma, exceto, talvez, em sua imaginação. Seus lares tinham sido destruídos. Como alguns deslocados expressaram: "Não estamos na Baviera [...] não estamos em lugar nenhum".[45]

Os remanescentes do judaísmo europeu estavam, em muitos casos, combalidos demais para cuidar de si mesmos, e assustados e irados demais para aceitar a ajuda de outros, sobretudo se fossem gentios. Para começar, os campos de deslocados de guerra, que os judeus costumavam compartilhar com não judeus — e até, em notórios casos de desorganização e indiferença, com ex-nazistas —, eram inacreditavelmente sórdidos. Como poderia um povo que tinha sido tratado pior do que os mais vis animais recuperar de súbito seu amor-próprio? Uma coisa era o general Patton, que não era conhecido por seu filossemitismo, ter chamado os sobreviventes judeus de "inferiores a animais". Mas mesmo os judeus da Palestina que chegavam à Alemanha para ajudá-los não conseguiam esconder o choque. No romance autobiográfico de Hanoch Bartov, *Brigada*, um soldado da Brigada judaica salienta: "Eu dizia a mim mesmo o tempo todo que essa era a gente da qual tínhamos falado durante tantos anos — mas eu estava afastado e tão distante deles que uma cerca elétrica bastaria para nos separar".[46] Um soldado americano escreveu uma carta à família sobre seu encontro com um judeu polonês "recém-saído de Dachau". O homem "chorava como uma criança", encolhido no canto de um banheiro público em Munique. "Eu não precisava lhe perguntar por que estava chorando; de qualquer maneira as respostas eram sempre as mesmas, nesta linha: pais torturados até morrer; mulher morta na câmara de gás e filhos que morreram de fome, ou qualquer combinação desses três."[47]

Se havia um povo que precisava desesperadamente de uma narrativa heroica, eram os judeus, as piores vítimas entre tantas — coisa, aliás, que ainda não era de amplo conhecimento público. Todo o horror do genocídio judaico ainda era incompreensível, até mesmo para muitos dos próprios judeus. O dr. Solomon

Schonfeld, rabino-chefe ortodoxo da Inglaterra, ao relatar as condições dos sobreviventes judeus na Polônia, em dezembro de 1945, ainda pôde sair-se com a seguinte sentença: "Os judeus poloneses reconhecem que a morte em Oswiecim [Auschwitz] (com salas de banho, gás e alguns serviços da Cruz Vermelha) era mais humana do que em qualquer outro lugar".[48] *Humana!*

Na imprensa judaica na Palestina, já se fizera uma tentativa, durante a guerra, de igualar o heroísmo do Levante do Gueto de Varsóvia em 1943 com Massada, consagrado lugar da resistência suicida de judeus zelotes ante os romanos, no ano 73. A manchete do jornal *Yediot Ahronot* em 16 de maio de 1943 dizia: "Caiu a Massada de Varsóvia — os nazistas incendiaram o que restou do Gueto de Varsóvia". Na realidade, somente na década de 1970 o Levante do Gueto obteve o merecido respeito como um dos mitos fundadores do novo Estado de Israel. Imediatamente após a guerra, ainda houve tentativas de restaurar o moral judaico com atitudes heroicas. E todas tinham estreita ligação com o sionismo, o sonho de um lar, promovido para inspirar um povo despedaçado. Já se mencionou a Brigada judaica, rodando da Itália para a Alemanha em caminhões que anunciavam: "*Achtung! Die Juden kommen!*" ("Cuidado! Os judeus estão chegando!"). Em 25 de julho, representantes dos judeus vindos dos comitês dos campos de todo o oeste da Alemanha emitiram uma proclamação reivindicando o direito de entrar na Palestina. O local que escolheram para esse comovente evento foi a mesma cervejaria em Munique onde Hitler encenara seu fracassado golpe, em 1923.

A ligação entre os judeus na Terra Santa e a Diáspora ainda era tênue, daí a necessidade de comparar Varsóvia a Massada, como se Mordechai Anielewicz e os outros tivessem morrido no gueto pelo bem de Eretz Israel (Terra de Israel). Mas grupos juvenis sionistas vinham forjando ativamente essas associações durante a guerra, e depois também, nos campos, onde os sobreviventes judeus logo eram organizados em kibutzim. O major Irving Heymont, o oficial americano encarregado do campo de deslocados de guerra de Landsberg, era judeu. Mesmo assim, não tinha certeza quanto ao que fazer com os kibutzim em seu campo:

> Para se somar a meus problemas, constatei hoje que os jovens e os melhores elementos no campo estão organizados em kibutzim. Parece que um kibutz é um grupo estreitamente unido, autodisciplinado, com um desejo intenso de emigrar para a Palestina. Lá [...] eles pretendem organizar suas vidas segundo os princípios de um coletivismo idealista. Cada kibutz é muito fechado, como um clã, e pouco se interessa pela vida no campo.[49]

Um bom número de sobreviventes sonhava, na verdade, com os Estados Unidos como seu novo lar. As ruas em Föhrenwald, um dos maiores campos de refugiados judeus na Baviera, recebiam nomes sedutores como "Nova York", "Michigan", ou "Wisconsin Avenue".[50] Mas, apesar de serem tão atraentes, os Estados Unidos não receberiam de braços abertos o que restara do judaísmo europeu, certamente não logo depois da guerra. E foi a juventude, a relativa forma física, a disciplina, o moral alto, o idealismo, a ênfase no esporte, no trabalho agrícola e na auto-defesa que proporcionaram aos jovens sionistas da Europa Central tanto prestígio entre os sobreviventes. Dez dias após a derrota alemã, Rabi Levy, capelão militar britânico, escreveu uma carta ao jornal *Jewish Chronicle* de Londres elogiando os sionistas em Belsen:

> Como poderei esquecer [...] essas reuniões nas cabanas, quando nos sentávamos para cantar canções hebraicas? Será que o mundo vai acreditar que um espírito de tal obstinação e tenacidade é possível? Dois dias atrás encontrei-me com um grupo de jovens sio-

nistas da Polônia. Eles estão vivendo num dos blocos mais imundos, mas seu cantinho é imaculado.[51]

O mais durão entre os durões em Belsen era um homenzinho vigoroso chamado Josef Rosensaft. Ele encarnava a imagem do herói judeu. Nascido em 1911 na Polônia, ainda jovem rebelou-se contra a rigidez religiosa de sua família chassídica e tornou-se um sionista de esquerda. Em julho de 1943, foi acuado junto com a mulher e o enteado no gueto de Będzin e atirado num trem com destino a Auschwitz. De algum modo ele conseguiu escapar do trem e pular no rio Vístula, sob fogo de metralhadoras. Preso novamente no gueto, conseguiu escapar mais uma vez, foi recapturado e enviado a Birkenau, o campo de extermínio contíguo a Auschwitz. Depois de dois meses de trabalho escravo numa pedreira, foi transportado para outro campo, do qual escapou em março de 1944. Preso de novo em abril, foi torturado durante vários meses em Birkenau, sem revelar quem o ajudara a fugir. Após um período em Dora-Mittelbau, onde prisioneiros eram obrigados a trabalhar até a morte em túneis subterrâneos frios e úmidos construindo foguetes V-2 para os militares alemães, ele acabou em Bergen-Belsen.

Rosensaft não era um membro da elite judaica urbana e instruída. Ele só falava ídiche, mas essa não seria a única razão para ter insistido nesse idioma como a língua das negociações com as autoridades aliadas — o que aborreceu muito os interlocutores britânicos. Era uma questão de honra. Como líder do Comitê Central dos Judeus do libertado campo de Belsen, ele queria que os judeus fossem tratados como um povo distinto com um lar comum, que em seu pensamento só poderia ser a Palestina. Os judeus deviam ser separados dos prisioneiros de outras nacionalidades, autorizados a conduzir seus próprios assuntos e se preparar para ir para sua terra.[52]

Sentimentos semelhantes tinham expressão em outros campos também. O major Irving Heymont ficava muitas vezes irritado com as reivindicações do comitê em Landsberg. Mas, numa carta para a família, ele cita uma fala de um dos representantes do campo, um agrônomo da Lituânia chamado dr. J. Oleiski, que considerou ser "muito instrutiva". O dr. Oleiski relembra seu tempo no gueto quando os judeus, "olhando através das cercas, sobre o Vilna, para Kovno e outras cidades lituanas", cantavam "Quero ver meu lar novamente". E continuava Oleiski:

> Mas hoje, depois de tudo, depois dos campos de concentração na Alemanha, depois de constatarmos definitivamente que o que fora nosso lar tinha se transformado numa sepultura coletiva, só podemos tatear e agarrar com a ponta de nossos dedos as sombras de nosso mais caro e doloroso grito: Nunca mais verei minha casa. As nações vitoriosas que no século XX extirparam a peste negra da Europa devem entender de uma vez por todas a especificidade do problema judaico. Não, não somos poloneses quando nascemos na Polônia; não somos lituanos mesmo tendo uma vez passado pela Lituânia; e tampouco somos romenos embora tenhamos visto na Romênia o nascer do sol pela primeira vez na vida. Somos judeus!

Heymont nunca foi sionista, nem, ao que parece, um homem religioso. Na verdade, nunca revelou seu histórico familiar, pois temia que isso pudesse complicar sua delicada tarefa na Alemanha. Mas, apesar das muitas irritações, ele não antipatizava com as aspirações do dr. Oleiski, inclusive o objetivo de "CONSTRUIR UMA COMUNIDADE JUDAICA NA PALESTINA" (em maiúsculas no texto original). Na verdade, escreveu Heymont, "quanto mais penso sobre isso, menos raiva sinto do comitê. Como grupo, o comitê está vitalmente interessado em proteger os direitos das pessoas e fazê-las sair da Alemanha. Por direitos das pessoas, refiro-me a serem tratadas como pessoas livres, e não como tutelados ou casos de caridade".[53]

A ideia de transformar os judeus, de uma minoria perseguida, abjeta e ansiosa por agradar as maiorias em cujo seio viviam, sob a esperançosa tentação da assimilação, mas para sempre tendo de olhar para trás o tempo todo, de "casos de caridade", numa orgulhosa nação de guerreiros trabalhando seu próprio e sagrado solo — esse ideal existia muito antes do genocídio nazista. O ideal apresentava-se em muitas variantes, socialista, religiosa, até mesmo racista. E as diferentes facções estavam em constante, e às vezes amarga, competição. Assim que as pessoas se recuperaram o bastante para poder votar, foram formados partidos políticos em Belsen e em outros campos. David Ben-Gurion, outro polonês durão e líder do movimento sionista na Palestina, percebeu logo que o sofrimento judaico poderia ajudar o projeto em que acreditava com tanto fervor. Em outubro de 1942, ele disse à comissão do Executivo Sionista na Palestina: "A catástrofe se torna força se conduzida num curso produtivo; toda a proeza do sionismo é que ele sabe como canalizar nossa catástrofe não para o desânimo ou a degradação, como é o caso na Diáspora, mas para uma fonte de criatividade e aproveitamento".[54]

Isso soa bem mais do que só um tanto desumano e se trata da primeira instância da "instrumentalização" do Holocausto. A rejeição firme de uma postura suave era certamente parte do estilo de Ben-Gurion, talvez necessária para consolidar uma nova narrativa heroica para os judeus. Homem prático, ele considerava improdutivas as demonstrações de sentimentos. Mas, em 1942, Ben-Gurion também não estava ciente da extensão da catástrofe judaica na Europa. Pouquíssima gente estava. Um dos primeiros homens que parecia ter compreendido isso era um membro sionista do Comitê de Resgate do Judaísmo Europeu chamado Apolinari Hartglass. Já em 1940, ele advertira que os nazistas "estavam exterminando a população [judaica] na Polônia". Contudo, mesmo Hartglass, quando refugiados da Polônia confirmaram suas piores suspeitas, em 1942, respondeu: "Se eu acreditasse em tudo que vocês estão dizendo, eu me mataria".[55] Ben-Gurion levava em conta os fatos dos quais tinha conhecimento. Como a maioria das pessoas, ele ainda não podia imaginar qual era a verdade.

Mesmo assim, tanto Hartglass como Ben-Gurion poderiam ser acusados de se valer da desgraça humana para seus próprios objetivos políticos. Num memorando ao Comitê de Resgate em 1943, Hartglass declarou que 7 milhões de judeus europeus provavelmente seriam mortos, e que não havia muito que os judeus da Palestina (o *Yishuv*) pudessem fazer quanto a isso. No entanto, ele escreveu, se ao menos um punhado deles pudesse ser regatado, "teremos pelo menos obtido deles algum ganho político. De uma perspectiva sionista, obteremos esse ganho político sob as seguintes condições: se o mundo inteiro souber que o único país que quer receber os judeus resgatados é a Palestina e que a única comunidade que os quer absorver é o *Yishuv*".[56]

Em outubro de 1945, Ben-Gurion decidiu ver com os próprios olhos os antigos campos de concentração na Alemanha. Ele fez anotações curtas, secas, factuais em seu diário. Sobre Dachau: "Eu vi os fornos, as câmaras de gás, os canis, os patíbulos, os alojamentos dos prisioneiros e os da ss". Em Belsen: "Até 15 de abril deste ano, 48 mil judeus estiveram aqui [...]. Desde então 31 mil morreram [...] (de tifo, tuberculose)".[57] Os objetivos de Ben-Gurion, segundo o biógrafo Shabtai Teveth, eram mais no sentido de um molde heroico. Ele imaginava "os sobreviventes dos campos de extermínio lutando para abrir caminho no litoral da Palestina, rompendo o bloqueio imposto por soldados britânicos". Teveth observa acidamente: "O modo como ele examinou os esqueléticos sobreviventes deve ter sido como o de um comandante que passa em revista suas tropas antes da batalha".[58]

A notícia da visita de Ben-Gurion logo correu o mundo, e ele era cercado por multidões de refugiados onde quer que fosse. Heymont só soube que ele estava em Landsberg quando notou "as pessoas afluindo para se postar na linha que vinha de Munique. Levavam flores e tinham improvisado faixas e insígnias. O próprio campo florescia com enfeites de todo tipo. Nunca tínhamos visto uma demonstração de tamanha energia no campo. Não creio que uma visita do presidente Truman pudesse causar tanta excitação".[59] Para as pessoas no campo, observou Heymont, Ben-Gurion "é Deus".

O discurso mais famoso que Ben-Gurion proferiu em sua viagem à Alemanha foi num hospital para sobreviventes de campos de concentração e extermínio no antigo mosteiro beneditino de St. Ottilien, perto de Munique, e não muito longe de Dachau. Num determinado momento, ao ver os órfãos judeus, seus olhos marejaram-se de emoção. Mas ele se recompôs depressa. "Não vou tentar expressar o que sinto dentro de mim [...] tal coisa seria impossível." Em vez disso, ele disse à plateia, alguns ainda com as vestes listradas de prisioneiros:

> Posso lhes dizer que existe uma vibrante Palestina judaica e que, mesmo que seus portões estejam trancados, o *Yishuv* os abrirá à força com suas mãos fortes [...]. Hoje somos o poder decisivo na Palestina [...]. Temos nossas próprias lojas, nossas próprias fábricas, nossa própria cultura e nossos próprios fuzis [...]. Hitler esteve perto da Palestina. Poderia ter havido lá uma terrível destruição, mas o que aconteceu na Polônia não poderia acontecer na Palestina. Eles não nos chacinariam em nossas sinagogas. Cada menino e cada menina teriam atirado em cada soldado alemão.[60]

Força... poder... nossos próprios fuzis... Essas palavras heroicas proferidas pelo líder sionista eram exatamente o que os britânicos não queriam ouvir, mesmo que, em 1917, o secretário britânico do Exterior, Arthur James Balfour, tivesse prometido transformar a Palestina num "lar nacional para o povo judeu". Os britânicos estavam numa enrascada, pois na Declaração Balfour de 1917 o governo prometera à população árabe que "nada seria feito em prejuízo dos direitos civis e religiosos das comunidades não judaicas existentes na Palestina". Como os árabes perfaziam 91% dos cerca de 700 mil habitantes da Palestina, isso viria a ser um problema. Daí o Livro Branco, emitido pelo governo britânico em 1939, limitando a imigração judaica para a Palestina em 10 mil pessoas por ano entre 1940 e 1944, com um possível acréscimo de 25 mil em caso de emergência. A emergência aconteceu; os judeus que chegaram à Palestina logo preencheram aquela cota insuficiente. Ben-Gurion agora insistia em trazer pelo menos 1 milhão de sobreviventes judeus por todos os meios possíveis, legais ou não. O presidente Truman, chocado com um relatório sobre a condição dos refugiados judeus na Alemanha,[61] alegou numa carta ao primeiro-ministro britânico, Clement Attlee, que pelo menos 100 mil judeus deveriam ter permissão para emigrar. Ele acrescentou: "Como lhe disse em Potsdam, o povo americano, como um todo, acredita firmemente que a imigração para a Palestina não deve ser fechada e que se deve permitir que um número razoável de judeus que foram perseguidos na Europa, de acordo com suas vontades, se restabeleça lá".[62]

O que Truman não disse em sua carta foi que ele não queria que esses 100 mil judeus se estabelecessem nos Estados Unidos. O motivo pelo qual os britânicos tentaram ativamente deter a ida de judeus para a Palestina, às vezes com o uso da força contra pessoas que quase não sobreviveram aos campos de extermínio nazistas, era prático. A Palestina ainda era um mandato britânico. A Grã-Bretanha, mesmo com um governo trabalhista, queria manter sua influência no Oriente Médio, como passagem para a

Índia. Os árabes, para quem tendiam as simpatias do Ministério do Exterior britânico, se ergueriam em armas caso se permitisse que muitos judeus se estabelecessem numa terra em que eram maioria. Do ponto de vista britânico, isso seria inoportuno. Dessa forma, os judeus que tentassem desembarcar ilegalmente estavam sujeitos a ser espancados por soldados britânicos, jogados de volta em seus barcos caindo aos pedaços, ou até mesmo fuzilados.

Mas os argumentos britânicos nem sempre eram práticos, e com frequência eram dissimulados. Se o sionismo era definido como uma batalha pela identidade judaica, os britânicos apresentaram uma noção alternativa de identidade. Em resposta a um relatório especial sobre deslocados de guerra na Alemanha — de autoria de Earl G. Harrison, o enviado americano ao Comitê Intergovernamental para Refugiados —, o Ministério do Exterior britânico alegou que não apenas seria errado segregar os judeus de outros refugiados, conforme recomendava o relatório, como também era um equívoco concluir que na Europa não haveria um futuro para eles. Afinal, "seria deixar ir longe demais a implicação de admitir que [os] nazistas tiveram razão ao afirmar que na Europa não havia lugar para os judeus". Era missão dos Aliados "criar condições segundo as quais [os judeus] sentiriam eles mesmos que era natural e justo irem para casa em vez de admitir àquela altura que era impossível criar tais condições".[63]

Não foi explicado como exatamente o Ministério do Exterior britânico propunha criar essas condições em países como a Polônia, a Lituânia ou a Ucrânia. Não que todos os judeus concordassem em seguir para Sion. Havia uma rivalidade intensa entre a Agência Judaica, que incorporava todos os grupos sionistas na Palestina, e o American Jewish Joint Distribution Committee, JDC, ou simplesmente "Joint". Funcionários do Joint — que tentavam ajudar refugiados e deslocados de guerra judeus o melhor que podiam, com dinheiro, alimento e outras necessidades — não gostavam da doutrinação sionista, considerada autoritária e contraproducente. Houve até casos de crianças impedidas pela Agência Judaica de achar novos lares na Europa ou nos Estados Unidos, já que isso poderia desencorajar a "ascensão"* para a pátria judaica.

Levaria ainda alguns anos, mas por fim os sionistas alcançaram seu intento. O Estado de Israel foi fundado em 1948, e milhões de judeus encontraram refúgio lá. A maioria dos países da Europa, bem como a União Soviética e os Estados Unidos, viram o fato com simpatia, talvez por culpa, ou porque perdurava a noção do século XIX de que toda etnia precisa de sua nação, ou por reconhecer que para muitos judeus o Estado de Israel era a única opção plausível. O que Eden tinha dito sobre os cossacos aplicava-se da mesma forma aos judeus europeus: "Não os queremos aqui".[64]

---

* O termo usado pelos sionistas para a imigração de judeus para a Palestina e depois para Israel é "aliá", em hebraico "ascensão", "subida". (N. T.)

5. Drenando o veneno

Além de provocar destruição física nos países envolvidos, a guerra, a ocupação ou a ditadura os corrompem também moralmente. A legitimidade política se perde. O sentimento cívico é corroído pelo cinismo. Os que se dão bem com a tirania são na maioria das vezes as pessoas menos palatáveis e as que se corrompem com mais facilidade. Quando vem a transição, os que têm mais legitimidade são com frequência os mais marginalizados durante a ditadura. Na Segunda Guerra Mundial, isso aconteceu com o pequeno número de homens e mulheres que se juntaram à resistência ativa, perigosamente em países sob ocupação ou com mais segurança em Londres, onde os vários governos "livres" continuavam sua existência pro forma no exílio.

A resistência, deliberadamente romantizada após a guerra, desempenhou um papel pequeno na derrota militar da Alemanha nazista ou do Japão imperial. Atos violentos de rebeldia, seguidos de represálias brutais contra cidadãos inocentes, muitas vezes causavam mais problemas do que o justificável por seus resultados, o que costumava ser a causa mais comum do ressentimento que os mais cautelosos sentiam em relação às figuras heroicas cujas ações levavam a uma repressão ainda mais selvagem. Claro que a resistência tinha um valor simbólico, como demonstração de que nem tudo estava perdido, de que a tirania poderia ser vencida. Mas a verdadeira importância da resistência só se tornaria clara depois que a luta terminou. O fato de que algumas pessoas tenham se mantido firmes contra todas as probabilidades provê uma narrativa heroica a sociedades envenenadas pelo colaboracionismo ou pela simples conivência com regimes assassinos. A restauração da democracia se apoia nessas narrativas, pois elas ajudam a reconstruir um sentimento não só de moral cívica, mas também de legitimidade política para governos de períodos pós-guerra. São mitos que constituem o fundamento do renascimento nacional na Europa depois da Segunda Guerra Mundial.

Em partes da Europa Central e Oriental, o papel da resistência foi mais complicado, pois havia duas tiranias às quais resistir. Aqueles que viam em Stálin seu principal inimigo às vezes colaboravam com os alemães. O herói mais famoso da resistência na Ucrânia foi Stepan Bandera, líder da Organização dos Nacionalistas Ucranianos. Quando o país finalmente se tornou independente, em 1991, após o colapso da União Soviética, ele foi elevado à categoria de pai da pátria, uma espécie de George Washington ucraniano. Estátuas de Bandera foram erguidas por toda parte, além de monumentos, santuários e museus em sua homenagem. Mas dificilmente se pode considerar Bandera um herói unificador, pois ele é oriundo do oeste da Ucrânia, que foi parte do Império Austro-Húngaro. Na Ucrânia do leste, ortodoxa e russa, Bandera ainda é visto como fascista por ter ficado ao lado dos nazistas em 1944. Os nacionalistas de Bandera também foram responsáveis pelo assassinato de cerca de 40 mil poloneses em 1944. O herói, inclusive, depois de ter declarado independência dos alemães e dos soviéticos, estava num campo de concentração

1. Meu pai, S. L. Buruma (o primeiro à esquerda), com seus colegas estudantes em Utrecht.

2. Soldados soviéticos dançando em Berlim.

3. Garotas holandesas em celebração com soldados canadenses.

4. Marinheiros britânicos e suas namoradas no Dia da Vitória, em Londres.

5. GI fraternizando com uma garota japonesa num parque, em Tóquio.

6. Cidadãos holandeses saudando os bombardeiros que lançam comida, em maio de 1945.

7. Uma "colaboradora horizontal" é escarnecida por uma multidão na Holanda.

8. Gregos recebendo ajuda dos Aliados.

9. Mulher sendo coberta de piche por colaboracionismo, em Amsterdam.

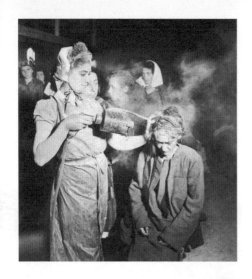

10. Despiolhando um prisioneiro em Bergen-Belsen.

11. Prisioneiros de guerra subalimentados num campo japonês de prisioneiros de guerra na península Malaia.

12. O Exército britânico incendeia o último barracão em Bergen-Belsen.

13. Uma breve pausa na limpeza dos escombros em Berlim.

14. Crianças refugiadas em Berlim.

15. Um japonês nas ruínas de sua casa em Yokohama.

16. Mulheres gregas choram os mortos.

17. Prisioneiros de guerra alemães cuidam de túmulos de soldados americanos perto da praia de Omaha, na Normandia.

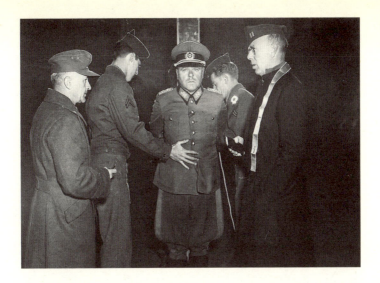

18. General do Exército alemão é amarrado a uma estaca antes de sua execução na Itália.

19. Crianças alemãs entram na classe, numa escola de Aachen.

20. O general De Gaulle em Lorient, antiga base de submarinos alemães na França, severamente danificada pelas bombas aliadas.

21. O general Yamashita jura dizer a verdade em seu julgamento, em Manila.

22. Laval presta testemunho em Paris no julgamento do marechal Pétain (sentado, à direita, atrás de Laval).

23. O líder nacional-socialista holandês Anton Mussert é preso pela resistência holandesa em Haia.

24. Japoneses rendem-se à RAF em Saigon.

25. Combatentes da liberdade indonésios.

26. Winston Churchill em sua campanha pela reeleição.

27. Clement Attlee após sua vitória nas eleições.

nazista quando isso aconteceu. Em 1959, quando vivia no exílio, em Munique, foi assassinado por um agente da KGB.

Na Europa Ocidental, as coisas foram menos complicadas. O mito do heroísmo era especialmente importante num país como a França, no qual burocracia, forças policiais, judiciário, elites industriais e mesmo muitos artistas e escritores mantiveram todos um profundo comprometimento com o regime colaboracionista de Vichy. Quando o general De Gaulle fez seu desafiador discurso pelo rádio a partir de Londres, em 18 de junho de 1940, ele era um desconhecido para a maioria da população. A grande e paternal figura da *patrie* francesa ainda era o marechal Pétain. Poucas pessoas ouviram De Gaulle declamando no rádio, em seu vacilante mas estranhamente tocante pronunciamento: "Aconteça o que acontecer, a chama da resistência francesa não deve se extinguir e não se extinguirá".

Na verdade, a resistência foi pequena na França durante os primeiros anos de guerra. Mas em 1944 De Gaulle retornou ao país como o inequívoco símbolo de retidão nacional, de cabeça erguida, fardado, à frente das tropas que "libertavam" Paris depois de os Aliados terem esmagado os alemães na Normandia. Franco-atiradores pró-nazistas dispararam contra ele, que continuou a caminhar como se nada tivesse acontecido. Dessa forma, essa figura aparentemente invulnerável conseguiu formar um governo provisório que durou até a primeira eleição do pós--guerra, em outubro de 1945, um governo do qual ainda participavam muitos vichyistas e grupos rivais da resistência, em sua maioria liderados por comunistas que, com certa razão, desconfiavam dos objetivos do general De Gaulle — assim como ele, com igual razão, desconfiava dos objetivos de seus opositores. Mas De Gaulle ostentava a face orgulhosa da resistência, e assim sua liderança foi considerada legítima. Ele era o homem certo para erguer a nação de sua falência moral.

A Alemanha e o Japão não dispunham de símbolos heroicos ou líderes sobre os quais se reconstruir (embora algo parecido com um mito heroico de "antifascismo" tivesse sido inventado na zona comunista do leste da Alemanha). Os oficiais que tinham tentado assassinar Hitler em julho de 1944, e pagado por isso com a própria vida, ainda não eram reconhecidos como heróis pela maioria dos alemães. E como vários deles provinham da aristocracia militar prussiana, muitos estrangeiros, e muitos alemães também, os associavam à tradição militarista (o "prussianismo"), que era amplamente responsabilizada pela guerra. Houve alguns japoneses que resistiram ao regime do tempo de guerra, mas eram na maioria comunistas ou esquerdistas radicais que tinham passado o conflito inteiro na prisão. Os que se opunham ao Reich de Hitler e ao governo imperial japonês na maior parte dos casos guardaram seus pensamentos para si, ou, no caso da Alemanha, fugiram para o exterior.

Mas houve também alguns resistentes ativos na Alemanha, pequenos grupos de pessoas que arriscaram a vida em quase total isolamento. Uma delas foi Ruth Andreas-Friedrich, uma jornalista que se juntou ao grupo de resistência "Tio Emil", em Berlim. Ela e seus corajosos amigos esconderam judeus e outros alvos da perseguição nazista e distribuíram secretamente panfletos antinazistas. Poucas pessoas que praticaram esse tipo de ação conseguiram manter-se vivas. Sem dúvida não houve gente como Andreas-Friedrich em quantidade suficiente para criar um mito nacional de resistência. Mesmo assim, quando a luta acabou e o perigo passou, as pessoas ainda sentiam que era preciso algum tipo de redenção moral. Em 15 de maio de 1945, mal sobrevivendo nas ruínas da Berlim ocupada pelos russos, Andreas-Friedrich escreveu as seguintes palavras em seu diário:

Em toda parte há uma febricitante atividade política. Como se fosse uma corrida para compensar doze anos de tempo perdido. Grupos "antifascistas" brotam como cogumelos. Faixas e cartazes. Avisos e insígnias. Em cada esquina formou-se algum grupo político [...]. Nem todos esses grupos anti-Hitler têm um retrospecto de luta prolongada. Em muitos deles a resistência só começou depois que a de Hitler terminou.[1]

Embora não tão ostensiva, era possível observar uma hipocrisia semelhante em países libertados da ocupação alemã. Mas, mesmo nesses locais, e menos ainda na Alemanha e no Japão, as narrativas heroicas não foram suficientes para enfrentar o colapso moral. Para que uma ordem instituída no pós-guerra obtivesse legitimidade, era preciso que houvesse um expurgo nas fileiras dos militaristas nazistas e japoneses e nas de seus colaboradores. As pessoas responsáveis pela guerra, pelas ditaduras, pela perseguição, pelo trabalho escravo, pelo assassinato em massa, teriam de ser eliminadas. Mas por onde começar? Como proceder a respeito? Como achar os culpados? E onde estariam os limites? Se cada funcionário público alemão que tinha sido um nazista, ou trabalhado com os nazistas, fosse expurgado, a sociedade alemã, ainda tateando um caminho, poderia facilmente ter se desintegrado. Foram muitos e muitos. No Japão, um expurgo completo da burocracia e da política dos tempos de guerra deixaria de fora pouquíssima gente com vontade ou capacidade de manter em funcionamento um país à beira da inanição. Mesmo assim, algo teria de acontecer para que as pessoas sentissem que fora feita justiça.

A solução mais antiga e mais simples para uma sociedade que tinha se desencaminhado — afora matar os culpados — é o banimento. Isso foi sugerido por um senador cristão conservador na Bélgica, quando surgiu a pergunta sobre o que fazer com os colaboracionistas: "Se não há mesmo lugar em nosso país para a reintegração dessas pessoas, não seria possível deixá-las ir para algum outro lugar? [...] Existem países, na América Latina, por exemplo, onde eles poderiam começar uma vida nova".[2] Essa opção foi efetivamente adotada, embora de forma secreta, por certo número de nazistas responsáveis por assassinatos em massa, mas é difícil dizer que se tratava de uma política viável de governo. E a ideia de expulsar para a América Latina todos os colaboracionistas da Europa, sem falar em todos os nazistas na Alemanha, era certamente uma extravagância.

Não obstante, na conferência de julho de 1945 em Potsdam, os governantes soviéticos, britânicos e americanos concordaram que algo radical tinha de ser feito para limpar as nações derrotadas de seus venenosos legados e reconstruí-las como democracias que nunca mais iriam para a guerra. Tanto a Alemanha como o Japão seriam "desmilitarizados" e "democratizados". Não só as organizações e forças policiais nazistas seriam banidas, mas também "todas as organizações militares e todos os clubes e associações que poderiam servir para manter viva a tradição militar na Alemanha". E, como parte da democratização alemã, "todos os membros do Partido Nazista que tenham sido mais do que participantes nominais de suas atividades, e todas as outras pessoas hostis aos propósitos dos Aliados, seriam removidos de funções públicas e semipúblicas e de posições de responsabilidade em empreendimentos privados importantes".

A ideia do que constituía a democracia dos soviéticos, naturalmente, não era a mesma de seus Aliados ocidentais. Outra coisa que não ficou clara era a distinção, se é que havia uma, entre ter sido um nazista ou um "militarista", e ser "hostil aos propósitos dos Aliados". Afinal, não devia ser difícil encontrar um ex-nazista que estivesse bem preparado para trabalhar pelos objetivos dos Aliados, ou um ex-antinazista que discordasse veementemente das políticas dos Aliados — digamos, um comunista nas zonas ocidentais, ou um liberal democrata na zona soviética. A maneira de proceder os expurgos também dependia da forma de encarar a catástrofe alemã. Quanto a isso, havia mais concordância entre as grandes potências. O militarismo prussiano, ou prussianismo, era tido como o principal problema; ele teria de ser erradicado. Somente mais tarde seria senso comum que não era bem assim.

O que se falou sobre o Japão em Potsdam foi um pouco diferente:

> Devem ser de uma vez por todas eliminadas a autoridade e a influência daqueles que iludiram o povo do Japão e o induziram a erro fazendo-o embarcar no projeto de conquistar o mundo, pois insistimos que uma nova ordem de paz, segurança e justiça será impossível até que o militarismo irresponsável seja eliminado do mundo.

Isso também era um pouco vago, e também induzia a erro. Existirá algo como um "militarismo *responsável*"? E quem exatamente tinha induzido quem a erro? O general Douglas MacArthur, comandante supremo das Forças Aliadas (Scap), que na época era a mais alta autoridade no Japão, não aceitou a oferta que fizera o imperador Hirohito de assumir a responsabilidade pela guerra. O Scap, acrônimo pelo qual MacArthur era geralmente referido, estava convencido de que o imperador era necessário para evitar o caos, e portanto ele foi eximido de qualquer culpa.

Como o homem mais poderoso do Japão, conscientemente idealizado como uma grande figura paternal, MacArthur recebia muitas cartas de cidadãos japoneses, algumas prestando-lhe uma bizarra reverência. A intenção do comandante supremo era cumprir o papel do todo-poderoso xogum para a figura simbólica do imperador japonês. De certa forma, no entanto, era como se tivesse se tornado, ele mesmo, uma figura sagrada. "Caro senhor", dizia uma carta, "quando penso nas generosas medidas que Sua

Excelência tomou em vez de buscar vingança, sou invadido por um reverente temor, como se estivesse na presença de Deus."[3]

Para muitos japoneses, durante a guerra o imperador tinha sido uma figura sagrada. Mas não para japoneses de tendência liberal ou esquerdista. Uma carta escrita para o Scap, possivelmente de um cristão, manifestava espanto pelo fato de o imperador não ser preso como criminoso de guerra:

> Para conseguir uma verdadeira justiça legal e humana que não nos envergonhe perante o mundo e perante Deus, pedimos-lhe que puna com rigor o atual imperador como criminoso de guerra. Se deixar o imperador incólume simplesmente para manipular o povo, então vou acreditar que toda a boa intenção das políticas das forças aliadas resultará em nada depois que forem embora.[4]

Mas havia também outras cartas que advertiam quanto a terríveis consequências caso se tocasse no imperador: "Obviamente isso acarretaria a maior tragédia do mundo. Só teria êxito após o aniquilamento completo dos 80 milhões do povo Yamato [japonês]".[5] O termo "Yamato" sugere tratar-se de um inconformado nacionalista. MacArthur decidiu que esse era um tipo de voz ao qual deveria atentar. Como resultado, afirmou-se que o imperador, em cujo nome foram cometidas todas as ações em tempos de guerra, inclusive as mais atrozes, fora também "induzido a erro". Contradizer essa narrativa em público poderia levar a problemas sérios, e eventualmente ainda pode.*

Uma vez que no Japão não houve um equivalente ao Partido

---

* Em 1988, o prefeito de Nagasaki, um cristão chamado Hitoshi Motoshima, declarou que ao imperador Hirohito deveria ser atribuída alguma responsabilidade pela guerra. Ele tornou-se um alvo da extrema direita. Dois anos depois, um atirador o acertou pelas costas.

Nazista, muito menos um Hitler ou um golpe de Estado comparável ao que aconteceu na Alemanha em 1933, foram o "militarismo", o "ultranacionalismo" e até o "feudalismo" as ervas daninhas a serem erradicadas. Sendo assim, nas palavras de uma diretiva militar dos Estados Unidos: "Pessoas que tenham sido expoentes ativos do militarismo e do nacionalismo militante serão removidas e excluídas do serviço público e de quaisquer outras posições de responsabilidade pública ou privada".[6] No que concernia a propagandistas, criminosos de guerra e líderes militares, isso seria uma ação bastante direta, mas que se mostraria muito mais desafiadora quando o expurgo dizia respeito a burocratas, cujas carreiras remontavam a bem antes da guerra no Pacífico, ou homens de negócios e industriais que certamente tinham cooperado com os governos japoneses dos tempos de guerra e se beneficiado deles, mas que em muitos casos não podiam ser descritos como militaristas ou ultranacionalistas.

A ideia de que se pudesse extirpar o "militarismo", "feudalismo" ou "prussianismo" como se fossem células cancerosas num organismo humano teve um apelo mais amplo entre os funcionários aliados de esquerda do que entre os conservadores. Isso vale também para cidadãos alemães, japoneses e de países que haviam sido ocupados. Como a esquerda, inclusive os comunistas, desempenhou papel predominante na resistência em vários países, os membros esquerdistas da resistência insistiam que as sociedades do pós-guerra deveriam ser configuradas segundo suas vontades. Para eles, 1945 era a oportunidade perfeita para um ajuste de contas final com os setores militares, financeiros e políticos que tinham colaborado com o fascismo.

O general MacArthur, embora fosse um republicano conservador, nos primeiros anos da ocupação do Japão estava cercado de legisladores idealistas e reformadores do New Deal, que pressionaram fortemente pelos expurgos como parte de seus esforços para democratizar o Japão. Não havia entre eles especialistas em política externa com conhecimentos a respeito das elites japonesas do pré-guerra. Não havia, em sua maneira de ver, necessidade de uma expertise cultural. Qualquer país poderia ser remodelado como uma democracia, contanto que fosse equipado com a constituição correta e ajudado no processo com o estabelecimento de sindicatos independentes e outras medidas progressistas. Os primeiros expurgos no Japão foram supervisionados por figuras como a do tenente-coronel Charles Kades, um adepto do New Deal que trabalhava na seção governamental do Scap. Seu chefe era o general de brigada Courtney Whitney, um ex-advogado de Manila com a mesma inclinação de seu amado chefe por retóricas bombásticas: "A filosofia de MacArthur, sem precedentes nos anais das ocupações militares do passado, vai perdurar como um padrão e um desafio às ocupações militares no futuro".[7] Seu inimigo na bizantina sede do Scap em Tóquio era o general de divisão Charles Willoughby, o chefe da inteligência de MacArthur.

MacArthur gostava de se referir a Willoughby como "meu fascista de estimação". E com boas razões. Um caçador com voz branda, maneiras suaves e um temperamento volátil, Willoughby tendia a ver em toda parte conspirações judaicas e comunistas, inclusive dentro da própria administração militar dos Estados Unidos. Até o embaixador francês caiu sob sua suspeita, porque tinha um nome russo. Willoughby mantinha relações mais calorosas com os círculos conservadores em torno do imperador Hirohito do que com os partidários do New Deal que cercavam o Scap. (Depois de se aposentar, na década de 1950, Willoughby foi para Madri assessorar o general Francisco Franco, a quem muito admirava.) No entanto, como no âmbito formal era o encarregado de conduzir a política de ocupação, Willoughby tinha como obrigação zelar pela demissão de figuras públicas que pessoalmente aprovava. Depois de ouvir uma das intermináveis perorações de Willoughby contra os expurgos, Whitney observou: "Suponho que quem se opõe tanto a um programa é o homem errado para implementá-lo".[8] E isso, assim se constatou, foi o que aconteceu, ao menos por algum tempo.

Na Alemanha, o principal idealizador dos expurgos de ex-nazistas foi Franz Neumann, um marxista que acabou indo trabalhar para o Escritório de Serviços Estratégicos (OSS, na sigla em inglês), o precursor da CIA. Neumann era um refugiado judeu da Alemanha, onde fizera fama antes da guerra como teórico político e advogado trabalhista. Durante seu exílio nos Estados Unidos, preparou um guia de desnazificação para o governo americano junto com Herbert Marcuse, um dos vários eruditos marxistas refugiados ligados à Escola de Frankfurt. O Terceiro Reich, de acordo com a tese deles, era um caso típico de "capitalismo monopolista e totalitário".[9] Por trás do movimento nazista estavam os industriais. A perseguição aos judeus fora uma manobra para desviar o descontentamento popular com o capitalismo de monopólio.

Neumann, com o apoio do mais alto chefe militar na zona americana, general Lucius Clay, ajudou a conceber o notório *Fragebogen* (questionário), o levantamento com 131 pontos que cada alemão adulto foi obrigado a preencher. Com base em questões detalhadas sobre afiliações e simpatias do passado, esperava-se que os militares americanos fossem capazes de estabelecer a culpa ou a inocência de pelo menos 23 milhões de pessoas. Uma questão típica era: "Você ou qualquer membro de sua família apoderou-se de propriedades ou ativos roubados de outros, com base em questões de fé ou de raça?". Outra pergunta dizia respeito à participação em fraternidades universitárias, como se tivessem sido parte do aparato nazista, e não banidas em 1935. Na verdade, raramente as respostas eram honestas, claro. A entrega dos documentos foi prorrogada, em alguns casos para sempre. Apelações sem fim foram emitidas. Os Aliados não dispunham de pessoal nem de conhecimento suficiente para acessar os documentos. Poucos americanos sabiam falar alemão, muito menos ler. Uma administração militar já sobrecarregada, formalmente incumbida de reconstruir a democracia na Alemanha, foi ainda mais exigida pela nova "Lei nº 8", que se tornou efetiva em 1º de dezembro.

Ruth Andreas-Friedrich, ex-integrante da resistência em Berlim, comentou essa lei em seu diário, com aprovação:

> Três semanas atrás foram tomadas as primeiras medidas contra os membros do partido. A eliminação de todos os nazistas de posições proeminentes na indústria e no comércio. A exclusão de membros do partido de atividades culturais. Ex-membros do NSDAP* só podem ser empregados como trabalhadores.[10]

Andreas-Friedrich via com simpatia a ideia de pôr todos os antigos nazistas para trabalhar na limpeza dos escombros e em outras tarefas subalternas desagradáveis. Mas parece que seu ponto de vista era fora do comum. Ela lembra o que ouvia as pessoas dizerem ao seu redor: "Inacreditável, este terror! Ultrajante, esta última injustiça. Eles não podem pôr 20% da população sob uma lei especial". Ao que ela respondeu na privacidade de seu diário: "Mas eles podem! Será que eles [os alemães] esqueceram como isso pode ser feito facilmente? Será que escapou a eles que essas leis especiais são quase idênticas àquelas de oito anos atrás contra os judeus?".[11]

Da parte dela, não havia simpatia para com os alemães que protestavam. Mas o paralelo que tinha traçado era parte do problema. Excluir pessoas da sociedade quando em um regime tota-

---

* Partido Nacional-Socialista dos Trabalhadores Alemães, o Partido Nazista. (N. T.)

litário como o nazista é uma coisa, mas fazer isso quando se quer reconstruir uma democracia é uma proposta em tudo mais complicada. Além disso, a simples admissão de ter sido membro do partido não significava muita coisa. Cerca de 140 mil pessoas perderam seus empregos, mas muitas eram funcionários menores e oportunistas que haviam se juntado aos nazistas somente por medo ou por ambição, enquanto figurões maiores e mais culpados continuavam incólumes: os homens de negócios que não tinham se dado ao trabalho de se filiar ao partido, mas ganharam milhões saqueando ativos de judeus; os banqueiros que acumularam ouro obtido de dentes de judeus assassinados; os professores que promoveram teorias raciais nocivas; os advogados e juízes que meticulosamente cumpriram o que determinavam os decretos do Reich de Hitler, processando homens e mulheres por subversão contra o Estado nazista, ou por atos de "vergonha racial", como se apaixonar por alguém de uma "raça inferior".

Theodor Heuss era jornalista e político liberal antes da guerra e, embora não fosse um resistente ativo, abominava os nazistas. Heuss era o tipo de alemão em quem os Aliados sentiram que podiam confiar. Em 1945, os americanos o nomearam ministro da Cultura de Baden-Württemberg. Um dos problemas de Heuss era a falta de professores competentes para desintoxicar a juventude de doze anos de propaganda nazista. Sua missão ficou mais difícil devido aos expurgos. Numa carta desesperada à Administração Militar, ele escreveu que em sua opinião somente entre 10% e 15% dos demitidos tinham sido nazistas convictos. Foram despedidos tantos professores que as crianças estavam sendo privadas do acesso à educação. Não seria difícil, argumentou, "raspar o verniz marrom" dos professores mais velhos, educados antes do Terceiro Reich, e "redespertar seu potencial para o bem". Ele implorou às autoridades que confiassem neles: "Prometemos livrar os professores do nazismo e torná-los agentes de novas e melhores ideias, capacitando-os a educar os jovens no espírito correto".[12] Seu pedido foi recusado.

Carl Zuckmayer, que voltou para a Alemanha de seu exílio americano para escrever um relatório para o Departamento de Guerra dos Estados Unidos, alegou que os expurgos tinham sido tão malfeitos, e erravam o alvo com tanta frequência, que havia um perigo de que a desnazificação levasse a uma renazificação. Conservadores alemães viram a desnazificação como um complô socialista. Eles acreditavam que as autoridades aliadas favoreciam deliberadamente os radicais alemães, que estavam ansiosos por livrar cada cidade e vilarejo de qualquer um que pudesse ser tachado de fascista. Zuckmayer conta uma piada que ouviu na Áustria sobre um homem que foi à delegacia de polícia local para registrar seu nome. "Por que queria fazer isso?, perguntou o policial. Porque sou um nazista, respondeu o homem. Então você deveria ter se registrado conosco há um ano, disse o oficial. Ao que o homem replicou: Há um ano eu ainda não era nazista."[13]

Na época em que essa piada se espalhava, grande parte da tarefa de peneirar os ex-nazistas dos supostamente inocentes foi entregue, por pura necessidade, a comitês alemães. Essa medida foi formalizada na "Lei de Libertação do Nacional-Socialismo e do Militarismo". Acabou tornando-se uma farsa. Os políticos alemães mostravam pouco entusiasmo para prosseguir nos expurgos. Muitas vezes comitês de expurgo supostamente integrados por revolucionários radicais estavam na verdade cheios de ex-nazistas. Sacerdotes católicos advertiram que seria pecado os alemães apresentarem evidências que fossem danosas para seus compatriotas. Figurões locais que tinham feito fortunas durante o Terceiro Reich pagaram para se livrar do problema, com frequência usando como álibi algum patético sobrevivente da perseguição nazista para testemunhar a seu favor. A palavra-chave do período, a partir de 1946, era "Persilschein" — Persil era a marca de um sabão que deixava a roupa "mais branca". Um número incontável de ex-nazistas recebeu seu documento "Persil", que lavava cada mancha de sujeira de seu passado recente. Certificados demonstrando que alguém fora um prisioneiro num campo de concentração nazista podiam ser comprados no mercado negro, e apesar de não custarem pouco — 25 mil marcos alemães —, eram acessíveis para muitos ex-oficiais da ss.

Na metade oriental da Alemanha, as coisas não foram tão melhores, a despeito das alegações comunistas de que os expurgos na "zona democrática" tinham sido um grande sucesso. No final da primavera de 1945, comitês alemães do tipo "antifascista" descritos por Ruth Andreas-Friedrich foram encarregados dos expurgos, sendo extintos no começo do verão, quando o Partido Comunista Alemão (kpd) assumiu o poder. Em tese, os expurgos foram ainda mais rigorosos do que nas zonas ocidentais. O mito fundador da República Democrática Alemã, afinal, seria sua orgulhosa narrativa de "antifascismo": era a "Alemanha melhor", a Alemanha da resistência. Mas esse mito se confundia com a assunção de uma culpa coletiva, de um profundamente assentado mal teutônico, que obcecava os comunistas. Parte de sua própria retórica parece ter sido infectada por esse vírus germânico. O kpd exigiu o total "aniquilamento" dos remanescentes do regime de Hitler.[14] Numa cidade de Brandemburgo, ex-nazistas foram obrigados a pregar suásticas em suas roupas. Falava-se muito de punições severas. O juiz distrital de outra localidade advertiu: "Os nazistas serão tratados do mesmo modo como nos trataram, isto é: duramente. Nós obrigaremos os indolentes a trabalhar, e se necessário os enfiaremos num campo [...]. No próximo ano queremos ter uma Alemanha expurgada de nazistas [*Nazirein*]".[15]

Mesmo assim, apesar dessas rigorosas medidas, os expurgos foram quase tão inadequados na Alemanha Oriental quanto nas "zonas capitalistas". Distinções entre nazistas "ativos" e "nominais" supostamente deveriam ter sido adotadas, mas com frequência mostraram-se elusivas. Os soviéticos logo se cansaram dessa distinção e ordenaram que *todos* os ex-membros do Partido Nazista fossem demitidos de postos no governo, tarefa a ser concluída em poucos meses, o que era obviamente impossível. De qualquer forma, eles não confiaram nos alemães para levar adiante os expurgos, e nunca lhes deram diretrizes apropriadas. Havia de fato motivos para desconfiança no tocante a essa questão. Muitos alemães recusaram-se a cooperar porque logo se constatou que expurgos demais levariam a um colapso na educação, nos serviços sociais ou em qualquer aspecto de uma recuperação econômica. Sendo assim, os alemães de Leipzig e Dresden, assim como em Munique e em Colônia, encontraram pretextos para reinstalar ex-nazistas em seus antigos postos, ou protegê-los de processos. Até mesmo as autoridades soviéticas foram coniventes com isso, quando os expurgos ameaçaram comprometer as cotas de produção nas fábricas sob seu controle. A maioria dos nazistas "menores" foi absorvida confortavelmente no Partido Comunista, cujos métodos autoritários lhes seriam bem familiares. Os arquivos referentes aos ex-nazistas mais importantes foram mantidos, para o caso de se mostrarem problemáticos.

O dilema era o mesmo em todas as zonas. Não se podia efetivamente eviscerar as elites alemãs, não importa quão detestáveis fossem, e ao mesmo tempo esperar poder reconstruir o país, fosse no comunismo ou no capitalismo. Os Aliados logo viram na recuperação econômica um objetivo mais importante do que restabelecer um senso de justiça, embora por razões opostas. Os soviéticos queriam reconstruir sua Alemanha "antifascista" como um estado-tampão contra o imperialismo capitalista; os Estados Unidos, a Grã-Bretanha e companhia precisavam de "sua" Alemanha como um bastião democrático contra o comunismo.

As opiniões do general Patton em 1945 no tocante à desnazificação e a ex-nazistas — de que "essa coisa de nazistas é igual à luta eleitoral entre democratas e republicanos" e de que "vamos precisar dessa gente" — eram historicamente grosseiras e, para prejuízo de sua própria carreira, foram emitidas cedo demais. Eisenhower teve de destituí-lo do cargo de governador militar da Baviera. Mas ele tinha sido mais indiscreto do que excêntrico em suas opiniões. Um ano após a derrota alemã e os expurgos iniciais, a maioria dos funcionários americanos tinha aderido à visão de Patton. Os britânicos, em particular, desde o início consideravam a ânsia dos americanos em punir os alemães ridícula e contraproducente. Con O'Neill, um funcionário da chancelaria que não escondia seu desdém pelo que ele chamava de "zelotes de baixo nível", tinha a dizer o seguinte sobre a determinação da Lei nº 8 de excluir todos os membros do Partido Nazista de qualquer atividade, exceto do trabalho subalterno: "Como exemplo de imbecilidade sistemática e meticulosa, seria difícil de ser batida".[16]

A história de Hermann Josef Abs é instrutiva. Comparado a outros homens de negócios e industriais, seus crimes como banqueiro durante o Terceiro Reich parecem ter sido menores. Ao contrário de, digamos, Alfried Krupp, ele não empregou mulheres e crianças para que trabalhassem como escravos até a morte. Nem foi amigo pessoal de Himmler, como Friedrich Flick, cujo império de carvão e aço explorou de maneira particularmente brutal o trabalho em campos de concentração. Abs nem mesmo era membro do Partido Nazista ou oficial da ss, como tinham sido Wilhelm Zangen, diretor-presidente da Mannesmann em Düsseldorf, ou Otto Ohlendorff, burocrata econômico e líder de um esquadrão da morte na Ucrânia.

Abs nunca sujou as mãos. Nativo da Renânia, não sentia nada além de desprezo pelo espírito militarista prussiano. Católico moderado que falava inglês fluentemente, trabalhou para bancos judaicos antes da guerra e foi um bom amigo de Sigmund Warburg; é provável que Abs jamais teria se envolvido com os nazistas se não fosse um tecnocrata alemão muito ambicioso na década de 1930. Mas ele era diretor do Deutsche Bank e tornou sua empresa mais rica ao "arianizar" firmas judaicas. Além de administrar a conta particular de Hitler, Abs foi também banqueiro de companhias como Siemens, Krupp e I. G. Farben, que construíram vários campos em torno de Auschwitz. Talvez Abs não tenha agido com base em um vulgar fervor ideológico. De fato, é quase certo que não o tenha feito. Mas, sem homens como Abs, o empreendimento criminoso de Hitler teria sido muito menos eficiente.

Quando foi posto num jipe britânico depois de ser encontrado na casa de um amigo aristocrata em junho de 1945, Abs temeu o pior. No entanto, em vez de cair na prisão, ele foi conduzido a um dos poucos hotéis em Hamburgo que se mantinham de pé, onde um velho amigo seu da City de Londres, um banqueiro chamado Charles Dunston, o cumprimentou com grande efusão. Dunston tinha feito negócios na Alemanha antes da guerra e era grande admirador de toda a pompa uniformizada do movimento nazista. "Foi como nos velhos tempos", é a lembrança de Dunston daquele encontro amigável. "Eu não lhe fiz perguntas sobre a guerra. Isso não importava." Abs desculpou-se por sua aparência, explicando que não dispunha de material adequado para se barbear. Mas, para Dunston, ele parecia o mesmo de sempre: "Nem um só cabelo fora do lugar. Mais que depressa lhe perguntei se ajudaria a reconstruir o sistema bancário alemão. Ele concordou de bom grado".[17]

As coisas não se passaram exatamente como planejado. Os americanos, malgrado os protestos britânicos, ainda insistiam que Abs fosse preso como suspeito de crimes de guerra. Mas, quando foi trancado na prisão, ele recusou-se a continuar prestando assessoria financeira aos britânicos a menos que fosse solto. Levou três meses para os britânicos convencerem as autoridades americanas a deixá-lo sair.

Alfried Krupp — que recebeu seus captores americanos no vestíbulo de sua casa de campo em Essen dizendo "Esta é minha casa, o que vocês estão fazendo aqui?" — foi a julgamento em Nuremberg, assim como o industrial Friedrich Flick. Quando os britânicos chegaram para prender o barão Georg von Schnitzler, diretor da I. G. Farben, responsável por trabalho escravo em Auschwitz, entre outras coisas, ele os saudou com a maior tranquilidade, vestido em roupas de golfe talhadas no mais fino tweed escocês. Era um prazer muito grande, ele declarou, estar mais uma vez livre para retomar suas antigas amizades com lorde X e lorde Y, bem como com os Du Pont de Wilmington, Delaware. Eles eram amigos maravilhosos, e havia sido doloroso ter se apartado deles nos últimos anos.[18] Foi condenado a cinco anos por "pilhagem e espoliação". Schnitzler voltou aos negócios e à sociedade após um ano. Krupp foi condenado a doze anos por trabalho escravo e cumpriu três. Flick também foi libertado do conforto da prisão de Landsberg depois de cumprir três anos de sua sentença de sete. Durante o tempo de seu cativeiro, Flick pediu e recebeu assessoria financeira de Hermann Abs, que assumira um papel de liderança na reconstrução da Alemanha Ocidental, nas diretorias do Deutsche Bank, da Daimler-Benz e da Lufthansa, entre outras companhias. Quando o controle da Krupp foi transferido para uma fundação, na década de 1960, um dos principais supervisores dessa transição foi Hermann Abs.

Pelo menos alguns dos membros da elite industrial de Hitler passaram algum tempo na prisão, embora com acesso a boa comida e vinhos bem razoáveis. Seus colegas japoneses foram poupados de tal destino. Os expurgos no Japão, afora algumas prisões de suspeitos de crimes de guerra, tiveram a intenção de ser "preventivos", e não "punitivos". O que se pretendia que evitassem era o ressurgimento do "militarismo". O problema foi que os americanos estavam inseguros quanto a quem expurgar, e por demais inclinados a enxergar o Japão como uma versão oriental do Terceiro Reich.

Quem exatamente tinha "induzido a erro o povo do Japão"? Não o imperador, uma vez que o Scap já tinha decidido que ele era inocente. A organização militar que mais se parecia com um agrupamento alemão era a polícia militar, a *Kempeitai*, muito temida tanto por japoneses como por estrangeiros, por sua eficácia no uso da tortura e do assassinato. Cerca de 40 mil funcionários da *Kempeitai* perderam seus empregos; poucas lágrimas japonesas foram derramadas por eles. Organizações patrióticas ligadas à religião xintoísta, ao culto ao imperador, às artes marciais ou ao planejamento em tempos de guerra podiam ser parecidas com organizações nazistas, mas não eram de forma nenhuma a mesma coisa. O mesmo valia para a Associação Imperial de Assistência Governamental, fundada em 1940 como um grupo político reformista que servia de guarda-chuva para a mobilização de políticos, burocratas e intelectuais para o esforço de guerra. Não havia uma ideologia coerente entre seus membros, e alguns dos fundadores eram na verdade socialistas. O Conselho para Planejamento da Guerra também incluía uns poucos economistas de esquerda. Nem mesmo a política concernente às Forças Armadas era clara. Primeiro foi decidido que todos os oficiais, da mais alta patente até a de major, deveriam ser expurgados. Com certeza ninguém abaixo disso poderia estar numa posição de induzir quem quer que fosse a erro. Quando o general de divisão Richard Marshall, vice-chefe do Estado-Maior, soube disso, irrompeu num acesso de fúria. De acordo com sua experiência, os capitães e tenentes japoneses eram os piores fanáticos. Se não fossem acrescentados à lista, disse, iriam induzir o povo japonês a erro mais uma vez. Depois disso, foram incluídos na lista também.[19] Resumindo, os americanos do Scap não tinham muito critério.

Se houve uma instituição que desempenhou um papel primordial no esforço de guerra japonês foi a burocracia — o Ministério do Interior, encarregado de policiar dissidentes, mas também o Ministério do Comércio e Indústria (que durante a guerra foi absorvido no Ministério das Munições), que controlava o planejamento industrial dos tempos de guerra, e até mesmo o Ministério das Finanças, que tinha um papel preponderante na exploração dos recursos dos países conquistados na Ásia. Burocratas da indústria haviam sido responsáveis por operações vultosas de trabalho escravo no estado fantoche de Manchukuo, em outras partes da China e no próprio Japão, onde um grande número de pessoas foi posto para trabalhar em fábricas e minas, na maioria das vezes em condições atrozes. No entanto, as diretivas de ocupação dos Estados Unidos quanto à maneira de conduzir esses casos eram vagas. Figuras importantes nos altos escalões deveriam ser destituídas. Figuras de baixo nível hierárquico poderiam permanecer em seus empregos. A intenção era que os funcionários expurgados não pudessem mais exercer nenhuma influência. Nunca ficou exatamente claro como seria possível impedi-los de se encontrar com os ex-subordinados para consultas informais, o que acontecia com frequência.

Foi nessa questão — o que fazer com as elites empresariais e industriais — que a administração americana esteve mais dividida. O comandante supremo, em seu estilo tipicamente pomposo, deu o tom: "Foram essas mesmas pessoas, nascidas e criadas como senhores feudais, que mantiveram a maioria do povo japonês numa vida de virtual escravidão, e que [...] aparelharam o país com os instrumentos e com a vontade de empreender uma guerra de agressão". Eles, insistiu o comandante, precisavam ser "impedidos de influenciar o curso da futura economia do Japão".[20]

MacArthur na verdade disse isso em 1947, um ano após ter sido convocado o Tribunal de Tóquio para Crimes de Guerra (formalmente denominado Tribunal Militar Internacional para o Extremo Oriente), modelado a partir dos julgamentos de Nuremberg. Outros americanos adotaram pontos de vista distintos. O promotor-chefe no tribunal de Tóquio, Joseph B. Keenan, ex-diretor do Departamento de Justiça dos Estados Unidos, disse no mesmo ano: "Nunca nos apresentaram nem encontramos evidência de instâncias nas quais líderes proeminentes nos negócios e na indústria conspiraram com quem quer que seja para planejar a guerra ou dar-lhe início".[21]

A forma como os próprios japoneses se sentiam em relação aos expurgos dependia de sua posição política. Uma carta escrita ao Scap expressava o desejo de que ele entendesse que "99% do povo japonês, ao menos até agora, foi fanático e militarista absoluto".[22] Outro missivista, mais moderado, alegava que os "burocratas não têm princípios, a ponto de até terem permitido que um fascista e criminoso de guerra como [...] o ex-ministro do Interior mantivesse seu posto. Ainda que houvesse entre eles um liberal, este seria tímido e passivo".[23]

O que tornou as coisas um pouco mais simples no Japão foi que só uma das potências aliadas, os Estados Unidos, era responsável pela "desmilitarização" e "democratização". Não havia um equivalente do Scap na Alemanha, nem mesmo o general Lucius Clay, que com certeza não teria recebido cartas como uma que dizia: "Vemos MacArthur como um segundo Jesus Cristo".[24] Mas, divididos internamente quanto ao âmbito burocrático e à afinidade política, os americanos na verdade nunca definiram uma estratégia consistente para os expurgos. A governança efetiva do Japão foi confiada a um gabinete japonês, que orientou a burocracia a instituir suas próprias reformas. Embora essas reformas tenham sido, no melhor dos casos, perfunctórias, havia outro objetivo que, malgrado as opiniões do promotor-chefe Joseph Keenan, os condutores do New Deal americano levaram muito mais a sério. Indivíduos que não "dirigissem os esforços de uma futura economia japonesa exclusivamente para fins pacíficos" deveriam ser removidos, e "conglomerados de indústrias e bancos que tivessem exercido controle sobre grande parte do comércio e da indústria" seriam dissolvidos.[25] Esses conglomerados, ou *zaibatsu*, eram considerados os principais belicistas na economia.

Isso foi um choque para os industriais, que, como o banqueiro Hermann Abs e seus colegas na Alemanha, acalentavam contatos da época do pré-guerra com executivos de Londres e de Nova York. Ainda antes de a guerra terminar, o presidente de uma grande companhia siderúrgica, um graduado de Harvard, exclamou (em inglês) numa reunião secreta de industriais: "Nosso amigo está chegando".[26] Homens de negócios japoneses com experiência internacional, muitos deles formados na Europa ou nos Estados Unidos, esperavam ser encarregados pelos americanos, que tinham a mesma mentalidade, da reconstrução da economia japonesa. Em vez disso, foram demitidos, e seus conglomerados empresariais foram desmembrados.

Para os adeptos do New Deal no governo militar de MacArthur, essa foi a conquista de que mais se orgulharam, além das reformas fundiárias que acabaram com o "feudalismo" no Japão rural. Muitos esquerdistas japoneses sentiram-se enormemente encorajados pela política americana. Nos primeiros anos da ocupação, o governo dos Estados Unidos era visto como o maior amigo da esquerda. O sufrágio feminino, o direito de greve, a negociação trabalhista coletiva — todas essas foram grandes inovações impulsionadas pelos americanos e empreendidas de bom grado pelos japoneses. Os comunistas, bem como os socialistas, começaram a usufruir de considerável poder nos sindicatos e nas instituições de ensino superior.

Mas mesmo alguns japoneses de esquerda, que não nutriam sentimentos calorosos em relação aos industriais, ficaram um tanto espantados com a principal culpa atribuída aos *zaibatsu*. Numa carta ao amigo Donald Keene, Theodore de Bary, então um oficial naval, menciona uma conversa com um empresário de Tóquio chamado Miyauchi, que se dizia socialista e democrata. De Bary perguntou-lhe sobre o papel dos *zaibatsu* nos tempos de guerra. Miyauchi respondeu que eles não tinham muita influência no setor militar. Sim, alguns dos novos *zaibatsu*, como a Nissan, conseguiram se manter fora da guerra, mas as "Quatro Grandes" antigas famílias *zaibatsu* — Mitsubishi, Mitsui, Sumitomo e Yasuda — tinham sido cooptadas como todas as outras: "Eram fracos, os *zaibatsu* eram fracos".[27]

De Bary não se convenceu inteiramente. Ouvira essa afirmação dos japoneses com tanta frequência que suspeitava da influência da propaganda militar. Ele escreveu: "O Exército, durante a década de 1930, deve ter propagado a ideia primeiro, para depois provar sua veracidade comprando ou intimidando os *zaibatsu*".

Uma coisa é certa: indo atrás dos *zaibatsu* e deixando a burocracia mais ou menos em paz, os americanos demonstraram que não tinham de fato compreendido como funcionava o sistema japonês na época da guerra. Mas não era apenas uma questão de ignorância ou mal-entendido; era uma confluência de opiniões por parte dos planejadores idealistas americanos, que queriam ajudar a construir um novo Japão, e dos "burocratas reformistas" japoneses, que esperavam manter o mesmo controle sobre a economia dos tempos de guerra, embora com finalidades mais pacíficas.

Não que nada tivesse sido feito. Por volta de 1948, as carreiras de mais de 900 mil pessoas tinham sido escrutinadas, e mais de 1,5 milhão de questionários, examinados. O Ministério do Interior foi dissolvido, as Forças Armadas, debandadas, e 1800 burocratas foram expurgados. A maioria destes (70%), porém, era constituída de ex-policiais e outros funcionários do Ministério do Interior. Burocratas da economia quase não foram tocados. No antigo Ministério das Munições, somente 42 pessoas foram demitidas, e do Ministério das Finanças, apenas nove.[28] O homem que dirigia o Ministério das Munições — depois de ter sido encarregado do trabalho escravo na Manchúria e de ajudar a planejar o empreendimento imperialista japonês conhecido como Esfera de Coprosperidade da Grande Ásia Oriental — chegou a ser preso, mas nunca foi formalmente acusado de crimes de guerra. Seu nome era Nobusuke Kishi, e sua carreira floresceu depois que saiu da prisão; ele se tornaria primeiro-ministro do Japão.

Na história da Esfera de Coprosperidade da Grande Ásia Oriental, as Filipinas ocupam um lugar curioso. O país foi invadido e ocupado pelos japoneses em 8 de dezembro de 1941, dez horas após o ataque a Pearl Harbor. Douglas MacArthur, então oficialmente marechal de campo do Exército filipino, retirou-se para a Austrália em março do ano seguinte, mas assegurou: "Eu voltarei". O presidente filipino, Manuel Quezon, também foi para a Austrália e daí para Washington, DC, onde estabeleceu um governo no exílio. Isso, por si só, era incomum; não havia um governo indonésio no exílio, ou governo birmanês no exílio. Havia um governo tailandês no exílio, mas a Tailândia nunca fora uma colônia. Quando da invasão japonesa, as Filipinas eram algo entre uma colônia e um Estado. Já tinha status de "commonwealth", e esperava-se sua independência em 1946. Os japoneses, embora tivessem prometido, nas palavras do general Masaharu Homma, emancipar os filipinos da dominação opressiva dos Estados Unidos, na realidade recolonizaram o país de maneira brutal. Apesar de as Filipinas terem sido formalmente declaradas uma república independente em 1943, sob a presidência de José Laurel, os japoneses exerciam domínio total. Por trás de cada funcionário do governo filipino havia um "consultor" japonês, e por trás de cada consultor estavam o Exército japonês e a temida polícia *Kempeitai*. A república, em resumo, era uma farsa.

Havia, contudo, um firme movimento de resistência contra os japoneses. As mais efetivas guerrilhas antijaponesas, que operavam nas áreas rurais da ilha principal, Luzon, não compartilhavam das visões políticas nem de Quezon nem de Laurel. O Hukbalahap, ou Exército Popular Antijaponês, era formado por camponeses revolucionários e descalços cujos inimigos não eram apenas os japoneses, mas também as grandes famílias filipinas proprietárias de terras. Enriquecidos por suas vastas plantações de açúcar e de coco, os donos das terras, sob a máscara de democratas, conduziam o país como uma oligarquia feudal. O mais famoso líder huk, chamado Luis Taruc, era filho de um meeiro. Outra figura de destaque era uma enorme e brava guerreira chamada Felipa Culala. Seu nome de guerra era Dayang Dayang. Até os japoneses a temiam.

Como muitos dos proprietários de terras tinham fugido de seus latifúndios durante a ocupação japonesa, os huks fizeram o mesmo que os comunistas em outros países: apoderaram-se das terras e estabeleceram uma espécie de estado dentro do estado. Seus disciplinados "esquadrões" de combate eram cruéis matadores de japoneses, mas também de todo filipino suspeito de colaboracionismo ou indisciplina. Até mesmo a formidável Dayang Dayang foi punida quando descumpriu as regras. Seguindo seu próprio lema de que "os que não ficarem ricos nesta guerra têm o miolo mole", ela se envolveu numa farra de pilhagem, de búfalos aquáticos a joias. Foi apanhada, julgada e fuzilada.[29]

José Laurel e a maioria de seus pares no governo fantoche, como Manuel Roxas e Benigno Aquino, eram da elite das famílias proprietárias de terras, cujo poder os huks gostariam de derrubar, mesmo sem a ocupação japonesa. Considerando que estavam servindo os japoneses e promovendo uma causa antiamericana, pan-asiática, eram sem dúvida nenhuma colaboracionistas. Mas, como no caso da colaboração de outros nacionalistas asiáticos em antigas colônias ocidentais, seus motivos eram complexos. Laurel era um homem de currículo notável, graduado na Escola de Direito de Yale, senador e juiz associado na Suprema Corte de Manila. Embora membro da elite colonial, pode ter genuinamente acreditado que o "asianismo" militante japonês era necessário para desligar os filipinos de sua dependência dos Estados Unidos. Alegações semelhantes tinham sido feitas por *quislings* europeus, segundo os quais uma nova ordem conduzida pela Alemanha nazista poderia restaurar algum vigor a suas sociedades decadentes. Estavam, contudo, traindo nações independentes. Já Laurel, Sukarno e outros agiam sob governo ou domínio estrangeiro, antes e depois do desembarque japonês.

Laurel continuou sendo alvo prioritário das guerrilhas filipinas. Quando jogava uma partida de golfe com Benigno Aquino no Clube Campestre e de Golfe Wack Wack, em junho de 1943, foi alvejado nas costas por dois combatentes, um dos quais era chamado de "Little Joe". Mais tarde naquele ano, depois de se recuperar dos ferimentos, Laurel compareceu à Grande Conferência da Ásia Oriental, em Tóquio, onde se pactuou uma fraternidade e cooperação asiática. No ano seguinte, concordou em declarar guerra aos Estados Unidos, como tinham solicitado os japoneses.

Enquanto isso, em outubro de 1944, o general MacArthur cumpriu sua promessa aos filipinos de que voltaria. Para intensificar a carga dramática do evento, desembarcou nas águas de Leyte — uma figura carrancuda usando óculos de aviador. Na verdade, atravessou a arrebentação mais de uma vez para que se pudesse ter uma imagem perfeita para os cinejornais. E repetiu a cena em Luzon. Em seu estilo bíblico habitual, certamente para agradar os católicos e o lado místico dos filipinos, ele declamou: "Povo das Filipinas, eu voltei. Pela graça de Deus Todo-Poderoso nossas forças estão de novo no solo das Filipinas — solo consagrado pelo sangue de nossos dois povos [...]. Juntem-se a mim [...]. A mão do Deus divino aponta o caminho".

Em seu lento e muitas vezes sangrento avanço até Manila, as tropas americanas tiveram a ajuda ativa dos huks. As guerrilhas filipinas expulsaram os japoneses de várias regiões da porção central de Luzon; desfraldavam a bandeira americana juntamente com a filipina e estabeleceram seu próprio governo, esperando o apoio dos Estados Unidos à república socialista independente das Filipinas. Contudo, não foi o que aconteceu. Apesar de ter proferido algumas palavras de elogio ao espírito combativo dos huks, MacArthur foi persuadido a trazer de volta aqueles que conhecia melhor, ou seja, a antiga elite dos proprietários de terra. Malgrado seu voto de "perseguir e encontrar cada filipino desleal", MacArthur fez de Manuel Roxas, membro leal do governo fantoche de Laurel, um general de brigada do Exército dos Estados Unidos.[30]

Os huks receberam ordem de depor as armas. Quando se recusaram, foram presos. Alguns foram encarcerados sem acusações formais. Um deles era Luis Taruc, que na prisão dividiu cela com vários ex-parceiros dos japoneses. Quando 50 mil camponeses marcharam em protesto até o Palácio Malacañang, em Manila, Taruc foi solto, mas muitas de seus combatentes continuaram na cadeia. O que se seguiu foi obscuro. Armas foram desviadas, dinheiro mudou de mãos. A imprensa de Manila publicou histórias segundo as quais Laurel e seus colegas teriam agido como patriotas impecáveis durante a guerra, protegendo os filipinos da melhor maneira possível dos horrores infligidos pelos japoneses.

MacArthur referiu-se a Roxas como "um dos fatores primordiais no movimento de guerrilha". Os filipinos foram aconselhados a deixar de lado o "ciúme mesquinho" e a "incompreensão desnecessária", pois tais coisas iriam apenas "impedir o progresso".[31]

Como primeiro presidente das Filipinas depois da Segunda Guerra Mundial, Manuel Roxas declarou uma anistia para colaboracionistas dos tempos de guerra. Milhares foram libertados da prisão. Luis Taruc saiu para as montanhas, e os huks tornaram-se o Exército para a Libertação do Povo, precursores do Novo Exército do Povo, de inspiração maoista. E as antigas famílias de proprietários de terras, mais uma vez com o firme controle de suas propriedades, continuaram a dominar a política filipina. Isso ainda prevalecia em 1986, depois que o "poder do povo" depôs Ferdinand Marcos, inspirando o mundo com a promessa de uma democracia asiática. A estrela do Poder do Povo era Corazon "Cory" Aquino, nora de Benigno Aquino. Seu vice-presidente era "Doy" Laurel, filho de José Laurel. Enquanto escrevo este livro, o presidente é Benigno Aquino iii, filho mais velho de Cory.

Para restaurar legitimidade a um país devastado, é de grande ajuda ter uma figura simbólica para explorar. Pode ser um monarca respeitado, um herói da resistência, até mesmo um general estrangeiro cuja imagem seja compatível com a de salvador. O estilo do general Douglas MacArthur pode ter sido um pouco histriônico, e até mesmo egomaníaco para alguns, mas ele desempenhou esse papel com perfeição tanto no Japão como nas Filipinas. Seu uso do imperador japonês como símbolo de continuidade foi calculado como complemento de sua própria atuação como xogum temporário. O heroísmo, inclusive o de MacArthur, é muitas vezes matéria teatral, e em alguns casos uma completa ficção. Na Coreia de Norte, por exemplo, o "Grande Líder" Kim Il-sung foi imposto pelo Exército Vermelho soviético como um grande herói partisan que tinha, sozinho, expulsado os japoneses da península coreana. Na verdade, ele passou a maior parte da guerra num campo de treinamento soviético próximo a Khabarovsk.

Quando as lideranças de regimes anteriores à guerra perdem a credibilidade e têm sua legitimidade contestada, cria-se a base para uma guerra civil. Ela irrompeu com força total na Grécia e, depois de um ano de embates experimentais e escaramuças, logo se desencadeou na China também.

O generalíssimo Chiang Kai-shek, que os americanos conheciam como Gimo, e o comandante dos Estados Unidos para a China em tempos de guerra, general Joseph "Vinegar Joe" Stilwell, o chamado "Cabeça de Amendoim", estavam formalmente no controle da China. No entanto, era bastante claro que muitas regiões do país estavam fora de seu domínio. Gimo se apresentava, e era descrito na propaganda americana do período de guerra, como um grande líder nacional, que combatia heroicamente os japoneses. Mas Mao Tsé-tung, isolado com seu exército de guerrilheiros no noroeste, difundia a ideia — não de todo espúria — de que Chiang no melhor dos casos tinha sido passivo e, no pior, um colaborador dos japoneses contra o comunismo. Os comunistas alegaram que *eles* eram os verdadeiros resistentes, e Mao, o herói nacional. Na verdade, ambas as facções consideravam os japoneses um problema secundário e tedioso, do qual os Estados Unidos iriam posteriormente cuidar. Os verdadeiros inimigos estavam em casa. Quando dois exércitos chineses hostis um ao outro se alinharam para a batalha final, cada uma dessas narrativas heroicas foi contraposta à outra.

Os dois líderes acabaram se encontrando, logo após a guerra, numa longa reunião na capital nacionalista dos tempos de guerra, Chungking (hoje se escreve Chongqing). Eles na verdade não se suportavam, mas sentiam mútuo respeito pela firmeza do outro, como os chefes de gangues rivais. Mao fez um brinde a Chiang no banquete oficial e desejou-lhe 10 mil anos de prosperidade. Numa tentativa de evitar uma guerra civil total, foram encetadas negociações sobre divisão de poder, quem ocuparia que partes do país, que tipo de governo poderia ser partilhado e assim por diante. Não se chegou a nenhum acordo duradouro. Mao disse a seus camaradas que a declaração de intenções pacíficas ("democracia", "um só exército", a "liderança" de Chiang) era "um mero pedaço de papel".[32] Mas o embaixador dos Estados Unidos na China, o mentalmente instável Patrick J. Hurley, que tinha envergonhado seus anfitriões chineses lançando estridentes gritos de guerra dos índios Choctaw, ainda tinha esperança de que ele, um homem cujo conhecimento sobre a China beirava o nada, iria conciliar as duas partes. Todo americano que alimentasse dúvidas quanto a isso, inclusive diplomatas muito mais capacitados, era, na fervorosa imaginação de Hurley, um traidor e provavelmente um comunista.

O repórter do *New York Times* percebeu bem a situação. Numa reportagem de 6 de outubro, ele escreveu: "Para os ocidentais que se perguntam por que está havendo tanto regateio, deve-se ressaltar que as tropas são o fator decisivo na política chinesa". Não apenas isso, as armas também eram decisivas, motivo por que Chiang insistia em ter o direito exclusivo de desarmar os japoneses, e por que Mao decidiu ignorar isso.

No verão de 1945, os nacionalistas de Chiang tinham um exército de cerca de 4 milhões de homens espalhados por toda a China meridional e central. Mas eram mal treinados, indisciplinados e frequentemente liderados por oficiais corruptos e incompetentes. "Exércitos fantoches" criados pelos japoneses em Manchukuo, no norte da China, e em Nanquim (Nanjing), a antiga capital nacionalista, contavam com mais de 1 milhão de homens. Estavam mais bem equipados do que os nacionalistas, e como guerreiros eram superiores. Em vez de desarmá-los, Chiang preferiu absorvê-los em suas próprias fileiras. Formou-se então um contingente de guerreiros provincianos cuja lealdade era em primeiro lugar consigo mesmos, e sempre flexível.

Os civis chineses temiam a chegada dos nacionalistas em suas aldeias e cidades, pois as tropas tendiam a se comportar mais como bandidos do que como soldados, saqueando propriedades, roubando comida, estuprando mulheres e coagindo camponeses a se juntar ao exército. Tropas fantoches e exércitos de lideranças locais não eram muito melhores. Os comunistas, que tinham cerca de 1 milhão de soldados e 2 milhões de milicianos, também podiam ser comandantes implacáveis, mas pelo menos compreendiam o valor da disciplina. Suas relações públicas eram melhores; eles se deram conta de que uma guerra é ganha em parte por meio de propaganda. Serem considerados um heroico exército do povo foi um de seus grandes ativos.

Grande parte da China não só estava horrivelmente destruída, como também corrompida pela ocupação estrangeira, pelo desgoverno das lideranças locais e por muitos anos de expurgos e contraexpurgos, num conflito civil que com frequência era tão brutal quanto fora a guerra com o Japão. Donald Keene, o estudioso especialista em Japão, era então um jovem oficial da Marinha dos Estados Unidos estacionado em Tsingtao (Qingdao), cidade portuária no mar Amarelo, conhecida por sua base naval, pela arquitetura europeia e pelas cervejarias em estilo alemão. A Marinha Imperial japonesa ainda estava na cidade quando chegaram os fuzileiros americanos, e Keene logo sentiu "algo suspeito no ar", um cheiro de impostura e de corrupção; "a acusação de colaboracionismo é tão disseminada quanto o caráter genericamente suspeito da cidade em si".[33]

Ele descobriu que Tsingtao ainda era dirigida por chineses nomeados pelos japoneses, em geral de caráter duvidoso, que tinham se dado bem com a ocupação estrangeira. Viu oficiais navais japoneses gabando-se de suas façanhas dos tempos de guerra, e chineses sendo expurgados por colaboracionismo por outros chineses cujos históricos eram tão condenáveis quanto; a intenção era simplesmente saquear as propriedades dos suspeitos. Tsingtao era um lugar de combalidos aventureiros políticos, gângsteres, espiões de lealdades voláteis e japoneses que ainda se comportavam como uma raça de senhores. Nada disso era exclusivo de Tsingtao. Keene ouviu relatos de outras partes da China sobre tropas japonesas fortemente armadas a quem os nacionalistas pediam que ajudassem a combater os comunistas. Esses relatos se mostrariam verdadeiros. Algumas facções de direita no governo de Chiang efetivamente queriam começar uma guerra imediata com os comunistas, com um ativo apoio dos japoneses. O cauteloso Gimo não queria chegar a esse ponto, mas um grande número de tropas japonesas foi usado para guardar ferrovias chinesas e muitas outras instalações contra possíveis ataques comunistas.

Houve represálias contra os japoneses aqui e ali, porém, no todo, tanto nacionalistas como comunistas concentraram-se em seus inimigos domésticos, e os nacionalistas precisavam da ajuda japonesa. Além disso, na maioria das vezes as relações entre chineses e japoneses eram complicadas demais para comportarem soluções simples.

Uma das cenas mais grotescas do período imediato do pós-guerra aconteceu em Nanquim, onde dezenas de milhares, possivelmente centenas de milhares de chineses, tinham sido massacrados e violentados numa grande chacina, em 1937. O Estupro de Nanquim ainda figura como uma das piores atrocidades da Segunda Guerra Mundial. O general Yasuji Okamura não teve envolvimento direto no massacre, mas foi responsável por crimes de guerra igualmente horrendos. Em 1938, tropas sob seu comando assassinaram um incontável número de civis com armas químicas. Sua política de terra arrasada, conhecida pelos chineses como "Três Totais" ("matança total, queima total, pilhagem total"), causou a morte de mais de 2 milhões de pessoas em 1942. Todos os homens entre quinze e sessenta anos de idade foram declarados alvos da matança por suspeita de serem antijaponeses. E o sistemático sequestro de mulheres jovens, a maioria da Coreia, para servirem como escravas sexuais em bordéis do Exército também aconteceu sob a supervisão de Okamura.

Mas quando Okamura rendeu-se ao general Ho Yin-chin, em Nanquim, no dia 9 de setembro de 1945, o general Ho curvou-se ante o general japonês e desculpou-se pela indignidade daquela cerimônia humilhante. Ho, que tinha sido treinado por Okamura na academia militar de Tóquio, chamou-o de "sensei", professor.[34] E assim Okamura continuou a ocupar o prédio do Ministério do Exterior em Nanquim como se nada tivesse mudado. Quando enfim foi indiciado por um tribunal, três anos depois, por crimes de guerra, o próprio generalíssimo o protegeu de outras indignidades e o manteve como consultor militar dos nacionalistas. Yasuji Okamura morreu em paz, em sua cama, em 1966.

Na realidade, a chave para a guerra civil chinesa estava na Manchúria. O primeiro a tomar essa importante região de indústrias pesadas e minas, instaladas e administradas pelos japoneses, estaria numa posição quase inexpugnável. Conforme citado, os soviéticos tinham chegado lá primeiro e levado todos os ativos industriais e financeiros que pudessem ser transportados para a União Soviética. Seus primeiros encontros com os comunistas chineses nem sempre foram cordiais. Os desalinhados soldados chineses eram muitas vezes tratados com desdém pelos oficiais do Exército Vermelho soviético, e a falta de intérpretes tornava a comunicação entre eles quase impossível. Além disso, Stálin, em benefício da estabilidade como grande potência, tinha decidido reconhecer provisoriamente o generalíssimo como o legítimo líder chinês.

Todavia, mais e mais comunistas chineses do Exército da Oitava Rota infiltravam-se na Manchúria, e em algumas áreas, com a ajuda de comandantes soviéticos que simpatizavam com eles, assumiram a administração local. Como a maioria dos quadros comunistas não tinha nem conhecimento nem raízes numa região que a maior parte dos chineses considerava ser o Norte Selvagem, terra de nômades e de incivilizados, não era uma tarefa fácil. Além das relações tensas com os soviéticos, e da presença sinistra de bandos itinerantes de tropas fantoches, o Exército da Oitava Rota também precisava lidar com uma quantidade de grupos de guerrilha subterrânea, alguns ligados aos soviéticos, alguns pertencentes a comandantes militares das províncias, e alguns filiados aos nacionalistas. Assim como os nacionalistas queriam que japoneses e americanos combatessem os comunistas, os comunistas pediram a assistência soviética para suprimir os "bandidos antissoviéticos".[35]

Enquanto isso, inquieto com o avanço comunista na Manchúria, Chiang implorou aos americanos que transportassem tropas nacionalistas para o norte. Os Estados Unidos concordaram, mas sem muita convicção, pois a política oficial era não se envolver num "conflito fratricida". Os nacionalistas, na maioria das ocasiões, chegavam ao norte tarde demais, em números insuficientes e às vezes nos lugares errados.

A natureza curiosa desse ninho de serpentes que era a Manchúria — as coisas ficariam muito piores; cerca de 300 mil civis morreram de inanição e de doenças no cerco de Changchun pelos comunistas, em 1948 — pode ser mais bem ilustrada com a história de um famoso bordel em Andong, na fronteira com a Coreia do Norte.

Andong, no outono de 1945, era um lugar bem cosmopolita, uma espécie de Casablanca no nordeste da Ásia, habitado por chineses manchus, por coreanos, russos e cerca de 70 mil japoneses — e não só soldados e civis que fixaram residência por lá, mas também refugiados de outras partes do antigo estado fantoche. Aterrorizados com a perspectiva do que as tropas soviéticas fariam com eles, particularmente com as mulheres, os líderes civis japoneses decidiram montar um "cabaré", na realidade um bordel, para desviar a atenção dos não muito bem-vindos russos do mulherio japonês. A tarefa de administrar esse estabelecimento, chamado Annei Hanten (Hospedaria Annei), foi confiada a uma mulher de quarenta e poucos anos chamada O-Machi. Uma ex-gueixa em estâncias termais, ela recrutou mulheres japonesas, muitas das quais não tinham experiência nessa linha de negócios, apelando para seu patriotismo, pedindo que se sacrificassem em benefício do Japão; elas seriam as mulheres kamikazes de Andong.[36]

Ainda existe um memorial de pedra em homenagem a O-Machi em sua cidade natal no Japão, erigido por japoneses agradecidos cujas vidas ela ajudou a salvar. O-Machi orgulhava-se de ser "apolítica" e tratava todos os homens da mesma forma, fossem eles importantes ou irrelevantes, russos, japoneses ou chineses. Embora destinado inicialmente ao entretenimento dos russos, o "cabaré" de O-Machi atraiu também outra clientela, inclusive ex-oficiais japoneses e líderes comunitários, assim como chineses que tinham colaborado com os invasores e agora estavam do lado nacionalista, e até comunistas chineses e japoneses. Com os frequentadores cheios de saquê, vodca e vinhos chineses, trocava-se todo tipo de informação na Hospedaria Annei.

O-Machi passava aos japoneses o que tinha ouvido dos soviéticos acerca de movimentos de tropas e prisões programadas. Muitos japoneses, assim alertados, conseguiram desaparecer a tempo. Havia espiões e agentes duplos, "rabanetes vermelhos" (anticomunistas fingindo serem "vermelhos") e "rabanetes azuis", ou infiltradores comunistas disfarçados de anticomunistas. Armavam-se golpes e contragolpes. Foi arranjado um casamento na Hospedaria Annei entre uma empregada japonesa e um espião comunista chinês (que poderia ser um rabanete vermelho), de modo que os japoneses pudessem descobrir o que os comunistas estavam tramando. Um golpe militar de direita, planejado por ex-oficiais chineses nacionalistas e japoneses que dispunham de peças de artilharia escondidas nas colinas que dominavam Andong, foi organizado na Hospedaria Annei, mas fracassou quando as esperadas tropas nacionalistas não chegaram.

Em vez disso, não muito tempo depois, o Oitavo Exército Comunista entrou na cidade, substituindo o Exército Vermelho soviético. De início, nada parecia ter mudado. Os comunistas foram convidados para um banquete na Hospedaria Annei, embora sem a licenciosa participação feminina, que seus quadros desaprovavam. Quem sabe os japoneses poderiam dar assistência ao Exército da Oitava Rota? Ex-empregados na companhia elétrica japonesa em Manchukuo montaram uma trupe de "teatro vermelho", esperando poder encenar "peças populares" socialistas.

Mas a lua de mel não durou muito. Os comunistas decidiram que um bordel internacional não era algo do qual a nova ordem estivesse precisando. E, suspeitando de envolvimento japonês no fracassado golpe nacionalista, os comunistas prenderam O-Machi e diversos líderes comunitários japoneses como espiões nacionalistas. Não se sabe muita coisa sobre o que lhes aconteceu depois. O-Machi ficou na prisão durante cerca de um ano, e então, em setembro de 1946, foi executada nas margens do rio Yalu. Se era ou não uma espiã, e para quem, ainda é um mistério.

A França precisava desesperadamente de um sentido de continuidade e legitimidade. As brasas da guerra civil nunca tinham deixado de arder desde a Revolução de 1789. Monarquistas e reacionários católicos vinham combatendo a República desde seu início. A ocupação alemã e o regime de Vichy deram--lhes uma vitória temporária. De Gaulle dificilmente poderia ser considerado um homem de esquerda, nem queria saber desse negócio confuso que era a democracia multipartidária. Mas em nome da continuidade ele se colocou como o herdeiro natural da República que desprezava. Mesmo tendo a Assembleia Nacional votado em 1940 por lhe constituir poder, o governo de Vichy do marechal Pétain foi declarado ilegítimo assim que a guerra terminou. A tarefa do general De Gaulle em 1944 e 1945 era juntar e costurar novamente a França.

O medo de uma guerra civil era bem real. Os comunistas, que desempenharam papel importante na resistência, já em 1941 tinham listas prontas com inimigos a expurgar. Queriam ir atrás dos industriais tanto quanto dos pequenos criminosos da *milice* pró-nazista. O mais importante para ex-resistentes era punir a elite, os líderes, e não somente os *lampistes*, os subordinados que estavam pendurados nos postes de iluminação enquanto seus chefes ficavam livres.[37] Ciente de que era preciso zelar para que fosse feita justiça, e de que a França não poderia permitir expurgos numa escala que viesse a criar tensões intoleráveis numa sociedade já tão sofrida, De Gaulle queria que esse processo terminasse o mais rápido possível, de preferência em questão de poucos meses. A data limite seria fevereiro de 1945, o que obviamente era impossível.

Nessa ocasião, no entanto, grande parte da justiça com as próprias mãos já estava feita. Prisioneiros tinham sido linchados, mais de 4 mil pessoas foram sumariamente executadas, algumas delas enforcadas por multidões frenéticas. Sobretudo no sul da França, algumas regiões estavam quase em estado de anarquia. De Gaulle desaprovava esse tipo de coisa; apenas o Estado deveria ter o direito de punir. Muitos ex-resistentes foram, de fato, presos por demonstrar zelo excessivo na execução de suspeitos de colaboracionismo. Mas poderia De Gaulle realmente culpá-los por isso? Pascal Copeau, jornalista e líder da resistência no sul, escreveu em janeiro de 1945:

> Durante quatro anos terríveis o melhor da França aprendeu a matar, assassinar, sabotar, descarrilar trens, às vezes saquear e sempre desobedecer àquilo que lhe diziam ser a lei [...]. Quem ensinou isso aos franceses, quem lhe deu a ordem de assassinar? Quem senão você, *mon général*?[38]

Para que o Estado pudesse reaver o monopólio da força, a primeira coisa que De Gaulle tinha de fazer era desarmar a resistência. Como os *maquisards*, os combatentes subterrâneos na resistência francesa, tinham obtido suas armas com grande risco durante a guerra, enquanto De Gaulle vivia em segurança na capital britânica, tratava-se de uma tarefa delicada. Resistentes comunistas ainda tinham esperanças de uma segunda Revolução Francesa para a qual iam precisar de seus fuzis. Mas essa possibilidade foi reduzida a quase nada, não só porque os comunistas não contavam com suficiente apoio para um empreendimento tão radical na França, mas também porque Stálin deixara claro que não iria apoiar uma revolução na esfera de influência americana. Stálin tinha outro peixe para fisgar, portanto disse aos comunistas franceses que recuassem. Além disso, De Gaulle fez um acordo com eles. Se quisessem que seu líder, Maurice Thorez, que desertara do Exército francês em 1939 e fugira para Moscou, tivesse permissão para voltar para casa sem ser julgado por traição, teriam de concordar em debandar seus combatentes armados. Muitas armas ainda estavam cuidadosamente escondidas em fazendas remotas, debaixo de assoalhos, ou em armazéns. Mas os comunistas acabaram desistindo, e pouco a pouco o Estado retomou o controle.

Algumas figuras simbólicas, particularmente notórias ou conspícuas durante os anos de ocupação, foram a julgamento. O próprio Pétain foi julgado, mas considerado idoso demais e importante demais para ser executado depois de ter sido condenado por traição, e assim foi banido para uma pequena ilha na costa do Atlântico. Ele morreu e foi sepultado por lá, um velho já em estado de demência destituído de suas honras militares, um destino ignominioso que enfureceu alguns de seus leais seguidores. Em 1973, essa lealdade se expressou numa tentativa de redimir Pétain da humilhação, exumando seus ossos e os transportando para o continente para um sepultamento mais glorioso no cemitério dos mortos na guerra. Quando os ossos do marechal foram descobertos na garagem de seu advogado, Jacques Isorni, foram abruptamente embarcados de volta à ilha, onde, pelo que se sabe, permanecem até hoje.

O ministro mais poderoso de Pétain durante a guerra, o pouco carismático e muito odiado Pierre Laval, teve menos sorte, e sua sentença de morte foi executada. Foi fuzilado em outubro de 1945, depois que sua tentativa de se envenenar com cianeto falhou, pois o veneno estava velho demais para fazer efeito.

Houve também outros julgamentos por crimes de guerra. Mas, antes que pudessem servir como exemplo, o judiciário teve de ser expurgado. O fato de que apenas um juiz na França nos tempos de guerra tinha se recusado a assinar um voto de lealdade ao marechal Pétain veio a constituir um problema. Uma comissão de expurgo formada por juízes e ex-membros da resistência tinha de decidir se os magistrados haviam se comportado como franceses leais. De acordo com essa definição tão vaga, 266 foram considerados deficientes nesse aspecto. Os mesmos critérios foram aplicados a servidores civis. As sanções iam desde uma suspensão temporária com meio salário até a perda do emprego, assim como de outros direitos civis. Dos cerca de 1 milhão de funcionários públicos,

11343 foram punidos com algum tipo de sanção, e 5 mil perderam seus cargos. Assim como acontecia em outros países, a elite dos negócios e da indústria foi em sua maior parte deixada incólume. Notórios simpatizantes dos nazistas, tal como o fundador da L'Oréal, o fabricante de perfumes, não foram sequer tocados.

Louis Renault, fundador da fábrica de automóveis Renault, não era conhecido como nazista. Segundo seu próprio relato, os nazistas lhe apresentaram uma terrível escolha: ou deixar sua empresa ser encampada pela Daimler-Benz e ver seus operários enviados à Alemanha, ou fabricar veículos para as Forças Armadas alemãs. Ele escolheu a segunda opção. Nos círculos comunistas da resistência, Renault era visto como o pior tipo de industrial traidor, um inimigo de primeira ordem. O jornal comunista *L'Humanité* escreveu em agosto de 1944: "Os diretores das fábricas Renault devem ser obrigados a pagar pelas vidas dos soldados aliados mortos como resultado de seu entusiasmo por equipar o inimigo".[39] Uma vez que tão poucos outros industriais foram expurgados, é possível que Renault fosse um bode expiatório, um osso que os gaullistas atiraram para a esquerda. Renault morreu de ferimentos na cabeça na prisão, antes de poder se defender num julgamento justo.

Em muitos casos de magistrados e funcionários públicos expurgados, eles rapidamente voltaram para suas posições anteriores, ou então iniciaram respeitáveis carreiras no setor privado. O caso de Maurice Papon, o último francês a ser julgado por crimes de guerra, foi típico em tudo, exceto em seu desfecho. Responsável, como principal funcionário da polícia em Bordeaux, por enviar mais de mil judeus para os campos, ele não foi a julgamento em 1945. Ao contrário, acabou se tornando um burocrata importante em vários governos: secretário de estado sob De Gaulle, prefeito da Córsega, prefeito na Argélia, onde ajudou a esmagar a rebelião anticolonial, e chefe de polícia de Paris, novamente sob De Gaulle, que lhe conferiu a Legião de Honra por serviços prestados ao Estado francês, e por fim ministro do Orçamento sob o presidente Valéry Giscard d'Estaing. O fato incomum na ilustre carreira de Papon foi que ele viveu o bastante para que seu passado nada palatável o alcançasse. Seu julgamento começou em 1995. Foi preso em 1999, solto em 2002 e multado no equivalente a 3 mil dólares por usar ilegalmente a condecoração da Legião de Honra, da qual tinha sido destituído.

De Gaulle tratou de remendar a França do mesmo modo que o Japão fora "remendado", ou a Itália, ou a Bélgica, ou até mesmo a Alemanha: cuidando que o dano às elites de antes da guerra fosse mínimo. Ele não poderia permitir que sua nação ficasse ainda mais polarizada. A expertise dos homens de negócios, financistas, legisladores, professores, doutores e burocratas era necessária. Eles tinham os contatos certos.

Homens e mulheres da resistência tinham desempenhado seus papéis como bravos dissidentes que arriscavam suas vidas enquanto outros mantinham a cabeça baixa. Isso se deu por todo tipo de razões: fé religiosa, ideologia política, tédio, raiva, sede de aventuras ou apenas um senso de decência. Mas nas escolhas que fizeram tinham sido menos representativos da maioria das pessoas do que os oportunistas e sicofantas.

De qualquer maneira, a punição por má conduta, na França não mais do que alhures, na maior parte das vezes era simbólica, e sua distribuição, quase nunca justa. Enquanto o establishment permanecia relativamente intacto, uma ex-prostituta e possível espiã chamada Marthe Richard fazia lobby, em dezembro de 1945, pelo fechamento dos bordéis em Paris. Um ano depois, a *Loi Marthe Richard* fechava todos os bordéis na França. O motivo alegado para esse zelo muito não francês foi que os bordéis, durante a ocupação alemã, tinham sido os principais centros de "colaboracionismo".

6. O império da lei

Assim que o Exército da Oitava Rota Comunista chegou à Manchúria, no final do outono de 1945, e começou a tomar cidade após cidade dos nacionalistas chineses, que tinham substituído os japoneses em alguns lugares e o Exército Vermelho soviético em outros, os chamados julgamentos populares logo se seguiram. A justiça era sumária, e os rituais legais, rudimentares, quando não primitivos.

Em alguns casos, jornais chineses publicavam anúncios em busca de testemunhas, pedindo a quem quer que tivesse uma queixa contra as antigas autoridades de Manchukuo, o estado fantoche japonês, que se apresentasse. Em Andong, na fronteira do norte com a Coreia, uma escola primária foi transformada num "tribunal do povo". Muitas das acusações eram triviais, às vezes oriundas de amargos resquícios de ressentimentos havia muito reprimidos. Um puxador de riquixá acusou um homem de negócios japonês de ter amassado sua lanterna sem oferecer ressarcimento. Um jovem lembrou que seu pai tinha labutado tão duramente como *coolie*, trabalhador braçal, para uma firma japonesa que morreu de exaustão. Os acusados, que em geral não se lembravam de seus malfeitos, estariam com sorte se saíssem somente com pesadíssimas multas.

Havia acusações muito mais graves também. A justiça popular mostrou-se tão justa quanto rápida nesses casos. Em dezembro, trezentos funcionários japoneses e chineses da província de Andong foram executados nas margens do rio Yalu. Todos eram homens que tinham trabalhado na administração de Manchukuo. Há um relato testemunhal do que aconteceu com dois deles, o ex-governador de Andong, um chinês chamado Cao, e seu vice--governador japonês, Watanabe.

Tiveram a cabeça coberta com capuz preto e condecorações de Manchukuo presas em seus peitos — insígnias de honra transformadas em insígnias de vergonha. Foram então obrigados a desfilar pela rua principal de Andong em carroças puxadas por cavalos, de cabeça abaixada numa demonstração de contrição, empunhando tabuletas de madeira pintadas com caracteres rubros para que todos pudessem ver. Uma dizia "reacionário", a outra, "fantoche". O julgamento popular foi realizado ao ar livre, na presença de uma grande multidão, que tentava ter algum vislumbre dos acusados. O juiz popular gritou: "O que faremos com eles?". "Mate-os! Mate-os!", gritava a turba em resposta. E assim foi decidido. Levaram os homens para a margem do rio, colocaram-nos de joelhos e atiraram neles pelas costas. (Dizem que primeiro as orelhas de Watanabe foram cortadas, mas há contestações.)[1]

O interessante nesses relatos não é a natureza quase farsesca de julgamentos tão sumários, mas a necessidade que se tinha deles. Por que teriam os comunistas chineses insistido em fazê-los? Por que não atirar simplesmente nos malfeitores? Sem dúvida, eles queriam que as execuções parecessem legais. Estabelecer uma forma de legalidade é uma condição necessária de legitimidade, mesmo numa ditadura, ou talvez sobretudo numa ditadura. Mas o conceito de lei em julgamentos ostensivos é totalmente político. O julgamento se torna um ritual para demonstrar a autoridade do Partido Comunista. Os réus em Andong foram acusados não só de terem sido instrumentos do estado fantoche japonês, mas também, após a libertação, de colaborar com os "reacionários" chineses nacionalistas, coisa que dificilmente poderiam evitar, já que os nacionalistas tomaram Andong antes da chegada dos comunistas. Uma vez que o Partido Comunista supostamente representava o poder popular, o papel do povo nessa questão cerimonial era bradar o veredicto que se esperava dele.

Quanto a isso, a China não foi nem exótica nem incomum. Cortes populares semelhantes pululavam onde quer que os comunistas assumissem o poder. O escritor húngaro Sándor Márai estava em Budapeste quando os "antifascistas" húngaros designados pelo Exército Vermelho soviético assumiram o poder, em 1945. Ainda não era um regime comunista. Stálin decidira que uma tomada gradual do poder seria melhor; ele não queria alarmar os Aliados ocidentais cedo demais. Foram realizadas eleições em novembro, nas quais os comunistas não se saíram bem. Mas de qualquer maneira foram os soviéticos que decidiram quem iria participar do governo, e os comunistas, nas palavras de seu líder, Mátyás Rákosi, "cortaram seus rivais como fatias de salame" até 1949, quando finalmente passou a existir a República Popular da Hungria.

Em 1945, Budapeste sofreu sérios danos estruturais no cerco pelas tropas soviéticas e romenas, que se prolongara por vários meses. O Palácio Real estava em ruínas, não havia eletricidade, os telefones não funcionavam e pontes tinham desabado no Danúbio como monstros de aço feridos. Havia escassez de comida. Estranhos entravam nas casas das pessoas para exigir que fossem alimentados, ou só para criar problemas (para expressar seu "ódio", escreveu Márai). Casas de burgueses ricos eram alvos da ira popular. Um novo contingente de autoridades tinha se apossado das antigas câmaras de tortura da Cruz Flechada, e gangues passavam em disparada pelas ruas esburacadas em carros importados americanos. Márai notou uma estranha e febricitante atividade na cidade, que só mais tarde passou a ser uma taciturna letargia. Ele escreveu em suas memórias que "a desonestidade espalhou-se como a peste bubônica". Lei e justiça, segundo ele, "não existiam mais, porém os Tribunais do Povo já estavam operando, e execuções políticas ofereciam entretenimento diário à ralé desocupada, como no tempo de Calígula em Roma".[2]

Desde 1920, na ausência do rei, a Hungria tinha estado sob o comando do almirante Miklós Horthy, oficialmente Sua Sereníssima Alteza o Regente do Reino da Hungria. Esse arranjo peculiar veio após um ano de governo do Partido Comunista, em 1919, sob Béla Kun. O Terror Branco sucedeu ao Terror Vermelho. Horthy, uma figura muito reacionária, embora não exatamente um fascista, por toda a vida nutrira um horror ao comunismo, o qual ele, como muitos outros, tendia a associar aos judeus, dos quais não gostava, mas não a ponto de querer que morressem todos. Numa atitude tola, ele formou uma aliança com a Alemanha nazista no final da década de 1930, mas se esquivou quando Hitler lhe pediu ajuda para o Holocausto. Os judeus húngaros foram achacados, porém protegidos do assassinato em massa até 1944, quando os alemães decidiram tomar as rédeas da situação e invadiram o país. Exércitos alemães estavam sendo dizimados na União Soviética, com centros de suprimentos distantes demais, escassez de materiais e rotas de transporte cortadas pelas forças inimigas. Mesmo assim, numa demonstração de quais eram as verdadeiras prioridades nazistas, mais de 400 mil judeus húngaros foram deportados com impiedosa eficiência. A maioria deles morreu em Auschwitz-Birkenau. Horthy foi obrigado a renunciar, e Ferenc Szálasi, o líder da ferrenhamente antissemita Cruz

Flechada, governou durante 163 dias, com grande brutalidade, oferecendo a Adolf Eichmann, oficialmente encarregado da Solução Final em Budapeste, toda a ajuda de que necessitasse.

O regime antifascista em 1945 deixou claro que todo o governo da Cruz Flechada teria de ser julgado, e a execução era uma conclusão previsível. Um fator comum da justiça popular é que o resultado dos julgamentos raramente é posto em dúvida. Não era uma questão que envolvesse apenas o tribunal popular por si só. A imprensa também desempenhou seu papel. Béla Imrédy, um ex-banqueiro que se tornara espancador de judeus e primeiro-ministro em 1938, foi descrito em seu julgamento por um conhecido jornalista como um "gnomo espichado, escarafunchando no terror", "uma lamentável e desprezível figura", "contorcendo-se como um lagarto cinzento sob o peso da evidência".[3] Vale dizer que em muitas ocasiões a imprensa ocidental não era menos eloquente quando se tratava de processar nazistas.

Um jurista húngaro deixou claro qual seria o real propósito dos julgamentos populares. A intenção não era processar e punir os criminosos de guerra por "simples violações da lei", mas "retaliar contra eles pelos erros políticos que tinham cometido...".[4] Os tribunais eram compostos de gente do partido e sindicalistas, e presididos por juízes profissionais. Às vezes os profissionais, especialmente na corte de apelação, chamada Conselho Nacional das Cortes Populares, eram criticados por ser lenientes demais. O jornal comunista *Szabad Nép* reclamou que "os juízes profissionais com assento no Conselho tinham esquecido completamente que são os juízes do povo. O povo não está brincando com documentos; não procura circunstâncias atenuantes no caso de criminosos de guerra, e sim pede uma retaliação impiedosa contra os responsáveis por sua miséria, seu sofrimento e sua humilhação".[5]

Também o passado ficou sob o firme controle da nova ordem, a qual, repetindo, era controlada pelos soviéticos, mas ainda não em um regime comunista. Juízes julgaram alguns réus — como László Bárdossy, primeiro-ministro em 1941 — responsáveis por esmagar a "democracia" em 1919. O que tinha sido esmagado, na verdade, fora a ditadura do proletariado de Béla Kun, que contava com suas próprias formas de coação e justiça sumária. Porém, não eram só homens que estavam em julgamento, mas o sistema que eles representavam. László Budzinsky, o ministro da Justiça no governo da Cruz Flechada, foi condenado à morte porque, segundo o Conselho Nacional, "25 anos de um sistema de governo opressivo" tinham "levado o país à beira da destruição".[6]

Em termos numéricos, a Hungria na verdade não estava entre as nações mais severamente envolvidas nesses julgamentos. Mais de 57 mil pessoas foram processadas por colaboracionismo na Bélgica.[7] Na Holanda, 50 mil colaboracionistas foram sentenciados.[8] Na Hungria, perto de 27 mil. Na Grécia, 48 956 pessoas eram mantidas na prisão no final de 1945. Mas todas eram esquerdistas.

A Grécia é o melhor exemplo de um país onde tanto comunistas como anticomunistas abusaram dos julgamentos políticos, às vezes até ao mesmo tempo. Tribunais populares já eram instalados desde 1943, em áreas libertadas pelo esquerdista Exército Nacional da Libertação do Povo, o braço militar da Frente de Libertação Nacional, controlada pelos comunistas. Os tribunais eram parte do esforço para instalar um estado socialista na Grécia ocupada. Os Tribunais do Povo, constituídos por combatentes das ELAS e outros "camaradas" — camponeses, caminhoneiros e afins —, julgavam criminosos comuns, criminosos de guerra e colaboracionistas.[9] As sentenças tendiam a ser severas. Muitos eram executados pelas guerrilhas depois de um julgamento rápido, ou às vezes sem nenhum julgamento.

O crime mais comum na Grécia rural parecia ser o de roubo de gado. No entanto, no vilarejo de Deskati, na região central do país, as guerrilhas estavam ocupadas demais para cuidar desse tipo de criminoso. Simplesmente disseram aos aldeões que o roubo de gado tinha de acabar, uma vez que "não temos prisões ou exílios onde manter os ladrões. Se um de vocês for pego roubando, só vai ter de nos dizer o que prefere que cortemos, sua cabeça ou suas pernas. A decisão é sua".[10] Ao que tudo indica, a medida foi eficaz. Os roubos, ao menos em Deskati, acabaram. O Tribunal do Povo cuidou do caso curioso de um jovem que declarou seu amor a uma moça, mas depois pediu outra em casamento. O tribunal ofereceu-lhe uma dura escolha: casar com a primeira moça ou ser executado. Ele hesitou até o último minuto antes de decidir que preferia viver.

Os Tribunais do Povo eram implacáveis com colaboracionistas — policiais e agentes da polícia que tinham trabalhado para os alemães, promotores do fascismo, eslavófonos da Macedônia que ajudaram nos esforços dos búlgaros para abocanhar um naco de território grego, ou inimigos de classe que se interpunham no caminho da revolução. Quando a Grécia foi libertada da Alemanha, na primavera de 1944, houve um curto período no qual foi governada por um Governo de Unidade Nacional, mas, mesmo depois do estabelecimento de cortes oficiais para processar os colaboracionistas, os Tribunais do Povo continuaram a funcionar em certas áreas até 1945. O fato de a Grécia ter dois sistemas legais distintos, um oficial com autoridade limitada, outro não oficial mas com um território mais vasto sob seu controle, mostra quão pouco consenso havia quanto à legitimidade política. Não existia um general De Gaulle grego para costurar as coisas entre comunistas e conservadores, entre monarquistas e liberais. As cicatrizes da guerra ainda estavam muito vivas, as brechas eram profundas demais.

Alguns esforços foram feitos pelos tribunais oficiais do governo para processar os principais colaboracionistas em tempos de guerra, como o primeiro-ministro grego que servira sob os alemães, mas os julgamentos eram lentos e muitas vezes canhestros. Os primeiros-ministros *quislings* alegavam patriotismo, como de costume, como o motivo para terem ficado no cargo. Na verdade, diziam eles, com certa evidência, foram instruídos a ficar em seus postos para melhorar no que pudessem aquela terrível situação com o governo grego no exílio. O chefe do governo no exílio não era outro senão o primeiro primeiro-ministro pós-libertação, Georgios Papandreou, cujo filho e cujo neto seriam mais tarde primeiros-ministros também.

Colaboracionistas mais violentos, como os dos perversos Batalhões de Segurança, dificilmente chegavam a ser processados. Depois que o chamado Acordo de Varzika foi assinado, em fevereiro de 1945, compelindo a esquerda a depor suas armas como antecipação ao referendo nacional sobre o futuro governo, o país virou de pernas para o ar. Ex-colaboracionistas da direita, que tinham se recusado a entregar as armas, aterrorizavam todos de quem suspeitassem ter simpatias pela esquerda. Pessoas eram presas, e às vezes mortas a tiros, só por terem participado dos Tribunais do Povo. Dessa vez o estado dentro do estado era controlado por milícias de direita fora do controle do governo. Como a maior parte da polícia estava do lado da direita, os tribunais não podiam contar com ela para prender ex-colaboracionistas. Em vez disso, antigos partisans e os que os apoiavam eram espancados, torturados e aprisionados por homens armados que tinham trabalhado para os alemães. Para cada ex-colaboracionista na prisão em 1945, havia dez partidários das ELAS.

Um ex-partisan chamado Panayiotis entregou sua arma em fevereiro de 1945. Algumas semanas depois, foi apanhado por ex-membros de um Batalhão de Segurança, levado a uma escola próxima, pendurado de cabeça para baixo e espancado com coronhas de fuzis. Depois açoitaram a planta de seus pés descalços até quebrarem seus ossos, e ele teve de se arrastar por todo o caminho até em casa. Mesmo assim, ele insistia mais tarde, em seu novo lar na Austrália, que havia tido a sorte de "ser vítima da primeira onda da vingança fascista", pois havia "escapado da segunda onda, quando os fascistas condenaram milhares à morte, em seus tribunais".[11] A libertação na Grécia, pois, não representou o fim do conflito civil e dos aparentemente infindáveis ciclos de vingança, e sim o início de algo muito pior ainda por vir.

Quase 2500 anos antes, Atenas foi o cenário da grande tragédia de Ésquilo, *Eumênides*, sobre um caso de assassinato. Orestes matou sua mãe para vingar a morte de seu pai pelas mãos dela. Esses atos infames desencadeiam as fúrias da vingança, agentes do "olho por olho" como método de fazer justiça. Palas Atena, a deusa da sabedoria e padroeira da cidade, convenceu Orestes a se submeter a julgamento. Apenas por meio de uma argumentação racional numa corte legalmente constituída, ela lhe disse, as fúrias da vingança poderiam ser pacificadas. Porém, mesmo um argumento racional apresentado num tribunal nem sempre leva a uma conclusão clara; o júri estava dividido, e coube ao julgamento divino de Atena a libertação de Orestes. Mas as fúrias realmente foram aplacadas por sua decisão:

Jamais possa a discórdia insaciável
vociferar possessa na cidade,
e o pó da terra nunca mais absorva
o sangue escuro de seus próprios filhos
por causa de paixões inspiradoras
de lutas fratricidas oriundas
da ânsia irresistível de vingança[12]

Pouca coisa mudou desde a época em que Atena zelava por sua grande cidade. Acabar com o ciclo da vingança é ainda a melhor razão para realizar julgamentos. Mas o problema dos julgamentos depois de uma guerra, ou da queda de uma ditadura, é que há gente demais para processar. Talvez Stálin estivesse fazendo uma de suas brincadeirinhas de humor negro quando disse a Churchill na Conferência de Teerã, em 1943, que 50 mil oficiais alemães deviam ser sumariamente fuzilados. Churchill, ao que tudo indica, não achou graça e saiu da sala furioso. Mas Stálin tinha razão num ponto. Mesmo que não exista algo como culpa coletiva, há muito mais pessoas culpadas do que as que podem ser julgadas. No entanto, deve-se zelar para que seja feita justiça. Isso não quer dizer que indivíduos submetidos a julgamento por crimes cometidos por milhares, e com a ajuda de milhões, sejam bodes expiatórios. Mas há casos em que pessoas são julgadas simbolicamente, digamos assim, porque outras não podem ser levadas ao banco dos réus, ou por serem muitas, ou por estarem fora de alcance, ou protegidas por motivos políticos.

Um dos piores criminosos de guerra japoneses foi um médico chamado Shiro Ishii, um homem arrogante e solitário, que a princípio granjeou fama como inventor de um sistema de filtragem de água. Certa vez ele deixara o imperador perplexo numa demonstração de seu dispositivo, urinando em sua água filtrada e convidando Sua Majestade a provar um gole. O imperador educadamente recusou. Ishii foi também um dos primeiros, e dos mais obsessivos, promotores da guerra bacteriológica e química. Em 1936, o Exército Imperial deu-lhe permissão para construir uma grande instalação secreta perto de Harbin, em Manchukuo, onde poderia fazer experimentos à vontade. Não só Ishii e sua competente equipe da Unidade 731, que incluía um microbiologista chamado Masaji Kitano, fizeram experiências com peste bubônica, cólera e outras doenças, como milhares de prisioneiros foram usados para tudo que viesse à imaginação do doutor. As cobaias humanas, na maioria chineses, mas também russos e até uns poucos prisioneiros de guerra americanos, eram chamados de "toras" ou "macacos". Alguns eram expostos a experimentos num frio enregelante, outros eram pendurados de cabeça para baixo para ver quanto tempo levava até entrarem em choque, outros ainda eram cortados sem anestesia e tinham seus órgãos removidos, e alguns eram inoculados com germes letais. Outra especialidade da Unidade 731 era infectar um grande número de ratos com bactérias mortíferas e lançá-los sobre cidades chinesas juntamente com milhares de pulgas, em bombas de porcelana suspensas em pequenos paraquedas.

As "instalações para filtragem de água" perto de Harbin foram destruídas pelos japoneses em retirada juntamente com os prisioneiros restantes no verão de 1945, pouco antes da chegada do Exército Vermelho soviético. As ruínas contêm agora um "museu patriótico" com reproduções em cera de Ishii e seus colegas realizando vivissecções. Ishii, Kitano e outros conseguiram voltar para o Japão. Muitos jovens médicos foram capturados pelos soviéticos, que os submeteram a julgamento por crimes de guerra. Mesmo com a promessa do general MacArthur de processar os criminosos de guerra japoneses (sempre com exceção do próprio imperador), Ishii rapidamente desapareceu de vista. Conseguiu convencer seus interrogadores, chefiados pelo general de divisão Charles Willoughby, o "fascista de estimação de MacArthur", de que os dados coletados em seus experimentos na China seriam de grande interesse para o Exército dos Estados Unidos. Willoughby acreditou que os experimentos com humanos, não tão facilmente disponíveis para médicos dos Estados Unidos, tinham produzido informações vitais. Havia uma considerável preocupação de que a União Soviética estivesse à frente dos Estados Unidos nesse tipo de pesquisa e, como depois escreveu um especialista médico do Exército americano num memorando ao Departamento de Estado, experimentos com humanos eram melhores do que com animais, e uma vez que "todo julgamento de crimes de guerra iria revelar completamente esses dados a todas as nações, há a percepção de que se deve evitar tal publicidade no interesse da defesa e da segurança nacional dos Estados Unidos".[13]

O general de brigada Shiro Ishii morreu em paz, em Tóquio, em 1959. O encarregado de seu funeral foi seu vice e braço direito sucessor na Unidade 731, o general de brigada Masaji Kitano. Kitano, um especialista em experimentos com sangue, viria a chefiar a Green Cross Corporation, primeiro banco de sangue comercial no Japão. Esses homens deixaram poucos traços atrás de si, com exceção das ruínas dos laboratórios na prisão próxima a Harbin, e um curioso monumento encontrado num porão de ratos em desuso na China, erigido por Kitano em homenagem aos roedores que tinha dissecado para fins de pesquisa.

O primeiro julgamento por crimes de guerra no Pacífico foi o do general Tomoyuki Yamashita, também conhecido (com respeito no Japão, com pavor em outros lugares) como "o tigre da Malaia". O general Yamashita na verdade esteve por pouco tempo na península Malaia, mas ganhou essa alcunha ao tomar Cingapura em fevereiro de 1942, lutando contra uma força muito superior — 30 mil japoneses contra mais de 100 mil tropas britânicas e do Commonwealth. A humilhante cena na qual Yamashita se defronta com o general de brigada Arthur Percival, com o general japonês exigindo uma resposta imediata à sua pergunta, que era se Percival ia render-se, "sim ou não!", ainda pode ser vista numa placa de cera no parque de diversões na ilha Sentosa, em Cingapura.

O primeiro-ministro na época da guerra, general Tojo, que não gostava de Yamashita e não confiava nele, talvez devido ao seu talento militar superior, ou talvez em virtude do ceticismo de Yamashita quanto à guerra do Japão contra as potências ocidentais, afastou-o do Sudeste da Ásia e o marginalizou em Manchukuo, onde não teria oportunidade de brilhar em campo de batalha nenhum. Yamashita só foi enviado de volta à região após Tojo perder o poder, em 1944. Foi encarregado da ingrata tarefa de defender as Filipinas quando já tinham se tornado indefensáveis.

Em seu julgamento, no outono de 1945, Yamashita foi acusado de ter permitido uma das piores atrocidades cometidas durante a Segunda Guerra Mundial: o Massacre de Manila.

Não há contestação quanto aos fatos. Encurralados em Manila pelo avanço das forças americanas em fevereiro de 1945, mais de 20 mil japoneses, a maioria da Marinha Imperial, receberam ordens de lutar até a morte e de causar tanta destruição à capital filipina quanto pudessem, e enquanto pudessem. Depois de se encharcar em grandes suprimentos de cerveja e vinho de arroz que lhes foram postos à disposição, as tropas caíram numa orgia de violência. Mulheres de todas as idades foram estupradas e assassinadas. Bebês e crianças foram esmagados contra paredes ou despedaçados com baionetas. Homens foram mutilados por esporte e massacrados. Hospitais foram assaltados e pacientes, queimados vivos. Casas e construções foram incendiadas. E durante esse tempo a cidade estava sendo bombardeada pelo ar e alvejada pelos canhões de tanques e obuseiros, enquanto os japoneses enfrentavam as investidas americanas com lança-chamas e bazucas. Depois de um mês de caos, Manila era uma ruína em chamas. A devastação era comparável à de Varsóvia, e cerca de 100 mil filipinos tinham sido assassinados nesse prolongado banho de sangue.

Manila era o território de MacArthur antes da guerra. Seus aposentos no Manila Hotel foram praticamente destruídos na carnificina. Ele lembra seu estado de choque quando presenciou, à distância, o ataque ao hotel:

Subitamente a cobertura irrompeu em chamas. Eles a tinham incendiado. Fiquei observando, com sentimentos indescritíveis, a destruição de minha bela biblioteca militar, minhas lembranças, meus pertences pessoais de uma vida inteira [...]. Estava experimentando até seus mais ácidos resíduos o amargor de um lar devastado e amado.[14]

Para MacArthur, o que aconteceu em Manila em 1945, assim como três anos antes, quando fora expulso pelo Exército Imperial japonês sob o comando do general Masaharu Homma, era uma afronta pessoal. Portanto, os julgamentos de Homma e de Yamashita em Manila eram uma questão pessoal também. De Washington chegaram ordens para que se organizassem julgamentos rápidos, cumprindo decisões tomadas pelos Aliados em junho de 1945, de processar os criminosos de guerra. Sua condução, porém, ficou a cargo de comissões militares sob o comando de MacArthur. Os juízes foram por ele nomeados e os procedimentos, por ele administrados. Isso deixou muitas pessoas que estiveram lá com a nítida impressão de que não eram julgamentos destinados a aplacar a sede de vingança, *eram* uma forma de vingança em si mesmos.

Alguém teria de pagar pelos crimes hediondos em Manila, assim como por outras brutalidades perpetradas sob a ocupação japonesa: a Marcha da Morte de Bataan, em abril de 1942; os prisioneiros mortos de fome; a destruição de aldeias e cidades filipinas; a tortura nas prisões do *Kempeitai*. Como os colaboracionistas na elite filipina eram em grande parte protegidos contra eventuais processos, e os membros mais ativos da resistência estavam sendo esmagados em nome do anticomunismo, era sumamente importante demonstrar aos filipinos, que tanto tinham sofrido, que ainda se fazia justiça; era preciso encontrar um rosto cruel para ser atribuído à massa sem nome dos assassinos. Alguém teria de ser enforcado.

Tomoyuki Yamashita certamente se adequava ao papel: figura atarracada com um pescoço taurino e olhos pequenos e míopes, era a imagem caricata de um criminoso de guerra japonês. Os filipinos foram instados a ver seu julgamento na antiga residência do alto-comissário. Uma velha estava tão amargurada com as experiências pelas quais passara durante a guerra que levou pedras em sua bolsa, para atirar no monstruoso general japonês. E alguns repórteres americanos fizeram o que podiam para condená-lo antes de ter sido sentenciado. Como disse muito bem o repórter que cobriu o julgamento para a *Yank*: "Desde o início dos procedimentos, não se podia encontrar um só trouxa que apostasse dois pesos contra duzentos na absolvição de Yamashita".[15]

E a *Yank* continua:

> No gabinete do alto-comissário com suas marcas de balas, onde ele um dia governara como um conquistador, o general Yamashita, como um criminoso de guerra, estava diante de um tribunal de cinco pessoas. Estava tendo um julgamento justo, de acordo com a lei — algo que o general não se preocupara em oferecer a suas vítimas.

Esse relato está quase totalmente errado. Yamashita nunca tinha estado antes no gabinete do alto-comissário, e com certeza não como um conquistador. Ele chegou às Filipinas pela primeira vez pouco antes de MacArthur desembarcar no golfo de Leyte. Defender o país a essa altura era uma causa sem esperança. Yamashita não conhecia o terreno. A cadeia de comando estava em frangalhos. Suas tropas estavam espalhadas por todas as ilhas das Filipinas. As comunicações, em sua maior parte, haviam sido cortadas. Já não chegava comida à maioria dos soldados que vagueavam nas montanhas. A gasolina era quase indisponível. As tropas estavam mal treinadas e desmoralizadas pela fome, pela exaustão e pelo clima tropical. Acossado pelas guerrilhas filipina, e superado por forças americanas de poderio superior, Yamashita nem sequer teve chance de ver suas tropas, muito menos de liderá--las como um conquistador.

O Massacre de Manila foi, ao menos em parte, resultado do desbaratamento japonês. O quartel-general de Yamashita ficava nas montanhas, a mais de trezentos quilômetros de Manila. Sabendo que não poderia defender a capital, ele ordenou a retirada de todas as tropas japonesas, inclusive a dos fuzileiros, que estavam nominalmente sob seu comando. Manila se tornaria uma cidade aberta, com apenas 16 mil soldados deixados para trás para guardar os suprimentos militares. Mas os comandantes navais vacilaram. Alguns queriam lutar até o último homem. Outros admitiam a retirada, porém não antes de destruir as instalações portuárias. Não estava claro quem comandava quem. Ordens não eram cumpridas. Como tantas vezes ocorria nas Forças Armadas japonesas, oficiais de escalão médio tomavam a frente das coisas, com prevalência dos mais aguerridos. Enquanto um furioso Yamashita insistia mais uma vez em sua retirada, os soldados e marinheiros estavam empacados em Manila sem outra saída senão a morte.

Certamente Yamashita não teve um julgamento justo. Os juízes eram oficiais da burocracia militar cujo conhecimento das leis era tão pobre quanto seu entendimento das condições num campo de batalha. Um deles estava tão entediado que passou boa parte do tempo cochilando. MacArthur pôs todos os recursos necessários à disposição da promotoria, enquanto os advogados de defesa foram convocados no último minuto. Não houve tempo para examinar as mais de sessenta acusações, e outras ainda foram acrescentadas logo antes de o julgamento começar. As regras para configurar evidências e outros procedimentos pareciam arbitrárias, se não adulteradas. Numa "proclamação especial" de MacArthur, as regras estabelecidas pelos Aliados foram ratificadas:

O tribunal não vai se ater a regras técnicas de evidência. Ele adotará e aplicará na maior extensão possível procedimentos eficazes e não técnicos, e admitirá qualquer evidência que pareça ter valor de prova. Toda suposta admissão ou declaração dos acusados é admissível [como evidência].[16]

Para azar de Yamashita, isso incluía testemunhos duvidosos, assim como declarações de uns poucos e suspeitos ex-colaboradores que tentavam limpar suas reputações submetendo à corte alegações desconexas quanto aos supostos planos do general japonês para exterminar todo o povo filipino. Houve também uma sucessão de testemunhas traumatizadas que contavam suas histórias sobre a terrível violência durante o saque de Manila. Nas palavras da matéria da *Yank*:

> Moças aos soluços testemunharam, contando como foram repetidamente atacadas por soldados japoneses. Muitas dessas garotas disseram ter sido forçadas a se submeter à ponta de baionetas [...]. Um excerto do testemunho: "[...] uma de doze anos de idade jazia sobre uma esteira no chão. Ela estava coberta de sangue, e a esteira sobre a qual jazia estava saturada de sangue".

Reiterando, poucos duvidavam da veracidade dessas histórias. A questão era se Yamashita poderia ter tido conhecimento delas e, mesmo em caso positivo, se poderia ter feito algo para deter a violência. Nos julgamentos de Nuremberg, que se realizavam na mesma época, generais alemães só estavam sendo processados por crimes de guerra que tivessem ordenado, ajudado ou participado pessoalmente. Não havia prova de que Yamashita tivesse feito qualquer dessas coisas. Na verdade, suas ordens indicavam uma direção oposta. Portanto, ele foi acusado de um crime que até então não existia, ou seja, o de não ter sido capaz de deter atrocidades cometidas por tropas sobre as quais não tinha controle e que deliberadamente descumpriam suas ordens. *Yank* declarava com convicção que Yamashita tinha sido tratado com justiça, "de acordo com a lei". Se assim foi, não foi uma lei da qual Yamashita, ou qualquer outro comandante militar, tivesse o mais remoto conhecimento. Em 7 de dezembro de 1945, o aniversário do ataque japonês a Pearl Harbour, Tomoyuki Yamashita foi condenado à morte por enforcamento. Ele curvou-se ante seus juízes e agradeceu aos Estados Unidos por lhe terem concedido o benefício de ter "íntegros oficiais e cavalheiros americanos como conselheiros em sua defesa". O major Robert Kerr disse ao repórter de um jornal que tinha vindo ao Pacífico na esperança de atirar nos japoneses nas praias, e não de enforcá-los, mas que para ele era a mesma coisa.[17]

Uma apelação por clemência foi recusada por MacArthur. Os advogados de Yamashita tentaram, sem muita esperança, fazer com que a Suprema Corte dos Estados Unidos declarasse o julgamento inválido. Sua alegação foi que as comissões militares não tinham o direito de processar ex-inimigos em tempos de paz, e que o julgamento não fora conduzido imparcialmente. A Suprema Corte decidiu não contestar a legitimidade do tribunal militar, mas dois magistrados foram muito críticos quanto ao julgamento. Nas palavras de discordância de um deles, o juiz Wiley B. Rutledge Jr.:

> Não é de nossa tradição que alguém seja acusado de um crime que é definido após sua conduta [...]. Não imputamos culpa maciça a indivíduos, talvez em nenhum caso, mas certamente em nenhum no qual a pessoa não é acusada, ou não se demonstre que ela participou de maneira ativa ou, consciente, deixou de agir para evitar os malfeitos praticados por outros, tendo tanto o dever como o poder de assim o fazer.[18]

Yamashita declarou que sua consciência estava limpa. A evidência quanto ao Massacre de Manila, do qual ele alegou não ter conhecimento enquanto acontecia, o chocara profundamente. Ele disse a seus advogados que de qualquer maneira seria muito difícil voltar ao Japão depois de deixar tantos mortos para trás. Após de ouvir sua sentença, ele escreveu um poema curto:

O mundo que conheci é agora um lugar vergonhoso
Nunca virá uma ocasião melhor
Para que eu morra.[19]

Yamashita foi enforcado em 23 de fevereiro de 1946, em Los Baños, um paradisíaco balneário de águas quentes ao sul de Manila.

O general MacArthur tinha uma justificativa peculiar e interessante para sua postura implacável quando se tratava de seu adversário japonês. Yamashita, em sua opinião, tinha trazido a desonra para a profissão militar.

As tradições dos homens de combate são antigas e honradas. Baseiam-se no mais nobre dos traços humanos — o sacrifício. Este oficial [...] traiu esse padrão irrevogável; falhou em seu dever para com suas tropas, seu país, seu inimigo, a humanidade; traiu totalmente sua fé marcial. As transgressões que daí resultaram, como revelado no julgamento, são uma mancha na profissão militar, uma mácula sobre a civilização, e constituem uma lembrança de vergonha e desonra que jamais poderá ser esquecida.[20]

Com sua retórica exaltada, MacArthur estava expressando um sentimento comum em sua época: os julgamentos de criminosos de guerra, bem como de seus cúmplices, não eram para restaurar a prevalência da lei, e sim para restaurar a "civilização". Essa foi a linguagem dos promotores no julgamento de Nuremberg e no de Tóquio também. Era típico de MacArthur igualar a noção de civilização à de "fé marcial". Por outro lado, a ideia de realizar julgamentos para apagar a "memória da vergonha e da desonra" era mais importante em países que tinham sido humilhados por ocupação estrangeira. Mas essa memória era como uma sombra que pairava em toda parte sobre os julgamentos de líderes nacionais que tinham colaborado com as forças de ocupação, mesmo quando o fizeram por motivos que, em suas próprias mentes, eram honrados.

Uma coisa em comum entre Pierre Laval, o ministro de posição mais alta em dois governos de Vichy, e Anton Mussert, "o Líder" do Movimento Nacional Socialista Holandês (NSB), era que eles se consideravam homens honrados, patriotas que fizeram tudo que estava a seu alcance para servir aos interesses de seus países. Eles enfrentaram suas execuções, depois de terem sido rapidamente julgados por traição no outono e no inverno de 1945, convencidos de que estavam morrendo como mártires e um dia seriam não só reabilitados mas reconhecidos como salvadores. Outra coisa que tiveram em comum foi que morreram como os homens mais odiados em suas respectivas nações, apesar de ter havido gente pior e mais brutal. Nem Laval nem Mussert gostavam de violência. Pelo contrário, Laval fora um pacifista de esquerda durante a Primeira Guerra Mundial e nunca deixou de ter aversão pessoal à ação militar, mesmo, alguns poderão alegar, quando em defesa de sua nação. Ele era um apaziguador, confiante de que passaria a perna até no diabo em negociações. Como disse a seu advogado: "Colaborar, para mim, queria dizer negociar".[21] Os dois, de fato, enfrentaram eventualmente os alemães em defesa dos interesses de alguns de seus compatriotas, em geral sem muito sucesso. Mesmo assim, foram abominados pela população de forma unânime, razão pela qual o resultado de seus julgamentos era uma conclusão previsível.

Laval e Mussert, como Tomoyuki Yamashita, não eram fisicamente imponentes, o que não deve tê-los ajudado. Mussert era um homenzinho gorducho, de rosto redondo, que combinava tão pouco com os uniformes negros e casacos de couro de seu partido fascista que ele sempre conseguia parecer ridículo. Laval, que nunca foi um agitador de coturno e farda, mas um político profissional de calças listradas e uma habitual gravata branca, tinha o ar de um comerciante de má reputação que vendia mercadorias duvidosas: baixo, moreno, cabelos oleosos, olhos semicerrados, um eterno cigarro manchando seus dentes tortos e um bigode espesso. Mussert começou sua vida profissional como engenheiro (projetava rodovias, entre outras coisas), e Laval como advogado. Laval era, de longe, o mais bem-sucedido como político. Ele liderou o governo francês duas vezes antes da guerra, e em 1931 foi o Homem do Ano da revista *Time* — "calmo, professoral e popular" — por ter conduzido a França durante a Grande Depressão.[22] Mussert já era de certa forma uma figura cômica para a maioria do povo holandês no final da década de 1930; pavonear-se por aí em camisas pretas não era do feitio dos holandeses.

Nenhum deles queria uma invasão alemã de seu país; afinal, eles *eram* nacionalistas. No perfil de Laval como Homem do Ano, a revista *Time* o elogiava por sua postura firme com a Alemanha. Em 1935, ele fez um pacto, que teve curta duração, com a Grã-Bretanha e a Itália para conter o rearmamento alemão. Qualquer coisa para evitar outra guerra. Contudo, quando ela aconteceu, tanto Mussert quanto Laval viram a ocupação alemã como uma oportunidade, como se seu grande momento tivesse enfim chegado. Mussert teve visões de uma nova Europa, dominada pelos "povos germânicos", liderada por Hitler, certamente, mas com os

Países Baixos nacional-socialistas autônomos sob a liderança do próprio Mussert. O ideário fascista não atraía Laval. Porém, depois de ter passado os últimos anos da década de 1930 no ostracismo político, ele vislumbrou um papel para si mesmo como salvador da França em tempos difíceis. Tendo o velho marechal Pétain como uma figura de liderança patriarcal, Laval negociaria as melhores condições possíveis para a França. Mais do que isso: também via a possibilidade de uma nova Europa, com a França como principal aliada da Alemanha no expurgo do continente de seus dois flagelos modernos irmanados: o capital anglo-judaico e o bolchevismo russo. Como ele disse num discurso no rádio em 1942, em palavras que voltariam para assombrá-lo três anos depois: "Desejo a vitória da Alemanha porque, sem ela, amanhã o bolchevismo vai se instalar em toda parte".[23]

Antes da guerra, nem Mussert nem Laval haviam demonstrado nenhuma evidência de animosidade pessoal contra os judeus. Mussert tinha poucos amigos íntimos, mas um desses poucos era judeu, e na década de 1930 ele instigou os judeus a se tornarem membros de seu movimento. Para ele havia "judeus bons" e "judeus maus". Os maus eram os que recusavam juntar-se a ele, ou que criticavam o Movimento Nacional-Socialista Holandês (NSB), o que os tornava "não holandeses". Infelizmente, os camaradas alemães de Mussert tinham opiniões mais estritas quanto a esse assunto, o que foi um dos vários casos de contenda entre ele e a ss alemã. Em 1940, ele foi obrigado a expulsar os poucos judeus que ainda eram membros do NSB. Sobre esse fato, Mussert alegou mais tarde profundo arrependimento. A sinceridade dessa declaração nunca ficou clara, uma vez que ele concebera em 1938 um plano detalhado para transportar os judeus europeus para as Guianas, esquema que não interessou nem a Himmler nem a Hitler. (Não há registro do que pensaram quanto a isso os britânicos e os franceses.) E Mussert não teve escrúpulos quanto a se enriquecer, assim como seus amigos e familiares, com propriedades roubadas dos judeus.[24]

Laval nunca compartilhou o forte antissemitismo da extrema direita francesa. Ele também tinha amigos judeus, e trabalhou em colaboração muito próxima com eles. Mas era ministro de Estado em 1940, quando, sem que isso tivesse sido solicitado pelos alemães, o *statut des juifs* (estatuto dos judeus) da França de Vichy destituiu os judeus de seus direitos civis. Mais tarde ele tentou salvar judeus nascidos na França da deportação, mas ao preço de entregar dezenas de milhares de judeus nascidos fora da França às mandíbulas do Terceiro Reich. Isso incluía cidadãos naturalizados franceses, que foram privados de sua cidadania durante a guerra.

Ao se apresentarem como salvadores por meio de seu colaboracionismo, figuras jactanciosas como Mussert e Laval caíram direto na armadilha preparada pelos alemães — Mussert devido a uma mistura de ilusão ideológica e vaidade, e Laval por ter uma moralidade obtusa e apostar demais em sua própria sagacidade. Nenhum deles percebeu que suas ilusões nacionalistas — a França e os Países Baixos como parceiros relevantes na nova Europa — pouco se encaixavam nos planos alemães de dominação total. Esses *quislings* patriotas eram úteis aos alemães na medida em que aderiam aos impopulares, e na verdade criminosos, empreendimentos nazistas. Pouco a pouco eles foram cedendo, às vezes resmungando, às vezes sem se importar. Mussert incorporou suas tropas de choque às ss e fez um juramento de lealdade a Hitler, que em sua nebulosa imaginação era o Führer não só da Alemanha, mas de todos os "povos germânicos". Laval colaborou entregando trabalhadores franceses para a indústria alemã em troca de alguns prisioneiros de guerra e criando uma milícia contra os partisans locais, além de enviar um grande número de judeus para a morte. Foi Laval, não os alemães, quem insistiu que as crianças judias fossem deportadas para a Polônia com os adultos, em julho de 1942, teoricamente para que as famílias continuassem juntas.

Como resultado de seu comportamento, ambos foram alvo do desprezo e da desconfiança dos alemães por serem "burgueses nacionalistas", e detestados por seus compatriotas como a corporificação de tudo que era sórdido e vergonhoso na ocupação. Foram odiados até mesmo pelos mais ardentes nazistas de seus próprios países, o tipo de gente que trabalhava entusiasticamente pelo Reich de Hitler. Como Mussert e Laval tinham tão pouca gente a seu lado, depois da libertação foram os candidatos perfeitos para serem julgados e punidos. Transformar em exemplos as duas mais conspícuas faces do colaboracionismo fez com que milhões de pessoas que não tinham agido de forma especialmente corajosa se sentissem melhor.

Pétain foi julgado e condenado à morte também, mas a idade e certa distinção o salvaram. Seu julgamento nunca fizera parte dos planos do general De Gaulle, que o preferia em seu exílio na Suíça. Pétain tinha solicitado ele mesmo seu julgamento. Pelo embaraço que isso causaria, os franceses certamente não iriam fuzilar o herói de Verdun. Portanto, em vez disso, ele foi banido. Laval, em certo sentido, assumiu seu lugar como o alvo a ser culpado. Nas palavras de um dito popular na França naquela época: "Pétain, a dormir/ Laval, ao poste/ De Gaulle, ao trabalho". A revista *Time*, a mesma que tinha elogiado Laval tão efusivamente mais de uma década antes, escreveu:

> Na semana passada Laval foi a julgamento. Com ele não houve nem um pouco da terrível compaixão, do tremendo senso de dever que habitou o coração de cada francês durante o julgamento, a sentença e a comutação para prisão perpétua do velho marechal Pétain. A eliminação de Pierre Laval, uma tarefa necessária, pode ter sido uma vingança satisfatória. Ele fez disso uma farsa vergonhosa.[25]

Isso foi um tanto injusto. O julgamento certamente foi uma farsa, mas Laval não foi o principal culpado. De Gaulle não gostava dessa história de expurgos e julgamentos, mas era obrigado a agir, como pedia o dito popular, e queria terminar essa tarefa o quanto antes. Um referendo sobre a Constituição do pós-guerra fora marcado para 21 de outubro, e o veredicto de Laval precisava sair até lá. Laval estava em sua prisão, fumando cinco maços de cigarros americanos por dia, furioso por terem lhe negado acesso aos documentos que tinha juntado cuidadosamente para sua defesa. Uma anotação resgatada de sua mala quando estava sendo levado de volta para a França de seu refúgio temporário na Alemanha revelava seu amargo estado de espírito:

> É um estranho paradoxo. Aqui estou eu, obrigado a me justificar perante o tribunal por uma política e uma conduta que deveriam ter me granjeado o reconhecimento de meu país. Tanto antes da guerra como durante esses infelizes anos de ocupação, sei que cumpri o meu dever.[26]

Mussert, sempre inclinado a ilusões, criara uma nova fantasia em sua cela de prisão no mar do Norte holandês: ele tinha projetado um gigantesco submarino. Como, em sua visão, os americanos certamente iam querer fazer uso de sua invenção, ele esperava ser enviado aos Estados Unidos. Suas últimas semanas de vida ele passou aprendendo inglês, outra empreitada que terminou em fracasso.

Um dos pontos falhos no julgamento de Laval, que o próprio réu não tardou em apontar, foi o fato de que os juízes e promotores fizeram parte do mesmo regime de Vichy em que ele servira, e também declararam lealdade a Pétain. O procurador-geral, André Mornet, havia inclusive sido membro de um comitê para cassar a naturalidade de judeus. O júri era constituído de membros do Parlamento e da resistência.

Jacques Charpentier, chefe da ordem dos advogados de Paris, percebendo a atmosfera ritual de uma luta de morte numa corrida de touros espanhola, relembra:

> Assim como esses andaluzes maltrapilhos que pulam para a arena, membros do júri insultavam o réu e intervinham nos procedimentos. A corte julgou [Laval] sem lhe dar ouvidos [...]. Assim como reanimaram Robespierre para levá-lo ao cadafalso, o corpo de Laval foi reanimado para que pudessem atirar um traidor ainda vivo aos leões que eram o povo.[27]

O ponto alto dramático do julgamento foi o protesto de Laval quanto à parcialidade dos juízes. "Vocês podem me condenar!", ele gritou, batendo na mesa com a pasta em que estava gravado seu título presidencial: "Vocês podem se livrar de mim, mas não têm o direito de me vilipendiar!". Ao que um dos jurados retrucou: "Cale a boca, traidor!". Laval gritou furioso que ele era um francês que amava o seu país. E os jurados gritaram de volta que ele era um "desgraçado" (*salaud*) que "merecia doze balas" do pelotão de fuzilamento.[28] Laval concluiu que preferiria permanecer em silêncio a ser "cúmplice" de um "crime judicial". Quando um jurado gritou "Ele jamais irá mudar!", Laval replicou com a mesma certeza e convicção: "Não, e jamais vou querer".[29]

O julgamento de Mussert no Palácio Real em Haia foi mais digno, mas o resultado por lá também nunca esteve em dúvida. O promotor, J. Zaaijer, observou em seu pronunciamento de abertura que "mesmo sem um julgamento, já sabemos qual é a sentença que Mussert merece", o que é um modo bem estranho de dar início a um procedimento legal. O competente advogado de Mussert, Wijckerheld Bisdom, relembrou mais tarde que, naqueles primeiros dias do pós-guerra, havia o consenso de que "os piores nacional-socialistas — e o primeiro entre todos, Mussert, tido como a essência do nacional-socialismo holandês — não poderiam ganhar nada menos do que uma sentença de morte".[30] Os julgamentos acompanharam o sentimento público; a lei estava correspondendo à rua.

Mussert defendeu-se com um discurso arrebatado contra a acusação de traição. Agitando os braços, como se ainda estivesse num comício do partido, alegou que seu objetivo nunca fora entregar seu país a um governo estrangeiro. Pelo contrário, seu ideal sempre fora formar um governo holandês para proteger os interesses nacionais quando uma Alemanha vitoriosa mudasse a ordem na Europa. Ajudar a causa alemã, ele explicou, tinha sido essencial para "manter a Ásia distante das portas da Europa". Dominado pelo calor de sua própria retórica, Mussert esqueceu-se de si mesmo e dirigiu-se ao tribunal como "meus leais seguidores", expressão que provocou um acesso de riso em um processo que, à exceção disso, estava sendo bastante sombrio.[31]

A execução do ex-líder holandês teve também um caráter mais sóbrio do que a de Laval. Ele foi levado às dunas nos arredores de Haia, onde antes os alemães tinham fuzilado muitos partisans holandeses, e amarrado numa simples estaca. Quando um ministro protestante se despediu dele, Mussert desculpou-se pelo fato de não mais poder apertar-lhe a mão. Doze homens apontaram seus fuzis e um instante depois Mussert estava morto.

Laval atormentou-se durante muito tempo com a ideia de que pudesse ficar desfigurado com um tiro no rosto. Seus advogados lhe garantiram que as execuções já eram bem "limpas" naqueles tempos. Ele então cometeu uma tentativa de suicídio ingerindo uma velha cápsula de cianeto que já não tinha força bastante para matá-lo rapidamente. Trazido de volta à vida, mas ainda capengando, Laval foi levado a um local próximo aos muros da prisão, vestido num terno escuro com sua costumeira gravata branca e uma echarpe nas cores francesas, vermelho, branco e azul. Ele insistiu que seus advogados ficassem à vista, pois "quero vê-los enquanto morro". Suas últimas palavras foram "*Vive la France!*". Soaram os tiros e ele caiu para a direita. Um sargento fez então o que Laval mais temia, e atirou novamente, só para ter certeza, destruindo o seu rosto. Um jovem jornalista que estava lá descreveu a cena: "Pessoas corriam para a estaca e pegavam fragmentos da madeira. Os mais valiosos eram os que estavam encharcados de sangue".[32]

Afirmar que Mussert ou Laval foram bodes expiatórios não seria muito correto. Não há dúvida de que eram culpados de terem ajudado o inimigo, optado por colaborar com a ocupação nazista. Seus julgamentos serviram ao propósito ao qual eram destinados, no caso de Mussert, o de evitar o tipo de vingança "desenfreada" que custara tantas vidas na França. Seu rápido — demasiadamente rápido — julgamento também serviu de justificativa para que as autoridades holandesas libertassem muitas figuras menores que inundavam as já superlotadas prisões e os campos de prisioneiros. As mortes violentas de Mussert e de Laval foram espetáculos de justiça; uma demonstração de que os governos do pós-guerra estavam fazendo seu trabalho. O destino fatal de Laval, como o de Mussert, era uma forma de permitir uma desforra e começar a reconstruir seu país.

Mas se por um lado esses julgamentos atingiram um dos objetivos de Atena em *Eumênides*, aplacando a sede de vingança, por outro sua velocidade, suas conclusões previsíveis, especialmente no caso de Laval, e seus procedimentos cheios de falhas não ajudaram muito a causa da retidão nos processos legais. Na conclusão talvez dramática demais de um observador: "O julgamento de Laval é imperdoável, pois fez os franceses duvidarem da justiça francesa [...]. Agora o dano está feito. A justiça francesa está desacreditada. Laval venceu o último round e completou a desmoralização do país".[33]

Houve quem alegasse em 1945 que a causa da lei teria sido mais bem servida se fossem totalmente dispensadas as sutilezas legais e os principais culpados tivessem sido fuzilados de forma sumária. George F. Kennan, que como diplomata dos Estados Unidos teve um envolvimento ativo na política europeia, deixou registrada em suas memórias sua aversão aos julgamentos de crimes de guerra. No caso dos líderes nazistas, afirmou ele, seus crimes tinham sido tão horríveis que não havia nada a ganhar em mantê-los vivos. Conforme escreveu:

> Eu pessoalmente considero que teria sido melhor que os comandantes aliados houvessem recebido instruções permanentes para, no caso em que quaisquer desses homens caíssem nas mãos das forças aliadas, uma vez estabelecidas suas identidades acima de qualquer dúvida, executá-los sumariamente.[34]

Essa opinião era compartilhada por vários outros. O secretário de Estado americano, Cordell Hull, por exemplo, disse a seus colegas britânico e soviético que, de preferência, "pegaria Hitler, Mussolini, Tojo e seus cúmplices e os poria ao rufar de tambores ante uma corte marcial. E ao nascer do sol do dia seguinte haveria um incidente histórico".[35] Hull, aliás, ganhou o prêmio Nobel da paz em 1945. A chancelaria britânica fez circular um memorando durante a guerra expressando sua oposição aos julgamentos de figuras como Heinrich Himmler, líder das ss, porque sua "culpa era tão negra" que estava "além do alcance de qualquer processo judicial".[36] Churchill também era da opinião de que seria melhor "enfileirá-los e fuzilá-los". Isso soa um tanto brutal, mas processar pessoas, especialmente na companhia de juízes soviéticos cujas próprias mãos estavam longe de estar limpas, sabendo que só haveria um resultado possível, poderia fazer mais mal do que bem à prevalência da lei. Os soviéticos, que insistiram nos julgamentos mesmo quando Churchill ainda resistia à ideia, deixaram os magistrados aliados perplexos ao propor um brinde à execução dos líderes alemães antes que os julgamentos em Nuremberg sequer tivessem começado.

Curiosamente, os alemães em 1945 também poderiam ter ficado mais bem impressionados caso se optasse pelas execuções. Quando o poeta inglês Stephen Spender visitou Hamburgo, disseram-lhe que a maioria dos locais achava que o julgamento de homens e mulheres responsáveis pelas atrocidades em Bergen-Belsen era mera propaganda: "Esses alemães disseram que se os acusados fossem mesmo culpados, e sabemos que eram, por que não resolver toda essa questão rapidamente e condená-los?".[37]

Comentando a natureza extrema da culpa de Himmler, o memorando da chancelaria britânica deparou com um problema sério: até que ponto as leis então em vigor estavam de fato capacitadas a lidar com delitos que iam muito além dos crimes de guerra convencionais? Talvez ainda não se tivesse conhecimento de toda a extensão e natureza da tentativa nazista de exterminar um povo inteiro por razões ideológicas. A palavra "Holocausto" ainda não estava em uso. Mas os Aliados conheciam o bastante para saber que estavam lidando com algo de que nunca se ouvira antes. As implicações legais estavam claras ainda antes de Nuremberg.

Somente as tropas soviéticas tinham visto o que restava dos campos de extermínio nazistas na Polônia. Mas os Aliados ocidentais ficaram profundamente chocados com o que encontraram em campos de concentração como Dachau, Buchenwald e Bergen-Belsen. O general Eisenhower visitou um campo subsidiário de Buchenwald chamado Ohrdruf em 12 de abril de 1945.

As ss tinham acabado de sair desse campo, próximo a Weimar, e não houve tempo suficiente para queimar todos os cadáveres, que jaziam ao redor como bonecos esmagados, em meio a prisioneiros fracos demais para se levantar. O repórter da *Yank* escreveu: "O frio tinha conservado seus corpos e atenuado o mau cheiro, de modo que se podia andar em volta e examiná-los de uma distância bem curta". O mesmo repórter, sargento Saul Levitt, notou que "o sangue tinha empapado o solo em torno dos corpos, formando panquecas de lama vermelha".[38]

Eisenhower escreveu para sua mulher, Mamie: "Nunca imaginei que tal crueldade, bestialidade e selvageria pudesse existir no mundo". Ele queria que os soldados americanos testemunhassem a cena, para que não tivessem dúvida quanto ao que estavam combatendo nessa guerra. Fez questão de que repórteres visitassem os campos, para que ninguém jamais pudesse fingir que esses crimes horrendos eram produto de propaganda. Pediu-se a senadores e congressistas americanos, bem como a membros do Parlamento britânico, que percorressem os campos. Eisenhower queria que tudo fosse registrado — as pilhas de corpos em decomposição, os crematórios e salas de tortura —, já que se tratava de algo que estava "além da compreensão de uma mente americana".[39] Churchill recebeu uma mensagem de Eisenhower dizendo que essas "descobertas, particularmente em Weimar, superavam e muito tudo que tinha sido revelado de antemão".[40]

Não só os cidadãos alemães locais foram obrigados a caminhar através dos campos, tapando os narizes com lenços, evitando olhar, vomitando ante as valas cheias de corpos escurecidos, mas também as pessoas das cidades aliadas deveriam ver o que os alemães tinham feito. Nem sempre isso foi bem recebido. Em Londres, frequentadores de cinema "sem estômago para assistir às atrocidades nos cinejornais" tentaram sair do Leicester Square Theatre e foram bloqueados na porta por soldados. O

Daily Mirror publicou que "as pessoas saíam dos cinemas, por todo o país, e em muitos lugares deparavam com soldados que lhes diziam que voltassem e enfrentassem aquilo". Um soldado foi citado como tendo dito: "Muita gente não acreditava que coisas assim poderiam acontecer. Esses filmes são uma prova. É dever de todos saber".[41]

Ou, como expressou o *Times* de Londres: "É de suprema importância para a própria civilização que o mundo civilizado abandone seu último pretexto de persistir numa reação cética, e portanto indiferente, a tais atrocidades".[42] Essa ideia, que Eisenhower adotara veementemente, de que a consciência da capacidade humana para o mal faria com que o restante de nós se comportasse melhor, foi um dos principais motivos para os julgamentos de crimes de guerra que se seguiram.

Ainda não havia pleno conhecimento de quão pálidos eram os horrores de Ohrdruf em comparação com as fábricas da morte na Polônia, e é por isso que alguns relatos da época se referiam aos campos de concentração na Alemanha como "campos da morte". Os noticiários da época também não ressaltavam que a as vítimas em muitos desses campos eram, em sua maioria, judias. Mas Eisenhower queria que o mundo soubesse, para o bem da civilização, e uma das maneiras de registrar o que tinha acontecido e dar às pessoas na Alemanha, assim como em todos os outros lugares, uma educação moral foi ampliar o âmbito dos julgamentos por crimes de guerra. Em 2 de junho, Eisenhower pediu ao Quartel-General Conjunto que processasse os responsáveis por essas atrocidades.

O primeiro julgamento de campos de concentração ocorreu em Bergen-Belsen, que estava sob jurisdição britânica, não americana. Esse ensaio, por assim dizer, dos julgamentos de Nuremberg de 1945-6 demonstrou como seria difícil aplicar as leis existentes em processos legais contra os crimes nazistas. Vários dos réus, inclusive o ignóbil comandante de Belsen, Josef Kramer, e o médico do campo, Fritz Klein, tinham trabalhado também em Auschwitz-Birkenau. Decidiu-se que também deveriam ser processados pelo que tinham feito por lá, juntando seus papéis ativos no extermínio em massa à sua negligência criminosa num campo de concentração insanamente superpovoado onde se deixavam morrer milhares de pessoas por inanição, tifo e outras doenças. As manchetes de jornais, mesmo nas augustas páginas do *Times*, proclamavam todos os dias "Cenas dignas de Dante"; "Testemunhos da câmara de gás"; "Milhões levados à morte"; "Moças enforcadas"; "História de uma moça espancada até morrer". Kramer ("o monstro de Belsen") e a guarda de 22 anos de idade Irma Grese ("a linda besta-fera" ou "a hiena de Auschwitz") tornaram-se nomes familiares no show de horrores nazista. É duvidoso que isso realmente tenha ajudado as pessoas a compreender seus crimes. Ficar chocado com a depravação de "bestas-feras" e "monstros" era, de certa forma, deixar de perceber a natureza do sistema criminoso que fez com que seus feitos parecessem quase normais. O muito criticado relato de Hannah Arendt sobre o julgamento de Eichmann em Jerusalém, em 1961, foi claro quanto a isso. Quando o assassinato em massa sobre fundamentos ideológicos torna-se uma política de governo, todos são cúmplices, desde a ss do Reichsführer até o pequeno burocrata encarregado dos transportes ferroviários. As bestas-feras só têm suas mãos mais sujas que as da maioria.

O julgamento de Belsen, como tantos outros, tinha de ser completado o mais rapidamente possível; o público, ultrajado, não fazia por menos. Mas os britânicos queriam ter o orgulho de encenar um julgamento adequado e justo, sem nenhuma das bizarrices que desmoralizaram o processo contra Laval. O problema estava na própria lei. Um tribunal militar britânico — como o que funcionava numa escola, uma espetacular construção do século xix em Lüneburg — só podia julgar crimes de guerra definidos como "violações da lei e dos procedimentos de guerra".[43]

Após prolongadas contendas legalísticas entre os advogados sobre, antes de mais nada, o direito que teria a corte de processar os réus, várias testemunhas fizeram relatos chocantes do que viram. Sophia Litwinska, de Lublin, sobreviveu a Auschwitz e a Belsen. Ela contou que, na véspera do Natal de 1941, mulheres foram despidas de seus andrajos, retiradas de seus alojamentos e obrigadas a ficar nuas no frio enregelante até cinco da manhã do dia de Natal, quando foram despejadas de um caminhão basculante em frente à câmara de gás.

A dra. Hadassah Bimko, de Sosnowiec, que mais tarde se casou com Josef Rosensaft, o organizador sionista, subiu à banca das testemunhas sob uma bateria de lâmpadas de 3 mil watts. Ela tinha perdido os pais, o irmão, o marido e um filho de dezesseis anos em Auschwitz. Como atendente médica, viu de perto tudo que houvera por lá: a seleção, da qual tanto Kramer como o dr. Klein participaram; os experimentos médicos; e as câmaras de gás, onde os prisioneiros judeus no *Sonderkommando* (a unidade operacional do campo de extermínio) eram obrigados a realizar o mais terrível dos trabalhos: cortar os cabelos, remover os corpos dos mortos, operar o crematório. Os que eram selecionados para as câmaras de gás, ela disse à corte em palavras relatadas pelo *Times*, "eram levados nus e esperavam vários dias sem comer ou beber até que chegavam os caminhões que os levariam ao crematório". Depois de sufocar até morrer na câmara de gás, ela continuou, "os mortos eram removidos em vagonetes sobre trilhos de um recinto que ficava no lado oposto. De tempos em tempos os membros do *Sondmerkommando* eram mortos e substituídos por outros. No entanto, geralmente foi possível preservar algum tipo de registro dos fatos". A partir disso, ela relatou, companheiros dela no campo calcularam que 4 milhões de judeus haviam sido dizimados.[44]

Os companheiros da dra. Bimko tinham superestimado os números, mas toda a crueza dos fatos do genocídio judaico foi apresentada ao Tribunal Militar britânico. Os advogados de defesa tentaram desqualificar as testemunhas por inconsistência e lapsos de memória. O advogado de Kramer, major Winwood, talvez motivado por preconceitos que ainda estavam longe de ser raros, descreveu os internos de Belsen como "a escória dos guetos da Europa Central", uma observação pela qual mais tarde se desculpou, alegando que "agia apenas como porta-voz do acusado".[45] Mas poucos poderiam ainda ter qualquer dúvida de que as atrocidades descritas houvessem ocorrido. Contudo, aquele era um tribunal militar, e alguns dos advogados só conseguiam pensar em termos militares. O major Winwood comparou seu cliente a um "comandante de batalhão em cuja área havia uma prisão, cujas ordens vinham do quartel-general do batalhão". Kramer, o Hauptsturmführer da ss, seria um simples soldado cumprindo ordens. Não havia evidência de nenhuma "tentativa deliberada" de "maltratar os internos".[46]

O coronel Herbert A. Smith, professor de Direito Internacional na Universidade de Londres, foi trazido pela defesa para argumentar que não fora cometido nenhum crime de guerra. O que acontecera nos campos não "teve nada a ver com a guerra" e não eram considerados crimes no lugar e no tempo em que foram cometidos. Afinal, ele disse, Himmler era chefe de polícia e estava capacitado a dar ordens, as quais, "como tais, tinham força de lei".[47]

Nenhum desses argumentos salvou Kramer, Grese ou o dr. Klein da forca. Mas duas coisas, pelo menos, puderam ser concluídas do julgamento de Belsen. As pessoas talvez ainda não tivessem se apercebido da diferença entre campos de extermínio e campos de concentração, ou não soubessem quantos assassinatos já haviam sido cometidos na Europa ainda antes que as câmaras de gás começassem a funcionar. Mas qualquer um que lesse jornal em 1945 deveria saber como era sistemática a máquina de assassinar dos nazistas. É isso que torna as observações sobre "maus-tratos deliberados" tão obtusas. Em seu estilo pedante, o professor Smith deixou clara mais uma coisa: as leis e convenções sobre crimes de guerra existentes não eram mais adequadas para lidar com a natureza e a extensão do que os nazistas tinham feito. Isso armou o palco para o maior de todos os julgamentos de crimes de guerra, que começou em Nuremberg em 20 de novembro, quatro dias após as "bestas-feras" de Belsen receberem suas sentenças de morte.

Uma coisa a ser dita sobre os 21 réus em Nuremberg é que eles não pareciam "bestas-feras". Observadores ressaltaram o quanto pareciam totalmente normais essas figuras pálidas, cansadas, em seus ternos amarrotados: Joachim von Ribbentrop, queixo erguido e olhos fechados numa demonstração de dignidade ofendida; Hermann Göring, enterrado em sua cadeira, usando o lenço para enxugar a saliva dos lábios num sorriso afetado; Hans Frank, escondendo os olhos por trás de óculos escuros; Fritz Sauckel, o chefe do trabalho escravo, com o olhar de um tímido zelador; Hjalmar Schacht, evitando os outros como que por medo de contaminação; e Julius Streicher, contraído e se contorcendo. Rudolf Hess, balançando para a frente e para trás, um olhar insano sob as sobrancelhas espessas, tinha uma aparência muito estranha, mas possivelmente fora afetado pela demência.

Havia apenas um homem no Palácio da Justiça de Nuremberg, além de algumas das testemunhas, que sentira toda a força daquilo que os réus tinham engendrado. Poucos saberiam seu nome, ou mesmo teriam percebido sua presença entre as centenas de advogados, tradutores, funcionários da corte, juízes, policiais militares e jornalistas. Ernst Michel era um repórter principiante de uma agência de notícias alemã. Sua credencial, além de seu nome, dizia 104 995, seu número de prisioneiro em Auschwitz. Michel ainda estava no colégio quando foi preso em sua cidade natal, Mannheim, na Alemanha, em 1939, simplesmente por ser judeu.

Pouco antes de as tropas soviéticas chegarem ao campo de Auschwitz, Michel foi obrigado a partir a pé para Buchenwald numa marcha da morte através das geladas regiões fronteiriças entre a Polônia e a Alemanha. Quando o Exército dos Estados Unidos se aproximou de Buchenwald, ele foi novamente obrigado a marchar, pesando 36 quilos. De algum modo encontrou forças para correr até a floresta e sobreviveu durante algum tempo na zona soviética, ocultando sua vestimenta de campo de concentração por medo de que as pessoas soubessem que era judeu. Quando enfim voltou a Mannheim, depois de muito tempo, descobriu que seus pais tinham sido assassinados. Todos os seus familiares também estavam desaparecidos. Como havia estudado um pouco de inglês no ginásio, os investigadores americanos de crimes de guerra deram-lhe um emprego como intérprete. Segundo ele me contou em Nova York: "Os alemães sempre diziam que tinham ajudado os judeus. Uma ova que ajudaram! Eu até conheci um dos que diziam isso, e ele era um nazista de carteirinha".

O emprego seguinte de Michel foi o de repórter no julgamento de Nuremberg. Estava apreensivo por lhe faltarem qualificações profissionais, mas disseram-lhe que apenas anotasse o que estava vendo. Portanto, lá estava ele, seis meses depois de escapar de uma marcha da morte de Buchenwald, o prisioneiro de Auschwitz nº 104 995, na mesma sala em que se encontrava Göring. Ele relembrou em Nova York, mais de seis décadas depois: "Eu conhecia todas aquelas faces. E era um homem livre, o único sobrevivente a assistir ao julgamento. Estavam falando de *mim*".

301

Ernst Michel escreveu o seguinte em seu primeiro despacho para a agência de notícias alemã, a Deutsche Allgemeine Nachrichtenagentur:

> Muitas vezes, naquelas horas difíceis no campo, eu era amparado pela fé de que haveria um dia no qual os responsáveis por esse regime seriam chamados a prestar contas perante um tribunal. Essa fé deu-me força para continuar. Hoje esse dia chegou. Hoje, só a alguns metros de mim, estão os homens que para todos os prisioneiros nos campos eram símbolos de destruição e que agora estão sendo julgados pelo que fizeram.[48]

Por mais falhos que possam ter sido os tribunais para crimes de guerra dos Aliados — e sem dúvida nenhuma foram, em Tóquio ainda mais do que em Nuremberg —, a declaração de Michel pôde servir como argumento de sua razão de ser, apesar de tudo. A outra coisa a ser dita em favor de Nuremberg é que o julgamento, em sua maior parte, foi extraordinariamente maçante. Rebecca West, que esteve lá nas últimas semanas antes dos veredictos, descreveu o Palácio da Justiça como "a cidadela da monotonia". Todo mundo, ela escreveu, "dentro de suas dependências estava dominado por um tédio extremo [...] era o tédio numa enorme e histórica escala. Uma máquina estava perdendo força, uma grande máquina, com a qual a humanidade, a despeito de sua debilidade de propósitos e frequente desejo de morte, tinha defendido sua vida".[49]

Em Nuremberg, pelo menos, a lei foi levada a sério. Não era um julgamento rápido regido pela ira popular. Tudo tinha de seguir seu curso, e assim foi, e foi, e foi, fazendo do tédio um sinal de probidade. Julgamentos posteriores, no Tribunal Criminal Internacional de Haia, seriam moldados segundo o modelo de Nuremberg, com essa preocupação acima de tudo. O tédio neutralizava as armas da vingança. Era esse o propósito por trás de tudo. Ainda em 1942, a Comissão Interaliada para a Punição dos Crimes de Guerra tinha sido estabelecida por nove governos no exílio, em Londres. A Declaração de St. James, nome emprestado do palácio onde se encontraram, foi escrita tendo em mente o perigo de "atos de vingança por parte do público em geral". E por isso "o senso de justiça do mundo civilizado" pedia que os governos livres "incluíssem entre seus principais objetivos de guerra a punição, através dos canais da justiça organizada, dos culpados ou responsáveis por esses crimes".[50]

O conhecimento do genocídio nazista dos judeus talvez fosse ainda escasso na época dos julgamentos de Nuremberg, mas certamente o tema não estava ausente de todo. Em dezembro de 1942, poucos meses depois de as câmaras de gás nos campos de extermínio terem começado a funcionar, o governo alemão foi acusado pelos Estados Unidos e pelo Aliados europeus de uma "política bestial de exterminação do povo judeu na Europa". Isso não teve plena ressonância na opinião pública pelas seguintes razões: o que estava acontecendo ainda era inimaginável, e nem o governo dos Estados Unidos nem o britânico acharam que fosse conveniente dar a isso muita publicidade; os Aliados não queriam que as pessoas pensassem que a guerra estava sendo travada para salvar os judeus.[51]

Embora a União Soviética não tivesse se juntado aos Aliados ocidentais em sua condenação ao genocídio judaico em 1942, e muito depois da guerra ainda preferisse falar das vítimas do fascismo sem uma referência específica aos judeus, os promotores soviéticos mencionaram o fato durante os julgamentos de Nuremberg. O general Roman A. Rudenko, um dos cinco promotores, tinha conduzido ele mesmo julgamentos que foram verdadeiros espetáculos sangrentos, e não se privou de fazer propaganda ideológica enganosa durante os procedimentos, como acusar os alemães de terem matado 20 mil oficiais poloneses na floresta de Katyn em 1940, mesmo sabendo muito bem que o massacre fora perpetrado pela polícia secreta soviética. Mas, quanto à natureza do genocídio judaico, ele não deixou dúvida. Ernst Michel citou o discurso de Rudenko em um de seus despachos: "Os conspiradores fascistas planejaram o extermínio, até o último homem, da população judaica do mundo, e conduziram esse extermínio como parte de sua atividade como um todo a partir de 1933. A destruição bestial dos judeus ocorreu na Ucrânia, na Bielorrússia e nos estados bálticos".[52]

Isso foi na verdade um pequeno exagero; o extermínio começou em 1941, e não em 1933. Rudenko provavelmente usou a primeira data para ressaltar a noção de uma conspiração nazista não só para matar os judeus, mas para empreender uma guerra de agressão contra a União Soviética.

Como as leis existentes para crimes de guerra, conforme mencionado no julgamento de Belsen, só se aplicavam a ações bélicas, uma nova legislação teria de ser concebida para cobrir o Terceiro Reich antes de 1939 e o extermínio sistemático de um povo. Não seria admissível permitir que se usasse como pretexto o fato de que não existiam na Alemanha nazista leis contra a matança de judeus ou de outras vítimas inocentes. Da mesma forma, não se poderia aceitar que ordens superiores fossem motivo válido para a participação em assassinatos em massa. A nova categoria legal de "crimes contra a humanidade", formulada na Carta de Londres do Tribunal Militar Internacional de agosto de 1945, ampliou o conceito de crimes de guerra. Outra novidade legal foi a dos "crimes contra a paz", que envolviam o planejamento e a execução de uma guerra de agressão. O planejamento precedia a guerra efetiva. Foi aí que entrou o conceito de conspiração. Na lei anglo-americana, pessoas podem ser consideradas culpadas de conspirar para cometer crimes. Essa lei foi aplicada aos nazistas (e mais tarde, em termos muito mais duvidosos, também aos militares e governantes japoneses).

Condenar pessoas por descumprir leis criadas após os crimes terem efetivamente sido cometidos é questionável do ponto de vista legal. Submeter réus de uma nação derrotada ao julgamento dos vitoriosos também é suscetível de crítica. Conduzir os julgamentos de Tóquio em 1946 como se o Japão dos tempos de guerra fosse a versão asiática da Alemanha nazista levou também a grandes distorções. Ernst Jünger, o escritor nacionalista de direita, viu o grande perigo moral de fazer com que vilões fossem vítimas de injustiça. Ele descreveu a corte de Nuremberg como "constituída por assassinos e puritanos, suas lâminas de açougueiro presas em cabos morais".[53]

Mas, no caso de Jürgen, um nacionalista alemão não regenerado cuja aversão aos americanos só era equivalente a seu ódio ao bolchevismo soviético, *era de esperar* que dissesse isso. Pesando os prós e os contras, foi melhor ter realizado os julgamentos, mesmo que presididos por juízes manchados de sangue ou puritanos, do que ter feito o que Churchill, Hull e Keenan sugeriram. Execuções sumárias deixariam os Aliados vitoriosos no mesmo plano moral dos derrotados nazistas. Mesmo tendo a maioria dos alemães reconhecido só mais tarde os méritos dos julgamentos de Nuremberg, quando o amargor da derrota se amainou e a vida parecia mais segura, criou-se um modelo para eles julgarem por si mesmos os criminosos de guerra nazistas. Para os japoneses não terem feito o mesmo existem várias razões: a justiça dos vitoriosos tinha sido mais espalhafatosa em Tóquio, foram cometidos mais erros, a própria guerra não era percebida da mesma maneira, e não houve regime nazista, nem Holocausto, nem Hitler.

Pergunta-se, então, foi feita a justiça? Os expurgos e os julgamentos foram suficientes para assegurar isso? A resposta só pode ser não; muitos criminosos estavam livres, alguns com carreiras florescentes, enquanto outros com muito menos culpa eram punidos como bodes expiatórios. Mas justiça total, mesmo nas circunstâncias mais favoráveis, é um ideal utópico. Seria impossível alcançá-lo, por motivos tanto práticos como políticos. Não é possível processar milhões de pessoas. A punição dos culpados tem de se equilibrar com outros interesses. Um zelo demasiado tornaria a reconstrução das sociedades impossível. Um esforço pequeno demais para acertar as contas com os piores criminosos iria solapar qualquer sentido de decência. Era um ajuste fino e delicado, inevitavelmente sujeito a falhas. Crescer na Alemanha depois da guerra, tendo ex-nazistas como mestres na escola, doutores, professores universitários, diplomatas, industriais e políticos deve ter sido mortificante. E não só na Alemanha ou no Japão. Em muitos países que tinham sofrido a ocupação alemã, as antigas elites que entraram em acordo com o Terceiro Reich raramente caíram de seus pedestais depois que os nazistas se foram.

Mas talvez o oportunismo do homem constitua às vezes sua qualidade mais útil. Em junho de 1945, a ex-combatente da resistência em Berlim Ruth Andreas-Friedrich discutiu exatamente essa questão com um amigo muito próximo, outro corajoso resistente. Seu amigo Frank disse:

> O Führer está morto. Se você quer viver, tem de comer. Se quer comer, e comer bem, melhor não ser nazista. Assim, não existem nazistas. Portanto, eles não foram nazistas e juram por tudo quanto é sagrado que nunca foram [...]. Denunciar e condenar não contribuem em nada para o aperfeiçoamento dos homens. Ajude-os a se levantarem quando tiverem caído. Dê-lhes uma oportunidade de expiar seus pecados. E então, chega de represálias. De uma vez por todas.[54]

O fato de essas palavras terem vindo de um homem que arriscou sua vida para resistir aos nazistas lhe confere um peso moral. O mesmo oportunismo que fez banqueiros se acomodarem a um regime assassino, financiando empresas que exploravam escravos e instalavam fábricas junto aos campos de extermínio, podia fazer dele um cidadão leal da democracia alemã do pós-guerra e um agente de sua reconstrução. Isso pode ser injusto, até mesmo moralmente repulsivo. E a Alemanha, assim como o Japão, e até a Itália, pagou o preço disso mais tarde. As três nações foram assoladas na década de 1970 por extremistas revolucionários cujos atos de violência se inspiraram na fervorosa convicção de que seus países nunca tinham mudado, de que o fascismo ainda estava vivo, numa outra feição, conduzido por algumas daquelas mesmas pessoas que fizeram a guerra na década de 1940. Eles acreditavam ser seu dever resistir a isso, exatamente porque seus pais outrora deixaram de fazê-lo.

Robert H. Jackson, outro dos promotores principais em Nuremberg (e juiz na Suprema Corte dos Estados Unidos), estava longe de ser um revolucionário extremista. Mas estava convencido de que o julgamento era mais do que um exercício para estabelecer culpas e punir os culpados. Ele acreditava estar falando em nome da civilização. O mundo deveria ser um lugar melhor depois de Nuremberg. Em seu pronunciamento de abertura, ele declarou com orgulho: "Que quatro grandes nações, no esplendor de sua vitória e aguilhoadas pela injúria, detenham a mão da vingança e voluntariamente submetam seus inimigos cativos ao julgamento da lei é um dos mais significativos tributos que o Poder já pagou à razão". Mas era no futuro que ele estava pensando quando acrescentou: "Não devemos jamais esquecer que o registro de como estamos julgando estes réus é o registro de como a história vai nos julgar amanhã. Passar a estes réus um cálice envenenado é levá-lo a nossos lábios também".[55]

Jackson era um idealista. Os julgamentos seriam parte de um esforço para construir um mundo melhor, onde os horrores do passado nunca mais se repetiriam. Depois que o julgamento enfim terminou, Jackson, acompanhado pelo advogado britânico Peter Calvocoressi, viajou até Salzburgo para assistir ao festival de música que lá se realizava, o primeiro desde 1939. Eles ouviram *Der Rosenkavalier*, e ficaram particularmente impressionados com uma jovem cantora alemã chamada Elisabeth Schwarzkopf, que cantava de forma belíssima.

Na verdade, a grande soprano tinha uma nuvem a pairar sobre sua cabeça; fora membro do Partido Nazista a partir de 1940, realizando recitais para oficiais da ss na frente oriental, e estivera ligada romanticamente com um general da ss e governador nazista da Baixa Áustria. Talvez tivesse feito todas essas coisas por convicção. Talvez fosse uma oportunista. Mas sua reputação foi restituída depois da guerra. O maior responsável por esse renascimento foi o homem com quem ela casou em 1953, o empresário musical britânico Walter Legge, um judeu.

PARTE III
NUNCA MAIS

7. Um luminoso e confiante alvorecer

Ernst Michel, o repórter no julgamento de Nuremberg, foi um dos milhares de homens forçados a deixar Buchenwald numa marcha gélida e em muitos casos mortal, em 8 de abril de 1945. Outros, deixados para trás com um número reduzido de guardas da ss, sabiam que, se os americanos não chegassem logo, certamente seriam forçados a seguir a mesma rota hedionda, ou seriam mortos ali mesmo. Buchenwald, construído na crista do adorável Ettersberg, estava entre os piores campos de concentração alemães. Uma das muitas formas de tortura concebidas pelos ss era pendurar os homens nas árvores com os cotovelos amarrados atrás das costas. Os gritos de dor deram o nome de "floresta que canta" a esse lugar horrível onde Goethe outrora contemplava a beleza da natureza e conversava com um jovem poeta seu amigo, que tomou nota das observações do grande escritor.

Havia no campo uma pequena organização subterrânea, liderada por comunistas, que tinha escondido algumas armas nos alojamentos, bem como um transmissor de rádio de ondas curtas, construído por um engenheiro polonês. Em 8 de abril, foi enviada uma mensagem desesperada: "Aos Aliados. Ao exército do general Patton. Aqui, o campo de concentração de Buchenwald. SOS. Estamos pedindo ajuda. Eles querem nos evacuar. A SS quer nos destruir". Três minutos depois veio a resposta: "KZ Bu. Aguentem. Correndo em seu auxílio. Equipe do Terceiro Exército".[1]

A poucos internos restavam forças para atacar os guardas da SS, ou até mesmo para comemorar quando os americanos finalmente chegaram. Mas os membros da resistência no campo em melhores condições tinham decidido não esperar pela chegada do Terceiro Exército. Saber que a libertação era iminente bastou para encorajá-los. Assim, tomaram de assalto as torres de vigilância e usaram as armas escondidas para uma ocasião como aquela para matar os guardas restantes.

Enquanto os soldados americanos tentavam arranjar água e alimentos para os doentes em estado mais desesperador e os moribundos, os líderes comunistas da resistência já estavam voltando seus pensamentos para o futuro. Quase imediatamente, no portão de Buchenwald, com suas palavras em ferro fundido *Jedem das Seine* ("A cada um o que é seu"), foi afixado um cartaz que dizia: "Nunca mais!".

"Nunca mais" era um sentimento que todas as pessoas que tinham sofrido no pior conflito humano da história poderiam compartilhar. Mas, para muitos, foi mais do que um sentimento; era um ideal, talvez um ideal utópico, uma crença de que um mundo novo e melhor poderia ser criado das cinzas. Apesar de muita gente, inclusive meu pai, ansiar pela retomada de uma vida normal, outros sabiam que isso jamais poderia acontecer. O mundo simplesmente não voltaria a ser o que fora. A destruição de grande parte da Europa e de várias partes da Ásia, a falência moral de antigos regimes, inclusive os coloniais, o colapso do nazismo e do fascismo — todas essas coisas alimentaram a crença de que haveria um recomeço totalmente novo. O ano de 1945 seria uma tábula rasa; a história seria descartada com alegria; tudo era possível. Daí as expressões do tipo "Alemanha, Ano Zero" (*Deutschland, Stunde Null*), usada por Roberto Rossellini como título de seu filme sobre a vida nas ruínas de Berlim, ou o Gruppe Neubeginnen (Grupo Novo Começo), formado por sociais-democratas alemães exilados em Londres.

Obviamente, nem tudo era possível. Não existe algo como uma tábula rasa nas relações humanas. A história não pode ser apagada. Além disso, ainda que todos concordassem que os horrores do passado nunca mais poderiam tornar a acontecer, pouco acordo havia quanto a como se assegurar disso. Ideais utópicos, ou mesmo as mais modestas ambições de mudança política, apresentavam-se em muitos formatos diferentes.

Sabemos que tipo de revolução tinham em mente os comunistas soviéticos e chineses. Também não pairam dúvidas sobre o que esperavam obter os nacionalistas asiáticos nas colônias europeias. Os objetivos dos partidos comunistas na Europa Ocidental, controlados por Stálin em função de suas ambições geopolíticas, eram mais complicados. Seja como for, malgrado toda a bravura dos partisans franceses ou italianos, um poder realmente significativo ficaria fora de seu alcance. Ainda assim, uma notável mudança ocorreu na Europa Ocidental, instigada por sociais-democratas que já estavam se planejando para a paz muito antes do fim da guerra. A mudança mais radical aconteceu não nos países ocupados, mas naquele conservador país insular, aquela fortaleza de tradição cujo heroico desafio tinha mantido vivas as esperanças da Europa nos dias mais tenebrosos da guerra, quando os nazistas pareciam ser invencíveis: a Grã-Bretanha.

Minha avó britânica, alçada ao fervor patriótico de uma típica filha de imigrantes, sentiu-se ultrajada quando, em julho de

1945, seus compatriotas tiveram a audácia de votar contra os conservadores de Winston Churchill: Winston fora, Clement "Little Clemmie" Attlee, líder do Partido Trabalhista dentro, com uma vitória arrasadora. Numa carta a meu avô, que ainda aguardava a liberação do serviço militar na Índia, ela lamentava a "negra ingratidão" demonstrada pelos britânicos para com "esse grande homem a quem tudo devemos". Meu avô, que também nascera numa família de imigrantes judeus, foi menos veemente, mas estava no Exército, e tinha sido exposto a outras opiniões.

Mesmo os vitoriosos na eleição de julho ficaram tão surpresos com a categórica dimensão de seu triunfo que houve uma espécie de silêncio antes das comemorações. Delegados dos sindicatos, reunidos em hotéis rústicos do norte, olhavam em silêncio enquanto os números apresentados em painéis gigantescos iam subindo cada vez mais. O resultado: 393 cadeiras para os trabalhistas, 213 para os conservadores. Um relato no *Manchester Guardian*:

> O trovão da esquerda transformou-se em relâmpago quando os resultados das eleições exibiram a vitória trabalhista. A única movimentação lenta hoje foi a maneira como as pessoas, num grande espanto, assimilaram tudo isso [...]. E com tudo isso o sr. Attlee manteve-se calmo e discreto. Ele parecia um pouco cansado.[2]

Um programa genuinamente radical veio envolto numa demonstração externa de modéstia. A mais famosa nota de triunfalismo veio apenas um ano depois, quando Hartley Shawcross, um dos principais promotores em Nuremberg e uma figura muito mais glamourosa que o líder de seu partido, disse ao Parlamento: "Neste momento somos os senhores, e o seremos por um tempo considerável".[3] O fato de esse momento de jactância ter sido usado contra ele pelo resto de sua vida demonstra o quanto a nova guarda cuidava de não parecer demasiadamente orgulhosa.

Após as eleições, o *Guardian* publicou um comentário vindo dos Estados Unidos: "É de estranhar que a Inglaterra vá para o socialismo quando a América está se livrando dos partidários do New Deal e voltando diretamente para o Centro".[4]

Houve outras reações interessantes no estrangeiro. Na Palestina, os judeus alegraram-se, porque os trabalhistas eram tidos como mais pró-sionistas do que os conservadores. Os monarquistas gregos estremeceram, mas a esquerda, mobilizada para o combate, ficou radiante, na vã esperança de uma mudança em sua própria sorte. Os noticiários soviéticos anunciaram a vitória do trabalhista sem tecer comentários. O governo fascista do general Franco, na Espanha, esperava um rompimento de relações diplomáticas. E, na Índia, o ex-primeiro-ministro de Bengala, um muçulmano eminente chamado Sir Khwaja Nazimuddin, observou: "Parece que o eleitorado britânico jogou ao mar a pessoa singular que o salvou do aniquilamento, e isso aconteceu ainda antes de a guerra ter acabado".[5]

Talvez seja verdade o que um político francês disse na ocasião: que a ingratidão é uma característica de um povo forte. Na verdade, Churchill ainda era reverenciado. O ideal impossível de muitos eleitores pode ter sido o de ter um governo trabalhista com Churchill como primeiro-ministro. Mas como expressou o correspondente político do *Guardian*: "O país preferiu ficar sem Mr. Churchill do que tê-lo pagando o preço de ter os conservadores também". O Partido Conservador "não está condenado apenas por seu passado: está sendo rejeitado porque não tem mensagem para os tempos atuais. A Grã-Bretanha, como o continente, está fazendo claros esforços na busca de uma nova ordem".

O próprio Churchill ficou um pouco atordoado com tudo isso, mas aceitou sua derrota com relativo bom humor. Sua mulher, Clementine, talvez na esperança de ver mais o marido em casa, disse-lhe que isso bem poderia ser uma bênção disfarçada. Ao que Churchill respondeu: "No momento parece que ela está efetivamente bem disfarçada". Ele queria que o governo de coalizão nacional dos anos de guerra continuasse, pelo menos até a derrota do Japão. De fato, como nunca se entusiasmara muito com políticas partidárias (ele mudou duas vezes de partido), provavelmente sentia-se mais confortável chefiando um governo de caráter nacional do que um que consistisse em um único partido. Mas, segundo Harold Nicolson, o memorialista e diplomata que perdeu sua cadeira na eleição, Churchill não reclamou. Ele demonstrou uma "resignação calma, estoica — junto com um toque de divertimento pelo fato de que o destino lhe pudesse pregar uma peça tão dramática — e uma leve admiração pela demonstração de independência do eleitorado".[6]

Alguns dos companheiros de Churchill no Partido Conservador compreendiam seus oponentes melhor do que minha avó. Harold Macmillan, que deve ter percebido qual era a tendência no Exército britânico, escreveu em suas memórias que, dadas as tremendas dificuldades de reconstruir a nação, "pode muito bem ter sido por um instinto saudável que o povo britânico sentiu ser mais sensato que um governo trabalhista estivesse no controle".[7] Ele acrescentou, no entanto, que muita gente tinha se convencido durante a guerra de que "assim que a luta terminasse viria automaticamente em seguida uma espécie de utopia". O Estado socialista, sob liderança britânica, pensavam eles, segundo o texto de Mac-Millan, "proporcionaria uma prosperidade sem precedente num mundo de paz universal".[8] Talvez um idealismo assim ingênuo estivesse mesmo pairando no ar. Mas a noção de que a Grã-Bretanha de Churchill já era o passado e que chegara o tempo para uma sociedade mais equitativa não poderia ser simplesmente descartada como um castelo no ar. O que Macmillan talvez relutasse em enxergar era o ressentimento que as pessoas que fizeram a maior parte do trabalho pesado sentiam em relação a homens de sua classe.

Isso não passou despercebido por Harold Nicolson. Nos tons inconfundíveis de um outro tipo de rabugice, Nicolson anotou em seu diário, no dia 27 de maio, que as pessoas estavam sentindo, "de forma vaga e obscura, que todos os sacrifícios a que tinham sido submetidas [...] foram todos por culpa 'deles' [...]. Num processo totalmente ilógico de raciocínio, elas acreditam que 'eles' significa as classes mais altas, ou os conservadores. O sentimento de classe e o ressentimento de classe são muito fortes".[9]

Mas seria tão ilógico sentir que as coisas não poderiam voltar a ser o que tinham sido, ao estado "normal" de deferência por uma classe, a uma aceitação natural de privilégios ou de sua privação, ou de ser excluído por razões de berço de usufruir os benefícios de uma educação decente, de uma casa sólida, ou de cuidados médicos adequados? Muito se escreveu depois da guerra sobre a solidariedade entre pessoas unidas numa época de perigo nacional, do bem-humorado espírito de buldogue inglês do lema "Londres pode aguentar isso" quando todos participavam de tudo juntos. Mas essas mesmas experiências que os nivelavam tinham também criado um novo sentido de percepção de direitos, segundo o qual as antigas desigualdades não mais poderiam ter lugar. Essa foi a versão britânica do "Nunca mais".

O crítico americano Edmund Wilson compareceu a uma reunião do Partido Trabalhista numa cidade industrial, com suas fileiras de casas escurecidas pelo carvão. Estava presente quando Harold Laski, presidente do partido e acadêmico marxista, fez um discurso, numa tarde cinzenta, para homens soturnos e atentos e mulheres vestidas com surrados excedentes de uniformes do Exército e mal-ajambrados terninhos "demob".* Laski lembrou à plateia que Winston Churchill era "a favor de

---

* Referência a roupas dadas aos soldados que se desmobilizavam. (N. T.)

uma Grã-Bretanha tradicional, com algumas medidas práticas de construção". Mas na "Grã-Bretanha tradicional", ele queria que todos soubessem, somente 1% da população tinha posse de 50% da riqueza, e só 1% dos oficiais do Exército provinha de famílias das classes trabalhadoras.

Enquanto Wilson ouvia Laski falar das vantagens de um governo socialista, ele notou uma mulher idosa (que pode ter parecido mais velha do que realmente era) olhando para o orador com uma ávida intensidade que o fez se lembrar de outros pálidos e descarnados europeus que nos tempos de paz pareciam ser diferentes dos pobres, como se pertencessem a uma peculiar "linhagem de olhos esfomeados como os de um animal", que olhavam "somente com apetites que eram simples e sem concessões". E ali, "ereto diante dessa mulher e de todos os seus silenciosos companheiros", estava Laski, "franzino, de óculos, intelectualizado, fazendo-lhes promessas que talvez nem sempre pudessem ser cumpridas", e "falando, em certa medida, no mero jargão da política". E ainda assim "ele se manteve no posto com uma tensão que magnetizava e o fazia voltar-se para a cabeça esticada para cima daquela mulher de rosto cinzento e olhos de galinha".[10]

Na Grécia, Wilson teve a oportunidade de misturar-se com homens do Exército britânico. Para alguma surpresa sua, ele deparou com certa animosidade dos soldados comuns, não somente em relação a seus oficiais, mas contra o próprio Churchill. Um homem "referiu-se com muita ênfase à questão do charuto de Churchill". Toda vez que soldados britânicos encontravam-se com seus colegas americanos, não podiam deixar de notar como os GIS eram mais bem tratados por seus oficiais. Em Delphi, mais que nos outros lugares, Wilson detectou, "no que concernia ao governo de Churchill, o alinhamento dos oficiais e das tropas inglesas quase que completamente de acordo com a classe a que pertenciam". Ele "não encontrou nenhum soldado que não tivesse votado nos trabalhistas, e achou só um oficial que votou".[11]

É quase impossível refutar essa observação, mas aqui pode haver um pequeno elemento de projeção; Edmund Wilson era, ele mesmo, muito sensível às maneiras sutis e não sutis como os ingleses expressam seu status superior, tanto em relação a americanos quanto às hierarquias inferiores. Na verdade, as mudanças na sociedade britânica não podem ser inteiramente explicadas pela luta de classes. Wilson só captou uma parte da história. Noel Annan, um oficial superior da inteligência militar em 1945 e mais tarde reitor do King's College, em Cambridge, entre outros cargos importantes, foi uma figura típica, em quase todos os aspectos, da *haute bourgeoisie* inglesa, exceto talvez por seus grandes interesses intelectuais. Ele votou no Partido Trabalhista em 1945, assim como alguns poucos outros jovens oficiais. Annan relata o fato em suas memórias. Não que não admirasse Churchill; ele simplesmente "duvidava que [Churchill] compreendesse do que o país precisava após a guerra".[12]

Além do sentimento de classe, outra razão de a guerra ter mudado posturas sociais e políticas foi que as pessoas estavam recebendo uma educação melhor. O governo britânico dos tempos de guerra tinha investido muito esforço em avanços culturais. O Conselho para Estímulo à Música e às Artes (Cema) organizava concertos de música clássica e espetáculos teatrais em fábricas, igrejas e abrigos antiaéreos. Debates e programas educacionais foram realizados para o aprimoramento intelectual das tropas no estrangeiro. No Cairo, onde estavam estacionados muitos soldados, homens de esquerda formaram em 1943 um parlamento simulado, para discutir política — nas palavras de um aviador, "como se estivéssemos vivendo na tão sonhada paz...".[13]

Alguns conservadores consideraram esse desenvolvimento profundamente perturbador. O membro do Parlamento por Penryn e Falmouth escreveu uma carta ao secretário parlamentar de Churchill: "Estou cada vez suspeitando mais da maneira com que está ocorrendo essa agitação de palestras para a educação das Forças [...] pelo amor de Mike, faça alguma coisa a respeito, a menos que você queira que essas criaturas voltem todas rosas-bicha".[14]

Ciryl Connolly, velho esteta do Eton College com gostos francófilos, lançou seu jornal literário *Horizon* em 1940, determinado a manter vivas as chamas da arte e da cultura mesmo que — a expressão é dele — as luzes estivessem diminuindo por toda a Europa. Soldados e marinheiros foram estimulados a fazer assinatura do jornal, a preços muito reduzidos. Connolly também acreditava que era tempo de descer dos pedestais e levar cultura ao povo. *Horizon* conseguiu entrar num surpreendente número de mochilas cáqui. Em junho de 1945, Connolly escreveu um artigo explicando por que votara no Partido Trabalhista. Não fora porque os políticos trabalhistas apoiassem as artes com mais disposição do que os conservadores. Muitas vezes, na verdade, era o contrário. Mas ele votara no Partido Trabalhista porque todo ser humano deveria ter direito a uma vida civilizada: "Para fazer da Inglaterra um país feliz, é preciso que haja um nivelamento que somente o socialismo poderá prover".[15]

Um dos filmes mais curiosos produzidos na Grã-Bretanha em tempo de guerra, ou em qualquer tempo, foi *A Canterbury Tale* [Um conto da Cantuária], dirigido por Michael Powell e Emeric Pressburger — o primeiro, um gênio inglês conservador, o outro, um judeu anglófilo nascido na Hungria. Estranho demais para ser bem recebido quando lançado, em 1944, *A Canterbury Tale* nos conta muito sobre os anseios daquela época, que eram espirituais tanto quanto políticos. Um soldado inglês e um GI americano veem-se por acaso unidos pela atração por uma jovem inglesa na Kent rural. A mulher, uma vendedora de Londres, é atacada à noite por uma misteriosa figura conhecida como "homem da cola", que tem o hábito de entornar potes de cola nos cabelos das mulheres. Não leva muito tempo para que os dois desmascarem o homem da cola, um fazendeiro local, um magistrado muito refinado. Seu objetivo, assim se revela, era fazer com que as jovens parassem de perder seu tempo saindo com soldados em vez de se aprofundarem nas glórias da história inglesa e do interior rural da Inglaterra. Todos os quatro personagens acabam na Cantuária, como peregrinos dos dias modernos, cada um recebendo um tipo de bênção pessoal.

O homem da cola poderia facilmente ser considerado pervertido e louco. Mas, embora sem dúvida nenhuma excêntrico, ele também é uma figura idealista, quase beata, tentando, a seu modo peculiar, expressar por que vale a pena lutar pela Inglaterra. O filme transmite uma imagem do país, em especial de sua zona rural, que é intensamente patriótica e romântica, talvez uma versão do Partido Conservador da ideologia de Sangue e Solo, exceto quanto ao fato de que ela desfaz as tradicionais barreiras entre as classes. Quando a jovem conta ao homem da cola que nunca fora aceita pelos pais de seu noivo porque eles eram de boa família e ela, uma simples vendedora de loja, ele responde que essas categorias não significavam mais nada na "nova Inglaterra", que no filme é um lugar metafísico, e sua paisagem, uma fonte de um sentimento espiritual. Isso seria como um terremoto, diz a jovem. Nós *estamos* num terremoto, replica o homem da cola. Esse terremoto, para ele, era mais do que social ou político; era uma epifania religiosa nos verdes campos da Inglaterra.

O socialismo de Clement Attlee parecia estar totalmente destituído do romantismo conservador de Powell e Pressburger. Attlee, um tranquilo fumador de cachimbo, filho de um tabelião, não era um romântico em nenhum sentido. Sua política, porém, não era tão destituída assim do romantismo de *A Canterbury Tale*. O socialismo britânico tinha fortes raízes cristãs, impregnado das tradições de progresso da era vitoriana, com ligações estéticas, por meio das artes e ofícios, com a ideia de uma imaculada Inglaterra rural. "Jerusalém", o hino de William Blake à "terra verde e aprazível da Inglaterra" entre "escuros moinhos satânicos", é uma expressão de religiosidade patriótica, de Cristo transformando a Inglaterra numa versão do paraíso. Blake era um dissidente. Seu hino era cantado com frequência em marchas da classe trabalhadora contra seus opressores. A Grã-Bretanha socialista às vezes era chamada de Nova Jerusalém. O espírito do filme de Powell e Pressburger, que se passa nos campos sarapintados de sol de Kent e termina na Catedral da Cantuária, é notavelmente similar à visão de Blake.

Durante o mês que antecedeu à eleição de julho, Churchill e Attlee apresentaram visões patrióticas bastante distintas da Inglaterra. Churchill tentou aplicar os primeiros golpes, acusando o Partido Trabalhista de se atrelar a noções estrangeiras "abomináveis para as ideias britânicas de liberdade". Ele vociferava que essa "concepção continental da sociedade humana chamada socialismo, ou, em sua forma mais violenta, comunismo" iria inevitavelmente levar a um estado policial; que um governo socialista "acabaria degenerando em alguma forma de Gestapo". Isso nunca iria funcionar "aqui, na velha Inglaterra, na Grã-Bretanha, nesta ilha gloriosa [...] berço e cidadela da livre democracia". Pois os britânicos, disse Churchill nos tons vibrantes de seus melhores discursos em tempos de guerra, "não gostam de ser arregimentados e de receber ordens...".[16]

A arregimentação funciona muito bem em tempos de risco nacional, continuou Churchill: "Todos nos submetemos a cumprir ordens para salvar nosso país". Mas, uma vez terminada a guerra, os orgulhosos bretões se livrariam dos grilhões e das cargas autoimpostas e "deixariam as escuras cavernas da guerra e marchariam para as brisas dos campos, onde o sol está brilhando e onde todos podem caminhar alegres sob seus raios cálidos e dourados".

Essa era a noção *laissez-faire* que Churchill tinha da "terra verde e aprazível". Ele errou totalmente o alvo. Dessa vez, com a paz já assegurada, Churchill estava desafinado em relação aos sentimentos de seu povo. Houve uma "boa dose de perplexidade" entre os soldados britânicos no estrangeiro, segundo o *Guardian*: "A transformação de Mr. Churchill, o líder nacional, no Churchill do discurso do 'Partido Trabalhista Gestapo' tem deixado perplexas as pessoas em toda parte".[17]

Em resposta, Attlee acusou seu oponente de também ter ido buscar suas ideias em fontes estrangeiras duvidosas, no caso de Churchill, um economista vienense chamado Friedrich Hayek, que tinha deixado seu país nativo na década de 1930 e culpava o totalitarismo continental pelas loucuras do planejamento central. Churchill havia lido o livro seminal de Hayek, *The Road to Serfdom* [O caminho da servidão]. "Não vou perder meu tempo", disse Attlee em seu programa de rádio, "com essa baboseira teórica que não passa de uma versão em segunda mão das opiniões acadêmicas de um professor austríaco…"

Enquanto Churchill enxergava a abolição do planejamento centralizado dos tempos de guerra como o caminho mais curto para desfrutar dos ensolarados campos ingleses, Attlee acreditava que os mecanismos de controle dos tempos de guerra deveriam ser ampliados para a construção da Nova Jerusalém. O bem comum não deveria ser deixado em mãos privadas, para inflar seus lucros pessoais. Na verdade, ele argumentava,

> a guerra foi ganha graças aos esforços de todo o nosso povo, o qual, com pouquíssimas exceções, pôs os interesses nacionais em primeiro lugar e seus interesses privados e setoriais muito longe em segundo […]. Por que deveríamos supor que podemos atingir nos-

sos objetivos na paz — alimentos, roupas, educação, lazer, seguro social e pleno emprego para todos — pondo os interesses privados em primeiro lugar?[18]

Attlee, como muitos europeus de seu tempo, acreditava em planejamento de governo. Não se tratava de uma exploração oportunista das condições que a guerra fizera necessárias. O descrédito em relação ao liberalismo econômico, acusado de ser o culpado pelas oscilações de crescimento e queda e pelas baixas taxas de emprego que tinham causado tanta turbulência política nos anos 1930, vinha de décadas, tanto na direita como na esquerda. Hjalmar Schacht, primeiro-ministro da Economia de Hitler, era um planejador que acreditava tanto quanto Attlee numa economia dirigida pelo Estado. Assim como acreditavam, na Ásia Oriental, os "burocratas da reforma" japoneses, mais nacional-socialistas do que social-democratas, que cooperaram com o Exército Imperial para remover completamente o capitalismo de estilo ocidental. O planejamento da sociedade perfeita foi uma das grandes crenças do século XX.

Planos para uma remodelação da Grã-Bretanha já vinham sendo concebidos desde os primeiros anos da guerra. O Relatório Beveridge sobre Seguridade Social e Serviços Afins, que reivindicava um Serviço Nacional de Saúde e pleno emprego, foi publicado em 1942. Um sistema de educação secundária para todos foi delineado num documento publicado em 1943. Seguiu-se a seguridade social, em 1944, e um documento sobre política de moradia, em 1945. Mas o esmagador mandato popular para realizar esses planos veio em julho de 1945, quando não apenas a Grã-Bretanha, mas grande parte da Europa estava exaurida, virtualmente na falência, e em ruínas, a paisagem perfeita para sonhos de fazer tudo de novo.

O termo para Nova Jerusalém na França era "progressisme". Ideais de esquerda, instilados com grande dose de patriotismo, inspiraram ex-membros da resistência da mesma forma que tinham feito com os socialistas britânicos. Comunistas, sociais--democratas e até mesmo muitos gaullistas não tinham lutado contra Vichy e os alemães apenas por amor à tradicional *douce France*. Havia ideais políticos pelos quais muitos deles deram suas vidas e queriam que fossem implementados depois da guerra, de preferência pelos próprios ex-resistentes. O Conselho Nacional da Resistência, dominado pela esquerda, foi projetado como uma espécie de governo à espera de tomar posse.

É assim que Stéphane Hessel, um jovem *résistant* judeu que sobreviveu à tortura da Gestapo em Buchenwald, relembra 66 anos depois: "Em 1945, após um horrendo drama, os membros do Conselho Nacional da Resistência dedicaram-se a uma ambiciosa ressurreição". O Conselho, em termos que ecoavam exatamente o programa de Attlee, propôs "uma organização racional da economia que assegure que os interesses privados sejam subordinados ao bem comum". Novos planos teriam de ser feitos para garantir uma seguridade social universal. O carvão, o gás, os grandes bancos e a eletricidade seriam nacionalizados. Tudo isso, lembra Hessel, "para emancipar o bem comum da ditadura criada à imagem dos Estados fascistas".[19]

Hessel não era comunista. Tinha se juntado às forças do general De Gaulle em Londres e foi lançado de paraquedas na França ocupada em março de 1944, um ato de extraordinária coragem, especialmente para um judeu, mesmo munido de documentos falsos. (Ele foi traído e preso em julho.) Mas os ideais políticos de Hessel decerto estavam bem à esquerda da ideia que De Gaulle tinha para a França. De Gaulle era visto pela esquerda francesa do mesmo modo como Churchill era encarado por muitas pessoas na Grã-Bretanha — um grande homem de seu tempo, sem dúvida, mas um obstáculo reacionário ao progresso. Marguerite Duras, que participou de um grupo de resistência esquerdista, descreveu De Gaulle como, "por definição, um líder da direita". De Gaulle, ela escreveu, "gostaria de dessangrar o povo de sua força vital. Ele o queira fraco e devotado, queria que fosse gaullista, como a burguesia, queria que ele *fosse* burguês".[20]

Ela escreveu isso em abril de 1945. Esse sentimento ia persistir e tornar-se ainda mais forte à medida que as guerras coloniais no norte da África e na Indochina iam ficando cada vez mais sinistras. De Gaulle, embora indubitavelmente um conservador, agiu rápido para bloquear à antiga resistência o acesso ao poder político, mas sabia que acordos com o *progressisme* teriam de ser feitos. Foi sob De Gaulle que as fábricas de automóveis da Renault e cinco grandes bancos foram nacionalizados, em 1945, assim como o carvão, o gás e o transporte público. E foi a De Gaulle, em dezembro daquele mesmo ano, que Jean Monnet, um tecnocrata de Cognac que passou grande parte da guerra em Washington, apresentou seus planos para a modernização da economia francesa. Seus esquemas para fazer com que o Estado se encarregasse da indústria, da mineração e do sistema bancário eram típicos da crença no planejamento centralizado. Planejamento, e mais planejamento, era o caminho para um futuro melhor, não só porque prometia mais equidade, mas porque impediria que os europeus embarcassem novamente numa guerra catastrófica.

E assim foi por toda a Europa. Arthur Koestler, consumado sobrevivente europeu, um ex-comunista judeu que escapou de uma prisão fascista na Espanha, escreveu com muita apreensão que "se estamos no limiar de uma era de superestados gerenciais, a intelligentsia está fadada a tornar-se um setor especial no funcionalismo público".[21] Mesmo não tendo as organizações de resistência se tornado a força política que esperavam ser, muitos de seus ideais de esquerda estavam efetivamente sendo postos em prática. Governos social-democratas foram eleitos nos Países Baixos e na Bélgica. Reformas fundiárias na Sicília, Romênia, Tchecoslováquia, Hungria e Polônia fizeram com que milhões de camponeses se tornassem pequenos proprietários, com frequência à custa de minorias impopulares, como os alemães da Prússia Oriental e dos Sudetos. Na zona soviética da Alemanha, os sociais-democratas tentaram, em vão, como se constatou depois, trabalhar em conjunto com os comunistas.

Houve, de fato, um forte elemento continental em tudo isso; Nova Jerusalém era mais uma ideia europeia do que nacional. O major Denis Healey, que viria a ser um importante ministro em vários governos do Partido Trabalhista, desembarcou com o Exército britânico na Sicília e em Anzio. Sua explicação para as tendências esquerdistas de seus colegas soldados foi "o contato com os movimentos de resistência e um sentimento de que uma revolução estava varrendo a Europa".[22] Healey tinha sido comunista, mas rompeu com o partido em 1939 devido ao Pacto de Não Agressão Nazista-Soviético, também conhecido como o Pacto Molotov-Ribbentrop. Mas um longínquo resquício de seu ardor comunista ainda esteve em evidência em 1945, quando ele recomendou à conferência do Partido Trabalhista que ajudasse as revoluções socialistas na Europa. O partido, ele insistiu, não poderia ser "piedoso e moralista em demasia quando ocasionalmente se noticiassem fatos evidenciando que nossos camaradas no continente estavam sendo extremistas".[23]

No caso de Cyril Connolly, sua francofilia e seu amor à cultura europeia, tanto quanto suas opiniões políticas, levaram-no a concluir que somente uma Europa única serviria de barreira a outro conflito suicida. "Toda guerra europeia é uma guerra perdida pela Europa", ele escreveu no *Horizon* em dezembro de 1944, e "uma guerra perdida pela Europa é uma guerra perdida pela Inglaterra; uma guerra perdida pela Inglaterra deixa o mundo mais pobre". Nunca mais, para ele, significava "uma Federação Europeia — não uma federação nominal, mas uma Europa sem passaportes —, uma entidade cultural onde cada um é livre para ir aonde quiser [...]. Se a Europa não puder trocar o nacionalismo econômico por regionalismo internacional, perecerá como as cidades-estado gregas, num fiasco de ódio recíproco e desconfiança sob o tacão de um invasor".

Connolly não era apenas um eurófilo excêntrico, o que se comprova pelo fato de que muitos compartilharam suas ideias, inclusive o próprio Churchill, mesmo que nunca tivesse ficado claro se o ex-primeiro-ministro queria que a Grã-Bretanha participasse da nova construção europeia. Provavelmente não. Num discurso proferido em Zurique um ano após a guerra, Churchill manifestou seu entusiasmo pelo conceito de "Estados Unidos da Europa". Mas essa Europa unida teria "a Grã-Bretanha e a Comunidade Britânica de Nações" apenas como seus "amigos e patrocinadores".[24] Contudo, o papel da esquerda permaneceu altamente contencioso. Connolly acreditava que uma federação europeia só poderia ser realizada pela esquerda, isto é, "uma Frente Popular Europeia determinada a ser forte e também a evitar uma Terceira Guerra Mundial". Ideias semelhantes estavam sendo promovidas pela União Soviética, em especial na Alemanha, cuja unidade, na visão de Moscou, seria supostamente obtida sob o comunismo. Depois de almoçar na embaixada francesa em Londres, Harold Nicolson escreveu em seu diário sobre os perigos da propaganda comunista: "Para combater isso temos de fornecer um ideal alternativo; o único ideal possível é o de uma Alemanha federalista numa Europa federalista".[25]

O outro argumento em favor da Europa era patriótico, a ideia de que a grandeza nacional só poderia ser readquirida numa Europa unida. Esse conceito foi mais pronunciado na França, sustentado por tecnocratas no regime de Vichy, mas também por alguns de seus oponentes. A figura-chave ainda era Jean Monnet, cujos sonhos de união transcendiam as fronteiras francesas. Sua vida, registrada em suas memórias, foi uma tentativa constante de aproveitar "momentos excepcionais" para superar diversidades e forjar uma unidade. Um desses momentos foi maio de 1940, quando os alemães se espalharam violentamente pela França. Um ano antes, Monnet tinha tentado convencer Neville Chamberlain de uma união entre a França e a Grã-Bretanha. Em 1940, Churchill estava preparado para levar adiante a ideia, que naufragou principalmente devido às suspeitas francesas.

O planejamento estatal foi a contribuição patriótica de Monnet à França. Esse, ele disse a De Gaulle, era o único caminho de volta à *grandeur* francesa. Para isso, era essencial investir na unidade de todos os cidadãos franceses. Aquele momento, 1945, era perfeito para tais "esforços coletivos, pois o espírito patriótico da libertação ainda estava presente e não tinha encontrado uma forma de se expressar num grande projeto".[26] O primeiro grande projeto seria a modernização da França pela nacionalização da economia e o direcionamento do carvão alemão para as fábricas francesas. O projeto seguinte seria de dimensão continental, a Comunidade do Carvão e do Aço, depois a Comunidade Econômica Europeia, e por fim, no sonho de Monnet, a *grandeur* em sua plenitude com uma Europa Unida.

De Gaulle gostava de chamar carinhosamente seu sonhador em escala europeia de "*L'Americain*". Monnet era aquele tipo raro de francês que em Washington e em Londres se sente tão em casa quanto em Paris. Mas nas obsessões de unificação de Monnet havia algo continental, vagamente católico, não de todo afinado com a democracia liberal. Havia um cheiro de incenso sacro romano pairando sobre seus sonhos europeus. E seu sentimento de desconforto em relação a partidos políticos, competitivos por natureza, e à economia de mercado não controlada por burocratas do Estado sugeria um credo tecnocrático com antecedentes tanto na direita como na esquerda. Ou melhor, direita e esquerda não eram categorias tão relevantes assim na utopia burocrática. A crença era mais no sentido de que a justiça social seria alcançada com mais eficiência por um governo autoritário e benigno. Churchill não estaria totalmente errado ao dizer que isso não combinava com os britânicos tanto quanto teriam esperado os planejadores de esquerda de 1945.

Os tecnocratas alemães que trabalhavam para o Terceiro Reich também foram grandes planejadores. Uma das histórias mais obscuras da Segunda Guerra Mundial é a da cooperação entre os planejadores alemães e seus colegas europeus sob ocupação nazista. Arquitetos, urbanistas, construtores de represas e rodovias reconheceram-se não como camaradas nazistas, mas como espíritos afins, projetistas irmanados na construção de uma nova ordem europeia. Para eles também a destruição muitas vezes era vista como um "momento excepcional" de oportunidade.

Rotterdam foi a primeira cidade da Europa Ocidental a ter seu coração destroçado por bombas. Os danos não foram tão extensos quanto em Varsóvia, bombardeada oito meses antes, em setembro de 1939, mas o centro da cidade estava praticamente destruído. Quase de imediato surgiram os planos para reconstruir Rotterdam. Na ausência de procedimentos democráticos ou de interesses particulares que os detivessem, um comitê de urbanistas e engenheiros holandeses projetou a remoção dos destroços, a expropriação de propriedades privadas e a reconstrução da cidade de acordo com projetos racionais. Eles não eram nazistas; na verdade, a maioria não tinha a menor simpatia pelos ocupantes alemães, mas esses homens extremamente práticos já estavam impacientes com a indecisão, as rixas e a desorganização da democracia liberal fazia tempo. Numa postura muito parecida com a de Jean Monnet, acreditavam numa ação unificada sob uma liderança forte. Nesse sentido, o governo nazista deu-lhes uma oportunidade de fazer o que tinham desejado o tempo todo.

Para os alemães, mas não necessariamente para os tecnocratas holandeses, havia também uma importante dimensão pan-europeia. Rotterdam seria um dos principais centros numa grande região de povos germânicos. No jargão racista dos ocupantes alemães: "Os Países Baixos constituem uma parte do *Lebensraum* europeu. Como membro da tribo germânica, o povo holandês seguiria o destino de seu vínculo natural".[27] Na nova ordem, não haveria lugar para a "plutocrática" economia de mercado liberal de antes da guerra. Todas as economias, inclusive a holandesa, teriam de se ajustar à economia continental planificada (*Kontinentalwirschaft*). Os interesses coletivos sobrepujariam os privados, exceto, claro, os dos líderes nazistas.

O discurso sobre as tribos germânicas não tinha nenhum atrativo para um homem como o dr. J. A. Ringers, engenheiro encarregado da reconstrução de Rotterdam em 1940. De fato, mais tarde ele seria preso por prestar ajuda à resistência holandesa. Mas ele estava convencido de que o planejamento das cidades era o caminho correto a seguir. E, nos primeiros anos da guerra, os alemães ficaram felizes em partilhar sua considerável expertise com Ringers e outros tecnocratas locais. Isso não quer dizer que estivessem sempre de acordo. Os planos alemães para a reconstrução de Rotterdam no monumental estilo fascista não eram absolutamente o que os holandeses imaginavam. Além disso, os alemães não permitiriam que a modernização de Rotterdam se desse às expensas de cidades portuárias alemãs, como Hamburgo ou Bremen. Assim, em 1943, com Ringers já na cadeia, os planos de reconstrução foram interrompidos. Mas Ringers sobreviveu, apesar do período penoso que passou num campo de concentração alemão. Assim que a guerra acabou, foi nomeado ministro de Obras Públicas, encarregado da reconstrução dos Países Baixos. Ringers seria um dos principais engenheiros da Nova Jerusalém holandesa, cujos projetos deviam algo a Karl Marx e ao planejamento socialista de antes da guerra, e talvez devessem à ocupação nazista mais do que as pessoas gostariam de lembrar.

Os maiores planejadores entre todos foram os japoneses. Durante a década de 1930 e no início dos anos 1940, Manchukuo, o estado fantoche do Japão, era a colônia com o planejamento mais perfeito do mundo, uma espécie de palácio dos sonhos do pan-asianismo japonês. Oficialmente, não podia ser chamada de colônia, claro, já que o Japao, em seu discurso, estava libertando a Ásia do imperialismo ocidental. E, uma vez que o império japonês também era contrário ao "egoísta" capitalismo de livre mercado ao estilo ocidental, Manchukuo não seria apenas um estado asiático pseudoindependente, mas uma vitrine de justiça social e igualitarismo. Na verdade, não foi nada disso; minas e fábricas construídas pelos japoneses baseavam-se em trabalho escravo, e a vida para os chineses e coreanos sob o Exército Kwantung era brutal. A economia, porém, como tudo o mais num estado fantoche, era controlada de forma estrita pelo governo militar, e habilmente assistida nessa empreitada por companhias industriais e bancos japoneses que o governo favorecia.

A capital de Manchukuo — em japonês Shinkyo, ou Nova Capital — era pouco mais do que um pequeno entroncamento ferroviário chamado Changchun quando o estado fantoche foi estabelecido, em 1932. Quase imediatamente, equipes de planejadores japoneses — engenheiros, arquitetos e burocratas da Ferrovia do Sul da Manchúria e do Exército Kwantung — começaram a projetar a mais moderna, mais eficiente, mais limpa e mais organizada cidade da Ásia, a ser construída no estilo "neoasiático". O projeto de Shinkyo carregava a marca da influência ocidental — a da Paris de Haussmann, a dos conceitos britânicos do século xix do Garden City, a do Bauhaus alemão —, mas as enormes e modernistas construções do governo seriam adornadas com os típicos telhados orientais com empenas, copiados de vários templos japoneses e palácios chineses.

Na paisagem plana do norte da China, coberta de neve durante todo o inverno, ergueu-se uma cidade novinha em folha após cinco anos de construção em alta velocidade, sob os auspícios do Conselho do Estado de Manchukuo. Se Albert Speer fosse japonês, teria sido seu monumento ao planejamento totalitário: grandiosas fortalezas burocráticas no estilo da Nova Ásia flanqueando bulevares largos e perfeitamente retos que, como raios de uma roda gigantesca, levam a praças circulares enormes.* Tudo se realizou com precisão matemática. E tudo funcionava, desde os aerodinâmicos trens de alta velocidade, o "Expresso da Ásia", que circulava sempre no horário, às descargas nos banheiros públicos, uma inovação que não se conhecia na maioria das casas no Japão.

A face pública de Manchukuo era chinesa, uma hierarquia que chegava até Henry Pu'yi, o impotente "último imperador" da dinastia Qing. Por trás de seu trono e de cada funcionário chinês havia seu titereiro japonês, ou "vice". Definir os governantes japoneses como fascistas não seria exato. Muitos deles eram militaristas, e todos eram nacionalistas, mas poucos acreditavam no pan-asianismo de sua propaganda oficial, uma nova

---

* Essas construções ainda existem. Seu estilo bombástico agradou aos comunistas chineses. A transição pareceu ser totalmente natural: o prédio do antigo Exército Kwantung é agora a sede do Partido Comunista, e assim por diante.

Ásia liderada pelo Japão, livre do capitalismo e do imperialismo de estilo ocidental.

Todos os militares e burocratas do governo dedicaram-se ao planejamento, sem serem tolhidos por procedimentos democráticos ou pelos interesses ou desejos dos súditos de Manchukuo, na maioria chineses. Por trás da força sinistra do Exército Kwantung, a mortífera polícia *Kempeitai* e uma variedade de gângsteres e aventureiros japoneses compunham um batalhão de burocratas, administradores e engenheiros sofisticadíssimos que viam no estado fantoche uma espécie de prancheta para projetar e tocar uma economia perfeitamente planejada. Seus planos eram revestidos de uma espécie de culto ao imperialismo, que giravam em torno do divino imperador japonês e seu vassalo real no "Palácio do Sal" em Shinkyo, o apatetado, desafortunado e totalmente humilhado imperador fantoche Pu'yi.

Alguns planejadores japoneses eram claramente de direita, dedicados à manutenção da ordem militar conservadora; outros eram socialistas que compartilhavam com os militaristas uma aversão ao capitalismo de livre mercado. Mas até mesmo os burocratas de direita acreditavam em planos quinquenais no estilo soviético. O típico "burocrata da reforma" de Manchukuo poderia ser mais bem descrito como um radical de direita que tinha mais em comum com comunistas do que com liberais. Nobusuke Kishi era desse tipo. Um manso operador burocrático com cara de coelho, Kishi não transmitia de forma nenhuma a imagem de um homem que governava um grande número de escravos da indústria. No entanto, na faixa dos quarenta anos de idade, era um dos homens mais poderosos no império japonês. Sua missão era fazer de Manchukuo uma potência estatal para a mineração, os produtos químicos e as indústrias pesadas.

A política industrial foi programada não para o lucro de negócios e corporações, pelo menos não como prioridade, e certamente não para satisfazer os consumidores japoneses, cada vez mais acossados pelo racionamento em tempos de guerra, mas para expandir o poder do Estado. Algumas companhias se aproveitaram disso muito bem. A Nissan, por exemplo, transferiu sua sede para Manchukuo em 1937, onde, em sociedade com o governo, estabeleceu um novo conglomerado industrial e bancário, ou *zaibatsu*, fazendo planos quinquenais e produzindo tudo, desde veículos militares a barcos torpedeiros. O *zaibatsu* da Mitsubishi fabricava aviões de caça, e o da Mitsui prosperou e enriqueceu o governo de Manchukuo, monopolizando o comércio de ópio na China. Duas figuras principais nesse sórdido negócio foram Gisuke Ayukawa, fundador da Nissan, e Nobusuke Kishi, o burocrata industrial cujos contatos com o submundo do crime nunca deixaram de ser cuidadosamente preservados. Mas os interesses dos grandes negócios e dos militares nem sempre coincidiram. Até mesmo Ayukawa desaprovava a aliança do Japão com a Alemanha nazista. A guerra com a Grã-Bretanha e com os Estados Unidos não era necessariamente boa para os negócios, e as corporações, mesmo quando se beneficiavam de reduções de impostos e subsídios especiais, nem sempre recebiam de bom grado a interferência burocrática.

Os processos implantados com pioneirismo por Kishi e outros em Manchukuo foram mais tarde postos em prática no próprio Japão. Desde o início da guerra na China, em 1937, até o fim da Guerra no Pacífico, a economia japonesa foi controlada na prática por órgãos do governo, como a Junta de Planejamento do Gabinete, o Ministério das Finanças e o Ministério do Comércio e da Indústria. Os homens que conduziram a economia de guerra foram recrutados da mesma rede de burocratas da reforma, de planejadores estratégicos e ideólogos antiliberais da esquerda e da direita que tinham industrializado Manchukuo com calejada eficiência. O ministro do Comércio e da Indústria não era outro senão o próprio

Nobusuke Kishi. Em 1943, seu ministério foi renomeado Ministério das Munições, mais em sintonia com a verdadeira natureza da economia de guerra japonesa. Kishi, oficialmente vice-ministro das Munições, continuou a conduzir a economia de guerra por mais um ano. Em 26 de agosto, poucos dias após a derrota japonesa, e por ordem imperial, o Ministério das Munições foi extinto e tornou-se mais uma vez Ministério do Comércio e da Indústria.

Um dos mistérios da ocupação do Japão pelos Estados Unidos é como os americanos permitiram que os japoneses se safassem com esse tipo de truques. Afinal, a ideia do "nunca mais" era o que os vitoriosos tinham em mente para o Japão também. Lá, como na Alemanha,1945 deveria ser o Ano Zero, o momento perfeito para criar uma nova sociedade sobre as ruínas. Obviamente, algumas pessoas teriam de ser expurgadas. Nobusuke Kishi foi preso como criminoso de guerra classe A, assim como Gisuke Ayukawa. Mas as instituições que criaram no Japão foram deixadas quase intactas, mesmo quando os ativos industriais de Manchukuo estavam sendo sistematicamente saqueados pelo Exército Vermelho soviético.

A forma como o Japão deveria se reconstruir foi tema de muita controvérsia. Havia em Washington uma forte corrente com a opinião de que o Japão não deveria dispor, de forma nenhuma, de uma infraestrutura de indústria pesada, mas sim, em vez disso, especializar-se em produtos mais típicos de uma nação oriental: brinquedos, estatuetas de cerâmica, seda, produtos de papelaria, tigelas de porcelana e afins. A exportação de guardanapos de coquetel para os Estados Unidos foi uma útil sugestão.[28] Os japoneses, porém, tinham ideias diferentes. Pouco antes de as tropas americanas chegarem, o presidente do *zaibatsu* da Mitsubishi escreveu uma carta a um de seus executivos que falava de um "grande plano de cem anos".[29] Mesmo que essa expressão, tomada emprestada de clássicos chineses, não fosse para ser interpretada ao pé da letra, a ideia de um planejamento

336

ainda estava muito viva nas mentes japonesas. Um ano depois, um relato rascunhado pelo Ministério das Relações Exteriores do Japão explicava que a era do *laissez-faire* passara e que o mundo tinha "enfim entrado na era do capitalismo de Estado, ou uma era de capitalismo controlado, organizado".[30]

Isso se parecia muito com o pensamento de alguns influentes americanos partidários do New Deal, enviados para ajudar o general MacArthur a fazer do Japão uma democracia pacífica. Alguns dos primeiros rascunhos de seus planos certamente teriam sido endossados pelos leninistas. Owen Lattimore, um esquerdista britânico especialista em China da Johns Hopkins, exerceu sua influência por algum tempo. Ele acreditava que os asiáticos estavam mais interessados em "práticas democráticas efetivas, como as que podiam ver no outro lado da fronteira russa", do que em teorias democráticas ocidentais, que vinham "atreladas a um imperialismo implacável". A única verdadeira democracia na China, ele alegava, encontrava-se "nas áreas comunistas".[31] Outras "mãos chinesas" no Departamento de Estado examinavam cuidadosamente para o Japão do pós-guerra as ideias de Sanzo Nosaka, o líder do Partido Comunista japonês que passara a guerra na China, doutrinando prisioneiros japoneses. Comitês de fábrica e grupos de trabalhadores deveriam, segundo sua linha de pensamento, tirar dos burocratas "fascistas" a tarefa de distribuir alimentos e outros serviços vitais. Apesar de essa ideia específica ter ficado pelo caminho, os administradores do New Deal falavam sério quanto a reformas fundiárias e sindicatos independentes, e estavam convencidos de que as autoridades de ocupação dos Estados Unidos deveriam "favorecer uma distribuição mais ampla de propriedade, gerenciamento e controle do sistema econômico".[32]

O New Deal para o Japão era bem parecido com os planos de Attlee para a Grã-Bretanha. Obviamente, nem Attlee nem os partidários do New Deal eram comunistas. Pelo contrário, como a maioria dos sociais-democratas, eram firmemente contrários ao comunismo. Uma grave preocupação dos administradores dos Estados Unidos, inclusive dos partidários do New Deal, era que os japoneses, levados a extremos por sua indigência econômica, se tornassem suscetíveis a tentações comunistas. A solução era se assegurar de que o Japão pudesse voltar a alimentar a si mesmo o mais rapidamente possível, reconstruindo sua capacidade industrial, sem se deixar distrair por interesses militares ou pela ganância dos grandes negócios. E o melhor caminho para fazer isso era delegar a política econômica aos japoneses que tinham maior experiência, a servidores públicos que sabiam como planejar o futuro, que pusessem o bem público acima dos interesses privados, cujos ideais fossem patrióticos e igualitários — ou seja, os muitos burocratas que sobreviveram ao expurgo no Ministério das Finanças e no Ministério do Comércio e da Indústria.

Em 1948, Nobusuke Kishi foi libertado da prisão Sugamo sem que seu caso jamais tivesse chegado a julgamento. Durante seu tempo na cadeia, mantivera contato com velhos amigos da política de direita e do crime organizado, alguns dos quais seus companheiros de cela. Em 1949, o Ministério do Comércio e da Indústria deixou de existir. Em seu lugar foi criado o Ministério de Comércio Internacional e Indústria (ou Miti, na sigla em inglês), a mais poderosa força governamental por trás do milagre econômico japonês das décadas de 1960 e 1970. Em 1957, Kishi foi eleito primeiro-ministro.

Quando os coreanos ouviram no rádio que o Japão tinha se rendido, em 15 de agosto de 1945, a primeira coisa que muitos deles fizeram foi jogar fora seus uniformes de guerra japoneses — as disformes calças de camponesas das mulheres e os calções amarrados nos joelhos dos homens. Vestidas com as tradicionais roupas brancas coreanas, milhares de pessoas enxameavam as ruas agitando bandeiras nacionais, cantando canções patrióticas e gritando "Independência da Coreia para sempre!". As ruas de Seul estavam destruídas, a eletricidade tinha sido cortada e não havia comida suficiente, mas as pessoas choravam de felicidade. Pela primeira vez em muitos anos, podiam agir abertamente como coreanos, sem serem punidos por não se curvarem ante as imagens do imperador japonês ou por se recusarem a adotar um nome japonês.

No início, houve alguns mal-entendidos. Pensou-se que os soviéticos estavam chegando, e foram enviadas comitivas de boas-vindas à estação ferroviária de Seul para saudar os libertadores russos, que nunca vieram. Comitivas similares esperaram em vão em estações ferroviárias de outras cidades pelo sul da Coreia, em Taegu, Kwangju e Pusan, agitando bandeiras soviéticas e coreanas e faixas que expressavam gratidão pela ajuda soviética na restauração da independência coreana.

Outras dirigiram-se aos santuários xintoístas mais próximos, o principal símbolo da opressão colonial, e tentaram derrubá-los com marretas, porretes e mesmo com as mãos nuas, antes de incendiá-los. Primeiramente na cidade de Pyongyang, no norte, e depois por toda a Coreia, os odiados santuários arderam em chamas durante a noite, para o horror dos japoneses, que os tinham como sagrados.

Mas os japoneses em si, em sua maioria, escaparam de ser molestados, exceto no norte, onde mulheres e garotas de todas as idades foram tratadas pelos soldados soviéticos como butim de guerra. Na manhã de 16 de agosto, em Seul, um herói da resistência coreana chamado Yo Un-hyong, um cristão devoto com ideias esquerdistas e um gosto por ternos elegantes de tweed inglês, formou com outros patriotas, inclusive comunistas recém-libertados das prisões japonesas, o Comitê de Preparação para a Independência Coreana. Seu discurso para milhares de pessoas reunidas no pátio de um colégio foi notável por dois motivos. Primeiro, por seu espírito generoso: "Agora que o povo japonês está prestes a deixar o povo da Coreia, devemos deixar que o passado fique para trás e que eles saiam em bons termos". E depois, por um acentuado tom de utopia: "Esqueçamos o que sofremos no passado. Deixemos de lado o heroísmo individual e avancemos juntos numa união inquebrantável".[33]

A multidão cantou o patriótico hino coreano, expressando um imorredouro amor à nação, com a melodia de "Auld Lang Syne",* o que aparentemente deu a alguns japoneses a ilusão de que os coreanos estavam acenando um carinhoso adeus a seus senhores japoneses.

Ao norte de Seul, acima do que seria mais tarde conhecido como "paralelo 38", cerca de uma semana antes de as tropas soviéticas chegarem a Pyongyang, um igualmente venerável patriota cristão esquerdista chamado Cho Man-sik, conhecido, por suas maneiras gentis e por seu traje nativo coreano, como "Gandhi coreano", também preparava a independência nacional. Como Yo no sul, Cho tinha em torno de si muitos ex-prisioneiros políticos do Partido Comunista, mas ainda não estava dominado por eles. Tanto no norte como no sul, os Comitês Populares Coreanos logo assumiram o papel dos administradores japoneses. Os membros, em sua maioria, ou eram comunistas ou nacionalistas moderadamente de esquerda, muitas vezes cristãos.

Como na Europa, os esquerdistas, inclusive os comunistas, tinham as melhores credenciais como patriotas. Enquanto as elites

---

* Poema escocês de Robert Burns, tradicionalmente entoado como despedida de um ano no limiar de um novo ano, mas também em diversas outras ocasiões (funerais, despedidas de turma etc.). (N. T.)

conservadoras no governo, no mundo dos negócios e na educação superior haviam em grande parte colaborado com os japoneses — às vezes de má vontade, às vezes com entusiasmo — em nome da modernização e do progresso, ou então por interesses próprios, a resistência, desde a anexação ao império japonês, em 1910, tinha um forte viés esquerdista. As rebeliões coreanas contras suas próprias elites, assim como contra os japoneses, muitas vezes demonstravam um traço messiânico, uma mistura de xamanismo coreano com influências cristãs. A resistência de base marxista contra o domínio japonês era, de muitas maneiras, uma encarnação moderna das antigas revoltas camponesas contra a nobreza latifundiária coreana.

No entanto, apesar das belas palavras de Yo Un-hyong, a unidade era frágil. Na verdade, era uma raridade na história coreana. O país era cindido por diferenças regionais, especialmente entre o norte e o sul, além de explosivas rivalidades políticas. O ano de 1945 não foi diferente. Embora Cho Man-sik e Yo Un-hyong tivessem um ideal comum de unidade coreana, a esquerda estava dividida em facções, e os comunistas estavam dispostos a agarrar o poder onde e quando pudessem. Quando Yo estabeleceu a República Popular da Coreia em Seul, enfrentou um desafio da direita também, na forma do Partido Democrático coreano, liderado por proprietários de terra e outros membros da antiga elite, muitos dos quais tinham colaborado com os japoneses. Havia também vários políticos coreanos no exílio, na China e nos Estados Unidos, muito longe de estarem unidos.

Mas quase todos os coreanos, quaisquer que fossem suas opiniões políticas, concordavam numa questão. A ideia de nunca mais, para eles, significava jamais voltarem a ser dominados por potências estrangeiras. Essas foram as combativas palavras da proclamação da República Popular da Coreia, pronunciadas em 14 de setembro:

Estamos determinados a demolir o imperialismo japonês, suas influências residuais, facções antidemocráticas, seus elementos reacionários e qualquer influência estrangeira indesejável em nosso Estado, e a estabelecer nossa completa autonomia e independência, com isso antecipando a realização de um Estado autenticamente democrático.[34]

Existe uma palavra em coreano, "sadae" — literalmente "servir aos grandes" —, usada para descrever o tradicional tributo pago ao trono imperial chinês pelos reinos periféricos, como a Coreia. Em tempos modernos, *sadae* veio a significar humilhação ante qualquer força estrangeira, comumente para obter vantagem em relação a rivais locais. Os que colaboraram com os japoneses eram culpados pelo *sadae*. No "paraíso racional" concebido por Yo, a vergonha do *sadae* seria banida para sempre.

Os coreanos nunca tiveram essa oportunidade.

Quando as tropas americanas finalmente desembarcaram na cidade portuária de Inchon, no sul, várias semanas após a rendição japonesa, não tinham o mínimo conhecimento sobre o país ou as aspirações de seu povo. O general de brigada John R. Hodge fora escolhido para se encarregar da situação só porque por acaso encontrava-se por perto — na ilha japonesa de Okinawa. Seus assessores políticos não sabiam muito mais sobre a Coreia do que ele. Nenhum deles falava uma só palavra de coreano. Mas houve uma imensa boa vontade, pelo menos do lado coreano. A revista *Yank* relatou que "nativos coreanos" saudavam os jipes, caminhões e carros de reconhecimento americanos com "gritos, sorrisos abertos, braços erguidos, reverências e exclamações de 'Hubbah hubbah!'".[35]

Não obstante as ordens estritas de não fraternização, um oficial da inteligência militar americano de ascendência japonesa chamado Warren Tsuneishi ficou conversando com um certo sr.

Kim, gerente de hotel em Seul. O sr. Kim disse: "E devemos agradecer a vocês por nossa libertação. Eu agradeço profunda, profundamente. Vocês sofreram muito para nos libertar e nos tornar independentes". Os olhos do sr. Kim estavam marejados de lágrimas, o que fez Tsuneishi sentir-se "desconfortável".[36]

Àquela altura, a primeira gafe americana já tinha sido cometida. Ainda antes de desembarcar de seu navio, o general Hodge recebeu um pedido para se encontrar com Yo Un-hong, o irmão de Yo Un-hyong, um moderado que representava o governo provisório coreano. O general, suspeitando de uma tramoia japonesa, ou talvez comunista, recusou-se a falar com ele. No dia seguinte, em Seul, Hodge anunciou que o governador japonês e toda a sua administração ficariam no palácio até ordens posteriores. Os coreanos ficaram furiosos e inundaram as ruas para protestar contra esse tapa na cara. Embaraçado com a reação causada, o Departamento de Estado americano rapidamente anunciou que os japoneses, enfim, não estariam mais no controle. Os americanos iriam assumir. Mas, como os americanos ainda não dispunham de tropas suficientes, os japoneses receberam ordens de se manter em seus postos.

É assim que a *Yank* descreve a cerimônia de rendição dos japoneses:

Do lado de fora do Palácio de Governo japonês em Seul, uma breve cerimônia de retirada realizou-se em volta do mastro da bandeira. O 184º dispôs-se numa formação quadrangular constituída de homens em uniformes puídos, e a Sétima Divisão tocava "Americans We". A bandeira japonesa foi arriada, exibida rapidamente para as inevitáveis fotos e substituída pela bandeira americana enquanto a banda tocava o hino nacional dos Estados Unidos.

Depois, as tropas americanas "marcharam para fora dos portões do palácio. *Os portadores de Justiça*, a quem os coreanos tinham dado as boas-vindas à sua antiga Terra dos Três Reinos, estavam dando início a seu dever de ocupação".[37]

Embora o Exército Vermelho soviético ocupasse a Coreia acima do paralelo 38, a autoridade soviética não foi imposta com muita rudeza. Um funcionário soviético observou para um repórter americano que os russos gostavam dos ingleses e dos americanos porque "se parecem conosco". Mas, continuou, "não gostamos dos coreanos. Vamos ficar até que se instale um governo viável, e então iremos embora".[38] O general Hodge, aliás, não gostava dos coreanos mais dos que os russos. Considerava muitos deles "orientais de pouca instrução fortemente afetados por quarenta anos de controle japonês [...] com quem é quase impossível ter um entendimento racional".[39]

Os soviéticos mantiveram a palavra, mas sua ideia de um governo viável e estável não era aquilo que patriotas como Yo Un-hyong ou Cho Man-sik tinham em mente. A Coreia do Norte foi a princípio governada pelos Comitês Populares Coreanos. Instalaram-se tribunais populares para expurgar colaboracionistas e "elementos reacionários". Representantes do governo colonial foram removidos de seus cargos, às vezes com considerável violência. Proprietários de terras coreanos e outros que nada tinham a ganhar com a política revolucionária apoiada pelas autoridades soviéticas começaram a se encaminhar às pressas para o sul. Cho Man-sik ainda estava encarregado dos Comitês Políticos Populares, mas seu órgão central tinha um controle limitado sobre os comitês regionais. Não conseguiu impedir que os soviéticos desmontassem e saqueassem as fábricas construídas pelos japoneses.

No sul, as autoridades militares americanas — que, ao contrário das soviéticas, assumiram um controle direto do governo

— embarcaram numa política que se repetiria em muitas ocasiões, quando os Estados Unidos decidiam que sabiam melhor que os nativos como beneficiá-los com um bom governo. Em parte devido a ignorância, em parte devido a uma desconfiança, nem sempre irracional, quanto às intenções dos comunistas, o governo militar dos Estados Unidos apoiou-se em membros conservadores da elite coreana, que falavam inglês, ou, ainda melhor, tinham sido educados em instituições americanas. Para liderar o futuro governo coreano, trouxeram dos Estados Unidos um homem que era inquestionavelmente um nacionalista, mas também tinha opiniões anticomunistas veementes: Syngman Rhee, cristão, formado em Harvard e Princeton. Rhee não era de todo desconhecido na Coreia, mas também não dispunha de uma base popular. Embora tivesse sido considerado pelas autoridades americanas um aborrecimento quando no exílio, uma senhora da divisão de passaportes do Departamento de Estado considerava que Rhee era "um bom e patriótico cavalheiro à moda antiga". Sua opinião, combinada com as credenciais anticomunistas de Rhee, foram tidas como suficientemente boas. Em 11 de outubro, Rhee era saudado em sua volta ao país natal pelo general Hodge, que o qualificou como "um grande homem que dedicou toda a sua vida à liberdade da Coreia".[40]

Uma cena semelhante ocorreu em Pyongyang três dias depois, quando um relativamente obscuro guerrilheiro coreano, um homem gorducho de trinta e poucos anos com um corte de cabelo em cuia, que passara a maior parte da guerra num campo de treinamento do Exército soviético próximo a Khabarovsk, foi saudado pelos comandantes soviéticos mais graduados como "um herói nacional" e um "excepcional líder guerrilheiro". Setenta mil pessoas foram mobilizadas para prestar tributo ao "general Kim Il-sung", que, na qualidade de "representante do agradecido povo coreano", proferiu um discurso escrito por seus manipuladores soviéticos, prestando homenagem ao Exército Vermelho.[41]

Exatamente uma semana depois, o primeiro lampejo do culto a Kim Il-sung apareceu num jornal de Pyongyang, numa descrição de façanhas heroicas que logo fariam parte de uma liturgia quase religiosa a celebrar todo tipo de intervenções divinas na península coreana, ecoando o messianismo de tantos movimentos políticos no passado do país. Em dezembro, Kim assumiu a liderança do Partido Comunista da Coreia do Norte. Mas o centro da política coreana permanecia no sul. Ainda não havia a hipótese, naquele momento, de constituir duas nações coreanas independentes.

Os coreanos, cientes das histórias de *sadae* em sua nação, tinham amplas razões para estar preocupados quanto a isso. Em novembro de 1945, Donald Keene, ainda baseado na cidade chinesa de Tsingtao, jantou uma noite com alguns residentes coreanos. Dessa vez, ele relatou numa carta, não houve discussão contenciosa quanto à independência coreana. "A única questão discutida que levou a alguma controvérsia foi a das relações russo-americanas." Keene achou "muito difícil" persuadir seus amigos coreanos de que "a América e a Rússia não brigavam entre si e podiam conviver num mundo de paz". Esses coreanos, ele explicou, tinham "sofrido severas punições [dos japoneses] por ouvir transmissões de ondas curtas americanas durante a guerra", e pensavam que os Estados Unidos poderiam ajudar seu país contra os russos. Keene observou, com um toque de impaciência: "Uma solução com base em cooperação é tida como fora de questão. Tudo que eles conseguem enxergar é duas facções diferentes na Coreia, cada uma esforçando-se para ganhar tudo; cooperação em tal cenário seria considerada traição".[42]

Eles estavam certos: o destino dos coreanos seria realmente decidido por potências estrangeiras. Mas havia muito mais do que duas facções. No início, numa conferência entre ministros do Exterior em Moscou, em dezembro, parecia que o otimismo de Keene era justificado, e que os Estados Unidos e a União Soviética poderiam chegar a um acordo. Seria estabelecido um "fideicomisso" para a Coreia, sob uma comissão com a participação dos comandos militares dos Estados Unidos e da União Soviética. Autoridades americanas e soviéticas ajudariam os coreanos a formar um governo provisório e orientariam o país para a independência total, com a ajuda da Grã-Bretanha e da China. Esse processo poderia levar até cinco anos.

Os soviéticos não tiveram muito trabalho para convencer seus aliados coreanos no norte a apoiar esse arranjo. Os dissidentes rapidamente eram coagidos ao silêncio. Quando Cho Man-sik, para quem um fideicomisso tinha o impacto de mais intromissão nos assuntos coreanos, protestou, foi posto em prisão domiciliar. A prisão domiciliar mais tarde virou cadeia, e durante a Guerra da Coreia ele desapareceu completamente, para nunca mais ser visto.

A situação no sul era mais tensa. Quase todos os coreanos do sul se opunham a um fideicomisso, por razões nacionalistas ou políticas; os conservadores não queriam uma intervenção soviética. Não conseguiam ver como um governo nacional poderia possivelmente incluir o Partido Comunista coreano. Os conservadores, no entanto, não tinham apoio popular. A esquerdista República Popular da Coreia, apesar dos esforços contrários dos americanos, ainda contava com maior credibilidade patriótica. Mas a questão do fideicomisso acabou levando à sua ruína.

Quando uma tentativa de esquerdistas e conservadores de formar uma coalizão fracassou, a esquerda viu com maior simpatia a ideia de um fideicomisso. A isso seguiu-se o caos: uma tentativa de golpe, conduzida por outro ex-exilado nacionalista conhecido como "o assassino", foi frustrada; trabalhadores entraram em greve em protesto contra o governo militar dos Estados Unidos. E os conservadores de Syngman Rhee surgiram como os verdadeiros patriotas, acusando a esquerda coreana de ser acólita dos soviéticos — ou seja, *sadae*. Os americanos apoiaram Rhee, naturalmente, e alegaram então que o fideicomisso tinha sido desde o início uma trama soviética, e que a Coreia do Sul poderia estabelecer seu próprio governo conservador sob o benevolente comissariado dos Estados Unidos — algo que poderia ser descrito, e *seria* descrito, pelo que restava da esquerda nos anos seguintes como outra forma de *sadae*.

E assim a República Popular da Coreia foi extinta. O que se seguiu foi uma tragédia. O país na prática dividiu-se em dois, com Kim Il-sung a cargo do governo provisório do Partido Comunista na Coreia do Norte, e Rhee controlando a Coreia do Sul. No fim, os amigos coreanos de Keene em Tsingtao estavam ainda mais certos do que eles mesmos poderiam ter antecipado. A terrível Guerra da Coreia, que começou com uma invasão do Norte em 1950, terminou num impasse, depois de terem morrido mais de 2 milhões de civis. Seul, que sobrevivera à Segunda Guerra Mundial mais ou menos intacta, estava em ruínas, assim como Pyongyang no Norte. O Norte continuou a ser governado por uma tirânica e quase imperial dinastia, e o Sul permaneceu décadas sob regime militar.

No auge da Guerra Fria, em 1961, com um golpe de Estado, um ferrenho anticomunista tomou o poder na Coreia do Sul. Seguindo o modelo japonês dos tempos de guerra, de uma economia planejada sob regime militar, estimulado pelo *zaibatsu* coreano em operação conjunta com o governo, a economia cresceu em ritmo acelerado. O homem forte em questão tinha se graduado em 1942 como primeiro da classe na Academia Militar de Manchukuo, em Shinkyo, e fora tenente do Exército Kwantung japonês. Em 1948, foi expulso do Exército sul--coreano por ter participado de um golpe contra Syngman Rhee. Seu nome japonês durante a guerra era Masao Takagi. Seu verdadeiro nome era Park Chon-hee. Um de seus maiores apoiadores japoneses era Nobusuke Kishi, outro veterano de guerra do estado fantoche de Manchukuo.

* * *

Os sonhos utópicos estão condenados a terminar num monturo de ilusões despedaçadas. Mas nem todos acabam da mesma maneira. E todos tendem a deixar vestígios. A Nova Jerusalém, na Grã-Bretanha, naufragou no que John Maynard Keynes, o grande economista de sua época, chamou de "Dunquerque financeira". Keynes esperava que a Grã-Bretanha tivesse o benefício da ajuda americana — um suprimento constante de bens materiais em termos sumamente generosos — sob o Ato de Empréstimo e Arrendamento, pelo menos até o final de 1945. Isso daria ao governo algum tempo para evitar a falência. Sem isso, seria difícil conceber de onde viria o dinheiro para compensar o quase catastrófico déficit no balanço de pagamentos, e mais ainda pagar pelos sonhos socialistas britânicos. Keynes rezava para que "os japoneses não furem conosco rendendo-se cedo demais".[43]

Suas esperanças se frustraram com a devastação atômica de Hiroshima e Nagasaki, eventos que propiciaram a seguinte entrada no diário de Harold Nicolson, descrevendo a reação de sua mulher, Vita Sackville-West: "Viti ficou estremecida com a bomba atômica. Ela acha, e com razão, que isso significa toda uma nova era".[44]

Em agosto, a guerra com o Japão tinha terminado.

A miséria da austeridade econômica, o racionamento de mercadorias, que durou mais na Grã-Bretanha do que em outros países, as intermináveis filas para serviços escassos, a aridez total da vida e a fadiga do pós-guerra, junto com a percepção de que a Grã-Bretanha não só tinha exaurido seu tesouro, mas também estava perdendo rapidamente sua posição de grande potência no mundo, tudo isso ajudou a esvaziar o espírito de otimismo. Apesar de os planos para moradias públicas, educação, cultura, saúde e pleno emprego ainda seguirem adiante, as finanças da nação estavam em péssimo estado, e o entusiasmo de 1945 se dissipara depressa. Dois anos após as vitórias sobre a Alemanha e o Japão, o chanceler trabalhista Hugh Dalton escreveu em seu diário: "Nunca mais haverá novamente um luminoso e confiante alvorecer".[45]

Em 1951, Winston Churchill voltou a ser primeiro-ministro. O Partido Trabalhista teve de esperar mais treze anos por uma segunda oportunidade de governar, dessa vez sob Harold Wilson, presidente da Junta de Comércio no governo de Attlee.

Coisas semelhantes aconteceram em outros países da Europa Ocidental, onde a estabilidade e a continuidade — que constituem um tipo de normalidade — prometidas pelos partidos católicos e democratas cristãos eclipsaram o elã revolucionário da esquerda. Os sociais-democratas holandeses perderam o poder em 1956. O general De Gaulle estabeleceu a Quinta República Francesa em 1958. A quase hegemonia do Partido Democrata Cristão italiano começou em 1948, com muita ajuda da propaganda anticomunista e do suporte financeiro dos americanos. O primeiro governo social-democrata na Alemanha Ocidental só foi eleito em 1969. Na Alemanha Oriental, os sociais-democratas viram seus sonhos de trabalhar com os comunistas para construir uma pátria antifascista entrar em colapso ainda antes de a República Democrática Alemã ser fundada, em 1949. Os alemães que viviam na zona soviética recusavam-se obstinadamente a apoiar o Partido Comunista e preferiam os sociais-democratas em 1945. Como resultado, no ano seguinte as autoridades soviéticas forçaram os sociais-democratas da Alemanha Oriental a se fundir com o Partido Comunista, que logo os engoliu.

Uma forma de explicar o desaparecimento da esquerda não comunista que restava na Coreia, ou mesmo no Japão, onde o governo socialista durou exatamente um ano, de 1947 a 1948, é pôr a culpa na Guerra Fria. As autoridades de ocupação dos Estados Unidos na Ásia Oriental podem ter sido inábeis, e com frequência conservadoras, mas a União Soviética foi igualmente responsável pela debacle da esquerda moderada. Onde os soviéticos estiveram no controle, na Coreia do Norte assim como na Europa Central e Oriental, os socialistas foram esmagados.

Stálin concordou em não fomentar revoluções nas esferas de interesse americanas; os comunistas franceses e italianos foram instruídos a esquecer seus sonhos de tomar o poder. No caso da Itália, o líder comunista local, Palmiro Togliatti, já era adepto da ideia de ficar em cima do muro, evitando confrontos violentos com conservadores, mesmo estando a direita ainda maculada com o legado de Mussolini. Mas os Estados Unidos e seus aliados conservadores, no Oriente e no Ocidente, suspeitavam tanto das intenções comunistas que fizeram o máximo possível para manter tudo que fosse de esquerda longe do poder. Isso era especialmente verdadeiro para os países que ficavam na linha de frente da Guerra Fria — Alemanha, Itália e Japão. A partir do final da década de 1940, o Japão, assim como a Alemanha Ocidental, tinha de ser reconfigurado como um bastião contra o comunismo. O entusiasmo pelo New Deal de 1945 rapidamente desvaneceu à medida que o rearmamento militar, o desenvolvimento industrial, o desmoronamento dos sindicatos, os "expurgos vermelhos" no serviço público e na educação, com o apoio ativo dos políticos conservadores, alguns dos quais recém-escapados de serem julgados como criminosos de guerra, tornaram-se a nova política. O assim chamado percurso inverso das autoridades americanas, que tanto tinham incentivado a esquerda japonesa no início da ocupação, nunca deixou de ser visto como uma traição ao idealismo de 1945.

Mesmo assim, Hugh Dalton foi um pouco pessimista demais quando lamentou o fim do "luminoso e confiante alvorecer" britânico. O êxtase da libertação podia ter desvanecido, mas muitas das instituições criadas naquele brilhante recomeço não foram desmanteladas tão rapidamente; algumas, para o bem ou para o mal, permanecem até hoje. Nem os governos conservadores na Grã-Bretanha nem os partidos democratas cristãos no continente fizeram tentativas sérias de derrubar os fundamentos dos Estados de bem-estar social europeus, concebidos pelos planejadores do pré-guerra e pelos idealistas membros da resistência em tempos de guerra. Na realidade, os conservadores de Churchill construíram mais moradias públicas do que o Partido Trabalhista de Attlee. Muitos democratas cristãos foram quase tão suspeitos de um *laissez-faire* econômico quanto os socialistas. Os sistemas de assistência social europeus ocidentais só começaram a se deteriorar na década de 1970 e, em especial na Grã-Bretanha de Margaret Thatcher, a ficar seriamente abalados uma década depois. As economias do Japão e da Coreia do Sul, mesmo que comparadas às da Europa continental, ainda são estreitamente controladas pelo planejamento central do governo.

Porém, o principal monumento ao planejamento do pós-guerra é a Europa em si mesma, ou melhor, a União Europeia, que se deteriora e sofre golpes, mas ainda está de pé. Em 1945, a maioria das pessoas acreditava na unidade da Europa como um nobre ideal. A ideia sempre fora atraente aos católicos, inspirados pelos ecos do Sacro Império Romano. Os franceses e os francófilos gostavam de pensar na Europa como centro da civilização ocidental, centrada em Paris, que poderia enfrentar o crasso materialismo dos Estados Unidos. Os socialistas e outros planejadores econômicos viam Bruxelas, onde estão sediadas instituições essenciais da União Europeia, como capital de uma nova tecnocracia. Acima de tudo, no entanto, uma Europa unida seria uma garantia de que os europeus nunca mais iriam novamente à guerra uns contra os outros. Nesse sentido, ao menos até agora, o idealismo de 1945 tem dado bons frutos.

8. Civilizando os brutos

Em 1943, Noël Coward compôs uma música chamada "Don't Let's Be Beastly to the Germans" [Não sejamos bestiais com os alemães], que deu margem a mal-entendidos. A canção foi rapidamente banida na BBC por parecer ser compassiva demais com o inimigo:

Não sejamos bestiais com os alemães
Quando enfim obtivermos nossa vitória,
Foram só esses repugnantes nazistas
Que os obrigaram a combater,
E seus Beethoven e Bach
São na verdade muito piores que sua mordida!

Na verdade, como ressaltou cuidadosamente Coward antes de cantá-la no palco, a alfinetada era dirigida à "pequena minoria de humanitários que em minha opinião tem uma visão tolerante demais dos nossos inimigos".

Afirmar que a ocupação da Alemanha e do Japão pelos Aliados foi inteiramente conduzida nesse espírito humanitário seria um exagero, mas não um exagero muito grande. Pois as ocupações, ao menos nos primeiros anos, foram únicas em seu empenho não em buscar vingança, mas sim em reeducar, civilizar, mudar corações e mentes, e transformar ditaduras em democracias pacíficas, com a intenção de que nunca mais infligissem destruição ao mundo.

No início, de fato, houve planos, elaborados, em sua maioria, em Washington, para punir os ex-inimigos e torná-los inofensivos ao destruir todos os meios pelos quais pudessem se tornar nações industriais modernas. Conforme já mencionado, o Plano Morgenthau, cujo nome se deve a Henry Morgenthau, secretário do Tesouro do presidente Roosevelt, pretendia desmantelar a indústria germânica, fragmentar a nação em pequenos pedaços e reduzir os alemães a um povo pastoril que dispusesse no máximo de um cajado para se defender. Ideias semelhantes circulavam sobre o Japão.

Esses esquemas não foram adiante e acabaram substituídos pelos três Ds: Desmilitarização, Desnazificação, Democratização. Foi o terceiro D que envolveu a reeducação, não só para mudar os padrões de comportamento que tinham sido promovidos e implementados por governos militaristas e ditatoriais, mas para alterar o modo de pensar, o "caráter nacional", falando às mentes dos povos conquistados. Um filme educativo chamado *Nossa tarefa no Japão*, produzido pelo Departamento de Guerra dos Estados Unidos, definia o problema com muita precisão. "Nosso problema", explicava o narrador, enquanto a imagem de um crânio japonês era apresentada na tela, "é o cérebro que está dentro da cabeça japonesa." No fim do filme, ele resumia a missão: "Estamos aqui para deixar claro ao cérebro japonês que já não toleraremos mais suas atitudes bárbaras e sanguinárias de agora em diante".[1]

Remodelar os nativos é uma estratégia que pode ser remontada aos esforços civilizatórios dos antigos romanos. Alguns argumentam que isso provém da convicção iluminista de que a natureza humana é racional e pode ser reconfigurada por uma educação adequada. Outros evocam estratégias coloniais, como a *mission civilisatrice* francesa. Ou o zelo missionário do cristianismo. Ou a adequação de imigrantes, por meio da educação, para que fossem bons cidadãos americanos. Relatos britânicos até alimentaram a fé na construção do caráter desenvolvida em internatos vitorianos: a produção de cavalheiros com espírito esportivo e profícuo conhecimento dos clássicos. A reeducação também era vista como uma extensão da guerra psicológica, o uso militar da propaganda.

A revista *Punch* publicou em 1939 um poema de A. P. Herbert que invocava a necessidade de um programa de reeducação:

Não temos contenda com a germânica nação,
Ninguém tem contenda com uma ovelha sem dono
Mas geração após geração
Eles pagam governantes que nos tiram o sono

Não temos contenda com a germânica nação
Não é de nossa conta qual seja seu pleito
Mas parece que temos uma grande operação
(Uma cabeça e um coração) é o único jeito.

Mesmo enquanto as multidões comemoravam a vitória na Europa, em 8 de maio, a seguinte carta foi publicada no *Times* de Londres, escrita por um homem que iria ter significativa influência nas políticas de educação na Alemanha ocupada, Robert Birley, diretor de Charterhouse, o famoso internato. "Sir", ele escreveu, "está ficando claro que a reeducação da Alemanha pelos Aliados não é só uma aspiração piedosa, mas um dever inevitável." O problema com os alemães, como A. P. Herbert também sinalizava em seu poema, e de acordo com o que a maioria das pessoas acreditava na época, era que por mais de um século eles estiveram "fatalmente dispostos a aceitar qualquer governo que os livrasse de ter de tomar decisões por si mesmos". Eles se tornaram, na opinião de Birley, parecidos com ovelhas, sempre seguindo líderes, destituídos de individualidade, como robôs militarizados.

Birley então seguiu em frente para apontar uma questão mais interessante, que no fim não chegou a causar repercussão entre as autoridades de ocupação britânicas: a de que a reeducação, para ter sucesso, deveria se basear na tradição nacional. A Alemanha não deveria ser tratada como tábula rasa; os alemães deveriam ser convencidos de que "têm uma tradição, conquanto agora completamente esquecida, sobre a qual se pode basear uma sociedade decente. Houve uma vez uma Alemanha de Goethe, um país que o jovem Meredith tinha visitado porque era a pátria de pensadores liberais, com universidades que tinham inspirado americanos como George Brancroft".*

As ideias de Birley certamente eram populares entre os alemães que ansiavam por despir o casaco marrom do hitlerismo e se recobrir com as glórias de Goethe, Kant e Beethoven. Como consultor educacional do governo militar britânico na Alemanha em 1945, Birley ajudou a criar bibliotecas, amplamente abastecidas com literatura inglesa e alemã, e centros de recreação para adultos chamados *Die Brücke* (As Pontes), que promoviam intercâmbio intelectual e cultural entre a Grã-Bretanha e a Alemanha. Contudo, esse começo promissor teve a oposição de autoridades britânicas, algumas delas com ideias muito estranhas. Somente

---

* George Bancroft (1800-91), historiador e estadista americano.

uma "ampla mistura de sangue com pessoas de outras nações" iria curar a doença alemã, era uma dessas opiniões.[2] Outras figuras de segundo escalão sugeriram que todos os ex-nazistas e suas famílias fossem confinados numa ilha no mar do Norte. Birley replicou com um apropriado sarcasmo, dizendo que os filhos deles, ao irem para a escola no continente, poderiam infectar colegas inocentes com suas ideias nazistas. Assim como o Plano Morgenthau, esse também foi rapidamente descartado.

Uma crítica mais séria ao projeto de Birley de fazer reviver o melhor da cultura alemã era que isso não seria suficiente para promover o melhor da cultura britânica. O general Brian Robertson, superior imediato de Birley e, por acaso, um ex-aluno de Charterhouse, determinou que o governo militar precisava de mais proteção contra a crítica a suas políticas na Alemanha. Nas palavras de outro general, era necessário que houvesse uma maior "projeção" da "civilização britânica" e promoção das políticas britânicas.[3] Birley demitiu-se e voltou para a Inglaterra.

Na zona americana, as autoridades estavam a princípio mais inclinadas a punir do que a educar. Foram empreendidos mais esforços nos expurgos de professores suspeitos de inclinações nazistas do que na remodelação da mentalidade nacional. Alguns alemães exilados nos Estados Unidos advertiram as autoridades americanas de que a reeducação seria inútil. Segundo o romancista Alfred Döblin: "Educar os alemães é quase impossível, porque a maioria das classes profissionais é nazista". Seu amigo Lion Feuchtwanger, outro famoso romancista alemão, estava convencido de que "3 milhões de nazistas devem ser presos, mortos ou exilados para fazer trabalhos forçados".[4] Outros diziam que ensinar os alemães a ser pessoas melhores era um esforço tão mal direcionado quanto o de tentar conferir civilização a babuínos.

Mas a Declaração de Potsdam fora clara quanto à posição dos Aliados: "A educação dos alemães deverá ser conduzida de modo a eliminar completamente as doutrinas nazistas e militaristas e tornar possível um desenvolvimento exitoso de ideias democráticas".[5] No que concernia ao Japão, os objetivos de Potsdam soavam menos rígidos, ou no mínimo menos controladores: "O governo japonês deverá remover todos os obstáculos ao renascimento e fortalecimento das tendências democráticas do povo japonês. A liberdade de expressão, de religião e de pensamento, assim como o respeito aos direitos humanos fundamentais, deverá ser estabelecida". É difícil explicar essa diferença no tom, especialmente à luz do que aconteceu de fato durante a ocupação, que foi muito mais radical no Japão do que na Alemanha.

E no entanto a tarefa de reeducar (termo, aliás, detestado por Birley, que preferia simplesmente "educar") os alemães era vista como menos complicada que a de fazer o mesmo no Japão. A Alemanha, afinal, era parte da civilização ocidental, em sua maioria cristã, o país de Goethe e de Kant. Seus fundamentos eram considerados profundos. O que tinha de ser feito era destruir a ideologia nazista e o "prussianismo". A desnazificação e a desmilitarização já representariam meio caminho andado na solução do problema alemão. Para isso, a culpa alemã nos crimes recentes teria de ser enfatizada por meio da distribuição de filmes como *Campos de concentração nazistas*, encomendados pelo Exército americano, ou *Usinas da morte*, que continha o seguinte trecho em sua narração:

> Eis aqui um celeiro típico em Gardelegen. Onze mil seres humanos foram arrebanhados para dentro dele e queimados vivos. Os que, em sua agonia, conseguiam escapar, eram fuzilados quando surgiam no lado de fora. Que tipo de seres sub-humanos fizeram essas coisas?[6]

Esses filmes não eram populares na Alemanha. As pessoas recusavam-se a vê-los ou os classificavam como peças de propaganda. Günter Grass tinha dezessete anos em 1945, cativo num

358

campo de prisioneiros americano depois de ter servido brevemente numa divisão Panzer da ss. Assim como seus companheiros de prisão, tinha aulas com um oficial americano, com sua "camisa impecavelmente passada". Mostraram-lhes fotos de Bergen-Belsen, Buchenwald, as pilhas de cadáveres, os esqueletos vivos. Eles não acreditaram em nada daquilo: "Ficávamos repetindo as mesmas frases: 'Alemães fizeram isso?', 'Nunca', 'Alemães nunca fariam coisas assim'. E entre nós dizíamos: 'Propaganda ideológica. Tudo isso é só propaganda ideológica'".[7]

Grupos de discussão, organizados por funcionários americanos bem-intencionados, muitas vezes eram, da mesma forma, inúteis. Conversas sérias sobre "como fazemos [democracia] nos Estados Unidos" nem sempre atraíam bastante gente, já que eram conduzidas em inglês, e tópicos como "o Estado nazista" eram confrontados com uma postura defensiva: não sabíamos, Hitler fez muitas coisas boas, e assim por diante.[8] Sempre que o oficial de educação no campo de Günter Grass fazia uma palestra aos alemães sobre os horrores do racismo, os prisioneiros de guerra o constrangiam com perguntas sobre o tratamento dado aos negros nos Estados Unidos.

Pessoas famintas também tinham outras coisas com que se preocupar, já que um inverno gelado se aproximava. Hans Habe, jornalista húngaro-americano encarregado de criar jornais na Alemanha do pós-guerra, observou: "A ideia de que a nação deveria olhar para trás, questionando e se arrependendo, era um conceito de conquistador [...] o povo só se preocupava em como ia encher seus estômagos e seus fogões".[9] Habe, que era judeu e passou algum tempo num campo de concentração, não tinha motivos para se sentir particularmente amistoso em relação aos alemães.

Ensinar os benefícios da democracia não era necessariamente uma tarefa fácil. Num artigo para a revista *Yank* intitulado

"Reeducação da Alemanha", há uma maravilhosa entrevista com um garoto alemão de dez anos de idade chamado Ernst, de Aachen. Quando lhe perguntaram se sabia que os exércitos nazistas tinham sido todos derrotados, ele respondeu: "Os americanos têm muitos canhões e muitos judeus". Pergunta seguinte: "Alguém lhe contou alguma coisa sobre democracia?". Resposta: "Os professores estão falando sobre isso". E ele estava interessado naquilo que estava ouvindo sobre democracia? Resposta: "Não parece tão divertido quanto cantar".[10]

Aachen, a antiga capital de Carlos Magno no coração da Europa, foi onde começou a reeducação da Alemanha, não por razões históricas sentimentais, mas por ser a primeira cidade a ficar sob ocupação aliada. Poucas escolas restavam depois dos bombardeios. De uma população de 160 mil antes da guerra, só tinham sobrado 14 mil. Oitenta e cinco por cento da cidade estava em ruínas. A linda catedral do início da Idade Média, onde Carlos Magno está sepultado, de alguma forma sobreviveu à destruição. Mas, nas palavras da *Yank*: "A guerra das bombas [...] abriu caminho para uma nova guerra de ideias. O esforço para desbrutalizar jovens alemães é um experimento que o mundo inteiro vai observar".

Um certo major John P. Bradford, representando o governo militar americano, disse aos funcionários alemães da cidade que não haviam sido expurgados que estavam diante de uma grande oportunidade: "Vocês vão ter permissão de ensinar à juventude alemã, de reeducá-la, de afastá-la da vileza do nazismo".[11]

O primeiro problema foi a carência de professores adequados; os homens que passaram pelo serviço militar ou estavam mortos, ou ainda atolados em campos de batalha, ou eram prisioneiros de guerra, ou tinham sido descartados por serem nazistas. O poeta Stephen Spender perguntou a um grupo de alunos em Hamburgo o que estavam estudando. Latim e biologia, eles disseram. Nada mais? Não, responderam, "os professores de história, geografia, inglês e matemática foram todos expurgados".[12]

Outro problema era o dos livros didáticos. Vários deles tinham sido destruídos nos bombardeios. Os que restavam na maioria das vezes eram inadequados: enalteciam o Führer e sua raça de senhores, ou a necessidade biológica de livrar a Alemanha dos judeus. Mesmo livros anteriores ao nazismo continham histórias que glorificavam o espírito marcial alemão, ou os feitos heroicos de figuras como Frederico, o Grande. Mas, como não havia muito mais do que isso, teriam de servir. Fizeram-se em Londres chapas de impressão de um desses livros da era de Weimar, que foram enviadas para a Alemanha e impressas numa velha gráfica de um jornal de Aachen.

O dr. Karl Beckers, diretor responsável pelas escolas de Aachen, estava confiante de que as crianças mais novas poderiam ser facilmente convencidas de que seu futuro deveria contemplar "todos os povos em todas as partes, e não 'uma Alemanha maior'". Com relação às crianças mais velhas, no entanto, o dr. Becker achava que seria necessário ser "muito firme". Mas, conforme declarou, "mesmo no que tange a punições em sala de aula, devemos tentar usar de democracia. Às vezes, quando um menino ou uma menina causar problemas, vamos deixar a classe decidir qual a melhor maneira de punir o culpado". O dr. Becker era "contra o castigo corporal", segundo suas próprias palavras, "exceto nos casos mais extremos".[13]

O dr. Becker era um conservador católico. Preocupado em "substituir os ornamentos nazistas por algo concreto e bom", a resposta que ele via era um renascimento dos valores espirituais cristãos. Muitos alemães acreditavam nisso, o que explica, nas eleições posteriores da Alemanha Ocidental, o domínio da União Democrática Cristã. O futuro líder dos democratas cristãos, e primeiro chanceler do pós-guerra, foi outro católico da Renânia,

Konrad Adenauer. Stephen Spender foi vê-lo na prefeitura de Colônia, onde Adenauer chefiara o governo municipal antes de Hitler assumir o poder e novamente em 1945.

Pela janela do gabinete de Adenauer, Spender olhava para o pouco que restara das ruas de Colônia. Ainda havia paredes de pé, mas formavam apenas uma "máscara fina na frente do úmido, oco e malcheiroso vazio dos interiores eviscerados". Nessa entrevista, contudo, Adenauer ressaltou um outro tipo de paisagem em ruínas. "Você deve ter notado", ele disse a Spender, "que os nazistas deixaram a cultura alemã tão arrasada quanto as ruínas da Renânia e do Ruhr. Quinze anos de regime nazista fizeram da Alemanha um deserto espiritual."[14] O que era necessário, desse modo, tanto quanto comida e combustível, eram mais escolas, livros, filmes, música, teatro. "A imaginação tem de ser alimentada."[15]

A fome de cultura com certeza era real, mas os motivos poderiam ser bem estranhos. Uma das razões pelas quais os alemães tinham deixado de ler livros era que a literatura nazista, em geral, era terrivelmente entediante. Algumas pessoas começavam a falar da necessidade de uma cultura elevada como se isso fosse uma espécie de pena a cumprir. Spender encontrou em Bonn uma senhora, "o mais untuoso tipo de respeitável e piedosa *hausfrau*", que se sentia ultrajada com o gosto frívolo por entretenimentos populares. Não deveria haver lugar para cabarés, muito menos para o jazz, nas ruínas morais do Terceiro Reich, segundo ela. A cultura alemã deveria ser séria, pois isso era "o mínimo que se deveria esperar, depois do que os alemães tinham feito". Os alemães deveriam "ser instados" a ter somente uma cultura "boa": "Mozart, Beethoven, Goethe. Nada mais deveria ser permitido".[16] É de duvidar que Adenauer tenha sido tão rigoroso.

A fome de cultura foi mais bem ilustrada, talvez, pela primeira remontagem do pós-guerra, em Berlim, da *Ópera dos três vinténs*, de Brecht, uma peça banida pelos nazistas, claro. As pessoas caminhavam durante horas até a zona americana para chegar ao Teatro Hobbel, um dos poucos que sobreviveram à guerra mais ou menos intactos. O espetáculo começava às quatro da tarde, para que os espectadores pudessem caminhar de volta para casa em segurança antes que anoitecesse e os criminosos tomassem as ruas. A estreia foi em 15 de agosto (um dia após a rendição japonesa, mas isso foi certamente uma coincidência). Os ensaios tinham decorrido em condições muito difíceis: a chuva penetrava aos borbotões pelo telhado, os atores estavam famintos, os figurinos foram roubados e os objetos de cena, destruídos.

Ruth Andreas-Friedrich, a ex-combatente da resistência, estava na plateia. "Eu me sentia estremecida de emoção", ela escreveu em seu diário. Canções de "nossos dias na ilegalidade", que tinham proporcionado tanto "consolo e conforto durante muitas horas de desespero", podiam ser ouvidas livremente. Mas mesmo nesses momentos de emoção ela não perdeu sua sensibilidade para uma dissonância, para um indício de má-fé. Houve "uma tempestade de aplausos" ao se ouvirem as famosas palavras de Brecht: "Primeiro deem-nos de comer, depois podemos falar de moral". Instantaneamente "despertada de minha absorção", ela considerou ofensiva tal explosão de autopiedade. "Deveríamos começar nossa primeira tentativa de livre expressão criticando os outros?"[17]

De certa forma faria mais sentido se essa ópera marcadamente política de Brecht, tão plena de moralismo de esquerda, tivesse sido recriada na zona soviética, e não na área de Kreuzberg, em Berlim, ocupada pelos Estados Unidos. Depois de 1949, foi no Estado alemão "democrático" (comunista) que Brecht construiria seu próprio teatro, mesmo sendo ele, prudentemente, portador de um recém-adquirido passaporte austríaco. Também a União Soviética empreendia esforços estrênuos para reeducar os alemães. Os soviéticos, na prática, levavam a cultura mais a sério do que os Aliados anglo-americanos. Um funcionário da ocupação britânica reclamou num despacho que a "cultura livre e pessoal" promovida no Ocidente não podia competir com a "cultura politizada" dos soviéticos. No setor soviético, ele relatou, "o teatro, a publicação de livros e as atividades musicais são conduzidos com um dinamismo que transmite a impressão de que algo novo e vívido está acontecendo".[18]

Algo de fato estava acontecendo. Os elementos "democratas" da intelligentsia alemã estavam sendo ativamente cortejados pelas autoridades soviéticas com clubes especiais, rações extras de comida e um apoio generalizado a empreendimentos artísticos. A cultura "democrática" era frequentemente marcada como uma mistura de nacionalismo alemão com ideologia comunista. Um dos principais agitadores culturais alemães foi Johannes Becher, o poeta marxista e presidente do *Kulturbund* de iniciativa soviética — ou, em seu nome completo, Associação Cultural para a Renovação Democrática da Alemanha. Assim como o educador britânico Robert Birley, Becher via no "espírito alemão" o fundamento adequado para a renovação, contanto que esse espírito fosse "progressista". Em seu caso, porém, o modelo não era Goethe, e sim os mártires comunistas mortos em prisões nazistas. A "arte antifascista" seria a "verdadeira" arte alemã.

Com efeito, essa fórmula se demonstrou flexível demais para os comissários militares soviéticos, que tinham um conceito mais estreito e provinciano de cultura progressista. Eles não viam objeções em encenar os clássicos russos no teatro alemão, como as obras de Tchékhov ou Gógol, bem como as peças soviéticas modernas e até as de alguns dramaturgos alemães progressistas, como Friedrich Wolf — pai de Markus Wolf, futuro chefe de espionagem da Alemanha Oriental —, contanto que fossem produzidas à maneira soviética. Para tal fim, faziam questão de dizer aos escritores alemães e aos produtores teatrais exatamente o que incluir, o que excluir e como encenar as peças.

O apelo popular dos espetáculos musicais, cinematográficos e teatrais na zona soviética provavelmente não era beneficiado em nada pela insistência oficial para que fossem acompanhados de panfletos e longas introduções no palco, feitas por políticos que explicavam a interpretação política desejada. As autoridades comunistas não se impunham limites ao fazer propaganda de filmes como *Lênin em outubro*, ou *Lênin em 1918*, mas o público, embora ávido por entretenimento, em sua maior parte não se deixava convencer. Nem mesmo membros do Partido da Unidade Socialista da Alemanha (SED) conseguiam demonstrar entusiasmo por tanta cultura oficial soviética. Johannes Becher, cujas credenciais comunistas eram impecáveis, nunca contou realmente com a confiança dos soviéticos. Além de alemão, ele talvez fosse "cosmopolita" demais. Fora isso, havia um perigoso sopro de trotskismo em seu passado. Em novembro de 1945, um adido cultural soviético em Potsdam acusou o *Kulturbund* de tolerar "tendências burguesas na arte e na literatura; futurismo, impressionismo etc.".[19]

Havia outro aspecto da vida e da cultura na zona oriental que continuaria vigorando até a queda do muro de Berlim, em 1989: o intimidante e hiperbólico tom da retórica oficial nazista foi transportado com muita naturalidade para o estilo comunista — assim como o passo de ganso, a ginástica praticada em massa e uma inclinação por desfiles militares, frequentemente acompanhados por slogans berrados por grandes multidões que agitavam seus punhos no ar, exaltando a amizade e a paz. Além de assistir à estreia no pós-guerra da *Ópera dos três vinténs*, Ruth Andreas-Friedrich esteve na inauguração do *Kulturbund*. Seu tédio com os intermináveis discursos logo se transformou em repulsa. Ela anotou em seu diário em 3 de julho:

Quase nenhum dos oito notáveis, que estão falando aqui de contemporizar com o passado e renovar nossa vida cultural, parece notar quão pouco conseguiram, até agora, renovar a própria maneira de falar. Ainda mencionam o "maior", o "definitivo", o "mais amplo", o "mais magnífico" [...]. "A passos firmes estamos marchando para a batalha pelo pacifismo", proclamou outro dia um político, provavelmente sem se dar conta do quão paradoxal soava seu bem-intencionado zelo, quando expresso dessa maneira. Aprender a eliminar o exagero pode não ser nada fácil.[20]

Apesar de a cultura americana proporcionar, em termos gerais, mais entretenimento do que a promovida pelas autoridades soviéticas, não se teria essa impressão a partir das primeiras revistas publicadas nas zonas ocidentais. Em vez de deixar essa tarefa para os alemães, os funcionários da ocupação americana começaram a publicar suas próprias revistas para os leitores locais. A primeira edição de um periódico mensal intitulado *The American Observer*, dirigido a intelectuais alemães, continha artigos sobre humanismo e fé, a filosofia política de Thomas Jefferson, e uma peça intitulada *Renascimento do Vale do Tennessee*. Uma revista chamada *Heute* [Hoje] apresentava histórias sobre a ocupação dos Países Baixos pelos nazistas, "Homens no inferno dos campos de concentração", e "Trabalho comunitário na Autoridade do Vale do Tennessee".[21]

A reação dos leitores alemães a esses periódicos foi, nas palavras de um observador americano, "desigual".[22]

Os soviéticos, por outro lado, permitiram, com toda a confiança, que alemães "democratas" produzissem suas próprias revistas desde o início, uma estratégia em tudo mais produtiva. A primeira delas, *Aufbau*, publicou artigos de Thomas Mann, Paul

Valéry e Ernest Renan, além de peças sobre a culpa alemã na guerra. Esgotou-se instantaneamente.

Como os alemães tinham sido privados de filmes de Hollywood por mais de uma década, os 32 longas-metragens selecionados para promover o modo de vida americano tiveram boa recepção popular, independentemente da intenção de suas mensagens. A escolha foi feita com o cuidado de evitar os lados obscuros da sociedade americana, e portanto não havia filmes sobre gângsteres. ... *E o vento levou* (1939) e *Vinhas da ira* (1940) também foram considerados negativos demais. Mas os alemães enfim puderam ver os mesmos filmes de Hollywood levemente datados exibidos aos demais europeus ocidentais, como *Em busca do ouro* (1942), de Charles Chaplin, Deanna Durbin em *Cem homens e uma menina* (1937), a cinebiografia *O libertador* (1940), e o musical de 1944 *O bom pastor*, estrelado por Bing Crosby como um padre que gosta de jogar golfe.

Algumas dessas escolhas foram tiros que saíram pela culatra e tiveram de ser retiradas de cartaz. *Comboio para o leste* (1943), um filme de guerra com Humphrey Bogart no papel de um marinheiro mercante que é atacado por torpedeiros alemães, provocou reações violentas num cinema em Bremen. Ter de assistir a documentários sobre as atrocidades nazistas era uma coisa; ser submetido a formas de diversão que apresentavam americanos indefesos sendo metralhados no mar por malévolas tripulações de torpedeiros alemães era intolerável. Indignados veteranos da Marinha alemã tentaram obrigar o restante do público a sair do cinema com eles.

Principal problema dos americanos, e em menor medida dos britânicos, a reeducação era um dilema talvez insolúvel, e certamente não solucionado; o objetivo era ensinar aos alemães, e depois aos japoneses, as virtudes da liberdade, da igualdade e da democracia. As lições sobre liberdade de expressão, porém, vinham de autoridades militares cujo poder era quase absoluto, cuja propaganda era muitas vezes uma extensão da guerra psicológica, e que utilizavam a censura quando isso atendesse a seus propósitos. Obviamente, não era nada que se aproximasse da opressão à qual cultura e educação haviam sido submetidas sob o regime nazista ou japonês em tempos de guerra, e com certeza era uma petulância ex-soldados de Hitler como Günter Grass zombarem dos americanos por causa de seu racismo, mas os Aliados eram, sim, vulneráveis a acusações de hipocrisia. O louvor à democracia podia parecer um tanto vazio vindo de quem se recusava até mesmo a exibir ... *E o vento levou*, ou a permitir quaisquer opiniões, ou mesmo informações factuais, que pusessem suas políticas sob uma luz negativa.

Em 31 de agosto, foi dada à ocupação da Alemanha um novo — e oficial — status. Embora ainda dividido em zonas, o país seria governado pelo Conselho de Controle Aliado, composto de Estados Unidos, União Soviética, Grã-Bretanha e França. Uma vez mais, o ouvido de Ruth Andreas-Friedrich provou ser afiado para detectar dissonâncias. Ela escreveu em seu diário:

> Agora pelo menos temos quem nos governe. Por que se fala tanto sobre democracia nos papéis? Democracia significa governo do povo. Somos governados pelo Conselho de Controle. Devíamos cuidar de não abusar dessa bela palavra.[23]

As livrarias e bibliotecas por toda a zona americana foram vasculhadas por equipes do Controle Americano de Livros. Nem todos os volumes removidos tinham sido escritos por nazistas. Relatos de viagem populares que descreviam americanos ou europeus não alemães como incultos ou degenerados foram banidos também, da mesma forma que autores como Oswald Spengler (*O declínio do Ocidente*) e o historiador Heinrich von

Treitschke, de fato um ferrenho nacionalista prussiano, mas que tinha morrido em 1896, muito antes que alguém tivesse sequer ouvido falar de Hitler. Spengler, embora inicialmente simpatizante dos nazistas, desaveio-se com eles antes de morrer, em 1936. Ficou marcado pela peculiar distinção de ter alguns de seus livros banidos tanto pelos nazistas como pelos americanos.

O banimento da propaganda nazista em livros, filmes ou outras formas de entretenimento era o de menos. Oficiais da Divisão de Controle da Informação também se engajaram na censura a notícias. O jornalista americano Julian Bach passou grande parte de 1945 observando esses oficiais em vários lugares da Alemanha e descreveu suas atitudes com uma aguda percepção do absurdo. Os alemães, conjecturavam eles, foram sistematicamente privados de pensar livremente durante os anos do nazismo. Assim como as pessoas famintas, privadas de alimento nos campos de concentração, não podiam ser alimentadas com comida demais depois da libertação, por causa de seus estômagos encolhidos, as mentes atrofiadas tampouco podem assimilar uma dieta rica de informação. Nas palavras de Bach: "Segundo os 'cirurgiões mentais' americanos encarregados de curar a mente alemã, a fome dos alemães por ideias novas e frescas deve ser satisfeita pouco a pouco".[24] O fato de que a maioria desses cirurgiões dispunha de uma noção muito restrita da história, da cultura ou da sociedade alemãs não deve tê-los ajudado a avaliar as doses requeridas.

No início, os únicos jornais disponíveis aos alemães eram escritos e editados por oficiais da ocupação. Mesmo assim, alguns deles fizeram bastante sucesso. Exemplares dessas folhas noticiosas eram vendidos no mercado negro por vinte vezes seu preço original. Quando a primeira edição de um jornal de Colônia apareceu na rua, houve tamanha aglomeração para comprá-la que um coronel americano nas proximidades, nervoso, sentiu necessidade de sacar sua arma. Em comparação com a imprensa nazista,

369

mesmo esses jornais da ocupação cheiravam a liberdade. E ter acesso a livros e periódicos americanos e britânicos nas Casas da América e nos Centros Britânicos, abertos nas cidades por todas as zonas anglo-americanas, era uma bênção para muita gente, e assim continuou por bastante tempo.

No entanto, as coisas nem sempre foram tão favoráveis para os Aliados ocidentais. Ao louvar as virtudes da democracia e da livre expressão, e ao estimular a reconstrução dos partidos políticos alemães, eles suscitaram uma crítica que os desajeitados censores militares tinham tentado arduamente evitar, em especial a crítica à ocupação militar e a suas políticas. As políticas americanas que favoreciam a livre-iniciativa em detrimento de uma economia planejada, socialista, aborreciam os sociais-democratas. Na zona britânica, governada por representantes do governo socialista de Attlee, com frequência acontecia o inverso: conservadores britânicos protestavam contra a economia "bolchevique" planejada pelos ocupantes. A crítica dos democratas cristãos adquiria às vezes tons os mais sinistros. No estado de Hessen, na zona americana, um locutor num comício da juventude advertiu que a desnazificação levaria à "bolchevização" da Alemanha. "Emigrantes em uniformes aliados" (em outras palavras, judeus) foram culpados por essa desafortunada tendência.

Se os Estados Unidos eram o modelo a ser seguido, e sua cultura — dos musicais de Bing Crosby aos cigarros Lucky Strikes, da música suingada à goma de mascar —, a influência dominante do pós-guerra, isso era visto por muitos alemães com certo grau de ambivalência. Afinal, era uma noção contrária à ideia amplamente sustentada pelos conservadores cristãos de que a religião e a *Kultur* clássica alemã eram os únicos caminhos para a renovação espiritual e a redenção. A desconfiança em relação à cultura americana tinha um viés conservador que remontava a bem antes da ascensão de Hitler. Seu apelo popular fizera a cultura americana parecer, desde muito tempo antes, uma ameaça aos valores tradicionais definidos e promovidos pelos intelectuais. Isso perturbava alguns pensadores de esquerda também. Theodor Adorno, o filósofo da Escola de Frankfurt que passou os anos da guerra no exílio nos Estados Unidos, era um crítico mordaz do jazz e de outras formas de arte popular americanas, embora de uma perspectiva marxista. Para ele, o jazz era parte do que chamava de "indústria da cultura", um estratagema capitalista para explorar as massas encantando-as com suas formas de entretenimento comerciais.

Opiniões como essas não se limitavam aos alemães. Depois de se tornar o primeiro presidente do Conselho de Artes da Grã-Bretanha, no verão de 1945, John Maynard Keynes expôs sucintamente num programa de rádio quais eram seus objetivos, exclamando: "Morte a Hollywood!". E isso em uma época em que os britânicos, assim como os alemães, os holandeses e outros europeus, afluíam em massa aos cinemas para assistir a filmes americanos. Quando a United Artists Corporation protestou, Keynes escreveu uma carta ao *Times* pedindo que a UA o perdoasse por sua "excentricidade". O que ele pretendera dizer era que os países deveriam "desenvolver algo [...] que lhes fosse característico". O que *realmente* teve a intenção de dizer era: "Hollywood é para Hollywood".[25]

Keynes estava sendo um pouco dissimulado. Seu desprezo por "Hollywood" era bem típico de muitos intelectuais europeus, ainda que não conseguissem reprimir totalmente sua excitação com a cultura do Novo Mundo. Num artigo publicado no *Horizon* na primavera de 1945, Cyril Connolly se perguntava de onde poderia vir o renascimento cultural europeu. O que o mundo mais necessitava, ele argumentou, era de um "humanismo positivo e adulto". Poderiam os Estados Unidos supri-lo? Levando tudo em conta, ele achava que não. Porque a América era "demasiadamente voltada para o dinheiro a para as máquinas de secar". Não, isso teria de vir de sua amada França. Só a França seria "capaz de um 1789 não sangrento, de uma nova proclamação ao mundo da antiga verdade de que a vida é para ser vivida, e que a liberdade é sua temperatura natural".

Paris era, para muita gente, o antídoto simbólico a "Hollywood". A Paris de um Jean-Paul Sartre a filosofar no Café de Flore, dos jornais literários com raízes na *Résistance*, de jovens vivendo a libertação sexual e política. Essa visão esperançosa da França estendia-se até o Japão, sujeito a uma dose de cultura americana ainda maior e mais concentrada do que a Alemanha. As dez publicações mais importantes no Japão em 1946 incluíam três livros estrangeiros traduzidos: *A náusea*, de Sartre, *Entrevistas imaginárias*, de André Gide, e *O Arco do Triunfo*, de Erich Maria Remarque.[26] E, em Berlim, Ruth Andreas-Friedrich comentava a moda vigente entre os jovens de usar boinas francesas após a guerra: "Todo aquele que acha que tem algo a dizer usa uma boina preta". No Japão, essa moda francófila adotada por intelectuais durou pelo menos até o final do século XX.

A francofilia, no entanto, nunca teve apelo para as massas. Além disso, muita gente na França estava tão apaixonada pelos Estados Unidos quanto as pessoas de outros países a norte, sul, leste e oeste. Até mesmo o próprio Sartre. Em novembro de 1944, uma dúzia de repórteres franceses foi convidada a visitar os Estados Unidos para conhecer melhor o esforço de guerra americano. Simone de Beauvoir lembra que "nunca tinha visto Sartre tão eufórico" como no dia em que foi convidado a se juntar à comitiva. Beauvoir escreveu sobre a sedução da América em suas memórias. Ele poderia estar falando por milhões de pessoas em todo o mundo:

Significava tantas coisas, a América! Para começar, tudo que era inacessível; seu jazz, seu cinema e sua literatura tinham alimentado nossa juventude, mas também sempre fora um grande mito para nós [...]. A América era também o país que nos tinha enviado a libertação; era o futuro em marcha; era a abundância, horizontes infinitos; era uma louca lanterna mágica de imagens lendárias; a simples ideia de que poderiam ser vistas por seus próprios olhos fazia a cabeça girar. Eu fiquei feliz, não só pelo bem de Sartre, mas por mim mesma, porque sabia que um dia com certeza o seguiria por esse novo caminho.[27]

E havia também Boris Vian e sua turma de *zazous*, que tinham se rebelado contra o bafiento pétainismo dos anos de guerra, simulando um estilo anglo-americano, promovendo festas desvairadas e lendo cópias clandestinas de Hemingway e de Faulkner. Eles eram a contrapartida francesa da *Swingjugend* alemã, a juventude do suingue, que, com um risco muito maior, demonstrava seu desafio aos nazistas dançando ao ritmo proibido do jazz em seus apartamentos. Depois da primavera de 1944, Vian e os *zazous* vestiam-se com calças *blue jeans* e camisas xadrez americanas e tocavam e ouviam nada além de jazz, jazz, jazz.

Depois que se vê as coisas como realmente são, sempre vem uma desilusão. Sartre voltou dos Estados Unidos, segundo o relato de Beauvoir, "um pouco perplexo com tudo que tinha visto". Ficou bem impressionado com o povo e com Roosevelt, mas, nas palavras de Beauvoir, "além do sistema econômico, da segregação e do racismo, havia muitas coisas na civilização do hemisfério ocidental que o chocaram — o conformismo americano, sua escala de valores, seus mitos, seu otimismo, sua negação de qualquer coisa que fosse trágica".[28]

É compreensível que a França seja considerada por muitos, especialmente dentro do próprio país, como o óbvio contrapeso cultural aos americanos. Assim como os Estados Unidos, a República francesa nasceu de uma revolução com aspirações universalistas; a França seria uma civilização iluminista cujos frutos poderiam crescer, como de fato aconteceu, e gerar benefícios em toda parte. Os americanos tinham uma ideia semelhante quanto à sua própria república e sua missão no mundo. Isso certamente era verdade em 1945, quando os Estados Unidos estavam numa posição um tanto melhor do que a da França para pregar, e às vezes impor, seus valores. Tinha sido diferente no início do século xix, quando Napoleão difundiu o universalismo francês por meio da força bruta, sobretudo em terras germânicas. A reação alemã na época se deu com o crescimento do nacionalismo romântico, uma mentalidade defensiva de sangue e solo cuja hedionda perversão levou ao Terceiro Reich.

A reeducação ao estilo americano em 1945 foi um empreendimento de caráter mais brando, apesar de sua avidez inicial de aplicar punição. Talvez esse tenha sido um motivo pelo qual os alemães, apesar de certa ambivalência ou até mesmo ressentimento, se deixaram cativar pelo século americano mais prontamente do que os franceses. Sabendo o que eles mesmos tinham feito com os países eslavos, sem falar dos judeus, a maioria dos alemães só poderia ter ficado aliviadíssima com o tratamento que recebeu dos americanos. A vida nas zonas anglo-americanas era certamente preferível à vida na zona soviética, e até mesmo, pelo menos no início, à reduzida zona francesa na Renânia, ao longo da fronteira com a França. A cidade mais importante sob ocupação francesa era o elegante balneário de Baden-Baden, agora sem visitantes em suas águas. Estava longe de ser natural o fato de que a França deveria ter uma zona de ocupação. Os Estados Unidos haviam sido contra, uma vez que dificilmente se poderia dizer que a França, apesar do general De Gaulle (em quem Roosevelt nunca confiara) e de suas forças da França livre, tivesse desempenhado um papel vital na derrota da Alemanha nazista. Mais uma vez, como era de costume, prevaleceu a vontade do comandante francês. O outro problema da França era o desejo de muitos de seus habitantes de obter vingança e extrair da Alemanha o máximo de pilhagem que pudessem conseguir.

Isso foi especialmente verdadeiro no primeiro ano de ocupação, durante o qual os franceses, ainda mais que os americanos ou os ingleses, comportaram-se como conquistadores. Houve casos de indisciplina entre as tropas. Recursos naturais, como o carvão, eram desviados para a França. Havia planos franceses, que no final não deram em nada, de anexar partes da Alemanha, especificamente as industrializadas Renânia e Westfália, e o Sarre, rico em carvão. Esses esquemas foram abandonados porque nenhum dos outros Aliados os apoiou. Alguns generais franceses se opuseram também, temendo que tais medidas provocassem o mesmo tipo de revanchismo alemão que tinha levado à guerra recém-terminada.

Mas os franceses, como sempre inspirados em sua *mission civilisatrice*, levaram a sério a questão da cultura, especialmente a exportação da cultura francesa para civilizar os alemães. E não apenas os alemães. Exposições de arte francesa, concertos com a participação de compositores franceses, bem como o cinema e a literatura do país eram promovidos em outras zonas aliadas também, para demonstrar, nas palavras de René Thimonnier, chefe dos assuntos culturais franceses, que "no que tange a valores culturais, a França ainda é uma grande nação, talvez, na verdade, a maior de todas".[29]

Em termos de desnazificação, os franceses fizeram o mesmo que os americanos: expurgos de professores e outros profissionais com passado nazista, confisco de livros em bibliotecas, monitoramento do conteúdo de jornais alemães e programas de rádio produzidos por jornalistas alemães confiáveis sob controle francês. Uma das pessoas que examinavam o que era escrito em Baden-Baden era o romancista Alfred Döblin, que se tornou cidadão francês na década de 1930. Ele ficou chocado com a indefinição da prosa alemã produzida imediatamente após a guerra, sua tendência ao misticismo, seu aspecto de confusão intelectual. Os alemães, ele conjecturou, "não leram nem estudaram muito". Em solo alemão, no início, "só brotavam capim e ervas daninhas".[30]

Assim como os funcionários americanos na Divisão de Controle da Informação, os franceses consideravam que os alemães ainda não estavam prontos para ser expostos a ideias políticas em 1945. Eles achavam que a imprensa devia se concentrar, em vez disso, em problemas da vida cotidiana e de interesse cultural, em temas como "cerâmica francesa contemporânea", ou "pintura francesa". A ideia era trazer os alemães, que tinham sido alienados dos desenvolvimentos artísticos modernos fora do Terceiro Reich, de volta ao mundo civilizado. O centro do mundo civilizado era, é claro, a Europa, e a capital cultural era, é claro, Paris.

Havia nisso um aspecto político, além da restauração do amor-próprio francês. Mesmo tendo sido impossível anexar à França os territórios fronteiriços ao longo do Reno, algo mais importante iria acontecer ali em breve. Seus ricos suprimentos de carvão e de aço seriam postos sob o controle de uma instituição pan-europeia, em benefício da Alemanha, da França e de outros membros da Comunidade Europeia do Carvão e do Aço, fundada em Paris em 1951. A zona francesa foi o berço do que mais tarde se tornaria a União Europeia. A iniciativa de compartilhar a soberania veio da França. O homem que oficialmente propôs isso foi o estadista francês Robert Schuman, nascido em Luxemburgo, de pai francês e mãe alemã. O chanceler da Alemanha Ocidental, que concordou em partilhar a soberania sobre uma das mais ricas regiões da Alemanha, foi o ex-prefeito de Colônia, Konrad Adenauer.

Afirmar que a Alemanha teve sorte por ser dividida entre as zonas comandadas pelos Aliados em 1945 seria uma crueldade com aqueles que foram obrigados a suportar a ditadura comunista durante quatro décadas. Mas talvez essas divisões tenham sido adequadas à natureza federalista da Alemanha. As forças de ocupação aliadas nunca conseguiram centralizar a educação, ou aplacar as diferenças regionais na cultura e na política. É duvidoso afirmar que os alemães foram realmente reeducados. A maior realização dos Aliados pode ter sido a de deixar o oeste da Alemanha sem animosidade. Pretender reeducar um ex-inimigo pode ser uma ideia paternalista, mas constitui uma política mais benigna e muito menos perigosa do que a vingança. Ajudar um antigo inimigo a se reerguer pode ter sido mais do que alguns alemães mereciam, mas foi melhor do que espremer o país até secá-lo. Dessa vez não haveria a lenda de que tinham sido "apunhalados pelas costas", nem bandos de extremistas armados querendo vingar a derrota da nação. O que realmente moldou o futuro da Alemanha, no entanto, tem menos a ver com cultura ou educação, justiça ou mesmo decência, e mais com circunstâncias políticas, com a Guerra Fria, com a necessidade de construir democracias fortes na Europa, com o oportunismo das elites alemãs, com os interesses americanos e com o projeto utópico destinado, nas palavras de Robert Schuman, a "fazer com que a guerra [na Europa] seja impossível" e "estimular a paz mundial".

Em termos de influência militar e política, a ocupação francesa da Renânia pode não ter contado muito, porém ajudou a costurar e preencher uma das mais sangrentas fissuras na Europa. Uma Europa unida não era um sonho apenas franco-germânico, mas também democrata cristão. De Gaulle, com uma grande medida de ceticismo, comparou isso a "retomar a empreitada de Carlos Magno".[31] Os sociais-democratas na Alemanha foram contrários, assim como os comunistas franceses. De Gaulle era contra, também, por achar que a França ainda não estava forte o bastante para dominar a união. Talvez o general estivesse irritado por não estar no poder naquela época. Pois em 1945, influenciado por Jean Monnet, De Gaulle se mostrou favorável à integração do Ruhr e do Sarre numa federação europeia. (Ele foi um tanto vago quanto à participação da Grã-Bretanha.) Seja qual for o futuro que a atualmente tumultuada União Europeia possa trazer, esse sonho de unidade fez mais para trazer a Alemanha de volta ao seio das nações do continente do que todos os programas de reeducação somados.

Em 15 de dezembro de 1945, o *Saturday Evening Post* publicou um artigo sobre a ocupação do Japão com uma manchete extraordinária — mas para os padrões de hoje, não da época. Ela dizia: "O GI está civilizando os japas". Escrito por William L. Worden. Local: Tóquio. Via correio de bombardeiro.

Acima da linha de datação há um resumo do artigo de Worden: "Enquanto os nipônicos esperam que lhes digam o que pensar, e seus arredios compatriotas esquivam-se da tarefa, o exemplo vivo dos soldados americanos mostra-se eficaz".

Mais adiante, o leitor é informado de que "o japonês médio é uma pessoa simples, retirado há não muito tempo do estado selvagem — como se evidenciou na guerra".

Mas existe alguma esperança, pois "o homem que, no momento, parece ser o mais eficaz na democratização e civilização dos japoneses é o GI, mesmo tendo sido tão eficaz em pacificá-lo".

A imagem do "japa" como um selvagem foi amplamente disseminada durante a guerra. Depois das bombas atômicas terem matado cerca de 200 mil pessoas em Hiroshima e Nagasaki, o presidente Truman escreveu a um amigo que, "quando você tem de lidar com animais, tem de tratá-los como animais".[32]

O que é notável no que diz respeito à ocupação é quão rapidamente essas ideias desapareceram. Mas isso não significa que a ideia de reeducar os japoneses para que se tornassem democratas pacíficos não tenha sido vista em alguns redutos com grande ceticismo. Especialistas em cultura e sociedade japonesas no Departamento de Estado, conhecidos coletivamente como "mãos do Japão", foram rápidos em ressaltar o caráter coletivista, de cima a baixo, da vida tradicional nipônica. Os japoneses, eles alegavam, nunca iriam se comportar como indivíduos. Estavam acostumados a cumprir as ordens de pessoas de hierarquia mais alta. O imperador era reverenciado como uma figura sagrada. Seus súditos, nas palavras de um "mão do Japão", eram "inertes e presos à tradição". Os japoneses, segundo o representante britânico na Tóquio ocupada, eram "tão pouco ajustados a um autogoverno no mundo moderno quanto qualquer tribo africana, embora sejam muito mais perigosos".[33]*

Em oposição aos "mãos do Japão", cujas teorias sobre o caráter dos cidadãos locais frequentemente baseavam-se no que ouviam dos japoneses elitistas que eram seus contatos, estavam os "mãos da China", em sua maioria simpatizantes da esquerda e adeptos do New Deal do velho governo Roosevelt. Esses foram os funcionários cujas opiniões prevaleceram, ao menos nos primeiros anos da ocupação. A data da virada foi 11 de agosto, quando Joseph Grew, decano dos "mãos do Japão" e ex-embaixador em Tóquio, foi substituído como subsecretário de Estado por Dean Acheson, que declarou em setembro que "o atual sistema social e econômico no Japão, que propicia um desejo de guerra, vai ser mudado de modo que o desejo de guerra não mais continue a existir".[34]

O general MacArthur, homem profundamente religioso, cujas teorias de tempos de guerra sobre uma "mentalidade oriental" infantil e brutal eram muito marcadamente primitivas, estava

---

* Seu principal assessor era o brigadeiro John Profumo, político que posteriormente foi derrubado por sua ligação com a garota de programa Christine Keeler.

convencido de que fora destinado a reeducar os japoneses. Seus guias nessa missão, ele gostava de dizer, eram George Washington, Abraham Lincoln e Jesus Cristo. Idealmente, os japoneses deveriam converter-se à fé cristã. Mas, de qualquer maneira — e aqui as ideias de MacArthur eram consonantes com as de Konrad Adenauer —, a renovação tinha de ser espiritual tanto quanto política, social e econômica. MacArthur, no entanto, foi além de tudo que concebera o democrata cristão alemão. Sua ocupação do Japão, ele disse, resultaria numa "revolução espiritual — uma convulsão sem paralelo na história social do mundo".[35] Herbert Hoover, numa visita a Tóquio, curiosamente descreveu MacArthur como "a reencarnação de são Paulo".[36] Mas esse vice-rei americano não tinha interesse em explorar a cultura japonesa ou aprender muito sobre o país. Ele passava a maior parte de suas noites em casa, assistindo a filmes de caubói. Seu intérprete, Faubion Bowers, lembrou mais tarde que, durante os cinco anos de MacArthur no Japão, "apenas dezesseis japoneses falaram com ele mais do que duas vezes, e nenhum desses tinha uma hierarquia inferior, digamos, à de primeiro-ministro, presidente do Supremo Tribunal, ou reitor da maior universidade".[37]

Ao contrário da Alemanha, o Japão não se dividiu em zonas aliadas (os soviéticos queriam reivindicar a ilha setentrional de Hokkaido, mas não criaram problemas quando os Estados Unidos recusaram). A ocupação japonesa foi um espetáculo americano, e MacArthur, o comandante supremo das Forças Aliadas, tinha autoridade quase absoluta, estando acima inclusive de um governo japonês eleito, que se encarregava da maior parte da governança efetiva. Havia vários possíveis motivos para o zelo pela reeducação ser maior no Japão do que na Alemanha. Talvez as experiências na Alemanha tenham preparado o cenário para o que se seguiu no Japão. Esforços que na Alemanha foram frustrados pelos outros Aliados, ou pela recalcitrância das diferenças regionais alemãs, tiveram mais possibilidade de ser bem-sucedidos no Japão, onde os Estados Unidos eram todo-poderosos. Mas o principal motivo pode estar no conceito sobre os japoneses por parte do Scap, que os considerava selvagens em estágio infantil, almas simplórias, maduras para a conversão. Eles não eram cristãos, nem sua cultura tinha raízes na civilização ocidental. No que tange à mentalidade japonesa, aquele realmente parecia ser o Ano Zero.

Considerando quão violenta foi a Guerra do Pacífico e quão brutal foi a propaganda de guerra de ambos os lados, os japoneses, como alunos, demonstraram surpreendente boa vontade. A maneira como os japoneses prestaram seu tributo a MacArthur quando ele deixou o país, em 1951, exonerado de seu posto pelo presidente Truman por insubordinação na Guerra da Coreia, seria impensável na Alemanha. Foi promulgada uma lei que o tornava cidadão honorário do Japão. Foram feitos planos para a construção de um memorial ao comandante supremo na baía de Tóquio. Centenas de milhares de japoneses margearam seu percurso até o aeroporto, muitos deles aos prantos, gritando agradecimentos para o homem que passava na limusine. Um dos principais jornais japoneses exclamou em seu editorial: "Ó general MacArthur — general, general, que salvou o Japão da confusão e da fome".[38]

Eis o que dizia uma carta para o Scap de um advogado japonês com fortes inclinações para o comunismo: "Pelo futuro do povo japonês, [os líderes da ocupação] trouxeram a pacífica aurora da liberdade, igualdade e benevolência. Proveram hábil assistência e conscientemente orientaram os japoneses na construção de uma nação democrática [...] para demonstrar nossa gratidão por suas realizações, vamos promover um comício de boas-vindas às forças de ocupação".[39] E isso foi escrito em novembro, apenas três meses após Hiroshima e Nagasaki.

Uma forma de interpretar o comportamento japonês é encará-lo como um exemplo da bajulação oriental, insincero, visando interesse próprio, e encaixado numa longa tradição de apaziguar governantes poderosos. Esse pode ter sido um dos fatores, mas está longe de constituir a história toda. Estou convencido de que grande parte dessa gratidão era autêntica. Em comparação com a maioria dos civis alemães (não judeus), cujas condições de vida, engordadas com a pilhagem dos países conquistados, não eram ruins até as últimas etapas da guerra, os japoneses sofreram mais. Não só a maioria de suas cidades ardeu em chamas, como também aconteceu na Alemanha, mas os japoneses tiveram de conviver vários anos com um racionamento de comida quase no limite da fome. E as intimidações por parte das autoridades militares e das forças de segurança da polícia japonesa com certeza eram ainda mais intrusivas do que na Alemanha. Diferentemente de muitos alemães, que em 1945 ainda falavam do Führer com afeto, poucos japoneses tinham alguma coisa de bom a dizer sobre seu regime militar, que não lhes trouxera nada além de desgraça.

Assim, quando os americanos — tão ricos e extrovertidos, tão altos e geralmente tão livres e acessíveis — se estabeleceram, foram de fato vistos como libertadores, e muitos japoneses estavam dispostos a aprender com eles como se tornar mais livres e acessíveis também. Não era a primeira vez na história japonesa que o povo decidia aprender com uma grande potência estrangeira. A China tinha sido o modelo durante muitos séculos, e a Europa e os Estados Unidos foram os exemplos a seguir desde a segunda metade do século XIX. O nacionalismo militante japonês no século XX foi, em certo sentido, uma reação ao extraordinário avanço da ocidentalização na forma de liberalismo econômico, comunicação de massa, filmes de Hollywood, partidos políticos, marxismo, individualismo, beisebol, jazz e assim por diante. Após o desastre da Segunda Guerra Mundial, os japoneses em sua maioria ficaram mais do que felizes de voltar à modernidade, que associavam ao mundo ocidental e, após 1945, aos americanos em particular.

Se isso pode mesmo ser chamado de reeducação, é uma questão a discutir. Mas os novos senhores, e muitos de seus pupilos, sem dúvida pensavam nesses termos. A questão era como exatamente "refazer" o Japão. Os "mãos do Japão" consideravam tal ideia um absurdo, e as autoridades mais ansiosas para assumir a reeducação sabiam muito pouco sobre o país e sua história. Para eles, não poderia haver um equivalente da desnazificação, a remoção de uma camada recente de ideologia tóxica que envolvera uma civilização madura, já que não se pensava que o Japão estivesse nesse estágio. A cultura japonesa em si era considerada pelos reformadores como algo apodrecido até a medula.

Do mesmo modo, uma reforma total também não era vista como uma necessidade pelas velhas elites japonesas na corte imperial e na burocracia estatal. Eles ficariam completamente satisfeitos com pequenas reformas, realizadas de maneira lenta e gradual. Mas, para o coronel Charles Kades e outros adeptos do New Deal no círculo do Scap, essas reformas não eram suficientes. Em suas palavras: "[Os líderes japoneses] queriam tratar uma árvore doente podando os galhos [...]. Nós achamos que era necessário, para se livrar da doença, cortar fora a raiz e os galhos".[40]

Para livrar o Japão de sua cultura "feudal", não seria suficiente arriar as bandeiras com o sol nascente (que os GIS chamavam de "almôndegas"), ou banir as celebrações musicais e visuais da destreza militar japonesa, ou extinguir as Forças Armadas, ou escrever uma nova Constituição abolindo o direito soberano do Japão de sair para a guerra.

Certamente, todas essas coisas eram consideradas necessárias; já em 1945 faziam-se preparativos para escrever uma Constituição pacifista. (Não está claro quem pensou primeiro em tal novidade; alguns dizem que foi Kijūrō Shidehara, primeiro-ministro japonês em 1945, um pacifista de longa data, que teria dado a sugestão a MacArthur.) As leis de família "feudais" foram abolidas e os direitos das mulheres, assegurados. Isso incomodou as elites governamentais japonesas, mesmo homens relativamente liberais, como o ex-ministro do Exterior Mamoru Shigemitsu ("Shiggy", na imprensa americana), que escreveu em seu diário: "O exército de ocupação está pensando em termos radicalmente diferentes de uma mera conformidade com a Declaração de Potsdam [...]. Estão propondo uma remodelação do Japão de alto a baixo".[41]

Ele tinha razão; era isso que os reformadores se dispunham a fazer. Todos os costumes e hábitos japoneses, tidos como "feudais", deveriam ser erradicados. Soldados ou civis americanos que localizassem uma mulher japonesa amamentando em público tentavam interromper essa prática imediatamente. Espadas de madeira em produções teatrais tradicionais eram confiscadas. As peças kabuki protagonizadas por heróis samurais foram banidas. Earl Ernst, que mais tarde tornou-se um eminente estudioso do teatro kabuki, entrou uma noite no Teatro Imperial em Tóquio para interromper uma apresentação de *Terakoya*, uma cena numa famosa peça do século XIX sobre um ex-samurai que recebe a ordem de sacrificar seu filho. Por lealdade a seu senhor, em vez disso, um ex-empregado mata seu próprio filho. Esse tipo de "barbárie" teatral não poderia ser tolerado. Em lugar disso, para edificar o público japonês, a companhia teatral foi solicitada a encenar uma apresentação de *Mikado*, de Gilbert e Sullivan. Em vez de sentir-se edificado, no entanto, ao que parece o público japonês ficou bastante perplexo.

Nada que, mesmo remotamente, pudesse ser associado a "feudalismo" era permitido. Até mesmo a representação do monte Fuji — um lugar sagrado na antiga religião da natureza que é o xintoísmo — foi banida de filmes, de obras de arte e das paredes de tijolos dos banhos públicos, onde era um adorno popular. Desde o século XIX, o xintoísmo havia de fato sido transformado numa espécie de culto estatal para promover a adoração ao imperador e a noção de que os japoneses são uma raça única, abençoada com uma linhagem divina, destinada a governar estirpes inferiores na Ásia. A proibição de utilizar o xintoísmo como religião oficial não foi, na verdade, uma má ideia. A diretiva do Scap de 15 de dezembro determinava:

> O propósito desta diretiva é separar a religião do Estado, evitar o mau uso da religião para fins políticos e pôr todas as religiões, crenças e credos exatamente na mesma base legal, com direito a exatamente às mesmas oportunidades e proteções.[42]

Ordenar ao imperador Hirohito que anunciasse no rádio que era um ser humano como todos os outros tampouco pareceu má ideia. O que o imperador efetivamente disse foi que suas ligações com o povo japonês não se "fundamentavam na falsa noção de que o imperador é divino". Isso satisfez os americanos. A maioria dos japoneses não ficou surpresa com essa declaração, já que nunca tinham duvidado de sua condição humana. No entanto, seus súditos o viam como um governante que descendia da deusa do Sol, ideia que nunca refutou. Fosse como fosse, aparentemente poucos japoneses davam muita importância a essa questão. Apenas os ultranacionalistas ficaram contrariados, e assim permaneceram desde então, alegando que o xintoísmo não deveria ser tratado como uma religião qualquer, mas como a essência da cultura japonesa.

Alguns aspectos da reeducação cultural foram considerados no máximo irritantes, e na maioria das vezes não duraram muito, como o banimento das peças kabuki ou dos filmes com lutas de espada. Alguns casos eram excêntricos a ponto de ser cômicos, como no caso de um soldado americano encarregado de um distrito rural segundo o qual ensinar os japoneses a dançar a quadrilha incrementaria seu espírito democrático. Mas em algumas coisas os americanos foram longe demais, mesmo para os relativamente flexíveis japoneses. Por exemplo, a possibilidade de abolir os caracteres chineses e implementar um sistema de escrita romanizado do idioma japonês foi bastante estudada e depois recomendada por uma missão educacional dos Estados Unidos. Não deu em nada. O sistema educacional, por outro lado, ao contrário do que houve na Alemanha, foi totalmente revisto. Os colégios elitistas só para rapazes ou só para moças deram lugar a um abrangente sistema coeducacional, com três anos de curso elementar, três anos de ensino médio inferior e três anos de ensino médio superior.

A cidade de Omi, no interior do país, não muito longe de Kyoto, pode ser considerada um equivalente japonês de Aachen. No outono de 1945, uma patrulha do Exército americano decidiu inspecionar uma escola primária local. A presença dos soldados americanos aterrorizou tanto os alunos que eles começaram a gritar. Quando lhes perguntaram se "gostavam de americanos", responderam negativamente balançando a cabeça com veemência. As classes ainda estavam decoradas com pôsteres dos tempos da guerra, mostrando soldados japoneses em poses heroicas. Um dos professores era um ex-oficial do Exército. Um gorro ensanguentado de marinheiro foi encontrado na gaveta de uma carteira. Isso não poderia ser tolerado, e o diretor da escola foi intimado a despedir o ex-oficial do Exército e garantir que todas as referências à guerra fossem removidas.

Seis meses depois, alguns dos mesmos americanos retornaram ao local, num jipe. Dessa vez, os alunos pareceram não ter tanto medo. Um dos oficiais começou a assobiar "Swanee River" e, para a imensa satisfação da comitiva americana, as crianças entoaram a canção em japonês, seguida de interpretações de "Auld Lang Syne" e "Maine Stein Song". O grupo também ficou contente ao notar que os livros didáticos tinham sido adequadamente corrigidos; todas as passagens "feudais", referentes à guerra, ao passado guerreiro do Japão, ao imperador etc. haviam sido escurecidas com nanquim. O diretor, cheio de boa vontade, falou com eles em inglês. Prometeu que todos os pôsteres dos tempos de guerra seriam jogados numa fogueira e que vários outros professores, três dos quais tinham servido no Exército, seriam demitidos.[43]

Por mais aliviados que muitos japoneses possam ter se sentido com o comportamento relativamente benevolente dos vitoriosos americanos, ou por mais agradecidos pelas reformas democráticas impostas a suas elites políticas, havia também sentimentos mais complicados quanto à reeducação em estilo americano. Uma carta fascinante de um aluno do ensino médio ao jornal *Asahi* transmite perfeitamente uma reação comum entre jovens japoneses à reviravolta expressada pelos mais velhos; num dia eram ensinados a adorar o imperador e apoiar a guerra santa na Ásia e, no outro, exatamente pelos mesmos professores, a condenar o feudalismo japonês e apoiar a *demokurashii*.

O estudante começa sua carta observando que muitos adultos se preocupam com a dificuldade em mudar a mentalidade de jovens que foram educados no militarismo. De fato, ele diz, as experiências recentes fizeram com que os adolescentes ficassem mais conscientes em termos políticos. Tudo que sempre souberam era que o Japão estava permanentemente em guerra. A paz era como "emergir da escuridão para uma ofuscante claridade do sol". Tudo que lhes tinha sido ensinado antes mostrara-se errado: "Como poderiam voltar a confiar em seus governantes, ou, na verdade, em qualquer adulto?". Na verdade, eram os adultos, em muitos casos ainda confusos e ambivalentes quanto ao passado recente, que deveriam ser motivo de preocupação, pois estavam tendo mais dificuldade em se livrar do espírito do militarismo.[44]

Essa era a voz de uma das gerações mais politicamente ativas na história moderna do Japão. A maioria alinhava-se com a esquerda, todos estavam cheios de desconfiança em relação ao antigo establishment e sentiram-se profundamente traídos quando a Guerra Fria levou os mesmos americanos que tinham chegado ao Japão como professores de liberdade, de pacifismo e de democracia a abraçar a velha elite administrativa, composta de pessoas que ainda tinham sangue da última guerra em suas mãos. Japoneses de opiniões muito parecidas com as do jovem missivista encheriam as ruas de Tóquio em 1960, quando o primeiro-ministro, Nobusuke Kishi, o Albert Speer dos tempos de guerra no Japão, ratificou um tratado de segurança com os Estados Unidos que tornaria o país uma base americana permanente para operações na Ásia. Eles protestavam contra o envolvimento indireto — e altamente lucrativo — do Japão na Guerra do Vietnã, que parecia ser o eco das guerras anteriores na Ásia. A esquerda japonesa, furiosa com o papel do Japão no "imperialismo" dos Estados Unidos, e a direita, na mesma medida furiosa por ter de se sujeitar a uma Constituição pacifista "americana", tinham uma coisa em comum. Para qualquer um dos lados, a ocupação americana parecia nunca ter fim.

Para algumas pessoas, a *demokurashii* do pós-guerra tinha vindo um pouco fácil demais, como uma espécie de brinde dos conquistadores estrangeiros. Um cartum famoso de Etsuro Kato mostrava uma multidão japonesa extática, alguns ainda com seus quepes militares, erguendo as mãos para o céu, do qual as latas caíam de paraquedas como um maná, com as palavras "revolução democrática".[45] Receber de mão beijada alguma coisa que deveria ter sido conquistada por mérito próprio era um pouco humilhante.

Em parte essa humilhação era intencional, mas não dirigida às pessoas comuns do Japão. A fotografia mais emblemática da ocupação, publicada em setembro de 1945, foi tirada na ocasião da visita oficial do imperador Hirohito (na verdade, mais uma audiência do que uma visita) ao general MacArthur na residência oficial do Scap. O imperador, de 44 anos, que parecia um rapazinho se comparado ao comandante supremo, do alto de seus 65 anos, mantinha-se em posição de sentido num traje matinal formal. De pé a seu lado está MacArthur, com sua autoridade superior visível não só em sua alta estatura, mas também numa atitude de estudada informalidade: a camisa cáqui com o colarinho aberto, as mãos confortavelmente acomodadas atrás dos quadris.

A foto saiu em todos os principais jornais, e o governo japonês, chocado com uma imagem que cheirava a lesa-majestade, de imediato proibiu que continuasse a ser publicada. No dia seguinte, MacArthur revogou a proibição e ordenou novas medidas para garantir a liberdade de imprensa. Isso não queria dizer que os americanos não censuravam ativamente as notícias, como faziam na Alemanha. Eles censuravam. Era proibido mencionar Hiroshima, por exemplo, assim como relatos negativos sobre os Estados Unidos, ou qualquer crítica à administração do Scap. (Em 1946, um filme japonês intitulado *A tragédia japonesa* chegou a ser banido por ser demasiadamente crítico ao papel do imperador nos tempos de guerra, uma vez que MacArthur, afinal de contas, o tinha absolvido de toda culpa.)

Apesar de tudo isso, a democracia não era apenas uma palavra vazia. Algo dessa mudança revolucionária lançada de paraquedas naquelas latas era bastante real. Mas ainda havia um sentimento remanescente de vergonha, pungentemente expresso por Jun Takami, um dos mais ponderados e honestos escritores japoneses de seu tempo. Ele escreveu em seu diário, em 30 de setembro:

Quando volto a pensar no fato de que a liberdade, que deveria ter sido naturalmente oferecida pelo próprio governo do povo, não pôde ser oferecida, e em vez disso foi concedida pela primeira vez pelas forças militares de um país estrangeiro [...] não consigo evitar sentimentos de vergonha. Envergonho-me como alguém que ama o Japão, envergonho-me em nome do Japão.[46]

O sentimento é compreensível, mas esse tipo de pronunciamento é enganoso. Um dos conceitos sobre a ocupação, ainda mencionado com frequência, é o de que os americanos construíram as modernas instituições japonesas a partir do zero, de que a "ocidentalização" começou em 1945, e os japoneses, graças à benevolente orientação dos Estados Unidos, saltaram do "feudalismo" para a democracia em um ou dois anos após a derrota na guerra. Na verdade, as instituições democráticas, por mais falíveis e frágeis que pudessem ser, já existiam na década de 1920. No Japão, como nas zonas ocidentais na Alemanha, os Aliados ocidentais criaram as condições para que essas instituições fossem restauradas em bases mais firmes depois da guerra. Isso nem sempre se deu de forma automática. Os políticos e burocratas japoneses muitas vezes tiveram de ser obrigados a realizar reformas democráticas, que a maioria das pessoas considerou bem-vindas. Contudo, o que ninguém poderia ter previsto foi que a única coisa que os americanos tinham concebido totalmente por si mesmos se tornaria ao mesmo tempo a pedra angular e o grande fardo da identidade japonesa do pós-guerra.

O Artigo 9 da Constituição japonesa, ainda que tenha sido escrito somente em 1946, e portanto fora do âmbito temporal deste livro, merece assim mesmo ser citado, uma vez que, mais do que qualquer outra coisa, expressa o idealismo de 1945:

> (1) Por aspirar sinceramente a uma paz internacional baseada na justiça e na ordem, o povo japonês renuncia para sempre à guerra como direito soberano de uma nação e ao uso da força como meio de solucionar disputas internacionais. (2) Para realizar o objetivo do parágrafo precedente, forças de terra, mar e ar, bem como outros potenciais de guerra, jamais serão mantidos. O direito do Estado à beligerância não será reconhecido.

Em 1953, numa visita ao Japão como vice-presidente de Eisenhower, Richard Nixon chocou os japoneses ao declarar que o Artigo 9 tinha sido um erro. Não havia razão para que os japoneses não o revissem. Os Estados Unidos não se oporiam. Na verdade, os americanos queriam que o Japão fosse um aliado forte contra o comunismo. Mas a maioria dos japoneses discordou. Eles se recusaram a mudar sua Constituição porque tinham orgulho dela. O pacifismo dera a uma nação que chacinara milhões de pessoas em várias guerras terríveis um novo sentido de desígnio moral e até um sentimento de superioridade. O Japão conduziria o mundo a uma nova era de paz. Aos olhos japoneses, eram os americanos, na Coreia, no Vietnã, e depois no Iraque ou no Afeganistão, que deveriam ser condenados por se recusarem a abandonar o hábito da guerra.

Esse foi, em maior ou menor medida, o tom do discurso público no Japão durante pelo menos cinquenta anos após a guerra. Mas o pacifismo teve um preço. Idealismo e realidade logo divergiram, e os japoneses, ao contrário do que dizia sua Constituição, reconstruíram suas Forças Armadas, primeiramente sob o disfarce de forças policiais, e depois como Forças de Autodefesa do Japão (JSDF, na sigla em inglês). Além de ser hipócrita, essa solução também falhou ao não abordar um outro problema, do qual se ressentiam igualmente tanto os japoneses da direita como os da esquerda. O Japão ainda dependia dos Estados Unidos no que concernia à sua segurança; o pacifismo era professado sob o guarda-chuva nuclear de seus ex-conquistadores. Nunca houve na Ásia Oriental um equivalente da Otan, ou de uma União Europeia, que permitisse ao Japão construir sua confiabilidade e encontrar um novo lugar entre seus vizinhos.

O Artigo 9, apoiado pela maioria da população, mas veementemente contestado pela direita ultranacionalista, também tornou conflitantes as posturas dos japoneses em relação à sua própria história. Enquanto liberais e esquerdistas defendem a cláusula pacifista como uma penalidade essencial pelas culpas da guerra, a direita sustenta que o Japão não era mais culpado que nenhum outro país envolvido no conflito. Se o Estupro de Nanquim ou o Massacre de Manila são invocados para destituir uma nação de seu direito à soberania, havia todo motivo para minimizar a importância desses "incidentes". Essa disputa política, irremediavelmente polarizada e sob a máscara de um debate histórico, envenenou as relações do Japão com o resto da Ásia durante décadas. Além da dependência unilateral dos Estados Unidos, isso também foi parte do legado de 1945, um ano de muitas catástrofes que terminou com grandes esperanças.

9. Um mundo só

Brian Urquhart, o jovem oficial da inteligência britânica anteriormente mencionado neste livro, o homem a quem recomendaram que tirasse uma licença médica depois de ter alertado seus superiores para os riscos colossais de lançar forças aliadas perto da cidade holandesa de Arnhem, em setembro de 1944, poderia facilmente ter se tornado um cínico. A Operação Market Garden, que custou milhares de jovens vidas, foi levada adiante mesmo assim. "Monty" queria ofuscar seu rival americano, o general George Patton, não importava como. Pouco mais de seis meses depois, já desiludido com a arrogante estupidez das forças das quais fazia parte, Urquhart estava entre os primeiros soldados aliados que entraram em Bergen-Belsen. De início, a idiotice, em seguida, o horror. Quando a guerra finalmente terminou, ele não conseguiu se deixar contagiar por muita alegria.

E no entanto, de algum modo, evitou a armadilha do cinismo. Ele evoca em suas memórias: "Não fiquei pensando que as coisas jamais voltariam a ser as mesmas. Não tinha experimentado tanto assim a velha ordem e não achava que sentiria falta dela. Considerava que a grande tarefa pela frente seria ajudar a evitar que tais catástrofes pudessem acontecer novamente".[1]

Antes da guerra, Urquhart ficara empolgado com a ideia da Liga das Nações. Seu entusiasmo internacionalista era inspirado, ele recorda, em sua ligação de infância com um internato privado para moças, Badminton, dirigido por uma excêntrica diretora chamada Miss Beatrice M. Baker, que todos conheciam como BMB. A mãe de Urquhart tinha sido professora na Badminton School. Sua tia Lucy era a formidável parceira de BMB, na escola e na vida. Aos seis anos de idade, Urquhart era o único menino entre mais de duzentas meninas. BMB simpatizava muito com a esquerda. Como muita gente na época, tinha uma opinião benevolente sobre "Tio Joe" Stálin. Também recebeu na escola refugiados judeus de todo o continente durante a década de 1930, algo que a maioria das diretoras de internatos privados não faria. Ela até fez com que suas meninas, inclusive minha mãe, que foi sua aluna durante a guerra, marchassem pelas ruas de Bristol levando faixas nas quais se lia "Proletários do mundo, uni-vos!".

Depois que a guerra terminou, Urquhart foi rapidamente admitido pelo historiador Arnold Toynbee num departamento especial da chancelaria britânica, criado para reunir informações sobre a Holanda ocupada pelos nazistas. Como o país não estava mais sob intervenção nazista, não havia tanta coisa para fazer — um pequeno exemplo das inúmeras esquisitices burocráticas deixadas pela guerra. Essa tarefa, no entanto, não durou muito. O empregador seguinte de Urquhart foi Gladwyn Jebb, diplomata britânico encarregado de estruturar a recém-criada Organização das Nações Unidas, cuja carta ajudou a esboçar. Pelo resto de sua vida profissional, Urquhart permaneceu um leal servidor dessa instituição mundial, cujos ideais continuaram a comovê-lo, apesar de enxergar suas falhas com o devido ceticismo.

Quatro décadas depois, ele escreveu sobre aquela época emocionante, o outono de 1945:

> [...] é difícil recapturar o frescor e o entusiasmo daqueles dias de pioneirismo. A guerra ainda estava vívida na mente e na experiência de todos. Muitos de nós tínhamos estado nas Forças Armadas, e outros só haviam emergido dos movimentos de resistência subterrânea alguns meses antes. Trabalhar pela paz era um sonho realizado, e o fato de que tudo precisava ser organizado a partir do zero era um incentivo adicional.[2]

Um dos amigos mais chegados de Urquhart no secretariado da ONU era outro homem já mencionado, o combatente da resistência francesa Stéphane Hessel, preso e torturado pela Gestapo antes de ser enviado para Buchenwald e Dora. Ele nasceu em 1919, mesmo ano de Urquhart. Hessel também tinha um histórico familiar incomum. Seu pai, Franz Hessel, eminente escritor alemão e tradutor de Proust, serviu de modelo para o personagem Jim do romance *Jules et Jim*, a história de um triângulo amoroso franco-alemão fatal, mais tarde transformada no famoso filme de François Truffaut. Como Urquhart, Stéphane Hessel queria construir um mundo melhor em escala global. Sua ambição foi estimulada por algo mais marcante do que a usual aversão pela guerra e o desejo de paz. Ele escreveu em suas memórias que tinha sido o "cosmopolitismo dos campos de concentração", onde homens de várias nações e classes eram postos juntos, que "me empurrou para a diplomacia".[3] Três anos após o fim da guerra, ele ajudou a esboçar a primeira Declaração Universal dos Direitos Humanos (adotada em 1948). Hessel morreu em 2013, aos 95 anos de idade.

Sem dúvida, Urquhart e Hessel foram homens extraordinários. Mas seu idealismo, nascido da experiência da devastação, não era algo fora do comum. A ideia de que era preciso estabelecer uma nova ordem mundial, governada por uma organização global, mais robusta e mais eficaz do que a Liga das Nações, tinha ampla aceitação. Alguns levaram essa noção longe demais. Mesmo antes de as bombas atômicas serem lançadas sobre Hiroshima e Nagasaki, os que propunham um governo mundial falavam em termos apocalípticos. Os pronunciamentos de Arnold Toynbee durante a guerra, afirmando que uma Terceira Guerra Mundial só poderia ser evitada por um governo mundial, com uma força de polícia de âmbito global, poderiam parecer uma tolice, mas foram levados a sério por figuras importantes no Departamento de Estado americano. Uma pesquisa do Instituto Gallup feita em abril de 1945 revelou que 81% dos americanos queriam que os Estados Unidos entrassem numa "organização mundial com poder de polícia para manter a paz no mundo".[4]

Como o conceito de um governo mundial ou de uma federação global era um tanto vago, os pensadores que trataram dessa questão tendiam a projetar nela suas próprias ideias de futuro. Mahatma Gandhi, de forma nada surpreendente, sustentava que uma federação mundial deveria se basear nos princípios da não violência. Toynbee argumentava que a força policial de âmbito mundial, ao menos de forma imediata e por algum tempo, deveria ser uma operação anglo-americana. A ideia era criar uma "comunidade mundial anglo-americana".[5] Ele não estava sozinho. Lord Lothian, que fora embaixador em Washington em 1939, considerava o Império britânico como modelo para um governo federal mundial, o que pode causar a forte impressão de se tratar de uma ideia não só movida por interesses próprios como totalmente fantasiosa. Mas a noção de uma espécie de hegemonia anglo-saxônica não era incomum na Grã-Bretanha ou nos Estados Unidos. Churchill acreditou nela por algum tempo. Na verdade, esse pensamento ainda ressurge de vez em quando para

396

alimentar a autoestima de sonhadores anglófonos, inclusive um ou dois ocupantes da Casa Branca.

O escritor da *New Yorker* E. B. White comentou na revista que San Francisco seria o lugar certo para uma conferência para esboçar a primeira Carta das Nações Unidas, na primavera de 1945. Afinal de contas, segundo ele, os "Estados Unidos são considerados por pessoas de todas as partes como um sonho que se tornou realidade, uma espécie de Estado mundial em miniatura".[6] Embora esse tipo de pressuposto pareça bem datado hoje em dia, não chegou a desaparecer de todo. E. B. White, porém, tinha perfeita consciência de certas máculas no sonho americano. Ele anotou em 5 de maio, uma semana após o início da Conferência de San Francisco, que em algum lugar da Califórnia "um grupo de preservacionistas (vimos isso nos jornais) tentava restringir determinadas áreas a 'pessoas da raça caucasiana'".[7]

E havia também os europeus, muitas vezes na resistência antinazista e antifascista, que viam na unidade europeia o primeiro passo em direção a um mundo unido. Já em 1942, um grupo da resistência francesa chamado Combat (também conhecido como Mouvement de Libération Nationale [MLN]) publicou um manifesto declarando que "os Estados Unidos da Europa — uma etapa no caminho da união mundial — será brevemente a realidade viva pela qual estamos combatendo".[8] Uma das principais figuras do Combat foi Albert Camus, homem de modo geral não muito dado a hipérboles. Mais tarde ele esteve em estreito contato com outro grupo de resistentes antifascistas que publicara um manifesto pela unidade da Europa ainda antes, em 1941, na pequena ilha vulcânica de Ventotene, ao largo da costa de Nápoles, onde Altiero Spinelli e outros esquerdistas italianos foram encarcerados por Mussolini numa sombria prisão do século XVIII construída pelos Bourbon. O chamado Manifesto de Ventotene, escrito por um dos prisioneiros, o pensador político

Ernesto Rossi, declarava que a política nacionalista era para reacionários, e que todos os progressistas deveriam lutar por um "sólido Estado internacional". Primeiro, uma Europa federalizada, depois um mundo federalizado.

O ideal de uma Europa única é muito mais antigo, claro, e remonta a uma época tão distante como a do Sacro Império Romano, no século ix. Desde então, o ideal europeu passou por muitas mudanças, mas houve dois temas constantes. Um foi o ideal de uma cristandade unificada, tendo a Europa como seu núcleo espiritual e político. Esse objetivo continuaria a ser popular entre os católicos — Erasmo foi um deles —, especialmente os franceses. Maximiliano de Béthune, o duque de Sully (1560-1641), por exemplo, imaginou uma república europeia à qual os turcos só poderiam se juntar se convertidos à fé cristã.

O ideal a isso relacionado era o de uma paz eterna. Em 1713, outro francês católico, o abade de Saint-Pierre, publicou seu "Projeto para a criação da paz eterna na Europa". Haveria um Senado Europeu, um exército europeu, e os maiores Estados-membros teriam direitos iguais de votação.

A paz eterna e a unidade cristã com frequência se identificavam uma com a outra nas mentes dos primeiros pan-europeístas. A unificação pacífica era uma noção religiosa, uma utopia cristã. Pensada de forma a não ficar necessariamente confinada ao continente europeu, era uma aspiração universalista, como o próprio cristianismo. Em termos ideais, as fronteiras nacionais seriam abolidas no reino terreno de Deus.

Depois do Iluminismo, uma nova versão desse universalismo religioso foi adotada por racionalistas, com apenas algumas pequenas mudanças retóricas. O poeta e estadista francês do século xix Alphonse de Lamartine escreveu uma ode racionalista à unidade europeia intitulada a "Marselhesa da Paz" (1841): "No decurso do Iluminismo o mundo se ergue para a unidade/ Sou o cidadão camarada de toda pessoa que pensa/ A verdade é meu país". Como ministro do Exterior da França no ano revolucionário de 1848, Lamartine publicou um Manifesto pela Europa, promovendo a República francesa como um modelo não somente para o continente, mas para toda a humanidade.

Uma guinada similar do idealismo religioso para o racionalista ocorreu no fim da Segunda Guerra Mundial. Em 1940, antes ainda de os Estados Unidos entrarem na guerra, um grupo chamado Conselho Federal das Igrejas de Cristo na América criou uma comissão para trabalhar por uma "Paz justa e duradoura" — objetivo talvez um pouco prematuro, mas sempre digno de ser perseguido. Às vezes judeus e católicos juntavam-se nesse empenho aos ministros e pregadores leigos protestantes. "Missões nacionais por uma ordem mundial" estabeleciam-se nas principais cidades dos Estados Unidos. A necessidade da organização mundial foi definida numa declaração de uma comissão chamada "Os seis pilares da paz". Uma evidência de que a declaração não era fruto da atuação de sonhadores sem nenhuma influência era o fato de que o presidente da comissão era John Foster Dulles, um admirador de Hitler no início da década de 1930 e ferrenho combatente na Guerra Fria na década de 1950, época na qual serviu como secretário de Estado de Eisenhower.

Dulles desempenhou um papel importante em algumas políticas obtusas, para não dizer moralmente duvidosas: apoiou a guerra colonial francesa contra nacionalistas vietnamitas e ajudou a derrubar o governo, democraticamente eleito no Irã, do primeiro-ministro Mohammad Mosaddeq, em 1953. Mosaddeq era considerado muito brando com o comunismo e uma ameaça aos interesses petrolíferos anglo-americanos. Disso resultou um golpe tramado por agentes britânicos e pela CIA, chefiado pelo irmão de Dulles, Allen. Mas o anticomunismo de Dulles não era ditado somente pelo mundo dos negócios. Ele era um moralista cristão que acreditava que a guerra contra o comunismo ateu era acima de tudo uma empreitada moral. Dulles também declarava acreditar no que chamava de "poder moral" das Nações Unidas e agia como consultor da delegação americana em San Francisco.[9] Sua reação ao uso da bomba atômica contra o Japão pode parecer incomum, não apenas em relação à época, mas para um homem ligado ao conservadorismo americano, porém não foi atípica em se tratando dele: "Se nós, como uma nação professadamente cristã, sentimo-nos moralmente livres para usar a energia atômica dessa maneira, os homens em outros lugares aceitarão esse veredicto".[10]

De fato, foi a devastação de Hiroshima que mudou a retórica de "um mundo só", de algo com frequência inspirado pela moralidade religiosa para um pensamento mais secular e mais imediato. Os cientistas estavam entre os primeiros a advertir quanto às implicações de uma arma que alguns deles tinham ajudado a criar. A espantosa explosão da primeira bomba atômica, no deserto do estado do Novo México, em 16 de julho de 1945, chegou a provocar uma reação quase religiosa de Robert Oppenheimer, um dos principais responsáveis por seu desenvolvimento. Ele citou as palavras de Bhagavad Gita, a Escritura hindu:

Se o brilho de mil sóis
Irrompesse de uma só vez no céu,
Seria como o esplendor do Todo-Poderoso...
Agora, eu me tornei a Morte, destruidora de mundos.

As primeiras palavras de Einstein ao ouvir sobre o bombardeio de Hiroshima foram mais prosaicas: "Oh, weh!".[11]*

---

* Provavelmente uma transcrição de *Oi vei*, expressão em ídiche para uma dolorosa surpresa. (N. T.)

Dois meses depois, Einstein foi cossignatário de uma carta ao *New York Times*, juntamente com figuras preeminentes como a do senador J. W. Fullbright e Owen J. Roberts, juízes adjuntos da Suprema Corte. Eles escreveram: "A primeira bomba atômica destruiu mais do que a cidade de Hiroshima. Ela também fez explodir as antiquadas ideias políticas que herdamos".[12] Entre essas ideias estava a de soberania nacional. A Carta das Nações Unidas acordada em San Francisco era só um começo, eles proclamavam: "Devemos visar a uma Constituição Federal do mundo, o funcionamento de uma ordem legal de âmbito mundial, se quisermos evitar uma outra guerra atômica".

John Foster Dulles argumentou em favor de um controle da energia nuclear pela ONU, mas mudou de ideia assim que a União Soviética detonou sua própria bomba. Einstein, numa entrevista publicada na revista *Atlantic Monthly* em novembro de 1945, pensava que o "segredo da bomba devia ser confiado a um governo mundial, e que os Estados Unidos deveriam anunciar imediatamente sua disposição de entregá-lo a um governo mundial".

O aspecto moral da questão talvez tenha sido definido da maneira mais sucinta por um velho socialista cristão, o primeiro-ministro britânico Clement Attlee, num discurso às casas do Parlamento canadense no mesmo mês em que a entrevista de Einstein foi publicada na *Atlantic Monthly*. Falando parte do tempo em francês, e pensando muito em Hiroshima, Attlee propôs que a ciência e a moralidade deveriam ser harmonizadas. Ele acreditava, como reportou o *Times* de Londres, "que, sem um entusiasmo moral equivalente àquele que os sábios aplicam em suas pesquisas, uma civilização construída ao longo de século seria destruída".[13]

O modo como o mundo estava começando a ser refeito em 1945 pode ter devido algo ao elevado idealismo dos ex-combatentes da resistência e soldados da paz, aos cientistas escandalizados e aos cristãos que sonhavam com um mundo só — mas não tanto quanto eles teriam desejado. As instituições internacionais depois da guerra (e, na verdade, ainda durante a guerra) foram modeladas mais pelos ideais políticos do que pela religião e pela moral. E, como as soluções políticas nunca são as ideais, a nova ordem estava fadada a ser imperfeita.

A origem da Carta das Nações Unidas que seria elaborada em San Francisco foi uma reunião de Churchill e Roosevelt em Placentia Bay, ao largo da costa da Terra Nova, em agosto de 1941. A Grã-Bretanha tinha sobrevivido, por pouco, à Batalha da Inglaterra. A Alemanha havia acabado de invadir a União Soviética, em 22 de junho, e Pearl Harbor estava perto de acontecer (em 7 de dezembro de 1941). Roosevelt estava empenhado em induzir pouco a pouco os eleitores americanos a aceitar um papel mais ativo dos Estados Unidos no conflito europeu. E assim os dois líderes chegaram a seus respectivos navios de guerra — Roosevelt no *USS Augusta*, Churchill no *HMS Prince of Wales* — para esboçar a "Carta do Atlântico".

Curiosamente, foi Churchill quem se empenhou para incluir na Carta uma menção a uma futura organização mundial. Roosevelt, decepcionado com o fracasso da Liga das Nações e consciente das resistências domésticas ao envolvimento em conflitos internacionais, descartou a sugestão de Churchill. Roosevelt tampouco gostava do imperialismo britânico, embora acreditasse, alinhado com Toynbee, que a Grã-Bretanha e os Estados Unidos deveriam, juntos, policiar o mundo durante alguns anos. Roosevelt invocou suas "Quatro liberdades humanas essenciais", primeiramente anunciadas ao mundo em janeiro do mesmo ano, como as razões para combater o fascismo. Elas foram imortalizadas em ilustrações de cunho sentimental feitas por Norman Rockwell: liberdade de expressão, liberdade de culto, liberdade de viver sem passar necessidade e liberdade de viver sem medo.

A Carta do Atlântico, de fato, acabou sendo pouco mais que uma elaboração a partir desses belos princípios. Mas uma cláusula teve impacto significativo e duradouro. Foi em grande parte resultado do empenho americano. A Carta não expressou "a esperança de que seria restaurado o autogoverno daqueles que o perderam à força". Ela foi mais além: seria também respeitado "o direito de todas as pessoas de escolherem a forma de governo sob a qual iriam viver".[14]

As notícias sobre essa aspiração chegaram imediatamente àqueles que estavam lutando para se libertar dos impérios coloniais. Líderes nacionalistas como Ho Chi Minh no Vietnã e Sukarno na Indonésia citariam seguidas vezes os termos da Carta do Atlântico em suas reivindicações de independência política — e do apoio dos Estados Unidos. Os argelinos que protestavam em Sétif, fuzilados em 8 de maio por colonos franceses por exigirem igualdade, carregavam faixas nas quais se lia: "Vida longa à Carta do Atlântico!".

Jawaharlal Nehru, que quando a Carta do Atlântico foi esboçada estava na prisão por "desobediência civil", percebeu hipocrisia nos pronunciamentos anglo-americanos; ele considerou a Carta um conjunto de chavões condescendentes. Mas, em sua campanha com o slogan "Deixem a Índia", no ano seguinte, Nehru fez eco ao pleito da Carta pela autodeterminação nacional e também conclamou a uma "federação mundial" que assegurasse esses direitos.

Churchill teve de agir depressa para garantir ao Parlamento que o direito de "autogoverno" referia-se apenas a nações sob ocupação nazista. As colônias eram um caso completamente diferente. Afinal, como ele disse numa famosa declaração em 1942, "não se tornara o primeiro-ministro do rei para presidir a liquidação do Império britânico". Roosevelt não tinha tempo para esse tipo de falatório, e era simpático a Nehru, mas não queria pressionar Churchill em demasia enquanto havia uma guerra em andamento. O britânico, de sua parte, ressentia-se de ser "repreendido como um colegial" no que dizia respeito a aspirações imperialistas, uma vez que os próprios Estados Unidos não tinham de forma nenhuma as mãos limpas, especialmente nas Filipinas. Isso era bem verdade, mas Churchill se esqueceu de mencionar que os Estados Unidos já tinham prometido independência às Filipinas antes da guerra, um processo interrompido pela invasão japonesa.

Da Carta do Atlântico às Nações Unidas foi um pequeno passo, embora ainda não como uma organização mundial pela segurança global, mas como uma aliança contra as Potências do Eixo. Vinte e seis países, inclusive a China e a União Soviética, foram seus signatários em janeiro de 1942. Apesar de suas reservas iniciais quanto a organizações internacionais, foi Roosevelt quem deu à aliança seu nome, poucas semanas antes do ataque a Pearl Harbor, quando Churchill, num excelente estado de espírito, visitava a Casa Branca para uma conferência cujo codinome era "Arcádia". Roosevelt estava pensando em que nome dar à nova aliança em âmbito mundial. Então, um dia, antes do desjejum, veio a inspiração. Irrompendo no banheiro de Churchill, gritou para o primeiro-ministro, ainda pingando água após o banho: "Nações Unidas!". E Churchill disse que era bom.

A questão principal, tratada durante toda a guerra por burocratas, planejadores, diplomatas e governantes aliados, era como transformar a aliança dos tempos de guerra numa ordem internacional estável pela paz. Como evitar outra depressão econômica de extensão mundial. De que forma impedir futuros ditadores como Hitler de começar outra guerra mundial. E como fazer isso sem mexer com os conservadores americanos, que rapidamente rotularam essas empreitadas internacionais de tramas obscuras dos "comunistas". Qualquer que fosse a imagem da nova organização mundial (Churchill ainda pensava em termos de "povos anglófonos", Stálin de "povos amantes da paz", e Roosevelt de uma harmoniosa coalizão como Grande Potência), precisaria ter influência na prática, pois isso fora exatamente o que faltara à antiga Liga das Nações. A nova ONU precisaria ter a capacidade de impor paz, se necessário pela força. Para fazer valer efetivamente essa autoridade, as principais potências teriam de se alinhar, daí as conferências em Moscou, Teerã e Yalta, nas quais a ordem do pós-guerra foi traçada, às vezes no verso de envelopes, por Churchill, Roosevelt e Stálin, agindo como se o mundo fosse um gigantesco tabuleiro de xadrez, com poloneses, gregos e outros povos servindo como peões.

Nos Estados Unidos, enquanto isso, novos organismos internacionais eram criados para proporcionar ajuda humanitária e suprir a carência de alimentos nos países arruinados pela guerra. A Administração das Nações Unidas para Ajuda e Reabilitação (UNRRA, na sigla em inglês) foi criada em 1943, uma organização que Churchill, a princípio, teve dificuldade para levar a sério. Ouviram-no cantar, mais uma vez no banheiro: "UNRRA!, UNRRA!, UNRRA!", como se fosse um número de teatro musical. Depois da guerra, a UNRRA foi inevitavelmente acusada pelos republicanos nos Estados Unidos de ser tolerante com os comunistas. Havia certo motivo para isso: como os governos europeus ocidentais eram considerados capacitados a cuidar de seus próprios problemas, grande parte da ajuda era enviada aos países da Europa Oriental e repúblicas soviéticas, onde a tendência era que o espólio fosse encaminhado por critérios políticos. A UNRRA foi com frequência um empreendimento caótico, em especial nas primeiras etapas, mas ainda assim, sem ela, muito mais gente teria perecido em condições terríveis.

Na época em que o Exército Vermelho de Stálin estava rechaçando os exauridos alemães através das planícies geladas da Ucrânia, e os Aliados ocidentais consolidaram suas cabeças de ponte na Normandia, as grandes potências tinham uma vaga ideia de como seria a Organização das Nações Unidas no futuro. Haveria uma Assembleia Geral e um Conselho de Segurança controlado pelas próprias grandes potências. A cooperação econômica para derrotar a Alemanha — empréstimo-arrendamento etc. — proveria a base para um sistema monetário internacional, com regras internacionais para conter os excessos de protecionismo econômico e formas nocivas de especulação. E haveria um Tribunal Internacional de Justiça.

O sistema monetário foi estabelecido em 1944, num hotel de veraneio em New Hampshire chamado Bretton Woods. O encontro, formalmente intitulado Conferência Monetária e Financeira das Nações Unidas, foi realizado em Bretton Woods por dois motivos: o senador por New Hampshire no comitê do Congresso para assuntos bancários e financeiros era um republicano que se opunha à regulação precisava ser convencido do contrário, e o hotel aceitava hóspedes judeus, o que nem sempre era o caso em estabelecimentos rurais desse tipo. Seria muito inconveniente que o secretário do Tesouro, Henry Morgenthau, entre outros, fosse barrado na porta.

Em novembro de 1944, Roosevelt venceu as eleições para seu quarto mandato como presidente dos Estados Unidos. Por suas declarações na campanha eleitoral, era bastante óbvio que estava totalmente comprometido com as Nações Unidas no pós-guerra. Em sua opinião, o mundo precisava de um New Deal global, e a ONU necessitaria de reconhecimento para garantir a paz global. Como ele disse então: "Em meu simples entendimento está claro que, para a organização mundial se tornar de todo uma realidade, nossos representantes americanos têm de ser dotados antecipadamente — pelo próprio povo, pelos meios constitucionais através de seus representantes no Congresso — de autoridade para agir".[15] Apesar de não terem silenciado todas as vozes que associavam Roosevelt e seus ideais ao "comunismo", a maioria dos cidadãos americanos parecia concordar com ele.

Pouco antes da quarta eleição de Roosevelt, houve mais uma conferência sobre a ONU, realizada discretamente em Dumbarton Oaks, uma suntuosa propriedade em Georgetown, Washington. Os Estados Unidos, a Grã-Bretanha e a União Soviética, os assim chamados Três Grandes, tinham ditado as políticas dos Aliados durante a guerra. Dessa vez, um quarto grande, a China, foi convidada a participar também. Esses Quatro Grandes, assim se esperava, iriam policiar juntos o mundo no pós-guerra, ainda que não se confiasse muito que a China fosse capaz de fazer sua parte. Nem Churchill nem Stálin tinham tanto respeito pelo regime de Chiang Kai-shek, mas os americanos se esforçaram para acreditar no generalíssimo. (Mais tarde, em San Francisco, os Quatro Grandes tornaram-se os Cinco Grandes, com a França precisando urgentemente salvar seu prestígio também.)

Contudo, ainda houve discordâncias em Dumbarton Oaks quanto ao formato exato das Nações Unidas. Que países seriam elegíveis como membros? A missão da ONU deveria limitar-se à segurança (a posição soviética) ou incluir também questões econômicas e sociais, o que os Estados Unidos queriam (e conseguiram)? Deveria haver uma força aérea internacional? Quem supriria tropas para a ONU? Todos os membros poderiam ter o direito de vetar ações da ONU, como acontecia na Liga das Nações, ou apenas as grandes potências? Exatamente o que poderia ser sujeito a veto — apenas as ações, ou também investigações e tópicos para discussões? Não houve muitas concessões, e questões mais difíceis (o veto) não foram resolvidas. A condição de membro, em princípio, estaria aberta a "Estados amantes da paz", uma expressão que apelava para o lado sentimental dos americanos, mas tinha um significado mais específico para Stálin, que habitualmente acusava os críticos da União Soviética de serem inimigos da paz. A Finlândia, por exemplo, que desafiara o Exército Vermelho soviético em 1940, era um inimigo da paz.

E assim o cenário estava armado para San Francisco, onde, em 27 de abril de 1945, o mundo amante da paz iria se unir e a ONU se transformaria de uma aliança de tempos de guerra numa "organização democrática do mundo", como Roosevelt gostava de dizer.[16]

Infelizmente, o presidente, já bastante doente e exaurido pela conferência de Yalta, onde, apesar da grandiosidade do antigo palácio de verão do tsar, as condições não eram das melhores (os percevejos foram um tormento particular), morreu em 12 de abril. Mas o novo presidente, Harry S. Truman, elevou ainda mais as expectativas de uma ordem mundial do que seu antecessor. Ao se graduar com um título honorário pela Universidade de Kansas City, pouco antes de pôr sua assinatura na Carta da ONU, Truman declarou numa irrupção de otimismo ianque: "Para as nações será tão fácil se darem bem numa república mundial quanto para nós na república dos Estados Unidos".[17]

As bandeiras de cinquenta países drapejavam à brisa do Pacífico enquanto chegavam os 5 mil delegados, e centenas de milhares de espectadores inundavam as ruas para a cerimônia de abertura na San Francisco Opera House. O mundo todo — exceto alemães, japoneses e seus aliados, claro — estava lá. Ou, na verdade, nem todo mundo; houve exceções. E, talvez, nem todos que estavam lá deveriam estar. A Argentina, cuja junta militar antes da guerra simpatizava abertamente com o campo fascista, fora convidada por causa de certas manobras entre os Estados Unidos e a União Soviética. Stálin queria que as repúblicas soviéticas da Ucrânia e Bielorrússia fossem membros plenos, o que forçou os Estados Unidos, precisando de apoio na América Latina, a insistir na inclusão da Argentina.

A Polônia, por outro lado, o país no qual começara a Segunda Guerra Mundial, não foi convidada, já que não houve acordo quanto à legitimidade de seu governo. A União Soviética patrocinava um gabinete provisório conhecido como Comitê de Lublin, enquanto o governo polonês no exílio continuava a fazer suas reivindicações a partir de Londres. Enquanto assim fosse, não haveria como convidar o Comitê de Lublin a San Francisco, como queriam os soviéticos. Stálin tinha garantido a Churchill e a Roosevelt em Yalta que haveria eleições livres na Polônia, e dezesseis líderes da resistência subterrânea durante a guerra foram convidados para uma conversa amigável com os russos. O fato de que desde então nada mais se ouvira sobre esses líderes não era um bom augúrio. Nas palavras de E. B. White na *New Yorker*: "A questão polonesa pairava sobre a cidade como uma ave malcheirosa".[18]

Ainda assim, havia otimismo bastante para continuar. Os delegados árabes eram uma atração exótica para os perplexos espectadores locais. Segundo a revista *Yank*, "Caçadores de celebridades americanos se acotovelavam para ver os *ayerabs* de perto e disseram a um homem: '*Sheeks*, hein? O que me diz disso?'".

E os árabes respondiam com igual espanto. Um tal sr. Farid Zeineddine, da Síria, descreveu suas impressões à *Yank*: "Os americanos me parecem ser uma nação de pessoas que usam óculos, todas mascando chiclete. Talvez tenham de usar óculos porque os prédios são muito altos, e eles forcem a vista olhando para eles de cima a baixo".[19]

Outros acompanhavam a movimentação com um olhar mais ácido. Michael Fo, futuro líder do Partido Trabalhista britânico, era então um colunista do *Daily Herald*. Como bom socialista europeu, estava preocupado com os "perigos do atual status da América". Os Estados Unidos eram simplesmente ricos demais, intocados pela guerra, poderosos demais. "As perspectivas econômicas da América", ele observava, "parecem tornar nanica a própria conferência." E, mais ainda, os cinejornais que as salas locais exibiam mostrando os campos de concentração nazista, nas palavras dele, não eram exatamente "uma incitação a 'mafekinguizar'" (regozijar-se, como fizeram multidões britânicas durante a Guerra dos Bôeres, quando o cerco de Mafeking foi rompido).[20]

Outros filmes nos cinemas americanos naquela primavera que sem dúvida visavam a elevar o espírito guerreiro nos últimos meses da Guerra do Pacífico foram *Espírito indomável*, com John Wayne, e *Um punhado de bravos*, com Errol Flynn. Mas havia formas mais divertidas de entretenimento disponíveis, como o filme da MGM *O filho de Lassie*, Dorothy Lamour em *A morte de uma ilusão*, e *Here Come the Co-Eds*, uma comédia com Abbott e Costello.

As acomodações, pelas quais os delegados deveriam pagar do próprio bolso, eram certamente mais suntuosas do que em Yalta. Gladwyn Jebb, que tinha comparecido à maior parte das conferências durante a guerra, inclusive Yalta, como consultor diplomático de Churchill, descreveu a experiência de San Francisco como "uma espantosa eclosão de hospitalidade".[21] As Quatro Grandes Potências (que logo seriam cinco), presididas pelo secretário de Estado americano Edward R. Stettinius Jr., encontraram-se na biblioteca circular de um apartamento de cobertura no alto do Fairmont Hotel — "com um teto azul e dois sofás de dois lugares estofados em verde", na descrição da revista *Time*.[22] As delegações menores trabalhavam nos andares abaixo.

As grandes potências chegaram rapidamente a um acordo quanto aos princípios gerais. Mas houve tensões causadas pelo desejo de dominação das grandes potências e a ideia de organização mundial democrática defendida pelas demais nações. Os países menos influentes, representados pelo grandiloquente ministro do Exterior da Austrália, dr. Herbert Evatt, ficaram melindrados com os direitos de veto das grandes potências no Conselho de Segurança, mas tiveram de ceder. O ministro do Exterior soviético, Vyacheslav Molotov, adotou a posição mais extrema entre as grandes potências. Ele continuou a insistir no direito de vetar qualquer assunto que a União Soviética não quisesse que fosse debatido na ONU. Essa postura estava pondo tudo a perder na conferência, até que foi enviada uma missão diplomática americana a Moscou, e Stálin instruiu Molotov a recuar.

Tudo parecia estar bem, pelo menos entre os Três Grandes, quando Molotov ofereceu um generoso banquete para seus pares britânico e americano, o suave Anthony Eden e Edward Stettinius, descrito por Brian Urquhart como "um homem com uma boa aparência teatral e dentes inacreditavelmente brancos".[23] Como era comum em eventos organizados pelos russos, foram consumidas enormes quantidade de comida e de bebida. Foram tiradas fotos dos três homens brindando, nas quais até mesmo o inexpressivo Molotov, conhecido nos círculos do Partido Comunista soviético como "Traseiro de aço", devido às longas horas que passava sentado à sua mesa de trabalho, conseguiu introduzir um ambiente de bonomia. Estava ficando tarde. Os cavalheiros começavam a sentir nitidamente os efeitos da bebida.

Aconteceu então algo extraordinário. Ainda num expansivo estado de espírito de amistosa solicitude, Molotov anunciou a seus estimados colegas que podia finalmente divulgar o que acontecera aos dezesseis líderes da resistência polonesa. Tinham sido presos por "atividades diversionistas" contra o Exército Vermelho soviético, um crime que acarretava a pena de morte. Eden, a princípio chocado, depois furioso, pediu uma explicação completa. Molotov, eriçado com o tom duro de Eden, ficou rabugento e defensivo. O ambiente festivo dissipou-se imediatamente. Mais uma vez, a conferência estava em perigo.

Mas essa tempestade também passou. O otimismo conseguiu manter a realidade à distância. A revista *Nation* comunicou aos liberais americanos que, quando se realizassem na Polônia "eleições verdadeiramente livres", a "posição moral da Rússia" seria "enormemente fortalecida" e a "desconfiança reduzida a um mínimo".[24] A vaga promessa de eleições livres foi aceita com avidez pelos Aliados ocidentais em Yalta, e ninguém ousou contestar. Só os soviéticos sabiam que os dezesseis bravos poloneses que arriscaram tudo ao resistir aos alemães em condições das mais terríveis já haviam sido torturados pela polícia secreta soviética e julgados como "colaboradores dos nazistas". Foram sentenciados em 21 de junho, enquanto ainda se realizava a conferência em San Francisco. Apenas dois sobreviveram às prisões soviéticas.

Enquanto os dezesseis poloneses eram torturados em Moscou, as grandes potências debatiam uma declaração de direitos humanos a ser incluída no preâmbulo da Carta (a Declaração Universal dos Direitos Humanos veio depois, em 1948). Esse nobre fruto do pensamento iluminista, assim como do universalismo cristão, a ideia de que os direitos humanos deveriam beneficiar não uma só comunidade, definida por sua fé ou sua cultura ou suas fronteiras políticas, mas toda a humanidade, foi considerado por Stéphane Hessel e muitos outros como a maior contribuição da ordem do pós-guerra. Os direitos humanos universais estavam ligados à lei, adotada em Nuremberg, dos "crimes contra a humanidade", que por sua vez estava ligada ao conceito de genocídio, definido em 1944 pelo jurista polonês Raphael Lemkin como "a destruição deliberada e sistemática, total ou parcial, de um grupo étnico, racial, religioso ou nacional".

No entanto, nem por um minuto sequer foi sugerido que os direitos humanos deveriam ou poderiam ser uma imposição. Muito pelo contrário. Nas palavras de um consultor para a política exterior britânica em San Francisco, o historiador C. K. Webster: "Nossa política é evitar uma '*garantia* de direitos humanos', embora não devamos nos opor a uma declaração".[25] E a declaração veio devidamente baseada num esboço escrito pelo general Jan Smuts, estadista sul-africano e herói da Guerra dos Bôeres, que tinha assistido ao nascimento da Liga das Nações, bem como ao da ONU. Estes foram os termos definidos em San Francisco pelas grandes potências, em junho: "Nós, os povos da Nações Unidas determinados a [...] afirmar a nossa fé nos direitos fundamentais do homem, na dignidade e no valor da pessoa humana, na igualdade de direitos dos homens e das mulheres, assim como das nações, grandes e pequenas...".

Michael Foot, em sua coluna no *Daily Herald*, destacou a liderança moral da União Soviética como especialmente louvável. Ele ressaltou que, antes da guerra, o governo britânico sob Neville Chamberlain tinha impedido a publicação de notícias sobre atrocidades nazistas. Mas nessa época, claro, "as vítimas foram apenas liberais, socialistas, pacifistas e judeus". Atualmente, ele observava com um toque de soberba, "esses tipos ganharão o benefício de ter seus direitos incluídos no preâmbulo da Carta das Liberdades Fundamentais esboçada pelo general Smuts. Essa Carta se aplicará até mesmo em relação aos negros da África do Sul. Será mesmo?". As dúvidas de Foot a esse respeito não eram infundadas, mas ele, por sua vez, sentiu-se à vontade para omitir o suspeitíssimo caso dos poloneses. Chegou a recomendar aos soviéticos que expressassem "uma posição muito mais lógica e inequívoca do que a de outras nações" sobre "os direitos políticos de povos dependentes".

Houve mais uma crise antes que a Conferência chegasse à sua conclusão, no fim de junho. O motivo dessa vez foi o Levante, em 29 de maio tropas franceses combatiam os sírios nas ruas de Damasco e lançavam bombas não apenas na antiga capital, mas também em Aleppo, Hama e Homs. Os franceses convocaram reforços depois de exigir a transferência das forças sírias especiais que estavam sob comando francês para o Exército Nacional da Síria.

No dia seguinte, o presidente da Síria, Shukri al-Quwatli, um hábil operador diplomático, escreveu uma carta ao presidente Truman expressando os mesmos sentimentos de Ho Chi Minh e de Sukarno, mas com um resultado muito mais exitoso. Os franceses, ele escreveu numa indignação perfeitamente justificada, estavam matando sírios com armas compradas com dinheiro emprestado pelos Estados Unidos para combater os alemães. Os Estados Unidos haviam reconhecido a Síria como país independente em 1944. Assim: "Onde está agora a Carta do Atlântico, e onde estão as Quatro Liberdades? Que devemos pensar quanto a San Francisco?".[26]

Os americanos não precisavam de muito estímulo para ficar do lado dos sírios. O imperialismo europeu não era popular em Washington, e menos ainda o francês. Diferentemente da Indochina, que naquela época era um território muito mais estranho aos americanos, a Síria e o Líbano eram vistos fazia tempo com o tipo de paternalismo benevolente também outorgado aos chineses, uma mistura de zelo missionário e interesse comercial: a Universidade Americana em Beirute, as missões cristãs em Jerusalém, a política econômica de Portas Abertas. Uma expressão popular entre os idealizadores da política americana na época era "liderança moral". Sem dúvida, como parecia ser no caso de John Foster Dulles, o sentimento moral era sincero, mas o mesmo valia para a ambição de liderar.

Uma vez que os Aliados já tinham prometido reconhecer a independência síria no pós-guerra, quando as tropas britânicas ocuparam o Levante em 1941, não poderiam agora ignorar o pleito de Quwatli. Assim, Churchill instruiu seu homem na região, o general Bernard Paget, a mandar os franceses de volta a seus acampamentos. Não era uma tarefa difícil, pois os franceses não tinham contingente para resistir. O jornal esquerdista *Manchester Guardian* noticiou o fato com um deleite patriótico. Seu repórter "entrou marchando em Damasco junto com os marinheiros [...] enquanto multidões de damasquinos surpresos batiam palmas [...]. O povo de Damasco assobiava e vaiava a longa fileira de caminhões, tanques e carros de combate com metralhadoras Bren que levavam as tropas francesas para fora da cidade, escoltadas por carros blindados britânicos".[27]

O general De Gaulle respondeu furiosamente ao que considerou uma abominável conspiração anglo-saxã: "Não estamos em condição de dar início a hostilidades contra vocês no momento atual. Mas vocês insultaram a França e traíram o Ocidente. Isso não pode ser esquecido".[28]

Na superfície, a crise síria foi um teste perfeito para a nova ordem mundial que começava a tomar forma em San Francisco. Se havia um caso legítimo para dar vida aos termos da Carta do Atlântico e ao éthos da ONU, era esse. Os franceses, apesar das promessas feitas em 1941, estavam tentando restaurar sua autoridade colonial. Os britânicos tinham toda razão ao colocá-los em seu lugar, daí o tom orgulhoso do relato do *Guardian*.

Não foi, obviamente, tão simples assim. Como sempre fizeram no Oriente Médio, os britânicos adotaram posturas dúbias, prometendo diferentes coisas a diferentes povos. Com o fim do Império Otomano à vista em 1916, a Grã-Bretanha e a França, no Acordo Sykes-Picot, retalharam o Levante segundo esferas de interesse: a França teria o controle da Síria e do Líbano, enquanto a Grã-Bretanha se encarregaria da Transjordânia e do Iraque. Em 1941, um ano após a França ter sido derrotada pela Alemanha, forças britânicas entraram em Damasco, prometendo apoiar a independência síria, embora reconhecesse a posição privilegiada da França. Obviamente, não eram objetivos compatíveis. O que os britânicos queriam de fato era se tornar a força dominante no Levante. Por isso, ficaram bem contentes ao ver os sírios provocarem os franceses. Uma retaliação violenta da França foi o pretexto de que precisavam para expulsá-los de lá. E, de fato, foi isso que aconteceu no começo do verão de 1945.

Havia algo curiosamente antiquado na crise síria, remontando às escaramuças imperiais do fim do século XIX. De qualquer maneira, embora isso ainda não estivesse claro em San Francisco, a Grã-Bretanha e a França iriam ambas perder suas posições preeminentes no Oriente Médio. Os Estados Unidos e a União Soviética logo controlariam a situação. Um plano britânico dos tempos de guerra permitia um vislumbre de um futuro não tão distante. Esperava-se em Londres que a Grã-Bretanha e os Estados Unidos policiassem juntos o mundo do pós-guerra, estabelecendo bases militares sob os auspícios da ONU; os Estados Unidos na Ásia Oriental e os britânicos no Oriente Médio. Os americanos já tinham deixado claro que a soberania local não se estenderia a regiões selecionadas para receber as instalações militares dos Estados Unidos — os chamados fideicomissos. Já nos primeiros meses após a guerra, os contornos de um imperialismo mais informal começavam a ficar visíveis. O que os britânicos ainda não tinham percebido muito bem era que seu papel nesse novo mundo estava destinado a ser bem menor.

Os sírios não foram os únicos a reivindicar independência. Na verdade, esse foi um dos temas mais controversos em San Francisco. E Michael Foot não estava errado quando escreveu que a União Soviética, por suas próprias razões, não rigorosamente filosóficas, apoiava mais essas aspirações do que seus Aliados europeus ocidentais. Mas, embora a Assembleia Geral no decorrer do tempo tivesse se tornado um fórum vital para a agitação anticolonial, a descolonização ainda não estava em pauta em 1945. A concessão máxima das potências coloniais seria a promessa, sacramentada na Carta das Nações Unidas, de cuidar do "bem-estar" dos habitantes de "territórios não autogovernados". O autogoverno seria promovido "de acordo com as circunstâncias específicas de cada território e seus povos e seus vários estágios de desenvolvimento". O ex-governador do Punjab, barão (William Malcolm) Hailey de Shahpur e Newport Pagnell, assegurou aos leitores do *Times* de Londres que "nada havia aqui que já não estivesse implícito em nossa própria política". E, o mais importante, "era claro que não havia intenção de que a Organização das Nações Unidas interviesse na aplicação dos princípios da Carta pelas potências coloniais às quais isso concernia".[29] Tudo que a Grã-Bretanha, a França e as outras potências imperiais estavam obrigadas a fazer era informar regularmente o secretário-geral da ONU sobre as condições nos "territórios" que continuavam a controlar.

Dada a grande expectativa em alguns setores por um governo mundial, o resultado da conferência de San Francisco estava fadado a ser uma decepção. Para que um governo mundial pudesse funcionar, governos nacionais teriam de abrir mão de direitos de soberania. Das Grandes Potências, somente a China, representada por T. V. Soong, magnata político e do mundo dos negócios, falou em "ceder, se necessário, parte de nossa soberania".[30] A China estava preparada até mesmo para abrir mão do direito a veto das Grandes Potências. Mas, como a soberania de Chiang Kai-shek na própria China já estava abalada fazia tempo, a magnanimidade chinesa nessa questão não teve muita influência.

Em seus despachos para a *New Yorker*, E. B. White tocou no principal paradoxo da conferência. E escreveu que "o primeiro despontar do internacionalismo parece tender para o nacionalismo, em vez de refutá-lo".[31] Ele via nas bandeiras nacionais, nas fardas, na música marcial, nas reuniões secretas, nas ações diplomáticas, "uma negação da comunidade mundial". Por baixo de toda a bela retórica internacionalista, ouvia "o constante pulsar das engrenagens: soberania, soberania, soberania".

Outro observador em San Francisco foi John F. Kennedy, que acabara de dar baixa da Marinha dos Estados Unidos. Ele concordava com os "federalistas mundiais" em que "uma organização mundial que obedecesse a uma lei comum seria a solução". Mas também notou que nada disso aconteceria a menos que o sentimento comum de que a guerra era o "mal definitivo" ganhasse força o bastante para levar os governos a se unirem. Um acontecimento improvável, em sua opinião.[32]

Nem mesmo o lançamento de duas bombas atômicas fez esse sentimento florescer. Uma semana após Nagasaki ser devastada, Ernest Bevin, o secretário do Exterior britânico, fez um discurso num almoço para recepcionar, em Londres, de Gladwyn Jebb e seu Comitê Executivo das Nações Unidas. Era um comitê muito poderoso. Andrei Gromyko estava lá, pela União Soviética; Lester Pearson pelo Canadá; Stettinius pelos Estados Unidos, assessorado pelo alto e guapo Alger Hiss, que depois seria processado como espião soviético. A Grã-Bretanha era representada por Philip Noel-Baker, um grande defensor do internacionalismo. E o historiador C. K. Webster estava lá para assessorá-lo, usando uma viseira de tenista como protesto contra as lâmpadas dos fotógrafos. Esse excelente comitê, nas palavras de Bevin, logo concluiria o trabalho iniciado em San Francisco. As novas e terríveis armas lançadas no Japão tornavam ainda mais imperativo que a organização mundial funcionasse. No entanto, continuou Bevin, ele reconhecia que "a ideia de um governo mundial" teria de ser "cuidadosamente alimentada". Os países tinham história, memórias coletivas, tradições. Isso só poderia ser superado com o tempo, assim como ele, Ernest Bevin, tinha conseguido superar suas origens na classe trabalhadora. O "princípio básico" de San Francisco era correto. Mas era preciso algum tempo para criar a "atmosfera correta". Até então, "a cooperação entre nações, especialmente as grandes, que têm a maior influência para o bem e para o mal, é o único método prático que podemos adotar".[33]

Bevin estava certo. Mas, sem querer, revelara o grande defeito do governo mundial idealizado. Para funcionar, ele dependia de uma aliança entre as grandes potências. Se a aliança as mantivesse unidas, haveria a ameaça de uma espécie de autoritarismo global — uma repetição da Santa Aliança de Metternich após a derrota de Napoleão. Caso não mantivesse, a recém-criada organização mundial seria impotente, e a ameaça seria uma outra guerra, talvez ainda mais devastadora.

No fim do evento, as grandes potências não conseguiram permanecer unidas. É difícil dizer quando exatamente começou a Guerra Fria. Divergências sérias já eram visíveis em Yalta, por mais que Roosevelt tentasse manter Stálin a seu lado — a ponto de fustigar Churchill sem necessidade. John Foster Dulles ainda não usava a expressão Guerra Fria, mas alegou ter assistido a seu nascimento, em Londres, no final de setembro de 1945.

Os ministros do Exterior das Cinco Grandes Potências — Estados Unidos, Grã-Bretanha, União Soviética, França e China — tinham se reunido para discutir vários tratados de paz, especialmente com a Itália, a Finlândia e os países balcânicos. Não discordaram em nada que fosse substancial. Na verdade, os Estados Unidos, em prol da harmonia na aliança entre as grandes potências, já tinham concordado em reconhecer o governo provisório imposto pelos soviéticos na Polônia sem maiores questionamentos quanto à sua natureza, e estavam preparados para fazer o mesmo no caso da Hungria. Em seu relatório sobre a conferência, o secretário de Estado James F. Byrnes declarou que seu governo "compartilha o desejo da União Soviética de ter governos amigáveis à União Soviética na Europa Oriental e Central".[34]

Mas Molotov tinha outra agenda. O comunismo era a principal força em duas das grandes potências, fora a União Soviética: na França, onde o Partido Comunista ainda era muito poderoso, e na China, onde uma guerra civil em fogo brando logo chegaria à fervura. Se Molotov pudesse humilhar os nacionalistas chineses e os franceses, e ainda envolver os Estados Unidos, a causa comunista sairia bastante fortalecida. Sua tática foi exigir que a França e a China fossem excluídas das discussões sobre os tratados, uma vez que não eram signatárias dos termos de rendição dos países mais relevantes. O objetivo era fustigar os franceses, insultar os chineses e irritar os britânicos. John Foster Dulles, em suas memórias, não pôde deixar de expressar sua admiração pelos talentos e pelo sangue-frio diplomáticos de Molotov: "O sr. Molotov em Londres, em 1945, mostrou seu melhor".[35]

O ministro do Exterior francês, Georges Bidault, um ex-líder da resistência e futuro presidente, foi constantemente menosprezado, provocado e humilhado. Um dos truques de Molotov era pedir aos colegas britânico e americano que se adiasse uma reunião sem informar Bidault, de modo que o francês fosse dar numa sala vazia. A esperança era que Bidault partisse para Paris furioso e muito ressentido. O ministro chinês era simplesmente ignorado, como se nem estivesse presente na sala. E Bevin, que era temperamental, era alfinetado até irromper em explosões de fúria, a que se seguiam pedidos de desculpas que poderiam resultar em concessões à posição soviética.

Essas táticas não conseguiram levar ao resultado esperado, e os soviéticos então tentaram a chantagem. Foi dito a Bevin e Byrnes que a União Soviética não mais cooperaria caso a França e a China não fossem excluídas. Byrnes recusou-se a impor mais humilhação a seus aliados, e a conferência foi abandonada. Para Dulles, essa foi a hora da verdade. Marcava "o fim de uma época, a época de Teerã, Yalta, Potsdam. Marcava o fim de qualquer pretensão por parte dos comunistas soviéticos de que eram nossos 'amigos'. Começava o período em que sua hostilidade para conosco era proclamada abertamente por todo o mundo".[36]

O velho combatente da Guerra Fria com certeza não estava enganado quanto a isso. E não era o único a enxergar as brechas que iam surgindo na ordem mundial do pós-guerra. Hanson W. Baldwin era o editor para assuntos militares do *New York Times* e, diferentemente de Dulles, um liberal. Na coluna que escreveu para seu jornal em 26 de outubro, ele argumentava que a invenção de bombas atômicas significava que o mundo, e em particular as duas Grandes Potências, tinham pela frente uma escolha dolorosa. Uma das opções era fortalecer as Nações Unidas. Nesse caso, inevitavelmente, as Grandes Potências teriam de abrir mão de uma grande medida de soberania nacional, e o poder de veto no Conselho de Segurança seria abolido. Os russos teriam o direito de inspecionar as instalações atômicas americanas e vice-versa.

Essa era a solução preferida pelo próprio Baldwin, não só por razões morais, mas em benefício da autopreservação. Dulles, como sempre, tinha uma visão mais moralista. A ONU deveria permanecer sempre fraca, ele escreveu, porque não havia em âmbito mundial "um consenso quanto a julgamento moral".[37] Para ele, a Guerra Fria era um conflito moral tanto quanto político, uma guerra do bem contra o mal.

Contudo, Hanson Baldwin não era ingênuo. Ele não esperava que os soviéticos, ou mesmo os americanos, concordassem com a solução que propunha. E isso significaria, em suas palavras, "um mundo dividido em dois blocos, um suspeitando do outro, um mundo que poderia manter-se estável por muitos anos, mas que depois iria tender para uma guerra de grandes proporções".

E foi isso que aconteceu. Quando o outono virou inverno, as grandes esperanças da primavera de 1945 já desvaneciam. Não haveria um governo mundial, muito menos uma democracia mundial, não haveria nem mesmo quatro ou cinco policiais do mundo. Os poderes deixados aos dois países europeus representados no Conselho de Segurança logo seriam ainda mais exauridos pela sangrenta extinção de seus impérios. Os soviéticos e os americanos derivavam para uma aberta animosidade. E a China, um país gravemente ferido pela ocupação japonesa, dividia-se ele mesmo em dois blocos, com corruptos e desmoralizados nacionalistas mantendo as cidades importantes ao sul da Manchúria, e os comunistas dominando o interior e grande parte do norte.

No outono e no inverno de 1945, os jornais americanos ainda reportavam os fatos com uma visão positiva na capital chinesa da época da guerra, Chungking, onde as negociações entre comunistas e nacionalistas continuavam, como uma espécie de teatro de sombras. Falava-se em "compromisso", "trégua", "democracia" e na relutância dos dois lados em "dar início" a uma guerra civil. Um artigo publicado na *New York Times Magazine* em 14 de outubro expressava uma confiança total na liderança do generalíssimo Chiang Kai-shek. É muito curioso lê-lo agora:

> Não obstante sua ideologia democrática, Chiang tem mais poder agora do que qualquer líder mundial, com exceção de Stálin, e tem mais títulos do que Stálin. Além de ser presidente da China, comandante do Exército e chefe do Kuomintang, encabeça pelo menos outras 43 organizações [...] o generalíssimo é a China. Sua palavra é lei, e ele usa dessa palavra em muitas coisas que outros líderes nacionais delegariam a seus subordinados.

Isso não lhe valeria nada. Exatamente quatro anos depois, o generalíssimo se limitaria a exercer sua autoridade sobre uma pequena ilha ao largo da costa de Fujian, antes conhecida como Formosa, e hoje como Taiwan.

E assim o Ano Zero finalmente terminava, num misto de gratidão e de ansiedade. Agradecidas por ter sido alcançado algum tipo de paz na maioria dos lugares, as pessoas tinham menos ilusões quanto a um futuro glorioso, e crescentes temores quanto a um mundo cada vez mais dividido. Milhões ainda sentiam frio e fome demais para comemorar o Ano-Novo com algum semblante de alegria. Além disso, as notícias eram frequentemente sombrias: revoltas devido à falta de alimento eram esperadas na Alemanha ocupada; atos de terrorismo estavam gerando caos na Palestina; os coreanos estavam protestando em fúria contra seu status semicolonial; a luta continuava na Indonésia, com soldados britânicos e fuzileiros holandeses, "supridos de equipamento americano", tentando esmagar a rebelião nativa.[38]

Mas a sensação que se tinha ao ler os jornais de todo o mundo no último dia de 1945 era de que o interesse pelas notícias globais estava dando lugar ao interesse das pessoas em tocar a própria vida. Durante uma guerra de âmbito mundial, o que acontece em qualquer lugar é importante. Em tempos de paz, as pessoas pensam em suas casas.

Assim, os britânicos falavam do clima e de esportes. Segundo o *Manchester Guardian*: "A interdição, em tempos de guerra, de informações sobre o clima nos deixou um pouco sem prática para prever o tipo de *fog* que tivemos esta última noite no nordeste". Mas era bom saber que "o Clube de Planadores de Derbyshire e Lancashire espera ser o primeiro clube de planadores e de voo a vela no país a retomar suas atividades, que foram suspensas quando irrompeu a guerra".

Os franceses falavam de comida. Os GIS americanos, que um ano antes estavam lutando na neve sangrenta das Ardenas, agora se divertiam nas férias esquiando nos Alpes franceses. "A *cuisine*", relatava o *Le Monde* de Chamonix, "era preparada por chefs franceses, para deleite de todos. É surpreendente constatar em que medida esse aspecto da civilização francesa é apreciado." O jornal tinha também a satisfação de anunciar que o "quarto de litro de vinho em dezembro" poderia ser obtido nas rações J3, M, C e V.

O *Frankische Presse* de Bayreuth fez soar uma nota mais sombria, com reminiscências das terríveis privações que a população alemã tinha sofrido, "apinhada em porões e em bunkers, uma alquebrada, exausta massa de gente com olhos febricitantes e corações trêmulos, com uma única esperança, nem mesmo a da vitória, mas a de que a guerra acabasse". Havia outras notícias: dois alemães tinham se apresentado como voluntários para executar criminosos de guerra em Nuremberg. Erich Richter, da cidade de Marburg, declarou que ficaria feliz em cortar a cabeça deles fora em troca de nada. Josef Schmidt, de um campo de refugiados em Leipzig, estava preparado para enforcar ou decapitar os condenados, mas iria cobrar "um preço por cabeça". O consolo que a cultura oferecia não foi negligenciado. Pela primeira vez em anos, a Orquestra Sinfônica de Bayreuth executaria música de Claude Debussy, "o compositor francês que [...] trabalhara sistematicamente para livrar a música francesa da influência do romantismo e do neorromantismo alemães". E isso em Bayreuth, a meca do wagnerismo!

Em Tóquio, o principal editorial do *Japan Times* proclamava:

Toquem os sinos para se despedir do velho! Toquem os sinos para a chegada do novo! O Japão vai se despedir do ano velho que acabou agora sem pesar. Pois foi um ano de dor e de sofrimento, desilusão e confusão e humilhação e punição. Um ano de tão amargas memórias pode ser relegado ao limbo com profundo alívio.

O jornal também revelava que "ainda estavam se desenvolvendo planos para o uso de farinha feita do bicho-da-seda, de gafanhotos, folhas de amoreira e uma dúzia de outros sucedâneos alimentares para evitar uma crise de alimentos quando as forças americanas invadissem...". E um repórter chamado Eiichi Nishizawa explicava que, embora a maioria dos heróis nas peças kabuki fosse infelizmente feudal, havia algumas raras exceções. Por exemplo, Sogōrō Sakura, chefe de uma aldeia que, no século XVII, foi crucificado por ter insolentemente pedido ao xogum que reduzisse o peso dos impostos sobre os pobres camponeses, "fora um mártir de uma causa democrática".

O tom do *New York Times* era um pouco mais o: "Os barômetros bacanalianos de Nova York emitiram sinais de advertência de tempestade ontem, indicando que a cidade encaminhava-se para ter esta noite a mais exuberante véspera de Ano-Novo desde 1940". Porém, mais do que os artigos, foram os anúncios no *Times* que exibiram o quase inimaginável abismo entre o novo mundo e o velho: "É diferente — a macia e cremosa manteiga de amendoim que derrete em sua boca. Passe uma camada bem grossa, mamãe, é Peter Pan!".

Se há algo a ser deduzido desses vislumbres do estado de espírito global nessa véspera de Ano-Novo, é que um certo sentido de normalidade começava a se introduzir novamente no cotidiano de pessoas que tinham sorte o bastante para serem capazes de erguer a cabeça da calamitosa desgraça que marcou o período imediato do pós-guerra. Não era um luxo ao alcance dos que ainda estavam deslocados na Alemanha, nos campos japoneses de prisioneiros ou em qualquer limbo sórdido em que se encontrassem.

Diante da tarefa de reconstruir seus países despedaçados, eles não tinham tempo para festejos, nem mesmo para muita lamentação. Havia trabalho a ser feito. Isso propiciou uma percepção mais circunspecta da realidade, mais cinzenta, mais ordenada, menos excitante que as convulsões da guerra e da libertação. Em alguns lugares, claro, novas guerras — contra senhores coloniais ou inimigos domésticos em conflitos civis — continuariam em andamento, e novas ditaduras seriam impostas. Mas, para milhões de outros, havia empolgação bastante para uma vida inteira, anos de tragédia que alguns preferiam esquecer, e outros, talvez por terem sido mais afortunados, relembrariam com um toque de nostalgia, pois as coisas nunca mais seriam tão interessantes.

O próprio Ano Zero seria em certa medida eclipsado da memória coletiva do mundo pelos anos de destruição que o precederam e por novos dramas que ainda adviriam na Coreia, no Vietnã, na Índia e no Paquistão, em Israel, no Camboja, em Ruanda, no Iraque, no Afeganistão e em outros lugares. Mas, para aqueles que chegaram à maioridade depois do Ano Zero, depois de tanta coisa ser criada entre as ruínas da guerra, foi talvez o ano mais importante de todos. Aqueles dentre nós que cresceram na Europa Ocidental, ou mesmo no Japão, puderam desfrutar sem temores daquilo que nossos pais tinham construído: o Estado de bem-estar social, economias cujo crescimento parecia irrefreável, uma lei internacional, um "mundo livre" protegido pela aparentemente inexpugnável hegemonia americana.

Não iria durar, é claro. Nada dura para sempre. Mas isso não é razão para não prestar homenagem aos homens e mulheres que estavam vivos em 1945, a suas adversidades, e a suas esperanças e aspirações, mesmo que muitas delas acabassem virando cinzas, como no fim acontecerá com tudo.

Epílogo

Teria a guerra acabado mesmo em 1945? Alguns alegam que foi em 1989 que as hostilidades finalmente se encerraram, pois foi só então que a Polônia, a Hungria, a Tchecoslováquia, a Alemanha Oriental e outras partes da Europa Oriental e Central ficaram livres do governo comunista. A divisão da Europa, imposta por Stálin em 1945, foi uma das feridas em carne viva deixadas pela Segunda Guerra Mundial. À má-fé seguiu-se mais má-fé. A Tchecoslováquia, uma democracia parlamentar, fora atacada por Hitler em 1938, com a conivência da França e da Grã-Bretanha — nas palavras de Neville Chamberlain, era "uma disputa num país longínquo entre pessoas sobre as quais nada sabemos". Em 1939, a Grã-Bretanha já tinha declarado guerra contra a Alemanha, supostamente para restaurar a integridade da Polônia, promessa que nunca chegou a ser cumprida.

Mas em 1989, com a queda do império soviético, houve uma esperança de que o corte que varava a espinha dorsal da Europa pudesse finalmente cicatrizar. Mais do que isso: por um breve e palpitante momento ressurgiu a esperança de que o mundo por fim se uniria naquele ano miraculoso, apesar do que aconteceu na China em junho, quando cidadãos que pediam pelo fim da ditadura foram assassinados por seus próprios soldados. Agora só restava uma Grande Potência. Falava-se de uma nova ordem, até mesmo do fim da história. O Muro de Berlim enfim fora derrubado.

Minhas irmãs e eu decidimos comemorar a noite da esperança, 31 de dezembro de 1989, no Muro de Berlim, com nosso pai. Ele tinha voltado à Alemanha só uma vez desde que vira sua destruição, em 1945. À sombra de uma tragédia familiar, passamos o Natal e o Ano-Novo em Nova York e em Berlim em 1972. Foi deprimente. A cidade estava escura e gelada. Atravessar a fronteira entre o Oeste e o Leste era um processo demorado e cansativo, com guardas de fronteira a rosnar enquanto examinavam a parte inferior de nosso carro com espelhos para se assegurarem de que não estávamos transportando contrabando ou carga humana.

Em 1972, a Berlim Oriental ainda se parecia muito com a cidade da qual meu pai se lembrava. Apesar da insuflada grandeza das avenidas estalinistas vazias, era uma cidade escura com as ruínas da guerra ainda visíveis. Dirigir seu Citroën novinho até as portas da velha fábrica onde ele tinha sido obrigado a trabalhar pelo esforço de guerra nazista propiciou-lhe uma certa e lúgubre satisfação. Era um prédio grande, de aspecto ameaçador, feito de tijolos vermelhos, uma espécie de fortaleza industrial guilhermiana. Nas proximidades, ficava o alojamento onde meu pai vivia, com seus frágeis barracões, expostos ao gelo, às pulgas, aos piolhos, à neve e às bombas dos Aliados. Tudo ainda estava lá, como se o passado estivesse literalmente congelado: a torre de vigia, a cratera que os internos usavam como banheiro e banheira.

Em 1989, o alojamento não existia mais, transformado, acho, num estacionamento, onde um precário quiosque vendia salsichas no vapor de um gorduroso molho de curry.

428

O sol brilhava enquanto caminhávamos, atravessando o Portão de Brandemburgo, algo inimaginável durante quatro décadas. Qualquer um que tentasse fazer isso receberia um tiro. Lembro o rubor de excitação no rosto de meu pai quando nos juntamos a alemães do Leste e do Oeste, assim como a poloneses, americanos, japoneses, franceses e outros de todos os cantos do mundo, saboreando a simples liberdade de fazer um passeio curto atravessando o verdadeiro centro de Berlim. Ainda havia homens fardados, mas eles só olhavam, sem autoridade para intervir, alguns deles sorrindo, aliviados por não terem de atirar num compatriota. Dessa vez, tudo parecia estar bem no mundo.

A noite de 31 de dezembro foi fria, mas não gelada. Podíamos ouvir o clamor das multidões à distância enquanto nos aproximávamos do Portão de Brandemburgo, nosso pai avançando com certa relutância; ele não gostava de multidões, em especial as formadas por alemães. Tampouco gostava de estrondos ruidosos; eles suscitavam muitas, demasiadas lembranças. Dezenas de milhares de pessoas, a maioria jovens, tinham se reunido em torno e no alto do muro, cantando, gritando, estourando garrafas de um vinho espumante doce que os alemães chamam de Sekt. Havia cheiro de Sekt em toda parte. As pessoas borrifavam umas nas outras a espuma pegajosa.

Algumas estavam entoando: "*Wir sind das Volk!*" (Nós somos o povo!). Outras cantavam: "Somos um só povo!". Mas naquela noite não havia nada que fosse nacionalista ou ameaçador no ar. Era uma multidão internacional, uma espécie de Woodstock político sem bandas de rock, celebrando a liberdade, o fato de estarem juntas, e a esperança de um mundo melhor, no qual as amargas experiências do passado não se repetissem; sem arame farpado, ou campos, ou matança. Era bom ser jovem. Se alguma vez o hino de Beethoven para "Todos os homens serão irmãos" ("Alle Menschen werden Brüder") teve um significado, foi naquela extraordinária véspera de Ano-Novo em Berlim.

Subitamente, por volta de meia-noite e quinze, nos demos conta de que tínhamos perdido nosso pai na multidão, que se adensara e dificultava nossa movimentação. Procuramos por ele em toda parte, enquanto espocavam fogos de artifício e foguetes iluminavam o céu. O barulho era ensurdecedor. Os rostos sorridentes em torno de nós, iluminados pelos fogos, agora pareciam ligeiramente histéricos. Não havia como encontrá-lo naquela massa de gente. Sem ele, nosso apetite para comemorar esfriou. Ficamos preocupados e voltamos para o hotel.

Horas depois, após um sono intermitente, a porta se abriu e lá estava ele, o rosto envolto numa atadura. Exatamente quando as multidões em Berlim viam chegar o Ano-Novo com um estrondo, mais ou menos ao soar da meia-noite, bem no lugar em que meu pai outrora tivera de se esquivar das bombas britânicas, dos órgãos de Stálin e do fogo de franco-atiradores alemães, uma bombinha tinha de algum modo o procurado e achado, estourando bem entre seus olhos.

Agradecimentos

Não posso imaginar como poderia ter escrito este livro sem ter sido membro do Cullman Center for Scholars & Writers, na Biblioteca Pública de Nova York. Graças a seu excelente diretor, Jean Strouse, sua inestimável vice-diretora, Marie D'Origny, e o sempre prestativo Paul Delaverdac, o centro é o paraíso dos escritores.

Enquanto fazia minha pesquisa, fui muito beneficiado pelos conselhos de Robert Paxton, Fritz Stern, Ikuhiko Hata, Avishai Margalit, Ben Bland e Geert Mak. No instituto de pesquisa NIOD, em Amsterdam, contei com a valiosa ajuda de David Barnouw e de Joggli Meihuizen.

Mark Mazower e Geoffrey Wheatcroft fizeram a grande gentileza de ler o manuscrito em várias etapas e conseguiram evitar que eu cometesse erros que nunca teria percebido. Quaisquer infelizes falhas que acaso restem no texto são, é claro, de minha própria responsabilidade.

Andrew Wylie, Jin Auh e Jaqueline Ko, da Agência Wylie, ofereceram-me seu apoio constante, pelo qual sou profundamente grato. Scott Moyers participou do livro primeiro como meu agente na Agência Wylie, depois como meu editor na Penguin Press, e foi igualmente esplêndido em ambas as posições. Agradeço também a Mally Anderson, da Penguin Press, que acompanhou o livro sem interrupção, até sua conclusão.

Finalmente, tenho uma grande dívida com meu pai, Leo Buruma, e meu amigo Brian Urquhart, que dedicaram seu tempo a me relatar suas experiências pessoais de 1945. Como um pequeno símbolo de minha gratidão e minha estima, dedico este livro a eles.

E sou grato à minha mulher, Eri, por sua paciência e seu estímulo.

Notas

1. REGOZIJO [pp. 27-77]

1. Citado em Ben Shephard, *The Long Road Home: The Aftermath of the Second World War* (Nova York: Alfred A. Knopf, 2010), p. 69.

2. Martin Gilbert, *The Day the War Ended: May 8, 1945: Victory in Europe* (Nova York: Henry Holt, 1994), p. 128.

3. Brian Urquhart, *A Life in Peace and War* (Nova York: Harper & Row, 1987), p. 82.

4. Essa história é bem contada em David Stafford, *Endgame, 1945: The Missing Final Chapter of World War II* (Nova York: Little, Brown, 2007).

5. Das memórias de Zhukov, citado em Gilbert, op. cit.

6. Simone de Beauvoir, *Force of Circunstance* (Nova York: G. P. Putnam's Sons, 1963), p. 30 [Ed. bras.: *A força das coisas.* Trad. de Maria Helena Franco Martins. Rio de Janeiro: Nova Fronteira, 1995.]

7. Gilbert, op. cit., p. 322.

8. Ibid., p. 319.

9. Urquhart, op. cit., p. 85.

10. David Kaufman e Michiel Horn, *De Canadezen in Nederland, 1944-1945* (Laren, Holanda: Luitingh, 1981), p. 119.

11. Michael Horn, "More than Cigarettes, Sex and Chocolate: The Canadian Army in the Netherlands, 1944-1945", *Journal of Canadian Studies/ Revue d'Études Canadiennes*, n. 16 (outono/ inverno 1981), pp. 156-73.

12. Ibid., p. 166.

13. Ibid., p. 169.

14. Citado em John Willoughby, "The Sexual Behavior of American GIS during the Early Years of the Occupation of Germany", *Journal of Military History*, v. 62, n. 1 (jan. 1998), pp. 166-7.

15. Benoîte Groult e Flora Groult, *Journal à quatre mains* (Paris: Denoël, 1962).

16. Patrick Buisson, *1940-1945: Années érotiques* (Paris: Albin Michel, 2009).

17. Rudi van Dantzig, *Voor een verloren soldaat* (Amsterdam: Arbeiderspers, 1986).

18. Buisson, op. cit., p. 324.

19. Urquhart, op. cit., p. 81.

20. Ben Shephard, *After Daybreak: The Liberation of Bergen-Belsen, 1945* (Nova York: Schocken, 2005).

21. Ibid., p. 99.

22. Ibid., p. 133.

23. Richard Wollheim, "A Bed out of Leaves", *London Review of Books*, 4 dez. 2003, pp. 3-7.

24. Shephard, *After Daybreak*, p. 138.

25. Atina Grossmann, *Jews, Germans, and Allies: Close Encounters in Occupied Germany* (Princeton, NJ: Princeton University Press, 2007), p. 188.

26. Shephard, *The Long Road Home*, p. 299.

27. Ibid., p. 70.

28. Norman Lewis, *Naples '44: An Intelligence Officer in the Italian Labyrinth* (Nova York: Eland, 2011), p. 52.

29. John Dower, *Embracing Defeat: Japan in the Wake of World War II* (Nova York: W. Norton, 1999), p. 126.

30. Ibid., p. 102.

31. Theodore Cohen, *Remaking Japan: The American Occupation as New Deal*, org. de Herbert Passin (Nova York: Free Press, 1987), p. 123.

32. Carta para Donald Keene, em Otis Cary (Org.), *From a Ruined Empire: Letters — Japan, China, Korea, 1945-46* (Tóquio e Nova York: Kodansha, 1984), p. 96.

33. William L. Worden, "The GI Is Civilizing the Jap", *Saturday Evening Post*, 15 dez. 1945, pp. 18-22.

34. Para mais informações sobre a cultura *panpan*, *Embracing Defeat*, de John Dower, é uma excelente fonte.

35. Dower, op. cit., p. 134.

36. John LaCerda, *The Conqueror Comes to Tea: Japan under MacArthur* (New Brunswick, NJ: Rutgers University Press, 1946), p. 51.

37. Ibid., p. 54.

38. Dower, op. cit., p. 579.

39. Giles MacDonogh, *After the Reich: The Brutal History of the Allied Occupation* (Nova York: Basic Books, 2007), p. 79.

40. Klaus-Dietmar Henke, *Die Amerikanische Besetzung Deutschlands* (Munique: R. Oldenbourg, 1995), p. 201.

41. Dagmar Herzog, *Sex after Fascism: Memory and Morality in Twentieth-Century Germany* (Princeton, NJ: Princeton University Press, 2005), p. 69.

42. Willoughby, op. cit., p. 167.

43. Groult, op. cit., p. 397.

44. MacDonogh, op. cit., p. 236.

45. Akiyuki Nosaka, *Amerika Hijiki* (Tóquio: Shinchosha, 2003). Primeira edição de 1972.

46. MacDonogh, op. cit., p. 369.

47. *The Times*, 9 jul. 1945.

48. Willoughby, op. cit., p. 158.

49. *New York Times*, 13 jun. 1945.

50. Anônimo, *A Woman in Berlin: Eight Weeks in the Conquered City: A Diary* (Nova York: Metropolitan Books, 1987, p. 285 [Ed. bras.: *Uma mulher em Berlim: Diário dos últimos dias de Guerra — 20/04/1945 a 22/06/1945*. Rio de Janeiro: Record, 2008.]

51. Kafū Nagai, *Danchotei Nichijo II* (Tóquio: Iwanami Pocket, 1987), p. 285.

52. Ibid., p. 278.

53. Citado em Donald Keene, *So Lovely a Country Will Never Perish: Wartime Diaries of Japanese Writers* (Nova York: Columbia University Press, 2010), p. 149.

54. LaCerda, op. cit., pp. 23-4.

55. Henke, op. cit., p. 199.

56. Ibid.

57. Richard Bessel, *Germany 1945: From War to Peace* (Nova York: HarperCollins, 2009), p. 204.

58. Elizabeth Heineman, *What Difference Does a Husband Make?* (Berkeley, CA: University of California Press, 2003), p. 100.

59. Citado em Willoughby, op. cit., p. 169.

60. Keene, op. cit., p. 171.

61. Willoughby, op. cit., p. 160.

62. Curzio Malaparte, *The Skin*, trad. de David Moore (Nova York: New York Review of Books, 2013), p. 39. Primeira publicação em 1952. [Ed. bras.: *A pele*. São Paulo: Abril Cutural, 1972. (Coleção Os Imortais da Literatura Universal.)]

63. Citado em Herman de Liagre Böhl em *De Gids*, periódico, maio 1985, p. 250.

64. Ibid., p. 251.

65. Buisson, op. cit., p. 411.

2. FOME [pp. 78-104]

1. J. L. van der Pauw, *Rotterdam in de tweede wereldoorlog* (Roterdam: Boom, 2006), p. 679.

2. *New York Times*, 12 maio 1945.

3. Shephard, *After Daybreak*, p. 109.

4. Edmund Wilson, *Europe without Baedeker: Sketches among the Ruins of Italy, Greece, and England* (Londres: Secker and Warburg, 1948), p. 125.

5. Ibid., p. 120.

6. Antony Beevor e Artemis Cooper, *Paris after the Liberation: 1944-1949*, ed. rev. (Nova York: Penguin, 2004), p. 103. Primeira edição de 1994.

7. Stephen Spender, *European Witness* (Nova York: Reynal and Hitchcock, 1946), p. 107.

8. Ibid., p. 106.

9. Wilson, op. cit., p. 136.

10. Ibid., p. 146.

11. Ibid., p. 147.

12. Sándor Márai, *Memoir of Hungary 1944-1948* (Budapeste: Corvina, em associação com Central European University Press, 1996), pp. 193-4.

13. Carl Zuckmayer, *Deutschlandbericht für das Kriegsministerium der Vereinigten Staaten von Amerika* (Göttingen: Wallstein, 2004), p. 142.

14. Spender, op. cit., p. 15.

15. *New York Herald Tribune*, 31 dez. 1945.

16. Cary (Org.), op. cit., p. 54.

17. Dower, op. cit., p. 103.

18. Ibid., p. 63.

19. MacDonogh, op. cit., p. 315.

20. Ronald Spector, *In the Ruins of Empire: The Japanese Surrender and the Battle for Postwar Asia* (Nova York: Random House, 2007), p. 56.

21. Citado em Bessel, op. cit., p. 334.

22. *New York Times*, 27 out. 1945.

23. Julian Sebastian Bach Jr., *America's Germany: An Account of the Occupation* (Nova York: Random House, 1946), p. 26.

24. *Daily Mirror*, 5 out. 1945, citado em Shephard, *The Long Road Home*, p. 129.

25. Citado em Shephard, *The Long Road Home*, p. 156.

26. Diretiva do Estado-Maior Conjunto 1380/15, parágrafo 296, citado em Theodore Cohen, op. cit., p. 143.

27. MacDonogh, op. cit., p. 479.

28. Declaração ao Congresso citada em Theodore Cohen, op. cit., p. 145.

29. Citado em Norman M. Naimark, *The Russians in Germany: A History of the Soviet Zone of Occupation, 1945-1949* (Cambridge, MA: Harvard University Press, 1995), p. 181.

30. Theodore Cohen, op. cit., p. 144.

31. Ibid., p. 142.

32. Böhl, op. cit., p. 246.

33. Willi A. Boelcke, *Der Schwarzmarkt, 1945-1948* (Braunschweig: Westermann, 1986), p. 76.

34. Ango Sakaguchi, *Darakuron*, nova versão em brochura (Tóquio: Chikuma Shobo, 2008), p. 228. Primeira edição de 1946.

35. Dower, op. cit., p. 139.

36. Sakuya Fujiwara, *Manshu, Shokokumin no Senki* (Tóquio: Shinchosha, 1984), p. 82.

37. Citado em Bessel, op. cit., p. 337.

38. Zuckmayer, op. cit., p. 111.

39. Irving Heymont, *Among the Survivors of the Holocaust: The Landsberg DP Camp Letters of Major Irving Heymont, United States Army* (Cincinnati: The American Jewish Archives, 1982), p. 63.

40. Carlo D'Este, *Patton: A Genius for War* (Nova York: HarperCollins, 1996), p. 755.

41. Shephard, *The Long Way Home*, p. 235.

42. *Yank*, 10 ago. 1945, p. 6.

43. Citado em Stafford, op. cit., p. 507.

44. Alfred Döblin, *Schicksalsreise: Bericht u. Bekenntnis: Flucht u. Exil 1940-1948* (Munique: Piper, 1986), p. 276.

3. VINGANÇA [pp. 105-72]

1. Norman M. Naimark, *Fires of Hatred: Ethnic Cleansing in Twentieth-Century Europe* (Cambridge, MA: Harvard University Press, 2001), p. 118.

2. Tadeusz Borowski, *This Way for the Gas, Ladies and Gentlemen* (Nova York: Viking, 1967).

3. Gilbert, op. cit., p. 38.

4. Shephard, *After Daybreak*, p. 113.

5. Ruth Andreas-Friedrich, *Battleground Berlin: Diaries, 1945-1948* (Nova York: Paragon House, 1990), p. 99.

6. Hans Graf von Lehndorff, *Ostpreussisches Tagebuch* [Registros no diário de um médico da Prússia Oriental nos anos 1945-7] (Munique: DTV, 1967), p. 67.

7. Ibid., p. 74.

8. Naimark, *The Russians in Germany*, p. 72.

9. Bessel, op. cit., p. 155.

10. Kazuhiro Okada, *Manshu Annei Hanten* (Tóquio: Kojinsha, 2002), p. 103.

11. Ibid., p. 128.

12. Naimark, *The Russians in Germany*, p. 108.

13. Anônimo, *A Woman in Berlin: Eight Weeks in the Conquered City*, op. cit., p. 86.

14. Naimark, *The Russians in Germany*, p. 79.

15. Citado em Buisson, op. cit., p. 387.

16. Ibid., pp. 251-2.

17. Jan Gross, *Fear: Anti-Semitism in Poland after Auschwitz* (Nova York: Random House, 2006), p. 82.

18. Anna Bikont, *My z Jedawabnego* [Nós de Jedwabne] (Varsóvia: Prószyński i S-ka, 2004). Trechos traduzidos para o inglês por Lukasz Sommer.

19. Testumunho de Halina Wind Preston, 26 jul. 1977. Disponível em:<www.yadvashem.org/yv/en/righteous/stories/related/ preston_testimony.asp>.

20. Tony Judt, *Postwar: A History of Europe Since 1945* (Nova York: Penguin, 2005), p. 38.

21. Gross, op. cit., p. 40.

22. Naimark, *Fires of Hatred*, p. 122.

23. Shephard, *The Long Road Home*, p. 122.

24. Christian von Krockow, *Hour of the Women* (Nova York: HarperCollins, 1991), p. 96.

25. Christian von Krockow, *Die Reise nach Pommern: Bericht aus einem verschwiegenen Land* (Munique: Deutscher Taschenbuch-Verlag, 1985), p. 215.

26. Herbert Hupka (Org.), *Letzte Tage in Schlesien* (Munique: Langen Müller, 1985), p. 138.

27. Ibid., p. 81

28. Ernst Jünger, *Jahre der Okkupation* (Stuttgart: Ernst Klett, 1958), pp. 213-4.

29. Krockow, *Hour of the Women*, p. 110.

30. MacDonogh, op. cit., p. 128.

31. Margarete Schell, *Ein Tagebuch aus Prag, 1945-46* (Bonn: Bundesministerium für Vertriebenen, 1957), p. 12.

32. Ibid., p. 48.

33. Ibid., p. 99.

34. Ibid., p. 41.

35. MacDonogh, op. cit., p. 406.

36. Dina Porat, *The Fall of the Sparrow: The Life and Times of Abba Kovner* (Stanford, CA: Stanford University Press, 2009), p. 214.

37. Ibid., p. 212.

38. Ibid., p. 215.

39. Abba Kovner, *My Little Sister and Selected Poems, 1965-1985* (Oberlin, Ohio: Oberlin College Press, 1986).

40. Judt, op. cit., p. 33.

41. Harold Macmillan, *The Blast of War, 1939-1945* (Nova York: Harper & Row, 1967), p. 576.

42. Wilson, op. cit., p. 147.

43. Cifras citadas em Roy P. Domenico, *Italian Fascists on Trial, 1943-1948* (Chapel Hill, NC: University of North Carolina Press, 1991), p. 149.

44. Wilson, op. cit., p. 157.

45. Macmillan, op. cit., p. 193.

46. Ibid.,p. 501

47. Allan Scarfe e Wendy Scarfe (Orgs.), *All That Grief: Migrant Recollections of Greek Resistance to Fascism, 1941-1949* (Sydney: Hale and Iremonger, 1994), p. 95.

48. Macmillan, op. cit., p. 499.

49. Mark Mazower (Org.), *After the War Was Over: Reconstructing the Family, Nation, and State in Greece, 1943-1960* (Princeton, NJ: Princeton University Press, 2000), p. 27.

50. Macmillan, op. cit., p. 547.

51. *The Times*, 13 jul. 1945.

52. Macmillan, op. cit., p. 515.

53. Wilson, op. cit., p. 197.

54. Spector, op. cit., p. 90.

55. Cheah Boon Kheng, "Sino-Malay Conflicts in Malaya, 1945-1946: Communist Vendetta and Islamic Resistance", *Journal for Southeast Asian Studies*, n. 12 (mar. 1981), pp. 108-17.

56. Gideon Francois Jacobs, *Prelude to the Monsoon* (Cidade do Cabo: Purnell & Sons, 1965), p. 124.

57. Spector, op. cit., p. 174.

58. Benedict Anderson, *Java in a Time of Revolution: Occupation and Resistance, 1944-1946* (Jacarta: Equinox, 2005).

59. L. de Jong, *Het koninkrijk der Nederlanden in de tweede wereldoorlog*, 11c, Staatsuitgeverij, 1986.

60. Theodore Friend, *Indonesian Destinies* (Cambridge, MA: Harvard University Press, 2003), p. 27.

61. Jan A. Krancher (Org.), *The Defining Years of the Dutch East Indies, 1942-1949: Survivors' Accounts of Japanese Invasion and Enslavement of Europeans and the Revolution That Created Free Indonesia* (Jefferson, NC: MacFarland, 1996), p. 193.

62. Spector, op. cit., p. 179.

63. De Jong, op. cit., p. 582.

64. Anderson, op. cit., p. 166.

65. Spector, op. cit., p. 108.

66. Jean-Louis Planche, *Sétif 1945: Histoire d'un massacre annoncé* (Paris: Perrin, 2006), p. 139.

67. Martin Evans, *Algeria: France's Undeclared War* (Nova York: Oxford University Press, 2012).

68. Françoise Martin, *Heures tragiques au Tonkin: 9 mars 1945-18 mars 1946* (Paris: Berger-Levrault, 1947), p. 133.

69. David G. Marr, *Vietnam 1945: The Quest for Power* (Berkeley: University of California Press, 1995), p. 333.

70. Martin, op. cit., p. 179.

71. Ibid., p. 129.

72. Spector, op. cit., p. 126.

4. A CAMINHO DE CASA [pp. 175-222]

1. Para uma análise detalhada, ver o magistral livro de Timothy Snyder, *Bloodlands: Europe Between Hitler and Stalin* (Nova York: Basic Books, 2010).

2. Imre Kertész, *Fateless* (Evanston, IL: Northwestern University Press, 1992). [Ed. bras.: *Sem destino*. São Paulo: Planeta, 2003.]

3. Citado em Dienke Hondius, *Holocaust Survivors and Dutch Anti-Semitism* (Westport, CT: Praeger, 2003), p. 103.

4. Ibid., p. 101.

5. Roger Ikor, *Ô Soldats de quarante!... en mémoire* (Paris: Albin Michel, 1986), p. 95.

6. Marguerite Duras, *The War* (Nova York: Pantheon, 1986), p. 15.

7. Ibid., p. 14.

8. Ibid., p. 53.

9. Sakaguchi, op. cit., p. 227.

10. Dower, op. cit., p. 58.

11. *Koe*, v. 1 (Tóquio: Asahi Shimbunsha, 1984), p. 103. Sem autoria; trata-se de uma compilação de cartas enviadas ao jornal.

12. Ibid., p. 104.

13. Bill Mauldin, *Back Home* (Nova York: William Sloane, 1947), p. 18.

14. Ibid., p. 45.

15. Ibid., p. 54.

16. Nicholai Tolstoy, *The Minister and the Massacres* (Londres: Century Hutchinson, 1986), p. 31.

17. Citado em Gregor Dallas, *1945: The War That Never Ended* (New Haven: Yale, 2005), p. 519.

18. Tolstoy, op. cit., p. 13.

19. Ibid.

20. Nicholas Bethell, *The Last Secret: The Delivery to Stalin of over Two Million Russians by Britain and the United States* (Nova York: Basic Books, 1974), p. 86.

21. Ibid., p. 87.

22. Borivoje M. Karapandić, *The Bloodiest Yugoslav Spring: Tito's Katyns and Gulags* (Nova York: Carlton, 1980), p. 73.

23. Macmillan, op. cit., p. 436.

24. Shephard, *The Long Road Home*, p. 80.

25. Bethell, op. cit., pp. 18-9.

26. Ibid., p. 133.

27. Ibid., p. 138.

28. Ibid., p. 142.

29. Ibid., p. 140.

30. Dallas, op. cit., p. 560.

31. *Yank*, 24 ago. 1945.

32. Dallas, op. cit., p. 549.

33. Naimark, *Fires of Hatred*, p. 109.

34. Ibid., p. 110.

35. Lehndorff, op. cit., p. 169.

36. Hupka, op. cit., p. 265.

37. Jünger, op. cit., p. 195.

38. Comunicação do autor com Fritz Stern.

39. Citado em Bessel, op. cit., p. 223.

40. Hupka, op. cit., p. 64.

41. *Yank*, 21 set. 1945, p. 16.

42. Naimark, *Fires of Hatred*, p. 112.

43. Ibid., p. 115.

44. Antony Polonsky e Boleslaw Drukier, *The Beginnings of Communist Rule in Poland* (Londres e Boston: Routledge e Kegan Paul, 1980), p. 425.

45. Grossmann, op. cit., p. 199.

46. Citado por Grossmann, op. cit., p. 148.

47. Ibid., p. 147.

48. *New York Herald Tribune*, 31 dez. 1945.

49. Heymont, op. cit., p. 21.

50. Grossmann, op. cit., p. 181.

51. Citado em Hagit Lavsky, *New Beginnings: Holocaust Survivors in Bergen-Belsen and the British Zone in Germany, 1945-1950* (Detroit: Wayne State University Press, 2002), p. 64.

52. O próprio Rosensaft nunca se estabeleceu em Israel. Parece que ele disse a alguns israelenses: "Vocês dançavam a *hora* enquanto nós éramos queimados nos crematórios". (Citado em Shephard, *The Long Road Home*, p. 367.)

53. Heymont, op. cit., pp. 47-8.

54. Citado em Shabtai Teveth, *Ben-Gurion: The Burning Ground, 1886-1948* (Boston: Houghton Mifflin, 1987), p. 853.

55. Avishai Margalit, "The Uses of the Holocaust", *New York Review of Books*, 14 fev. 1994.

56. Tom Segev, *The Seventh Million: The Israelis and the Holocaust* (Nova York: Hill and Wang, 1993), pp. 99-100.

57. Teveth, op. cit., p. 871.

58. Ibid., p. 870.

59. Heymont, op. cit., p. 66.

60. Teveth, op. cit., p. 873.

61. Relatório Harrison, assim nomeado por causa de seu autor, Earl G. Harrison, representante dos Estados Unidos no Comitê Intergovernamental para Refugiados.

62. Carta datada de 31 ago. 1945.

63. PRO FO 1049/81/177, citado em *Life Reborn*, procedimentos para conferência, editado por Menachem Rosensaft (Washington, DC, 2001), p. 110.

64. Bethell, op. cit., p. 8.

5. DRENANDO O VENENO [pp. 223-64]

1. Andreas-Friedrich, op. cit., p. 27.

2. Luc Huyse e Steven Dhondt, *La Répression des collaborations, 1942-1952: Un passé toujours présent* (Bruxelas: Crisp, 1991), p. 147.

3. Rinjirō Sodei (Org.), *Dear General MacArthur: Letters from the Japanese during the American Occupation* (Nova York: Rowman & Littlefield, 2001), p. 70.

4. Ibid., p. 87.

5. Ibid., p. 78.

6. Diretiva do Comitê de Coordenação do Estado, da Guerra e da Marinha, citada em Hans H. Baerwald, *The Purge of Japanese Leaders under the Occupation* (Berkeley: University of California Press, 1959), p. 7.

7. Citado por Faubion Bowers em "How Japan Won the War", *The New York Times Magazine*, 30 ago. 1970.

8. Theodore Cohen, op. cit., p. 85.

9. Ver Franz Neumann, *Behemoth: The Structure and Practice of National Socialism, 1933-44*, com uma nova introdução de Peter Hayes (Chicago: Ivan R. Dee, 2009, publicado em associação com United States Holocaust Memorial Museum). Primeira edição de 1942.

10. Andreas-Friedrich, op. cit., p. 100.

11. Ibid., p. 101.

12. James F. Tent, *Mission on the Rhine: Reeducation and Denazification in American-Ocupied Germany* (Chicago: University of Chicago Press, 1982), p. 55.

13. Zuckmayer, op. cit., p. 137.

14. Timothy R. Vogt, *Denazification in Soviet-Occupied Germany: Brandenburg, 1945-1948* (Cambridge, MA: Harvard University Press, 2000), p. 34.

15. Ibid., p. 38.

16. Tom Bower, *The Pledge Betrayed: America and Britain and the Denazification of Postwar Germany* (Garden City, NY: Doubleday, 1982), p. 148.

17. Ibid., p. 8.

18. Henke, op. cit., p. 487.

19. Theodore Cohen, op. cit., p. 161.

20. Jerome Bernard Cohen, *Japan's Economy in War and Reconstruction* (Minneapolis: University of Minnesota, 1949), p. 432.

21. Theodore Cohen, op. cit., p. 154.

22. Sodei, op. cit., p. 176.

23. Ibid., p. 177.

24. LaCerda, op. cit., p. 25.

25. Theodore Cohen, op. cit., p. 45.

26. Dower, op. cit., p. 530.

27. Cary (Org.), op. cit., p. 107.

28. Chalmers Johnson, *MITI and the Japanese Miracle: The Growth of Industrial Policy, 1925-1975* (Stanford, CA: Stanford University Press, 1982), p. 42.

29. Teodoro Agoncillo, *The Fateful Years: Japan's Adventure in the Philippines, 1941-1945* (Quezon City, Filipinas: R. P. Garcia, 1965), p. 672.

30. Stanley Karnow, *In Our Image: America's Empire in the Philippines* (Nova York: Random House, 1989), p. 327.

31. Ibid., p. 328.

32. Jay Taylor, *The Generalissimo: Chiang Kai-shek and the Struggle for Modern China* (Cambridge, MA: Harvard University Press, 2009), p. 323.

33. Carta de Keene para T. de Bary em Cary (Org.), op. cit., p. 128.

34. Spector, op. cit., p. 41.

35. Odd Arne Westad, *Cold War and Revolution: Soviet-American Rivalry and the Origins of the Chinese Civil War, 1944-1946* (Nova York: Columbia University Press, 1993), p. 90.

36. Dois livros recomendados sobre a Hospedaria Annei são o de Okada Kazuhiro, *Manshu Annei Hanten* (Kojinsha, 2002), e o de Sakuya Fujiwara, *Manshu, Shokokumin no Senki*, citados no capítulo 2.

37. Peter Novick, *The Resistance Versus Vichy: The Purge of Collaborators in Liberated France* (Nova York: Columbia University Press, 1968), p. 40.

38. Ibid., pp. 77-8.

39. Citado em Beevor e Cooper, op. cit., p. 104.

6. O IMPÉRIO DA LEI [pp. 265-308]

1. Fujiwara, op. cit., p. 175.

2. Márai, op. cit., p. 188.

3. István Deák, Jan Tomasz Gross e Tony Judt (Orgs.), *The Politics of Retribution in Europe: World War II and Its Aftermath* (Princeton, NJ: Princeton University Press, 2000), p. 235.

4. Ibid.

5. Ibid., p. 237.

6. Ibid., p. 235.

7. Ibid., p. 134.

8. Ibid., p. 135.

9. Mazower (Org.), *After the War Was Over*, p. 31.

10. Lee Sarafis, "The Policing of Deskati, 1942-1946", em Mazower (Org.), *After the War Was Over*, p. 215.

11. Scarfe e Scarfe, op. cit., pp. 165-6.

12. Tradução para o português sem menção do tradutor, distribuída pela Oficina do Teatro.

13. Citado em John W. Powell, "Japan's Germ Warfare: The US Cover-Up of a War Crime, *Bulletin of Concerned Asian Scholars*, n. 12 (out./dez. 1980), p. 9.

14. Lawrence Taylor, *A Trial of Generals: Homma, Yamashita, MacArthur* (South Bend, IN: Icarus, 1981), p. 125.

15. *Yank*, "Tiger's Trial", 30 nov. 1945.

16. Lawrence Taylor, op. cit., p. 137

17. A. Frank Reel, *The Case of General Yamashita* (Chicago: University of Chicago Press, 1949), p. 34.

18. Richard L. Lael, *The Yamashita Precedent: War Crimes and Command Responsibility* (Wilmington, DE: Scholarly Resources, 1982), p. 111.

19. Lawrence Taylor, op. cit., p. 195.

20. Lael, op. cit., p. 118.

21. Citado em J. Kenneth Brody, *The Trial of Pierre Laval: Defining Treason, Collaboration and Patriotism in World War II France* (New Brunswick, NJ: Transaction, 2010), p. 136.

22. *Time*, 4 jan. 1932.

23. Geoffrey Warner, *Pierre Laval and the Eclipse of France* (Nova York: Macmillan, 1969), p. 301.

24. Para uma descrição detalhada da venalidade de Mussert, ver Tessel Pollmann, *Mussert en Co.: de NSB-leider en zijn vertrouwelingen* (Amsterdam: Boom, 2012).

25. *Time*, 15 out. 1945.

26. Jean-Paul Cointet, *Pierre Laval* (Paris: Fayard, 1993), p. 517.

27. Jacques Charpentier, *Au Service de la liberté* (Paris: Fayard, 1949), p. 268.

28. Hubert Cole, *Laval* (Londres: Heinemann, 1963), p. 284.

29. Cointet, op. cit., p. 527.

30. Jan Meyers, *Mussert* (Amsterdam: De Arbeiderspers, 1984), p. 277.

31. Ibid., p. 275.

32. Cointet, op. cit., p. 537.

33. Citado em Novick, op. cit., p. 177.

34. George Kennan, *Memoirs 1925-1950* (Boston: Atlantic Monthly Press, 1967), p. 260.

35. Dower, op. cit., p. 445.

36. Telford Taylor, *The Anatomy of the Nuremberg Trials: A Personal Memoir* (Nova York: Alfred A. Knopf, 1992), p. 29.

37. Spender, op. cit., p. 221

38. *Yank*, 18 maio 1945.

39. Site da Dwight D. Eisenhower Memorial Commission.

40. *The Times,* 20 abr. 1945.

41. *Daily Mirror*, 20 abr. 1945.

42. *The Times*, 28 abr. 1945.

43. Shephard, *After Daybreak*, p. 166.

44. *The Times*, 24 set. 1945.

45. Ibid., 9 nov. 1945.

46. Shephard, *After Daybreak*, pp. 171-2.

47. *The Times*, 8 nov. 1945.

48. Ernst Michel, Dana Report, 9 jan. 1945.

49. Rebecca West, *The New Yorker*, 26 out. 1946.

50. Telford Taylor, op. cit., p. 25.

51. Ibid., p. 26.

52. Ernst Michel, Dana Report, 15 fev. 1946.

53. Jünger, op. cit., p. 176.

54. Andreas-Friedrich, op. cit., pp. 63-4.

55. Telford Taylor, op. cit., pp. 167-8.

7. UM LUMINOSO E CONFIANTE ALVORECER [pp. 311-52]

1. Ver Hermann Langbein, *Against All Hope: Resistance in the Nazi Concentration Camps, 1938-1945* (Nova York: Paragon House, 1994), p. 502.

2. *Manchester Guardian*, 27 jul. 1945.

3. *Daily Telegraph*, 11 jul. 2003.

4. *Manchester Guardian*, 27 jul. 1945.

5. Ibid.

6. Harold Nicolson, *The Harold Nicolson Diaries, 1907-1964*, org. de Nigel Nicolson (Londres: Weidenfeld & Nicolson, 2004), p. 321.

7. Harold Macmillan, *Tides of Fortune, 1945-1955* (Nova York: Harper & Row, 1969), p. 32.

8. Ibid., p. 33.

9. Nicolson, op. cit., p. 318.

10. Wilson, op. cit., p. 135.

11. Ibid., p. 186.

12. Noel Annan, *Changing Enemies: The Defeat and Regeneration of Germany* (Nova York: W. W. Norton, 1996), p. 183.

13. Paul Addison, *Now the War Is Over: A Social History of Britain, 1945-51* (Londres: Jonathan Cape e British Broadcasting Corporation, 1985), p. 14.

14. Ibid., p. 13.

15. Cyril Connolly, "Horizon", jun. 1945, reproduzido em *Ideas and Places* (Londres: Weidenfeld & Nicolson, 1953), p. 27.

16. *Manchester Guardian*, 5 jun. 1945.

17. Ibid., 26 jun. 1945.

18. Roy Jenkins, *Mr. Attlee: An Interim Biography* (Londres: Heinemann, 1948), p. 255.

19. Stéphane Hessel, *Indignez vous!* (Montpellier: Indigène), p. 10.

20. Duras, op. cit., p. 33.

21. Arthur Koestler, *The Yogi and the Commissar* (Nova York: Macmillan, 1945), p. 82.

22. Addison, op. cit., p. 18.

23. Annan, op. cit., p. 183.

24. Winston Churchill, "Speech to the Academic Youth", Zurique, 9 set. 1946.

25. Nicolson, op. cit., p. 333.

26. Jean Monnet, *Mémoires* (Paris: Fayard, 1976), p. 283.

27. Ver Tessel Pollmann, *Van Waterstaat tot Wederopbouw: Het leven van dr. ir. J. A. Ringers (1885-1965)* (Amsterdam: Boom, 2006).

28. Dower, op. cit., p. 537.

29. Ibid.

30. Ibid., p. 538.

31. Owen Lattimore, *Solution in Asia* (Boston: Little, Brown, 1945), p. 189.

32. Theodore Cohen, op. cit., p. 42.

33. Yoshio Morita, *Chosen Shusen no kiroku: beiso ryōgun no shinchū to Nihonjin no hikiage* (Tóquio: Gannando Shoten, 1964), p. 77.

34. Bruce Cumings, *The Origins of the Korean War: Liberation and the Emergence of Separate Regimes, 1945-1947* (Princeton, NJ: Princeton University Press, 1981), p. 88.

35. *Yank*, 2 nov. 1945.

36. Cary (Org.), op. cit., p. 32.

37. *Yank*, 2 nov. 1945.

38. Cumings, op. cit., p. 392.

39. Spector, op. cit., p. 163.

40. Ibid., p. 160.

41. Ibid., p. 148.

42. Cary (Org.), op. cit., p. 197.

43. Robert Skidelsky, *John Maynard Keynes, 1883-1946: Economist, Philosopher, Statesman* (Nova York: Penguin, 2005), p. 779.

44. Nicolson, op. cit., p. 325.

45. Judt, op. cit., p. 88.

8. CIVILIZANDO OS BRUTOS [pp. 353-92]

1. Dower, op. cit., pp. 215-7.

2. Annan, op. cit., p. 160.

3. Ibid., p. 162.

4. Döblin e Feuchtwanger citados em Tent, op. cit., p. 23.

5. Citado em Tent, op. cit., p. 39.

6. Nicholas Pronay e Keith Wilson (Orgs.), *The Political Re-education of Germany and Her Allies after World War II* (Londres: Croom Helm, 1985), p. 198.

7. Günter Grass, *Beim Haüten der Zwiebel* (Göttingen: Steidl, 2006), pp. 220-1.

8. John Gimbel, *A German Community under American Occupation: Marburg, 1945-52* (Stanford, CA: Stanford University Press, 1961), p. 168.

9. Pronay e Wilson (Orgs.), op. cit., p. 173.

10. *Yank*, 20 jul. 1945.

11. Ibid.

12. Spender, op. cit., p. 229.

13. *Yank*, 20 jul. 1945.

14. Spender, op. cit., p. 44.

15. Ibid., p. 46.

16. Ibid., p. 158.

17. Andreas-Friedrich, op. cit., p. 82.

18. Naimark, *The Russians in Germany*, p. 399.

19. Ibid., p. 402.

20. Andreas-Friedrich, op. cit., p. 66.

21. Bach, op. cit., p. 228.

22. Ibid.

23. Andreas-Friedrich, op. cit., p. 92.

24. Bach, op. cit., p. 218.

25. *The Times*, 11 jul. 1945.

26. Dower, op. cit., p. 190.

27. De Beauvoir, op. cit., p. 17.

28. Ibid., p. 33.

29. Corinne Defrance, *La Politique culturelle de la France sur la rive gauche du Rhin, 1945-1955* (Estrasburgo: Presses Universitaires de Strasbourg, 1994), p. 126.

30. Döblin, op. cit., p. 273.

31. Citado em Monnet, op. cit., p. 339.

32. Barton J. Bernstein (Org.), *The Atomic Bomb: The Critical Issues* (Boston: Little, Brown, 1976), p. 113.

33. Dower, op. cit., p. 218.

34. Ibid., p. 77.

35. Edward T. Imparato, *General MacArthur: Speeches and Reports, 1908--1964* (Paducah, KY: Turner, 2000), p. 146.

36. Bowers, op. cit.

37. Ibid.

38. *Mainichi Shimbun*, citado em Dower, op. cit., p. 549.

39. Sodei, op. cit., p. 33.

40. Dower, op. cit., p. 77.

41. Citado por Bowers, op. cit.

42. Citado em "The Occupation of Japan", seminário patrocinado por MacArthur Memorial Library and Archives, nov. 1975, p. 129.

43. LaCerda, op. cit., pp. 165-6.

44. *Koe*, p. 115.

45. Dower, op. cit., p. 67.

46. Keene, op. cit., p. 118.

9. UM MUNDO SÓ [pp. 393-426]

1. Urquhart, op. cit., p. 85.

2. Ibid., p. 93.

3. Stéphane Hessel, *Danse avec le siècle* (Paris: Seuil, 1997), p. 99.

4. Mark Mazower, *Governing the World: The History of an Idea* (Nova York: Penguin, 2012), p. 208.

5. Ibid., p. 194.

6. E. B. White, *The Wild Flag: Editorials from The New Yorker on Federal World Government and Other Matters* (Boston: Houghton Mifflin, 1946), p. 72.

7. Ibid., p. 82.

8. Menno Spiering e Michael Wintle (Orgs.), *European Identity and the Second World War* (Nova York: Palgrave Macmillan, 2011), p. 126.

9. John Foster Dulles, *War or Peace*, com um prefácio especial para essa edição (Nova York: Macmillan, p. 1957), p. 38. Primeira edição de 1950.

10. Neal Rosendorf, "John Foster Dulles' Nuclear Schizophrenia", em John Lewis Gaddis et al. (Orgs.), *Cold War Statesmen Confront the Bomb: Nuclear Diplomacy Since 1945* (Nova York: Oxford University Press, 1999), pp. 64-9.

11. Joseph Preston Baratta, *The Politics of World Federation: United Nations, UN Reform, Atomic Control* (Westport, CT: Praeger, 2004), p. 127.

12. *New York Times*, 10 out. 1945.

13. *The Times*, 20 nov. 1945.

14. Townsend Hoopes e Douglas Brinkley, *FDR and the Creation of the U. N.* (New Haven, CT: Yale University Press, 2000), p. 41.

15. Dan Plesch, *America, Hitler, and the UN: How the Allies Won World War II and Forged a Peace* (Londres: I. B. Tauris, 2011), p. 170.

16. As palavras de Roosevelt são citadas em Mazower, *Governing the World*, p. 209.

17. "Remarks upon Receiving an Honorary Degree from the University of Kansas City", 28 jun. 1945. Disponível em: < trumanlibrary.org/publicpapers/viewpapers.php?pid=75>.

18. White, op. cit., p. 82.

19. *Yank*, 15 jun. 1945.

20. *Daily Herald*, maio 1945.

21. Conversa do autor com o neto de Gladwyn Jebb, Inigo Thomas.

22. *Time*, 14 maio 1945.

23. Urquhart, op. cit., p. 94.

24. *The Nation*, 30 jun. 1945.

25. Mark Mazower, "The Strange Triumph of Human Rights, 1933-1950", *The Historical Journal*, v. 47, n. 2 (jun. 2004), p. 392.

26. William Roger Louis, *The British Empire in the Middle East, 1945-1951: Arab Nationalism, the United States, and Postwar Imperialism* (Nova York: Oxford University Press, 1984), p. 163.

27. *Manchester Guardian*, 4 jun. 1945.

28. Louis, op. cit., p. 148.

29. *The Times*, 6 out. 1945.

30. White, op. cit., p. 80.

31. Ibid., p. 81.

32. Arthur M. Schlesinger Jr., *A Thousand Days: John F. Kennedy in the White House* (Boston: Houghton Mifflin, 1965), pp. 88-9.

33. *The Times*, 17 ago. 1945.

34. Relatório do secretário Byrnes. Disponível em: <http://avalon.law.yale.edu/20th_century/decade18.asp>.

35. Dulles, op. cit., p. 27.

36. Ibid., p. 30.

37. Ibid., p. 40.

38. *New York Times*, 31 dez. 1945.

Créditos das imagens

1. Cortesia do autor.
2. Bundesarchiv, Bild 183-E0406-0022-018.
3. Banco de imagens WW2 — Museu da Resistência de Amsterdam. VMA 113642.
4. © IWM (EA 65799).
5. Associated Press/ Charles Gorry.
6. Banco de imagens WW2-IOD. NIOD 187641.
7. BANCO de imagens WW2-NIOD. NIOD 95246.
8. Associated Press/ British Official Photo.
9. Nationaal Archief/ Spaarnestad Photo/ Wiel van der Randen.
10. © IWM (5467).
11. © IWM (69972).
12. © IWM (6674).
13. Bundesarchiv, Bild 183-M1205-331.
14. Bundesarchiv, Bild 183-S74035.
15. Com permissão da National Archives and Records Administration.
16, 17 e 27. Associated Press.
18. Associated Press/ Peter J. Carroll.
19 e 20. © Bettmann/ Corbis.
21. AFP/ Getty Images.
22. Nationaal Archief/ Spaarnestad Photo/ Fotógrafo desconhecido.

23. Banco de imagens WW2 — Museu da Resistência do Sul da Holanda. VMZH 131931.

24. © IWM (CF 926).

25. Banco de imagens WW2-NIOD. NIOD 61576.

26. © IWM (HU 55965).

Índice remissivo

... E o vento levou (filme), 367, 368

Aachen, 360-1, 386
Abs, Hermann Josef, 239-41, 245
Acheson, Dean, 379
Acordo de Varzika, 272
Acordo Sykes-Picot, 415
Adenauer, Konrad, 362, 376, 380
Administração Civil das Índias Holandesas (NICA), 158-9, 161
Adorno, Theodor, 371
Afeganistão, 391, 426
África, 127, 150, 163, 167, 171, 195, 201, 326, 413
Agência Judaica, 221
agricultura, 91, 95
alemães: acusados falsamente de terem sido nazistas, 129; Brigada judaica e, 135; colaboracionistas franceses, 117, 119, 139, 141; conspiração de Kovner contra os, 136; prisioneiros na Tchecoslováquia, 105; soldados, 98, 143, 181; vingança dos poloneses contra os, 124-5, 127-9, 131; vingança dos soviéticos contra, 110-1, 114-6; vingança dos tchecos contra os, 131; volta para casa dos soldados, 185-7, 192
Alemanha, 12, 14, 27, 30, 33-4, 38, 40, 50, 56-7, 61-6, 70-1, 74, 76-7, 79, 81, 83-5, 88-94, 101-4, 110-1, 114-5, 128, 135-6, 140-1, 166-7, 175-6, 186-7, 191, 198, 200, 205-6, 208, 211-3, 216, 218-21, 223, 226-8, 231, 233-4, 236-8, 240-1, 244-5, 249, 263-4, 268, 271, 285, 287, 289, 291, 296, 301, 304-7, 313, 327-8, 335, 350-1, 354-62, 364-5, 368-70, 372, 375, 376-7, 380-2, 386, 389-90, 402, 406, 415, 423, 425, 427-8; assistência social na, 94; e Berlim *ver* Berlim; comunistas na, 76, 96, 237; Conselho de Controle Aliado na, 368; democratização da, 228, 234, 354, 359, 367, 370; desmilitarização da, 354, 358; desnazificação da, 233, 236, 239, 354, 358, 370, 375, 383; economia da, 95, 238; educa-

ção na, 235, 357, 360, 377; expurgo de ex-nazistas e colaboradores na, 227, 233, 357; livros na, 369, 375; mercado negro na, 102, 237, 369; Ocidental, 241, 350-1, 361, 376; ocupação pelos Aliados, 61-73, 94, 354, 358-77; Oriental ver República Democrática Alemã; planejadores na, 330; prostituição na, 65; rendição da, 31; sistema bancário na, 240; suprimento de alimento na, 89, 91, 97

Alemanha, Ano Zero (filme), 62, 313

"Alemanha, Ano Zero" (uso da expressão), 313

Aleppo, 414

Alexander, Harold, 200

Aliados, 12, 21, 31, 35, 42, 64, 71, 73, 98, 102, 128, 137, 141, 145-7, 157, 161, 171, 176, 197-8, 200, 203, 221, 225, 228, 234-5, 238, 278, 280, 294, 302-3, 305, 312, 354-5, 357, 368, 375-6, 380, 407, 412, 414, 428

"Alle Menschen werden Brüder" (Beethoven), 430

Alpes, 197, 424

América Latina, 228, 409

American Jewish Joint Distribution Committee (JDC), 221

American Observer, The, 366

americanos, soldados, 44, 54, 62, 64, 68-70, 106, 107, 115, 204, 295, 312, 378, 386

Amerika Hijiki (Nosaka), 63, 69, 80

Amsterdam, 13, 29-32, 46, 75, 120, 180-1

Andong, 113, 257, 259, 265-7

Andreas-Friedrich, Ruth, 226, 234, 237, 306, 363, 365, 368, 372

Angelus Novus (Klee), 7

Anielewicz, Mordechai, 213

Anjo azul, O (filme), 62

Annei Hanten (Hospedaria Annei), 258

Antelme, Robert, 184

antissemitismo, antissemitas, 48, 101-2, 121-2, 129, 165, 179-80, 268, 287; ver também judeus

Aquino III, Benigno, 251

Aquino, Benigno, 249, 251

Aquino, Corazon ("Cory"), 251

árabes, 167, 220-1, 409

Arbuthnot, Robert, 202

Arco do Triunfo (Paris), 35, 38

Arco do Triunfo, O (Remarque), 372

Arendt, Hannah, 297

Argélia, 165-6, 168, 170, 263

Argentina, 408

armas nucleares ver bombas atômicas

Arnhem, 12, 30, 80, 393

Asahi (jornal), 188, 387

Ásia, 20, 112, 127, 151-3, 156-7, 168, 175, 201, 243, 247, 249, 257, 291, 312, 324, 332-4, 351, 385, 387-8, 391-2, 416; Sudeste da, 20, 81, 152-3, 158, 172, 175, 197, 277

Associação Cultural para a Renovação Democrática da Alemanha, 364-5

Associação de Recreação e Diversão (Japão), 55

Associação Imperial de Assistência Governamental, 242

Atenas, 146, 148, 150, 273

Atlantic Monthly, 401

Atlântico, oceano, 262

Ato de Empréstimo e Arrendamento (EUA), 349, 406

Attlee, Clement, 220, 314, 321-5, 337, 350, 352, 370, 401

Aufbaui (revista), 366

Auschwitz, 83, 106, 128-9, 177-8, 213, 215, 240-1, 268, 297-8, 301

Austrália, 247, 273, 411

Áustria, 98, 101, 128, 135, 143, 175, 192, 195, 200, 236, 308

Ayukawa, Gisuke, 335-6

Bach, Johann Sebastian, 353

Bach, Julian Sebastian, 71-2, 369

Back Home (Mauldin), 190
Baden-Baden, 104, 374-5
Baker, Beatrice M., 394
Baldwin, Hanson W., 421
Balfour, Arthur James, 220
Banco do Japão, 100
Bancroft, George, 356
Bandera, Stepan, 224
Bao Dai, 164
Bárdossy, László, 270
Bartov, Hanoch, 212
Bataan, Marcha da Morte de, 278
Batalhão X, 158
Bayreuth, 70, 424
Beatles, 40, 77
Beauvoir, Simone de, 36, 43, 372-3
Becher, Johannes, 364-5
Beckers, Karl, 361
Beethoven, Ludwig van, 17, 353, 356, 362, 429
Bélgica, 40, 117, 136, 140, 227, 264, 270, 327
Beneš, Edvard, 132, 134, 210
Bengala, 82, 315; Preparado da Fome de, 82
Ben-Gurion, David, 137, 217-20
Benjamin, Walter, 7
Berezhkov, Valentin, 37
Bergen-Belsen, 30, 38, 48-51, 81-3, 92, 101, 107, 214-5, 217-8, 294, 296-300, 304, 359, 393
Berkum, Carla van, 161
Berkum, Peter van, 160, 161

Berlim, 11, 15-7, 32, 39, 53, 62, 65, 87-9, 92, 103, 108, 116, 177, 226, 234, 306, 313, 362-3, 365, 372, 428-30; destruição de, 15-6; fim da guerra e, 38; tropas britânicas e americanas em, 65
Berlin Alexanderplatz (Döblin), 104
Bernhard, príncipe dos Países Baixos, 42
Bevin, Ernest, 418-20
Bhagavad Gita, 400

Bialystok, 123
Bidault, Georges, 420
Bielorrússia, 409
Bimko, Hadassah, 83, 298-9
Birkenau, 215, 268, 297
Birley, Robert, 355-8, 364
Blake, William, 322
Blaskowitz, Johannes, 30
Bleiburg, 195
Böll, Heinrich, 101
Bom pastor, O (filme), 367
bombas atômicas, 349, 378, 396, 400, 401, 418, 421; *ver também* Hiroshima; Nagasaki
Borowski, Tadeusz, 105, 106, 107
bósnios, 141, 198
Bowers, Faubion, 380
Bradford, John P., 360
Brecht, Bertolt, 362, 363; *A ópera dos três vinténs*, 362, 365
Breslau, 125, 210
Bretton Woods, 406
Brigada (Bartov), 212
Brigada judaica, 135, 212, 213
britânicos, soldados, 49, 147, 201, 218, 221, 318, 323, 423
Broadway (Nova York), 39
Browning, F. A. M. "Boy", 30
Brücke, Die (centros de recreação para adultos), 356
Brünn, 210
Bruxelas, 120, 352
Buchenwald, 131, 178, 184, 185, 294, 301, 311, 312, 325, 359, 395
Budapeste, 86, 87, 178, 267, 269
Budweis, 105
Budzinsky, László, 270
Buisson, Patrick, 45
burguesia, burgueses, 45, 116, 125, 131, 210, 267, 288, 326
burocracia, 125, 225, 227, 243, 245, 246, 280, 383
Byrnes, James F., 420

Cairo, 319
Calvocoressi, Peter, 308
camponeses, 86, 100, 113, 131, 153, 168, 193, 200, 248, 250, 254, 270, 327, 425
campos de concentração, 15-6, 18, 27, 30, 48, 51-2, 81-2, 103, 105-6, 108, 123, 130-1, 133-4, 160-1, 178, 180, 216, 218-9, 224, 237, 239, 294, 296-7, 299, 301, 311-2, 332, 359, 366, 369, 395, 410; Auschwitz, 83, 106, 128-9, 177-8, 213, 215, 240-1, 268, 297-8, 301; Bergen-Belsen, 30, 48, 51, 81, 92, 101, 107, 215, 294, 296, 359, 393; Birkenau, 215, 268, 297; Buchenwald, 131, 178, 184, 185, 294, 301, 311-2, 325, 359, 395; Dachau, 19, 103, 106-8, 131, 212, 218-9, 294; Dora-Mittelbau, 215; Ohrdruf, 294, 296; visita de Eisenhower aos, 294-6
Campos de concentração nazistas (filme), 358
campos de deslocados de guerra, 17, 51, 52, 53, 102, 211, 212, 214
campos de extermínio, 49, 52, 81-2, 121, 124, 129, 177, 193, 215, 218, 220, 294, 298-9, 303, 307; Treblinka, 124
Camus, Albert, 397
Canadá, 418
Canterbury Tale, A (filme), 320, 321
capitalismo, capitalistas, 111, 114, 115, 122, 144, 233, 237, 238, 324, 332, 334, 337, 371
Caríntia, 192, 193, 194, 195, 198
Carlos Magno, 360, 377
Carmi, Israel, 136
Carta do Atlântico, 402, 403, 404, 414, 415
Casa Branca, 404
Casamento de Maria Braun, O (filme), 187

católicos, 12, 42, 198, 210, 236, 250, 260, 329, 350, 352, 361, 398, 399
Cem homens e uma menina (filme), 367
České Budějovice, 105
Chamberlain, Neville, 329, 413, 427
chancelaria britânica, 293, 294, 394
Changchun, 112, 257, 332
Charpentier, Jacques, 290
Chataigneau,Yves, 167
Chemnit, 95
Chiang Kai-shek, 90, 140, 168, 252, 407, 417, 422
China, 54, 56-7, 67, 96, 110-1, 114, 131, 140, 148, 153, 175, 243, 252-5, 267, 275-76, 333, 335, 337, 341, 347, 379, 382, 404, 407, 417, 419-20, 422, 428
Cho Man-sik, 340, 341, 344, 347
Choctaw, índios, 253
Chungking, 252, 422
Churchill, Clementine, 315
Churchill, Winston, 20, 23, 32-5, 126, 142, 147, 150, 199, 204-6, 274, 294-5, 305, 314-320, 322-3, 325, 328-30, 350, 352, 396, 402-5, 407, 409-10, 415, 419; a Carta do Atlântico e, 402, 403; a Grécia e, 150; a vitória aliada e, 32, 33, 34; as Nações Unidas e, 404, 405; crimes de guerra e, 274, 293; nas eleições de 1945, 20, 23, 314, 315, 322
Cingapura, 63, 276
Clay, Lucius, 95, 233, 244
Cleveringa, Rudolph, 13
Colônia (Alemanha), 88, 238, 362, 369, 376
colonialismo, 151, 153
Combat (Mouvement de Libération Nationale), 397
Comboio para o leste (filme), 367
Comissão Interaliada para a Punição dos Crimes de Guerra, 303
Comitê Central do Partido dos Trabalhadores Poloneses, 211

Comitê de Entretenimento dos Países Baixos, 42

Comitê de Lublin, 409

Comitê de Resgate do Judaísmo Europeu, 217

"complexo de libertação", 27

comunismo, comunistas, 20, 22, 64, 76, 93, 95-7, 114, 117, 120, 122, 125-6, 134, 140-1, 144-7, 149-54, 163-6, 172, 193-4, 196-8, 210, 225-6, 228, 231-2, 237-8, 245, 248, 252-61, 263, 266-71, 311-3, 322, 325-8, 334, 337-41, 343, 345, 350-1, 363-5, 377, 381, 391, 399-400, 405, 407, 420-2, 427; Partido Comunista, 76, 96, 117, 134, 141, 153, 237-8, 267-8, 337, 340, 346-8, 350, 420; *ver também* socialismo, socialistas

Conferência de Bretton Woods, 406

Conferência de Dumbarton Oaks, 407

Conferência de Potsdam, 203-5, 220, 228-29, 357, 358, 365, 384, 421

Conferência de San Francisco, 397, 400-2, 407-10, 412-9

Conferência de Teerã, 204, 274, 405, 421

Conferência de Yalta, 127, 200, 205, 405, 408, 409, 410, 412, 419, 421

Connolly, Cyril, 320, 327, 328, 371

Conselho de Controle Aliado, 65, 368

Conselho Federal das Igrejas de Cristo (EUA), 399

Conselho Nacional da Resistência (França), 325

Conselho para Estímulo à Música e às Artes (Cema), 319

Constantino I, rei da Grécia, 146

Copeau, Pascal, 261

Coreia: Coreia do Norte, 257, 344, 346, 348, 351; Coreia do Sul, 146, 348, 352; divisão da, 348; Estados Unidos na, 342, 344, 345, 346; Guerra da Coreia, 347, 348, 381;

Japão e, 339, 340, 341, 342, 344; rivalidades políticas na, 341; *sadae* ("servir aos grandes") na, 342, 346, 347, 348; santuários xintoístas na, 339; soviéticos na, 340, 341, 342, 344, 345, 346

cossacos, 193, 194, 197, 200, 201, 202, 203, 222

Cossáquia, 197, 198

Coward, Noël, 353

Cracóvia, 121

crianças, 33, 55, 64-5, 81, 86, 90, 109, 113, 121, 130, 148, 151, 155, 166, 193, 196, 200-3, 206-7, 222, 235, 239, 277, 287, 361, 386

crimes de guerra, julgamentos de: de criminosos de guerra japoneses, 276; de Homma, 278; de Ishii, 274; de Laval, 262, 284, 297; de Mussert, 284, 285, 286, 287, 288, 290, 291; de Nuremberg, 241, 244, 281, 284, 294, 296, 300, 301, 302, 303, 305, 307, 311, 314, 412, 424; de Yamashita, 276; em Bergen--Belsen, 296, 297, 299, 304; na Hungria, 270; novas categorias legais concebidas para, 304

Croácia, 140, 195

Cruz Vermelha, 43, 74, 78, 213

Culala, Felipa ("Dayang Dayang"), 248

cultura alemã, 210, 211, 362; cultura britânica e, 357; destruição da, 209, 210, 211, 362; reeducação e, 356-77

cultura americana, 366, 370, 371, 372; filmes de Hollywood, 367, 372, 382, 410; jazz, 41, 59, 362, 371, 373, 382

cultura japonesa, 380, 383, 385

Dachau, 19, 103, 106, 107, 108, 131, 212, 218, 219, 294

Daily Herald, 34, 38, 409, 413

Daily Mirror, 93, 296
Dalton, Hugh, 350, 351
Dam Iehudi Nakam (grupo judeu), 136
Damasco, 414, 415
Dantzig, Rudi van, 45, 125, 209, 210
Davies, "Rusty", major, 202, 203
"Dayang Dayang" *ver* Culala, Felipa
De Bary, William Theodore, 56, 246
De Gaulle, Charles, 35, 76, 168, 170, 182, 225, 260-1, 263-4, 271, 288-9, 325, 326, 329, 350, 374, 377-8, 415
De Patriot (jornal), 180
Debussy, Claude, 424
Declaração Balfour, 220
Declaração de St. James, 303
Declínio do Ocidente, O (Spengler), 368
democracia, 20, 22-3, 60, 210, 224, 228, 232, 234-5, 251, 253, 260, 270, 307, 322, 329, 331, 337, 359-61, 367-8, 370, 388-90, 422, 427
democratas cristãos, 350, 352, 361, 370
democratização: da Alemanha, 228, 234, 354, 359, 367, 370; do Japão, 232, 244, 354, 367, 378, 388, 390
Denier, Albert, 166
deslocados de guerra, 52, 92, 101, 103, 106, 175, 176, 211, 221; *ver também* campos de deslocados de guerra; volta para casa
desnazificação, 233, 236, 239, 354, 358, 370, 375, 383
Deutsche Allgemeine Nachrichtenagentur (agência de notícias alemã), 302
Deutsche Bank, 240, 241
Deutschland, Stunde Null ver "Alemanha, Ano Zero"
Dia da Libertação, 28, 31
Dia da Vitória (v-e Day), 32, 33, 36, 74
Dinamarca, 30
direitos humanos, 358, 412, 413; Declaração Universal dos Direitos Humanos, 395, 412

Divisão de Controle da Informação (eua), 369, 376
Döblin, Alfred, 104, 209, 357, 375
doenças sexualmente transmissíveis (dst), 47, 48, 57, 74, 75
"Don't Let's Be Beastly to the Germans" (Coward), 353
Dönitz, Karl, 32
Dora-Mittelbau, 215, 395
Dorsey, Tommy, 41
Drau, rio, 195, 201, 202
Drau, vale do, 192, 193
Dresden, 87, 95, 238
Driving Out the Tyranny (Norel), 182
Dulles, Allen, 399
Dulles, John Foster, 399, 400, 401, 414, 419, 420, 421
Dumbarton Oaks, 407
Dunston, Charles, 240
Duras, Marguerite, 183, 326
Düsseldorf, 239

Eden, Anthony, 199, 200, 222, 411, 412
Ehrenburg, Ilya, 111
Eichmann, Adolf, 269, 297
Einstein, Albert, 400, 401
Eisenhower, Dwight, 32-3, 65, 103, 239, 295-6, 391, 399; visitando campos de concentração, 294-6
Eisenhower, Mamie, 295
Elisohn, Herr, 15
Em busca do ouro (filme), 367
Entrevistas imaginárias (Gide), 372
Erasmo, 398
Ernst, Earl, 384
Escócia, 39
Escritório de Serviços Estratégicos (oss), 233
Esfera de Coprosperidade da Grande Ásia Oriental, 247
Eslovênia, 195
Espanha, 315, 326
Ésquilo, 273

Estados Unidos, 18, 22, 35, 43-4, 56-7, 62, 65, 68-9, 78, 85, 89, 95-6, 147, 176, 189, 199, 203-4, 214, 220, 222, 231-3, 236, 238, 243-5, 247, 249-50, 252-4, 257, 275, 282, 289, 293, 301, 303, 307, 315, 328, 335-8, 341, 343, 345-7, 351-2, 354, 357, 359, 363, 368, 370, 372-4, 380, 382, 386, 388-92, 396-7, 399, 401-8, 410, 414, 416, 418,-20
estupros, 17, 54, 61, 66, 116, 126
Eumênides (Ésquilo), 273, 292
Europa, 20, 22, 32, 39, 62, 67, 79, 85, 93-4, 98, 112, 120, 123, 132-3, 135, 137-40, 145, 152, 158, 175-6, 179, 193-4, 204, 206, 210-1, 214, 216-7, 220-2, 224-5, 228, 245, 285, 287, 291, 299, 303, 312-3, 320, 324, 327-30, 340, 350-2, 355, 360, 376-7, 382, 397-9, 405, 420, 426-7; divisão da, 427; Ocidental, 20, 39, 79, 123, 179, 225, 313, 330, 350, 426; Oriental, 22, 204, 206, 210, 405, 420, 427; e União Europeia *ver* União Europeia; visão unificada da, 326-31, 377, 391
Evatt, Herbert, 411
Exército americano, 71, 102, 115, 275, 358, 386
Exército britânico, 30, 54, 82, 135, 136, 138, 146, 161, 193, 194, 316, 318
Exército Vermelho, 61, 81, 86, 111, 113, 126, 193, 252, 256, 259, 265, 267, 275, 336, 344, 345, 406, 408, 411
expurgos de colaboracionistas em tempo de guerra, 305; na Alemanha, 227, 233, 234, 235, 237, 238, 239, 241, 357, 375; na França, 260, 261, 262, 263; no Japão, 227, 229, 230, 232, 242, 243, 244, 246; *ver também* julgamentos

Faixas Vermelhas da Sabililah, 154
fascismo, fascistas, 72, 74, 114, 135, 140-5, 147-8, 157, 165, 193, 198, 200, 224, 231-2, 236, 244, 268, 271, 273, 275, 285-6, 303-4, 307, 312, 315, 325, 326, 331, 333, 337, 402, 408
Fassbinder, Rainer Werner, 187
Faulkner, William, 373
febre tifoide, 89
Federação da Juventude Comunista (Alemanha), 76
fideicomisso, 347
Fierlinger, Zdeněk, 205
Filipinas, 152, 190, 247, 248, 250, 251, 277, 279, 404
filmes de Hollywood *ver* Hollywood
Finkielstejn, Chaja, 123
Finlândia, 408, 419
Flandres, 140
Flick, Friedrich, 239, 241
Flood, Daniel J., 93
fome: em campos de concentração, 80; na Alemanha, 89, 91, 92, 97; na Argélia, 165; na Indochina, 165; na União Soviética, 110; no Japão, 89, 90, 91, 98, 381; nos Países Baixos, 78
Foot, Michael, 413, 416
Foulkes, Charles, 30
Fragebogen (questionário), 233
França, 39-40, 42, 45, 47, 62, 66, 74-7, 84-5, 117-8, 134, 138, 140, 142, 146, 164, 168, 170, 181-4, 197, 200, 225, 259-62, 264, 285-9, 292, 325, 329, 368, 372, 374-7, 399, 407, 415-6, 420, 427; Alemanha ocupada pela, 373, 375, 376, 377; Argélia e, 165, 166, 168; bordéis na, 264; colaboracionismo na, 117, 119, 139, 141; cultura na, 372, 373, 375, 376; expurgos na, 260, 261, 262, 263; Grã-Bretanha e, 328, 415; homossexuais na, 45; Ja-

459

pão e, 163; judeus na, 286; libertação da, 36, 76, 118, 163, 225; mercado negro na, 84; Nações Unidas e, 417, 419, 420; ocupação alemã na, 44, 45, 46, 76, 117, 119, 264; Oriente Médio e, 415; e Paris *ver* Paris; Partido Comunista na, 76, 117, 141, 261, 325, 350, 420; prisioneiros de guerra voltando para a, 182, 183, 185; reestruturação econômica na, 325, 326, 328; resistência na, 225, 261, 264, 325; Síria e, 414; suprimento de alimentos na, 84

Franco, Francisco, 232, 315

Frank, Anne, 48, 81

Frank, Hans, 300

Frankische Presse, 424

Friedeburg, Hans-Georg von, 30, 33

Fritz-Krockow, Libussa, 126, 130

Fuji, monte, 384

Fujin Gaho (revista), 60

Fujiwara, Sakuya, 100

Fullbright, J. W., 401

Furtwängler, Wilhelm, 15

Galinha ao vento, Uma (filme), 187

Gandhi, Mahatma, 340, 396

"garotas *panpan*" *ver panpan*

Gdańsk, 125, 209

genocídio judaico *ver* Holocausto

Gide, André, 372

Gilbert e Sullivan, 384

Gilbert, Martin, 37

Gimborski, Cesaro, 130

Giscard d'Estaing, Valéry, 264

Globocnik, Odilo, 193

Goethe, Johann Wolfgang von, 311, 356, 358, 362, 364

Gógol, Nikolai, 364

Gomułka, Władisław, 210

Gonin, tenente-coronel, 50

Goodman, Benny, 41, 77

Göring, Hermann, 300, 301

Goudsmit, Siegfried, 179

governo mundial, 23, 396, 401, 417, 418, 419, 422; *ver também* Liga das Nações; Nações Unidas

Grã-Bretanha, 32, 48, 73, 77, 83-4, 147, 199, 203, 220, 238, 285, 313, 315-6, 318, 320, 322, 324-5, 328-9, 335, 337, 347, 349, 352, 356, 368, 371, 378, 396, 402, 407, 415-9, 427; a França e a, 328, 415; a península Malaia e a, 151; as Nações Unidas e a, 417; e a ida de judeus para a Palestina, 220; eleições de 1945 na, 20, 23, 314, 315, 322; Império britânico como modelo para um governo mundial, 396; intercâmbio cultural entre a Alemanha e a, 356; e Londres *ver* Londres; mudança na atitude social e política da, 314, 315, 317, 318, 319; o espírito de uma Nova Jerusalém na, 322, 323, 349; Oriente Médio e a, 416; Partido Conservador na, 314, 315, 317, 352; Partido Trabalhista na, 314, 317, 318, 319, 322, 350, 352; recuperação alemã e a, 238; socialismo na, 316, 318, 320, 322, 349; suprimento de alimentos na, 83, 94; *ver também* Inglaterra

Gracey, Douglas, 171

Grass, Günter, 358, 359, 368

Grécia, 140, 146-51, 154, 206, 252, 270, 271, 273, 318

Green Cross Corporation, 276

Grese, Irma, 297, 299

Grew, Joseph, 379

Gromyko, Andrei, 418

Groult, Benoîte, 43, 44, 46, 62, 67, 77

Groult, Flora, 43

Gruppe Neubeginnen (Grupo Novo Começo), 313

Guerra da Coreia, 347, 348, 381

Guerra do Pacífico, 55, 96, 231, 276, 335, 381, 410

Guerra do Vietnã, 189, 388
Guerra dos Bôeres, 410, 413
Guerra dos Oitenta Anos, 28
Guerra Fria, 22, 141, 348, 350, 351, 377, 388, 399, 419, 421
Guerra Russo-Japonesa (1905-6), 112
Guerra, A (Duras), 183
guerras civis, 22, 86, 107, 128, 140, 146, 148, 150, 176, 194, 198, 199, 252, 253, 256, 259, 260, 420, 422

Haayen, Maria, 40
Habe, Hans, 359
Haia, 40, 290, 291, 302
Hailey, William Malcolm Haile, barão, 417
Hama, 414
Hampton, Lionel, 35, 41
Hanói, 164, 168, 169, 170, 172
Harbin, 112, 274, 275, 276
Harrison, Earl G., 221
Hartglass, Apolinari, 217, 218
Hatachi no Seishun (filme), 60
Hatta, Mohammed, 156, 162
Hayek, Friedrich, 323
Healey, Denis, 327
Heine, Heinrich, 13
Hemingway, Ernest, 373
Herbert, A. P., 355, 356
Hess, Rudolf, 300
Hessel, Franz, 395
Hessel, Stéphane, 325, 395, 412
Het Parool (jornal), 76
Heuss, Theodor, 235
Heute (revista), 366
"Hey, Ba-Ba-Re-Bop" (canção), 41, 42
Heymont, Irving, 102, 214, 216, 219
Himmler, Heinrich, 239, 286, 293, 294, 299
Hirohito, imperador, 229, 232, 385, 388
Hiroshima, 80, 88, 96, 349, 378, 381, 389, 396, 400, 401
Hiss, Alger, 418

Hitler, Adolf, 16, 20, 27, 102, 109, 125, 127, 131, 133, 147, 165, 167, 176, 194, 197, 206, 211, 213, 219, 226-7, 231, 235, 237, 240-1, 286-8, 293, 305, 324, 362, 368-9, 371, 399, 404, 427; Abs e, 240; Horthy e, 268; Mussert e, 285; reeducação e, 356, 359
Ho Chi Minh, 164, 170, 171, 172, 403, 414
Ho Yin-chin, 256
Hodge, John R., 342, 343, 344, 345
Hoenisch, Josef, 128, 129
Hokkaido, ilha de, 68, 380
Holanda *ver* Países Baixos
Hollywood, 29, 367, 371, 372
Holocausto, 135, 212, 217, 268, 294, 299, 303, 304, 305
Homma, Masaharu, 247, 278
homossexuais, 45
Homs, 414
Honecker, Erich, 76, 77
Hoover, Herbert, 380
Horizon (jornal literário), 320, 327, 371
Horthy, Miklós, 268
Huijer, P. J. G., 161
Hukbalahap, 248
Hull, Cordell, 293, 305
humanismo, 366, 371
Humanité, L' (jornal), 263
Hungria, 20, 204, 205, 211, 267, 268, 270, 320, 327, 419, 427
Hupka, Herbert, 209
Hurley, Patrick J., 253

Ibuka, Masaru, 104
Igreja católica *ver* católicos
Ikor, Roger, 183
Iluminismo, 398
Império Austro-Húngaro, 128, 131, 209, 224
Império britânico, 396, 404
Império Otomano, 415

Imrédy, Bpela, 269
"In the Mood" (canção), 41, 61
inanição, 79, 80, 110, 207, 227, 257, 297; *ver também* fome
Índia, 37, 221, 314, 315, 403, 426
Índias Orientais Holandesas, 151, 155, 157, 158
Indochina, 151, 163, 165, 168, 170, 326, 414
Indonésia, 140, 152, 156, 160, 162, 163, 170, 403, 423
Inglaterra, 37, 103, 151, 213, 315, 320, 321, 322, 327, 357, 402; *ver também* Grã-Bretanha
Irã, 399
Iraque, 176, 391, 415, 426
Irmão Tomo, 161
Ishii, Shiro, 274, 275, 276
Isorni, Jacques, 262
Israel, 136, 137, 138, 139, 213, 222, 426
Itália, 53, 77, 83, 135, 140, 142, 144-5, 147-8, 196, 200, 213, 264, 285, 307, 351, 419; comunismo e a, 143, 145, 351; fascistas na, 140, 141, 142, 143; pânico moral na, 74; vingança na, 144
Iugoslávia, 83, 140, 141, 175, 192, 194, 196, 197, 199, 201

Jacarta, 156, 159
Jackson, Robert H., 307, 308
Jacobs, G. F., 155, 156
Japan Times, 424
japão: cultura japonesa, 380, 383, 385
Japão, 40, 54-7, 63, 69-70, 72, 77, 81, 89, 91, 93, 96-103, 112, 114, 141, 146, 153, 164, 175, 187-8, 191, 204, 223, 226-32, 242-7, 251, 254, 258, 264, 275-7, 283, 305-7, 316, 332-7, 349-52, 354, 358, 372, 379-81, 383, 384, 387-92, 400, 418, 424, 426; assistência ao, 94; "burocratas da reforma" no, 324, 334, 335; China e, 140, 153, 243, 252, 253, 254, 256,

257, 258; comida dos exércitos aliados no, 96, 97; comunismo e o, 140, 350, 391; Constituição japonesa, 390; cultura americana no, 372; democratização do, 232, 244, 354, 367, 378, 388, 390; economia japonesa, 245, 335; educação no, 385; elites empresariais e industriais do, 243; feudalismo no, 231, 243, 248, 383, 386, 390, 425; Filipinas invadidas pelo, 247, 248, 249; fome no, 89, 90, 91, 98, 381; Forças Armadas do, 391; França e, 163; Hiroshima, 80, 88, 96, 349, 378, 381, 389, 396, 400, 401; mercado negro no, 98; Nagasaki, 349, 378, 381, 396, 418; ocupação aliada do, 56, 57, 58, 59, 66, 67, 69, 70, 71, 73, 94, 335, 354, 358, 378; Omi, 386; operações militares dos Estados Unidos no, 388; Pearl Harbor atacada pelo, 247, 402, 404; polícia militar (*Kempeitai*) no, 242, 248, 278, 334; prostituição no, 54, 55, 57, 58, 59, 69; reconstrução do, 336; rendição do, 338, 342, 349; sistema de escrita no, 386; e Tóquio *ver* Tóquio; União Soviética e, 96, 100, 112, 380; xintoísmo no, 384, 385
japoneses: cartas a MacArthur, 229; julgamentos de criminosos de guerra, 276, 277, 278, 280, 281, 282, 284; masculinidade ocidental e, 62, 63; na China, 110; pilotos kamikazes, 186, 188, 258; reeducação de, 354, 367, 379, 380, 381, 382, 383, 385, 386, 387, 388, 390, 391; soldados, 60, 67, 160, 164, 169, 186, 190, 281, 386; teatro kabuki, 59, 384, 385, 425; vingança dos soviéticos contra, 112; volta para casa dos soldados, 185-91
Java, 160
jazz, 41, 59, 362, 371, 373, 382

Jebb, Gladwin, 394, 410, 418
Jefferson, Thomas, 366
Jerusalém, 138, 297, 414
"Jerusalém" (Blake), 322
Jewish Chronicle, 214
Jorge ii, rei da Inglaterra, 150
Journal à Quatre Mains (Groult e Groult), 43
judeus, 13, 15, 18, 35, 52, 64, 81, 101-3, 110, 120-5, 127, 135-7, 142, 153, 165, 168, 175, 178-82, 208-22, 226, 233-5, 263, 268-9, 286-7, 290, 298, 301, 303, 304, 314-5, 360-1, 370, 374, 382, 394, 399, 406, 413; comunismo e, 122; escala do genocídio contra os, 212; Estados Unidos e os, 214, 220; franceses, 287; Horthy e os, 268; húngaros, 268; Laval e os, 287; Mussert e os, 286; na Polônia, 120, 121, 123, 124, 179, 211, 212, 213; nos Países Baixos, 179; pilhagem dos bens de, 124; riqueza atribuída aos, 122; vingança contra os, 125; vingança dos, 135, 136, 137, 138; volta para casa de sobreviventes judeus, 179; *ver também* antissemitismo; Holocausto; sionismo
Judt, Tony, 124, 139
Jules et Jim (filme), 395
julgamentos, 303; de Nuremberg, 241, 244, 281, 284, 294, 296, 300-3, 305, 307, 311, 314, 412, 424; na Grécia, 270; tribunais/cortes populares, 144, 149, 154, 267, 344; *ver também* crimes de guerra, julgamentos de
Juliana, princesa dos Países Baixos, 42
Jünger, Ernst, 129, 208, 305
Juventude Hitlerista, 12, 157

kabuki (teatro japonês), 59, 384, 385, 425
Kades, Charles, 232, 383

Kaliningrado, 108
kamikaze, pilotos, 186, 188, 258
Kant, Immanuel, 356, 358
Kästner, Erich, 98
Kato, Etsuro, 388
Katyn, massacre de, 303
Katzir, Efraim, 138
Keenan, Joseph B., 244, 245, 305
Keene, Donald, 89, 246, 254, 255, 346, 348
Keitel, Wilhelm, 33
Kempeitai (polícia militar do Japão), 242, 248, 278, 334
Kennan, George, F., 293
Kennedy, John F., 418
Kenton, Stan, 41
Kerr, Robert, 282
Kertész, Imre, 177, 178
Keynes, John Maynard, 349, 371
Kido, Shinichiro, 160
Kim Il-sung, 251, 345, 346, 348
Kim, sr., 343
Kinzel, Eberhard Hans, 30
Kishi, Nobosuke, 247, 334, 335, 336, 338, 348, 388
Kitano, Masaji, 274, 275, 276
Klee, Paul, 7
Klein, Fritz, 297, 298, 299
Kočevje, 196
Koestler, Arthur, 326
Königsberg, 108, 206, 207, 210
Konoe, Fuminaro, 55
Korwin, Marta, 52
Kovner, Abba, 136, 137, 138, 139
Kramer, Jose, 82, 297, 298, 299
Krockow, Christian von, 126
Krupp, Alfried, 239, 240, 241
Kulturbund ver Associação Cultural para a Renovação Democrática da Alemanha
Kun, Béla, 268, 270
Kunming, 164
Kyushu, ilha de, 57

463

L'Oréal, 263
Lamartine, Alphonse de, 398, 399
Lamsdorf, 130, 131
Laski, Harold, 317, 318
Lattimore, Owen, 337
Laurel, José, 248, 249, 250, 251
Laval, Pierre, 262, 284-93, 297
Legge, Walter, 308
Lehndorff, Hans Graf von, 108, 109, 115, 206, 207
"Lei nº 8" (Alemanha), 234, 239
Leipzig, 95, 238, 424
Lemberg, 210
Lemkin, Raphael, 412
Lenhard, Frau, 16, 17
Levante (Síria), 413, 414, 415, 416
Levante do Gueto de Varsóvia, 213
Levitt, Saul, 295
Levy, Rabi, 214
Lewis, Norman, 54
Líbano, 414, 415
Libération (jornal), 35
libertação: da França, 36, 76, 118, 163, 225; da Grécia, 272; de Bergen--Belsen, 48; de sociedades coloniais, 151; dos Países Baixos, 78, 117, 176, 179; sexualidade e, 40-8, 59, 61, 75
Libertador, O (filme), 367
Liga das Nações, 21, 394, 396, 402, 405, 407, 413
Lituânia, 136, 211, 216, 221
Litwinska, Sophia, 298
Livro Branco (governo britânico), 220
Löbe, Paul, 207
Londres, 32, 33, 38-9, 64, 83-4, 86, 88, 90, 126, 193, 214, 223, 225, 240, 245, 295-6, 299, 303-4, 313, 317, 320, 325, 328-9, 355, 361, 401, 409, 416-20; Dia da Vitória em, 33-8
Lorelei (Heine), 13
Lothian, Philip Kerr, Lorde, 396
Lüneburg, 30, 298

Luxemburgo, 376
Lvov, 123

MacArthur, Douglas ("Scap", comandante supremo das Forças Aliadas), 56-8, 64, 94-5, 229-32, 242-5, 247, 249-51, 275, 277-80, 282-4, 337, 379-81, 383, 385, 388-9
Macmillan, Harold, 142, 143, 146, 147, 149, 151, 198, 316
"Madelon" (canção), 35, 36
Madri, 232
Malaia, península, 151, 153, 155, 170, 276
Malaparte, Curzio, 74, 75, 198
Mallaby, A. W. S., 162
Manchester Guardian, 314, 415, 423
Manchukuo, 96, 112, 113, 243, 253, 259, 265-6, 277, 332-6, 348
Manchúria, 96, 100, 111, 112, 113, 247, 256, 257, 265, 332, 422
Manifesto de Ventotene, 397
Manila, 54, 88, 232, 249, 250, 277, 278, 281, 283; Massacre de Manila, 277, 280, 283, 392
Mann, Thomas, 209, 366
Mannesmann, 239
Mao Tsé-tung, 22, 140, 252, 253
Márai, Sándor, 86, 87, 267, 268
Marcha da Morte de Bataan, 278
Marcos, Ferdinand, 251
Marcuse, Herbert, 233
Maribor, 195
"Marselhesa da paz" (Lamartine), 398
"Marselhesa, A" (Hino da França), 28, 35, 171, 182, 398
Marshall, Richard, 242
Martin, Françoise, 169, 170
Marx, Karl, 332
marxismo, marxistas, 233, 317, 341, 364, 371, 382
Mascolo, Dionys, 184
Massada, 213
Mauldin, William "Bill", 189, 190, 191

"Menina, se cuide" (canção holandesa), 72
menonitas holandeses, 12
mercado negro, 46, 53-4, 58-9, 63, 84-6, 88, 98-103, 114, 144, 186, 237, 369
Mercedes-Benz, 30
Meredith, George, 356
Metaxas, Ioannis, 146, 147, 150
Metternich, Klemens von, 419
Michel, Ernst, 300, 302, 304, 311
Michnik, Adam, 120
Mikado (Gilbert e Sullivan), 384
Milão, 86, 143, 144
militarismo, 229, 231, 242, 387; prussiano, 226, 229, 231, 358
Miller, Glenn, 41, 61, 77
Ministério do Exterior britânico, 157, 221
Mitsubishi, 246, 335, 336
Mitterrand, François, 184
Mitsui, 246, 335
Molotov, Vyacheslav, 411, 412, 420
Monde, Le, 424
Mongólia, 112
Monnet, Jean, 326, 329, 331, 378
monte Fuji *ver* Fuji, monte
Montgomery, Bernard "Monty", 30, 31, 80, 393
Monumento da Gratidão Judaica (Amsterdam), 181
Moran, Sherwood, 89
Morgenthau, Henry, 94, 95, 354
Mornet, André, 289
Mosaddeq, Mohammad, 399
Moscou, 39, 96, 199, 261, 328, 346, 405, 411, 412; Dia da Vitória em, 37
Mountbatten, Louis, Lorde, 152, 157
Mouvement de Libération Nationale (MLN), 397
Movimento Nacional-Socialista Holandês (NSB), 284, 286
Mozart, Wolfgang Amadeus, 362
muçulmanos, 84, 141, 163, 165, 166, 198, 206, 315

Mukden, 112
Mulher em Berlim, Uma (diário), 66, 115
mulheres: direito de voto para as, 77, 118; direitos das, 383, 384; independência das, 21, 40
Munique, 106, 212, 213, 219, 225, 238
Mussert, Anton, 284-92
Mussolini, Benito, 142, 143, 144, 293, 351, 397

nacionalismo, 68, 122, 166, 193, 231, 328, 364, 374, 382, 418
Nações Unidas/ONU, 21-3, 51, 92-3, 394, 395, 397, 400-2, 404-8, 411, 413, 415-8, 421
Nagai, Kafū, 67
Nagasaki, 349, 378, 381, 396, 418
Nanquim, 54, 253, 255, 256; Estupro de, 255, 392
Naples '44 (Lewis), 54
Napoleão Bonaparte, 374, 419
Nápoles, 54, 86, 397
Nation (revista), 412
Náusea, A (Sartre), 372
Nazimuddin, Khwaja, 315
nazismo, nazistas, 11-2, 14, 17, 19, 31, 41, 45, 48, 53, 62, 64, 70, 92, 96, 106, 108-10, 112, 115, 118, 120, 122, 124, 126, 128, 130, 132, 135-7, 139-41, 146, 148, 151, 157, 165, 168, 178-82, 186, 193-4, 197-8, 200, 205-7, 209, 212-3, 217, 220-1, 223-8, 233-40, 242, 249, 260, 263, 268-9, 287-8, 292-4, 296-7, 300-1, 303-8, 312-3, 330-2, 335, 353, 357-69, 373, 375, 394, 403, 410, 412-3, 428
negros: no Japão, 69; racismo na América, 359, 368
Nehru, Jawaharlal, 403, 404
Neumann, Franz, 233
New Deal, 231, 232, 245, 315, 337, 351, 379, 383, 406

New York Daily News, 39
New York Herald Tribune, 38
New York Times, 64, 79, 205, 253, 401, 421, 422, 425
New Yorker, The, 397, 409, 417
NICA *ver* Administração Civil das Índias Holandesas
Nicolson, Harold, 316, 317, 328, 349
Nicolson, Nigel, 193, 194
Nijmegen, 12, 177
Nishizawa, Eiichi, 425
Nissan, 246, 335
Nixon, Richard, 391
Noel-Baker, Philip, 418
Norel, K., 182
Normandia, 28, 197, 225, 406
Noruega, 117
Nosaka, Akiyuki, 63, 69, 80
Nosaka, Sanzo, 337
Nossa tarefa no Japão (filme educativo americano), 354
"Nova Jerusalém", ideia de, 322, 323, 325, 327, 332, 349
Nova York, 33, 35, 38-9, 204, 214, 245, 301, 425, 428; Dia da Vitória em, 35, 38
Nuremberg, julgamentos de, 241, 244, 281, 284, 294, 296, 300-3, 305, 307, 311, 314, 412, 424

O'Neill, Con, 239
Ocidente, 20, 21, 22, 61, 351, 364, 415
Ogtrop, padre, 42
Ohlendorff, Otto, 239
Ohrdruf, 294, 296
Okamura, Yasuji, 255, 256
Okinawa, ilha de, 55, 342
Oleiski, J., 216
O-Machi (ex-gueixa), 258, 259
Omi (Japão), 386
ONU *ver* Nações Unidas
Ópera dos três vinténs, A (Brecht), 365
Operação Barleycorn, 94

Operação Confraternização, 42
Operação Maná, 78
Operação Market Garden, 393
Oppenheimer, Robert, 400
Organização dos Nacionalistas Ucranianos, 224
Oriente, 21, 112, 244, 351
Oriente Médio, 220, 415, 416
Osaka, 63, 69, 88
Ozu, Yasujirō, 187

Pacífico, oceano, 55, 175, 189, 282, 408
pacifismo, pacifistas, 22, 284, 366, 383, 388, 391, 392, 413
Pacto de Não Agressão Nazista-Soviético (Pacto Molotov-Ribbentrop), 327
Paget, Bernard, 415
Pagnell, Newport, 417
Pai Tigre, 159
Países Baixos/Holanda, 12, 18, 28, 30-1, 40, 42, 47-8, 51, 66, 74-5, 78-80, 83, 98, 117, 136, 152, 158-9, 163, 176, 179-81, 200, 270, 286-7, 327, 331-2, 366, 394
Palermo, 86
Palestina, 137, 212-21, 315, 423; *ver também* Israel
panpan, garotas (meretrizes japonesas), 58, 59, 60, 65, 99
Papandreou, Georgios, 272
Papon, Maurice, 263, 264
Para um soldado perdido (Dantzig), 45, 46
Paraat (jornal), 179
Paris, 35-6, 38-9, 41-3, 45, 47, 85-6, 120, 182, 184, 225, 263-4, 290, 329, 333, 352, 372, 376, 420; Dia da Vitória em, 35-8
Park Chon-hee, 348
Partido Comunista *ver* comunismo, comunistas
Partido Nazista, 128, 186, 206, 228, 231, 238, 239, 308

Partido Trabalhista (Grã-Bretanha), 93, 314, 317, 319, 320, 322, 323, 327, 350, 352, 409

Patriote de l'Eure, Le (jornal), 118

Patton, George, 64, 102, 190, 212, 239, 312, 393

Pavelić, Ante, 140, 198

paz, 21, 23, 37, 94, 150, 186, 229, 246, 256, 276, 282, 304, 313, 316, 318-9, 323-4, 346, 365, 377, 387, 390-1, 395-6, 398-9, 402, 404-8, 419, 423

Pearl Harbor, 247, 402, 404

Pearson, Lester, 418

Pele, A (Malaparte), 74

Percival, Arthur, 63, 276

"Persilschein" (expressão alemã), 236

Petacci, Clara, 143

Pétain, Philippe, 142, 165, 183, 225, 260, 262, 286, 288, 289

Piccadilly Circus (Londres), 32

Pill, Jacques, 41

Pissarczik, Georg, 129

"Plano da Fome" (Alemanha), 110

Plano Morgenthau, 354, 357

Polge, Madame, 119

poliomielite, 89

Polônia, 20, 49, 83, 91, 120, 122-3, 125, 127-8, 130, 179, 193, 204-6, 209-11, 213, 215-6, 218-9, 221, 287, 294, 296, 301, 327, 409, 412, 419, 427

Pomerânia, 183

Populaire, Le (jornal), 119

Portão de Brandemburgo (Berlim), 429

Potsdam, Conferência de *ver* Conferência de Potsdam

Potsdamer Platz (Berlim), 16

Powell, Michael, 320, 321, 322

Praga, 132, 133, 210

Preparado da Fome de Bengala, 82

Pressburger, Emeric, 320, 321, 322

Primeira Guerra Mundial, 42, 146, 284

prostituição, 42, 53, 58-9, 65, 69, 73-5, 188; na Alemanha, 65; no Japão, 54-9, 69; prostitutas, 17-8, 43, 47, 57-9, 66, 74, 264

Prússia, 108, 125, 205, 208, 327

prussianismo, 226, 229, 231, 358

Pu'yi, Henry, 333, 334

Pyongyang, 339, 340, 345, 346, 348

"Quatro Liberdades Humanas Essenciais", 402, 414

Quezon, Manuel, 247, 248

Quwatli, Shukri al-, 414, 415

racismo, racistas, 57, 69, 102, 110, 217, 331, 359, 368, 373

Radzilow, 123

Rainer, Friedrich, 193

Rákosi, Mátyás, 267

Ramadier, Paul, 84

reeducação, 354-7, 360, 367, 374, 378, 380, 383, 387; da Alemanha, 355-77; do Japão, 354, 367, 379-91; *ver também* cultura alemã; cultura japonesa

refugiados falantes de alemão, 91

Remarque, Erich Maria, 372

Renan, Ernest, 367

Renânia, 239, 361, 362, 374, 375, 377

Renascimento do Vale do Tennessee (peça), 366

Renault (fábrica de automóveis), 263, 326

Renault, Louis, 263

República Democrática Alemã (Alemanha Oriental), 237, 350, 364, 427

Resistance and Victory (Norel), 182

resistência, movimentos de: como força política, 326; comunismo e, 140, 149, 231; na França, 225, 261, 264, 325

Revolução Francesa, 259, 261

Rhee, Syngman, 345, 347, 348

Ribbentrop, Joachim von, 300, 327
Richard, Marthe, 264
Richter, Erich, 424
Richter, Helmut, 127
Ringers, J. A., 331
Road to Serfdom, The (Hayek), 323
Roberts, Owen J., 401
Robertson, Brian, 357
Rockwell, Norman, 402
Roma, 86, 145, 268
Romênia, 91, 205, 211, 216, 327
Roosevelt, Franklin D., 94, 204, 354, 373-4, 379, 402, 404-9, 419; Carta do Atlântico e, 402; morte de, 408; Nações Unidas e, 404-8; "Quatro Liberdades Humanas Essenciais" de, 402, 414
Rosenfeld, Netty, 179
Rosensaft, Josef "Yossele", 83, 215, 298
Rosensaft, Menachem, 83
Rossellini, Roberto, 62, 313
Rossi, Ernesto, 398
Rotterdam, 79, 330, 331
Roxas, Manuel, 249, 250, 251
Rudenko, Roman A., 303, 304
Ruinenmäuschen (prostitutas alemãs), 53, 65
Rümmelin, dr., 16, 17
Rússia, 22, 109, 112, 115, 199, 346, 412; ver também União Soviética
russos: repatriados compulsoriamente para a União Soviética, 200-2; soldados ver soviéticos, soldados
Rutledge Jr., Wiley B., 282

Sackville-West, Vita, 349
Saigon, 163, 168, 170, 171, 172
Saint-Pierre, abade de, 398
Sakaguchi, Ango, 99, 101, 186
Sakura, Sogōrō, 425
Salleh, Kiyai, 154
San Francisco, Conferência de ver Conferência de San Francisco
Sartre, Jean-Paul, 372, 373

Saturday Evening Post, 57, 378
Sauckel, Fritz, 300
"Scap" ver MacArthur, Douglas
Schacht, Hjalmar, 300, 324
Schell, Margarete, 132, 133, 134
Schlesinger, Winifred, 35
Schmidt, Josef, 424
Schnitzler, Georg von, 241
Schonfeld, Solomon, 88, 212, 213
Schuman, Robert, 376, 377
Schwarzkopf, Elisabeth, 308
Scott, T. P., 195, 203
Segunda Guerra Mundial, 11, 42, 163, 176, 191, 223-4, 251, 255, 277, 330, 348, 382, 399, 409, 427
Selbourne, Roundell Palmer, Lord, 199
Sem destino (Kertész), 177
Senhoras e senhores, para a câmara de gás ver This Way for the Gas, Ladies and Gentlemen (Borowski)
Sentosa, ilha, 276
Sereia, A ver Lorelei (Heine)
sérvios, 141, 175, 193, 194, 196, 198
Sétif, 165, 166, 168, 403
Seul, 339, 340, 341, 343, 348
sexualidade: e a ocupação alemã da França, 45, 117; e estupro ver estupro; nascimento de filhos fora do casamento, 47, 48, 51, 69; nos campos de deslocados de guerra, 51, 52, 53; e prostituição ver prostituição
Shaw, David, 202
Shawcross, Hartley, 314
Shenyang, 112
Shidehara, Kijūrō, 383
Shiga, Naoya, 188
Shigemitsu, Mamoru, 384
Shinkyo, 112, 332, 334, 348
Shinwell, Emanuel, 83
Shiro, Ishii, 276
Sicília, 327
Sikorski, Wladyslaw, 126
"Silêncio" (Borowski), 106

Silésia, 125, 127, 128, 130, 131, 205, 206, 207, 208, 209
Sington, Derrick, 48, 49
sionismo, sionistas, 53, 83, 136, 137-9, 213, 214-9, 221-2, 298, 315
Síria, 409, 414, 415
Slater, Arthur, 92
Smith, Herbert A., 299
Smuts, Jan, 413
"Sobre o conceito de história" (Benjamin), 7
Socha, Leopold, 123, 124
sociais-democratas, 91, 207, 313, 324, 325, 327, 338, 350, 370, 377
socialismo, socialistas, 136, 152, 156, 167, 217, 236, 242, 245-6, 250, 259, 270, 291, 315-6, 318, 320-2, 325, 327, 332, 334, 349-52, 370, 401, 410, 413; *ver também* comunismo, comunistas
Sony Corporation, 104
Soong, T. V., 417
soviéticos, soldados, 17, 69, 110, 114, 116, 339
Speer, Albert, 333, 388
Spender, Stephen, 84, 85, 88, 294, 360, 362
Spengler, Oswald, 368, 369
Spinelli, Altiero, 397
ss (Schutzstaffel), 15, 17, 82, 93, 106-7, 112, 129, 132, 135-8, 172, 218, 237, 239, 299, 308, 311, 312, 359
Stálin, Ióssif, 15, 20, 32, 33, 37, 61, 126, 134, 145, 176, 194, 197, 199, 204-6, 224, 256, 261, 267, 274, 313, 351, 394, 405-9, 411, 419, 422, 427, 430
Stalingrado, 88
Stand By, Boys (Norel), 182
Stars and Stripes (jornal), 64
Stettinius Jr., Edward R., 410, 411, 418
Stilwell, Joseph, 252
Stimson, Henry, 95

Storm, Wim, 75
Strachey, John, 83
Streicher, Julius, 300
Stuttgart, 61, 135
Sudetos, 131, 205, 206, 208, 209, 327
Suharto, 163
Sukarno, 152, 156, 157, 158, 162, 163, 249, 403, 414
Sulawesi do Sul, 162
Sully, Maximilien de Béthune, duque de, 398
Sumatra, 155, 160
Sumitomo, 246
Suprema Corte dos Estados Unidos, 249, 282, 307, 401
Surabaya, 159, 160, 161, 162, 163
Swingjugend (movimento cultural alemão), 373
Syahrir, Sutan, 156
Szabad Nép (jornal húngaro), 269
Szálasi, Ferenc, 268

Taiwan, 22, 175, 423
Takami, Jun, 68, 70, 71, 389
Tanaka, Kakuei, 140
Taruc, Luis, 248, 250, 251
Tarvisio, 135, 136
Tchecoslováquia, 20, 91, 105, 128, 131, 132, 134, 204, 205, 208, 210, 211, 327, 427
Tchékhov, Anton, 364
Teerã, Conferência de *ver* Conferência de Teerã
Templer, Gerald, 94
Terakoya (peça japonesa), 384
Terceiro Reich, 14, 66, 147, 179, 233, 235, 236, 239, 242, 287, 304, 306, 330, 362, 374, 376
Teveth, Shabtai, 218
Thatcher, Margaret, 352
Thimonnier, René, 375
This Way for the Gas, Ladies and Gentlemen (Borowski), 106
Thorez, Maurice, 76, 261

tifo, 48, 81, 89, 113, 218, 297
Tilchaz Tizi Gesheften (TTG), 136
Time (revista), 190, 285, 288, 410
Times, The (jornal), 64, 193, 296, 355, 401, 417
Tito, Josip Broz, 141, 193, 194, 196, 198, 199, 200
Togliatti, Palmiro, 351
Tojo, Hideki, general, 276, 277, 293
Tóquio, 56, 58-9, 67-9, 75, 88-90, 98-9, 104, 232, 244, 246, 249, 256, 276, 284, 302, 305, 378-81, 384, 388, 424; Tribunal de Tóquio para Crimes de Guerra (Tribunal Militar Internacional para o Extremo Oriente), 244
Toynbee, Arnold, 394, 396, 402
Trafalgar Square (Londres), 32, 39
Tragédia japonesa, A (filme japonês), 389
Transjordânia, 415
Tratado de Lausanne, 206
Treblinka, 124
Treitschke, Heinrich von, 369
tribunais/cortes populares, 144, 149, 154, 267, 344
Tribunal Criminal Internacional de Haia, 302
tropas: alemãs, 13, 32, 142; americanas, 41, 61, 250, 336, 342, 344; britânicas, 30, 31, 48, 65, 161, 164, 196, 276, 414; japonesas, 54, 255, 280; soviéticas, 16, 61, 86, 96, 100, 109, 112, 113, 114, 122, 125, 127, 128, 209, 258, 267, 294, 301
Truffaut, François, 395
Truman, Harry, 34, 204, 219, 220, 378, 381, 408, 414
Tsingtao, 254, 255, 346, 348
Tsuneishi, Warren, 342, 343
tuberculose, 89, 218
Tuohy, John, 204
Turquia, 206, 398

Ucrânia, 127, 175, 206, 221, 224, 239, 304, 406, 409
União Europeia, 22, 352, 376, 378, 391
União Nacional Flamenga, 140
União Soviética, 53, 79, 92, 93, 96, 110, 112-3, 120, 141, 176, 194, 197, 200-1, 203-4, 211, 222, 224, 256, 268, 275, 304, 328, 346, 351, 364, 368, 402, 408, 413, 416, 418, 420; Alemanha ocupada pela, 61, 65, 97, 115, 116, 363, 364, 374; bomba atômica da, 401; China e, 111, 256; Coreia e, 340, 344; fome na, 110; e Guerra Fria *ver* Guerra Fria; invasão da Manchúria pela, 96, 100, 256; Japão e, 96, 100, 112, 380; julgamentos de Nuremberg e a, 303; Nações Unidas e, 404, 407, 409, 411, 419; número de mortos na Segunda Guerra Mundial na, 110; Polônia e, 122, 125, 409, 410, 412, 413; Tchecoslováquia e, 134
universalismo: religioso, 398; cristão, 412
Universidade Hebraica de Jerusalém, 138
Urquhart, Brian, 30, 31, 38, 48, 50, 393, 394, 395, 411
Usinas da morte (filme), 358
Ustaša, 140, 193, 198
Utrecht, 13, 14, 18, 73; Universidade de, 13

Valéry, Paul, 264, 367
Varsóvia, 88, 105, 213, 277, 330; gueto de, 88, 213
V-E Day *ver* Dia da Vitória
Velouchiotis, Aris, 147
Venizelos, Eleftherios, 146
Ventotene, ilha de, 397
Vian, Boris, 373
Vichy, regime de, 45, 76, 140, 163, 165, 183, 225, 260, 284, 287, 289, 325, 328

Vietminh (Liga pela Independência do Vietnã), 164, 168

Vietnã, 140, 146, 164, 172, 391, 403, 426; Guerra do Vietnã, 189, 388; Vietnã do Norte, 172; Vietnã do Sul, 146, 172

Vilna (Vilnius), 136, 216

vingança, 21, 105, 119, 135; contra os judeus, 125; dos judeus, 135-8; dos poloneses contra os alemães, 124-31; dos soviéticos contra os alemães, 110-1; dos soviéticos contra os japoneses, 111; dos tchecos contra os alemães, 131; na Ásia, 152, 159; na Itália, 144; no Vietnã, 171; *ver também* julgamentos

Vinhas da ira (filme), 367

volta para casa: de alemães repatriados compulsoriamente para a Alemanha, 204-11; de prisioneiros de guerra da França, 183, 185; de russos repatriados compulsoriamente para a União Soviética, 200; de sobreviventes judeus, 179-81; de soldados alemães, 185-7; de soldados britânicos e americanos, 192; do pai do autor, 18, 176, 185; sionismo e a, 213-21

Wageningen, 30

Warburg, Sigmund, 240

Washington, 46, 95, 224, 247, 278, 326, 329, 336, 354, 380, 396, 407, 414

Webster, C. K., 413, 418

West, Rebecca, 302

Westerling, Raymond "Turk", 162, 163

White, E. B., 397, 409, 417

Whitney, Courtney, 232, 233

Willoughby, Charles, 232, 233, 275

Wilson, Edmund, 83, 84, 86, 143, 145, 147, 148, 151, 317, 319

Wilson, Harold, 350

Winwood, major, 299

Wolf, Friedrich, 364

Wolf, Markus, 364

Wollheim, Richard, 50, 51

Worden, William L., 378

xintoísmo, 242, 339, 384, 385

Yalta, Conferência de *ver* Conferência de Yalta

Yamashita, Tomoyuki, 63, 276-85

Yank (revista), 89, 103, 204, 210, 279, 281, 282, 295, 342, 343, 359, 360, 409

Yasuda, 246

Yediot Ahronot (jornal judaico), 213

Yo Un-hong, 343

Yo Un-hyong, 339, 341, 343, 344

Yokohama, 69

Zaaijer, J., 290

zaibatsu (conglomerado industrial e bancário japonês), 245, 246, 335, 336, 348

Zangen, Whilhelm, 239

zazous (movimento cultural francês), 373

Zeineddine, Farid, 409

Zhukov, Georgi, 33, 38, 111

Zuckmayer, Carl, 62, 87, 101, 236

ESTA OBRA FOI COMPOSTA POR OSMANE GARCIA FILHO EM MINION
E IMPRESSA PELA GEOGRÁFICA EM OFSETE SOBRE PAPEL PÓLEN SOFT DA
SUZANO PAPEL E CELULOSE PARA A EDITORA SCHWARCZ EM FEVEREIRO DE 2015